데이터 과학자를 위한 금융 분석 총론

데이터 과학자를 위한 금융 분석 총론

R로 학습하는 핵심 금융 분석의 이론과 실제

마크 베넷 · 더크 휴겐 지음 홍영표 · 오승훈 옮김

i!i
에이콘

나의 부모님 메리^{Mary}, 허브^{Herb}, 패트리샤^{Patricia}, 버나드^{Bernard},
그리고 항상 이해와 사랑, 아낌없는 응원을 보내준 나의 가족
레이첼^{Rachel}, 오스틴^{Austin}, 셰릴^{Cheryl}에게 이 책을 바칩니다.

지은이 소개

마크 베넷 Mark J. Bennett

주요 투자 은행의 선임 데이터 과학자로, 시카고대학교의 석사과정에서 분석학을 강의한다. 아르곤 국립 연구소Argonne National Laboratory, 유니시스Unisys Corporation, AT&T 벨 연구소Bell Laboratories, 노스롭 그루먼Northrop Grumman, XR 트레이딩 시큐리티XR Trading Securities에서 소프트웨어를 담당했다.

더크 휴겐 Dirk L. Hugen

아이오와대학교 통계계리학과의 대학원생이다. 이전에는 신호처리 엔지니어로 일했다.

옮긴이 소개

홍영표(ypyohong@kaist.ac.kr)

카이스트 경영대학에서 정보경영 석사과정을 졸업했으며 현재 금융회사에 재직 중이다. 저서로는 『기술, 경영을 만나다』(에이콘, 2016)가 있으며, 옮긴 책으로는 에이콘출판사에서 출간한 『R고 하는 금융 분석』(2017), 『타입스크립트 디자인 패턴』(2017), 『The Modern Web』(2014), 『HTML & CSS』(2012), 『HTML5+CSS3+자바스크립트의 정석』(2012), 『Professional iPhone and iPad Database Application Programming 한국어판』(2012), 『아이폰&아이패드 인 액션』(2011)과 『제이콥 닐슨의 모바일 사용성 컨설팅 보고서』(제이펍, 2013), 『스프링 인 액션(제3판)』(제이펍, 2012)이 있다.

오승훈(sh.oh@kaist.ac.kr)

카이스트 경영대학에서 정보경영 석사과정을 졸업했다. 정보관리기술사이자 정보시스템 수석감리원이다. 회사에서는 IT기획과 PI업무를 담당하고 있다. 최근에는 정량적인 데이터 분석을 통한 기업혁신 사례에 관심이 많다. 저서로는 『기술, 경영을 만나다』(에이콘, 2016)가 있으며, 옮긴 책으로는 『R고 하는 금융 분석』(에이콘, 2017)이 있다.

옮긴이의 말

"곤경에 빠지는 건 뭔가를 몰라서가 아니다. 뭔가를 확실히 안다는 착각 때문이다."

(It ain't what you don't know that gets you into trouble. It's what you know for sure that just ain't so.)

– 마크 트웨인(Mark Twain)

데이터 분석은 더 이상 전문가만의 영역이 아니다. 누구나 관심만 있다면 데이터 과학자가 될 수 있다. 디지털 시대를 맞아 데이터는 폭발적으로 증가했으며, IT 성능은 강력해졌다. 따라서 더 많은 데이터를 검증하고 시뮬레이션해 정확한 알고리즘과 모형을 개발할 수 있게 됐다. 이 책은 이러한 시대적 배경 속에서 탄생했다. 원하는 데이터는 언제든지 인터넷에서 수집할 수 있으며, R과 같은 전문 분석 소프트웨어의 등장으로 개인용 PC에서도 다양한 분석 작업을 할 수 있다. 원서의 부제목이 '데이터 과학을 위한 랩톱 연구소 구축 Building a Laptop Laboratory for Data Science'인 이유도 이 책의 내용을 학습하면 데이터 과학자가 되어 개인용 PC 환경에서도 자신만의 금융 분석 플랫폼을 구축할 수 있기 때문이다.

이 책의 목차는 금융 분석에 필요한 주제로 체계적으로 구성돼 있다. 본문에는 이론 설명과 수학적 증명도 포함돼 있으며, 이를 R로 구현했다. 금융 분석에 필요한 이론과 실제가 모두 포함된 총론이라 해도 손색이 없다. 물론 이 책이 금융 분석을 마스터하는 충분조건이라 할 수는 없지만 금융 분석의 전반적인 이해를 돕는 필요조건임은 분명하다.

또한 이 책은 시카고대학교University of Chicago와 아이오와대학교University of Iowa의 수업 교재를 바탕으로 작성됐다. 따라서 이 책의 구성을 살펴보면 해외 명문 대학교의 금융 분석 과정의 커리큘럼을 엿볼 수 있다. 국내 대학교의 금융 분석 과정에서도 이 책을 교재로 사용하면 수업에 도움이 될 것이라 기대한다. 다만 이 책의 예제 코드들이 학습에 초점이 맞춰 있어 상업용 분석 프로그램에 비해 성능이나 튜닝 측면이 부족할 수 있다. 그리고 예제 코드에서 다양한 기업을 다루므로 이 책의 출간 이후에 인수합병된 기업은 티커 심볼ticker symbol이 변할 수도 있다. 그리고 R 패키지가 업데이트되거나 인터넷 사이트의 데이터 제공 서비스 등에 변화가 있을 수도 있다. 이러한 부분까지 코드를 수정하고 개선할 수 있다면, 데이터 과학자로서 자신만의 금융 분석 플랫폼을 구축해 발전시켜 나갈 수 있는 충분한 능력을 겸비하게 될 것이다.

금융 분석을 올바로 이해해서 금융 시장에서 벌어지는 다양한 현상의 착각에 빠지지 말고, 사건의 본질에 한 걸음 다가가는 데 이 책이 도움이 되길 바란다.

감사의 글

지금까지 특별한 분들의 도움을 많이 받았습니다. 제가 받은 조언, 통찰력, 기회, 지식, 우정과 같은 선물은 다 갚지 못할 것 같습니다.

마크 베넷은 아르곤Argonne의 론 크룹Ron Krupp, 배리 핀켈Barry Finkel, 벨 연구소Bell Labs의 필 리딩거Phil Ridinger, 팻 볼드윈Pat Baldwin, 하워드 세클러Howard Seckler, 데이비드 로우즈David Rouse, 빌 네이드펠트Bill Neidfelt, 톰 비숍Tom Bishop, 아이오와대학교의 크리스토퍼 말린Christopher Marlin, 아드리네 크리처Adrienne Critcher, USCUniversity of Southern California의 퍼 브린치 핸슨Per Brinch-Hansen, 오르나 베리Orna Berry, UCLAUniversity of California, Los Angeles의 데이브 마틴Dave Martin, 밀로스 에르세고박Milos Ercegovac, 스톳 파커Stott Parker, 댄 베리Dan Berry, 시스템 디벨롭먼트System Development의 밥 맥그리거Bob MacGregor, 노스롭Northrop의 마크 크리스텐슨Mark Christensen, 폴 슈미츠Paul Schmitz, 팀 반크로프트Tim Bancroft, 클레어 모건Clare Morgan, 마거릿 라킨스Margaret Lakins, 조 드보락Joe Dvorak, 네이션스뱅크 CRT의 쉘리 레이즈Shelly Reis, 그레그 브림Greg Brim, 브라이언 오스트로우Brian Ostrow, 론 넷첼Ron Netzel, 데이비드 조프David Joffe, 맥 아민Mack Amin, 세이어 앨리슨Thayer Allison, 디립 나이어Dilip Nair, 그레그 버거Gregg Berger, 하이더 사자드Haider Sajjad, 유리 살니코프Yuri Salnikov, 짐 봄바흐Jim Bohmbach, 단테 로미바오Dante Lomibao, 폴 리Paul Lee, 리 첸Li Chen, 스티브 주Steve Zhu, 마리오 콘래드Mario Konrad, 브라이언 필폿Brian Philpott, 낸시 골드버그Nancy Goldberg, 로라 랭Laura Lang, 라자 아판디Raja Afandi, 아시시 바트라Ashish Batra, 크리슈냐 바미디Krishna Bhamidi, 크리스 리케아스Chris Leakeas, XR 트레이딩XR Trading의 해리 조르가코풀로스Harry Georgakopoulos, 이만 버그스트롬YeeMan Bergstrom, 그리고 오랜 기간 훌륭한 멘토이자 동료인 시카고대학교University of Chicago의 아담 지넨스키Adam Ginensky, 유리 발라사노프Yuri Balasanov, 세마 발라스Sema Barlas, 시카고 ACMChicago ACM의 마크 템프킨Marc Tempkin에게 감사의 말을 전하고 싶습니다. 또한 이 책을 집필하는 동안 포트 콜린스Fort Collins의 보헤미안 울버린 팜Wolverine Farm 서점, 아이오와대학교 캠퍼스의 웅장한 펜타크레스트Pentacrest, 고딕 양식인 시카고대학교 캠퍼스의 크레라Crerar 도서관 같은 멋진 장소로부터 영감을 받았습니다.

더크 휴겐은 아이오와 대학교에 우수한 금융통계 과정이 있게 한 루크 티어니^{Luke Tierney}, 케이트 코울스^{Kate Cowles}, 조이 고쉬^{Joyee Ghosh}, 데일 짐머만^{Dale Zimmerman}, 론다 디쿡^{Rhonda DeCook}, 궁식 챈^{Kung-Sik Chan}, 에릭 라이^{Erik Lie}, 데이비드 베이츠^{David Bates}, 아시시 티와리^{Ashish Tiwari}, 웨이 리^{Wei Li}, 폴 웰러^{Paul Weller}와 아낌없는 도움을 준 조언자 조셉 랭^{Joseph Lang}에게 감사의 말을 전하고 싶습니다. 또한 이 책에서 사용한 R 패키지 개발에 도움을 준 궁식 챈^{Kung-Sik Chan}, 브라이언 리플리^{Brian Ripley}, 더크 에델뷰텔^{Dirk Eddelbuettel}, 하들리 위컴^{Hadley Wickham}, 데이비드 A. 제임스^{David A. James}, 세스 팔콘^{Seth Falcon}, 윈스턴 창^{Winston Chang}, 로메인 프란코이스^{Romain Francois}, J.J. 알레어^{J.J. Allaire}, 케빈 어쉬^{Kevin Ushey}, 퀴앙 코우^{Qiang Kou}, 더글라스 베이츠^{Douglas Bates}, 제프리 A. 라이언^{Jeffrey A. Ryan}, 조슈아 M. 울리치^{Joshua M. Ulrich}, 와우터 틸렌^{Wouter Thielen}, 존 챔버스^{John Chambers}에게 감사의 말을 전합니다.

풍부한 경험을 바탕으로 통찰력 넘치는 의견을 준 편집장 데이비드 트라나^{David Tranah}, 시기적절한 콘텐츠 결정에 도움을 준 클레어 데니슨^{Clare Dennison}, 표지를 창의적인 데이터 과학자 캐리커처로 장식해 준 오스틴 베넷^{Austin Bennett}에게 특별히 감사의 말을 전하고 싶습니다.

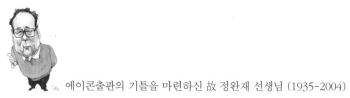
에이콘출판의 기틀을 마련하신 故 정완재 선생님 (1935-2004)

차례

4장   금융 증권   81

5장   데이터집합 분석과 리스크 측정   125

9장   군집 분석

10장   시장 심리 측정

들어가며

유로스타Eurostar 고속 열차는 1994년 영국과 프랑스 사이에 채널 터널Channel Tunnel이 개통된 이후 대륙에서 영국으로 승객을 대규모 수송했다. 당시 유로스타 같은 열차는 많은 사람의 상상을 뛰어넘는 놀라운 기술이었지만 현재는 당연한 기술이 됐다. 1994년 노스롭 코퍼레이션Northrop Corporation은 아폴로 달착륙선Apollo Lunar Module의 주계약사인 그루먼 에어로스페이스 코퍼레이션Grumman Aerospace Corporation을 인수해 거대 항공우주사인 노스롭 그루먼Northrop Grumman을 설립했다. 이 기업은 당시 첨단 기술인 B-2 스텔스 폭격기Stealth Bomber의 주계약사였다. 그해 나는 시카고 외곽에 위치한 연립주택에서 반복적인 일상을 보내고 있었다. 매일 저녁 〈인베스터스 비즈니스 Daily〉 신문의 수많은 기사에서 투자할 만한 두 주식의 일별 종가를 찾는 지루한 작업을 수행했는데, 이는 운영 수익률 파악과 더불어 포지션 진입 전 다른 주식과 비교해 역사적 변동성을 파악하기 위해서였다. 이러한 수작업 계산은 느리고 지루했다. 이듬해 월드 와이드 웹World Wide Web이 모자이크Mosaic 브라우저의 형태로 소개됐다. 얼마 지나지 않아 야후Yahoo!는 새로운 웹 브라우저를 통해 단 몇 초 만에 파악할 수 있는 주식 시세와 역사적 가격 차트, 차트의 기술적 지표를 무료로 게시했다.

스프레드시트spreadsheet 소프트웨어의 출현으로 분석가는 새로운 수준의 분석적 사고를 하게 됐다. 인간의 계산은 더 이상 단일 차원에 국한되지 않는다. 각 행이나 열은 시간 차원, 생산 범주, 비즈니스 시나리오를 나타낼 수 있다. 그리고 자동화된 의존성 기능 덕분에 행과 열을 매우 쉽게 수정할 수 있다. 이제 스프레드시트는 더 정교하고 영구적인 분석 제품인 대용량 분석 컴퓨터 프로그램을 위한 프로토타입으로 사용할 수 있다.

숙련된 분석가가 R과 파이썬Python 같은 최신 프로그램 언어를 사용하면, 역사적 시세를 무료로 제공하는 서비스나 야후 같은 리소스를 이용해 이전보다 훨씬 적은 노력으로 분석 로직을 설계할 수 있다. 파이썬과 R의 간결한 구문 덕분에 자바와 유사한 기능을 탑재한 프로그램을 네 배 더 작게 만들 수 있다. 이제 원한다면 다양한 시장 변수를 시뮬레이션해 몇 주 안에 200달러 미만의 비용으로 소규모의 금융 연구소를 구축할 수 있다. 혹은 더 큰 저장 용량을 갖춘 고성능의 컴퓨터를 구입해 과거에는 불가능했던 전체 시장의 10년에서 20년치 역사적 데이터를 로드할 수도 있다.

연구실이 구축됐다면 통찰력insights을 얻을 수 있다. 지식 발견knowledge discovery은 한때 인간의 행위를 나타내는 용어였지만 이제는 컴퓨터 자동화를 설명하는 용어가 됐다. 지식 발견은 컴퓨터 프로그램이 생성할 수 있는 것을 다소 과대평가해 거창한 단어처럼 보인다. 예컨대 컴퓨터 학회인 ACMAssociation for Computing Machinery에는 KDDKnowledge Discovery and Data Mining라는 특화분과special interest group가 있다. 이 분과에서 다루는 '데이터 마이닝'은 누구도 나서서 도전하려 하지 않는 분야다. 결국 데이터 마이닝은 통계학자와 컴퓨터 과학자들의 몫이 됐다. 하지만 '정말, 자동으로, 기계를 이용해 지식을 발견할 수 있을까?' 이는 너무 과장돼 사실처럼 느껴지지 않을 것이다. 하지만 이 책에 기술된 알고리즘을 직접 경험해보면, 데이터 과학 기술을 사용하는 프로그램이 매우 지루한 계산을 자동화할 수 있을 뿐만 아니라 과거 인간 사고 수준으로는 발견하지 못했던 통찰력을 제공할 수 있다는 사실을 곧 깨닫게 될 것이다.

스포츠로 비유하면 이해가 더 쉬울 듯하다. 많은 스포츠에서 현재 위치를 방어하고 상대가 더 많은 득점을 올리지 못하도록 수비한다. 공격은 더 많은 득점을 올리기 위해 운동 재능을 지속적으로 발휘하는 능력이다. KDD의 데이터 마이닝은 스포츠의 수비 영역에 해당하며, 체계적이고 단련된 분야다. 즉 패스를 막기 위해 손을 뻗거나, 타자가 타격하지 못하도록 커브 볼을 던지는 것과 같은 단일 과업 달성에 효과적이다. 반면에 지식 발견은 필요하고 기대한 데이터 분석을 넘어 창조적인 측면을 추구하는 기술 집합이다. 공격의 경우, 모든 일련의 사건에 성공해야 앞서갈 수 있다. 예컨대 축구에서는 정해진 시간에 득점을 올려야 하고, 야구에서는 삼진아웃 전에 1루에서 3루까지 돌며 득점을 올려야 한다. 다만 공격이 성공할 확률은 낮다.

따라서 KDD 모형을 스포츠에 비유하면, 데이터 마이닝은 수비이고, 지식 발견은 공격이다. 지식 발견 성취는 놀라운 영향을 미치는 드문 사건이다. 발견은 인간이 만든 아이디어만큼 강력하며, 분명히 인간을 향상시킨다. 예컨대 유례없이 탐나는 특성을 지닌 상장주식을 발견할 수도 있다. KDD 영역은 컴퓨터 과학의 모든 발전을 이용해 기계로 가능한 작업의 한계에 다다른다.

1968년 할리우드 영화로도 만들어진 아서 클라크Arthur C. Clarke 작가의 소설 『2001: 스페이스 오디세이2001: A Space Odyssey』에서는 자동화된 추론, 자연어 음성 인식, 화상통화, 얼굴 인식을 예측했다. HAL9000 컴퓨터는 우주비행사인 프랭크 풀Frank Poole 박사와 대화하고 체스를 두며, 300명이 넘는 우주비행사의 건강 상태를 모니터링하면서 목성으로의 비행을 제어한다. 컴퓨터 과학, 특히 시뮬레이션은 이후 많은 분야에서 연구와 발견 과정에 큰 영향을 미쳤으며, 공상과학에 등장하는 많은 내용은 실현됐다. 실제로 실현된 분야로는 전산 생물학computational biology, 전산 우주론computational cosmology, 전산 언어학computational linguistics이 있다. 이 분야들의 이미지는 그림 1과 같다.

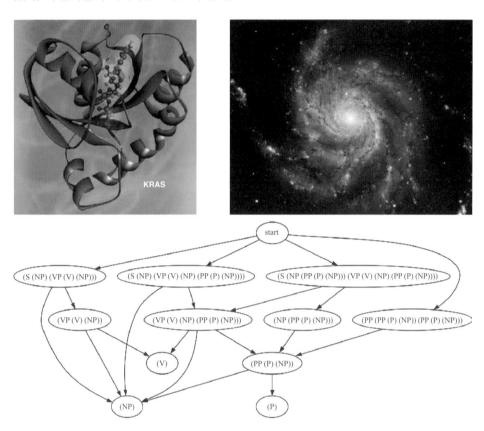

그림 1   전산 생물학, 전산 우주론, 전산 언어학의 샘플 이미지

이 책 전반에 걸쳐 컴퓨터 시뮬레이션을 다룰 것이다. 컴퓨터 시뮬레이션은 성공적으로 자리잡았고, '이론'과 '물리적 실험'에 이어 세 번째 과학적인 방법으로 널리 받아들여지고 있다. 이 책은 금융 시뮬레이션 연구소를 구축할 때도 사용할 수 있다. 이 책은 시카고 대학교 그래함 스쿨 분석 석사 프로그램the Graham School at the University of Chicago Master of Science in Analytics program의 대학원 금융 분석 과정과 아이오와대학교 티피 경영대학the Tippie College of Business at the University of Iowa의 금융학과에서 학부 투자 과정에 대한 연구 과제로 개발됐다. 단과 대학이나 종합 대학에서 대학원 교재로 사용하면 유용할 것이다. 수학과 컴퓨터 과학에 대한 적절한 배경지식이 있다면 고급 학부 과정에서도 사용할 수 있다.

이 책을 이해하기 위해선 통계 분석, 확률과 통계, 혹은 수리 통계 과정을 수강하는 것이 가장 이상적이지만, 필요한 자료의 상당 부분은 본문과 부록에 수록돼 있다. C, C++, 자바, C#, 파이썬, 매트랩^{Matlab}과 같은 하나 이상의 과학적 기반 프로그래밍 언어를 이용한 배열 처리에 익숙해지려면 학부 수준의 미적분, 선형 대수, 컴퓨터 과학 지식이 필요하다. 금융 배경지식은 필요치 않다. R을 사용해봤다면 이 책을 이해하기 더욱 수월할 것이다

R 언어로 하는 금융 컴퓨터 시뮬레이션은 스프레드시트 작성보다 더 복잡하고 난해할 수 있다. 정량적 옵티마이저$^{quantitative\ optimizer}$는 로직이 주변 프로그램 코드에서 명백하게 드러날 때 잘 제어되고 조정될 수 있다. 견고하고 정교한 플랫폼을 구축하기 위해선 많은 컴퓨터 과학 지식을 보유해야 하며, 이면의 컴파일러와 실시간 시스템을 잘 알고 있다면 더 깊이 이해할 수 있다. 하지만 작업을 완료하면 금융 분석 개발자, 운영자, 학생은 통계 시뮬레이션을 위해 설계된 언어로 수행한 시뮬레이션의 이점을 인식하기 시작할 것이다. 시뮬레이터 구축과 시뮬레이션 관찰로부터 얻을 수 있는 통찰력은 향후 전문 분야를 깊이 이해하는 데 도움이 된다.

각 장의 연습 문제에서 데이터 과학은 통계와 전산 모형의 연구를 포함한다. 이는 금융 시장에 존재하는 경제적 가치를 밝히는 것을 의미한다. 데이터 공학은 파일, 프로그램 로직, 테스트, 그리고 지속적 개선을 이용해서 대용량 데이터집합에 적용해 컴퓨터에서 모형을 구현하는 과정이다. 연습 문제를 풀어보며 앞서 배운 데이터 과학 원리를 활용해 금융 연구소를 설계하고 구축한다.

연습 문제를 수행하면서 다양한 R 패키지를 수시로 설치해야 할 수도 있다. 인터넷에서 검색하면 R 패키지 로딩이나 수행 시 발생하는 다양한 문제의 해결 방안을 찾을 수 있다. 이러한 방안은 수많은 패키지, 조건, 사례에 반복적으로 활용할 수 있다.

연습 문제는 다양한 구성 요소에 개별적으로 초점을 맞추기 때문에 로직과 데이터를 이해할 수 있다. 각각의 새로운 구성 요소는 정교한 수준의 금융 분석을 수행하기 위해 이전 구성 요소를 기반으로 한다.

예제 코드 다운로드

한국어판의 예제 코드는 에이콘출판사의 도서정보 페이지인 http://www.acornpub.co.kr/book/financial-analytics-r에서 다운로드할 수 있다.

1 분석적 사고

투자자에게 상승 장세^{bull market} 동안에 주식분할을 하거나 하루에 20%씩 상승하는 주식을 매입하는 것만큼 짜릿한 흥분은 없다. 이러한 감정은 축구에서 공격수가 결승골을 넣었을 때와 비슷할 것이다. 비록 반무작위 사건^{semi-random events}, 예컨대 골과 공격수 사이에서 수비수 행동이 원하는 결과에 리스크^{risk}가 될 수 있지만, 공격을 위해 훈련하고 준비한 사항을 신속하게 적용하면 성공적인 결과를 얻어 팬들에게 기쁨을 안겨줄 수 있다. 간단히 말해 유비무환의 정신으로 준비하면 위기에 직면했을 때 성공 확률을 높일 수 있다.

이 책에는 이러한 유비무환을 위해 필요한 모든 내용이 포함돼 있다. 자녀의 대학 학자금 준비를 거의 마쳤거나 퇴직 후 노후자금을 충분히 마련해 뒀다면 재정적인 안정감을 느낄 것이다. 금융 분석에는 다른 분석 중에서도 시뮬레이션을 이용한 역사적 데이터 기반의 예측 시나리오 생성이 포함돼 있다. 아마추어 투자자들은 주관적인 감으로 주식 얘기를 나눌 때, '친구, 요즘 퀄컴^{Qualcomm}이 대세야', '난 인튜이티브 서지컬^{Intuitive Surgical}[1]을 샀어. 승승장구 중이야'와 같은 자연스러운 대화로 비공식적인 조언을 주고받는다. 인간인 우리는 다양한 상황을 고려해 하나씩 결정해 나가야 한다. 하지만 다음과 같이 가만히 자문해보자. '물론 친구의 말은 좋은 투자 방식처럼 들리지만, 역사적 증거에 기반한 투자보다 더 나은 투자가 있지 않을까?', '금융 분석 접근법은 순수하게 객관적인 관점에서 어떤 정보를 말해줄까?' 축구에서 공격수가 골 넣는 연습을 하듯이 금융 분석을 연습함으로써 예기치 않은 상황에 대해 훈련하고 정보를 얻으면 효과적으로 대비할 수 있다.

강건하고^{robust} 정확한 데이터와 더불어 모형 설계는 전문적인 실전 분석의 핵심 요소다. 이 책은 중요한 응용 모형을 터득해 적용하고 활용해 확장할 수 있도록 하는 데 중점을 둔다. 모형은 R 언어로 작성한 코드를 이용해 표현하며, 변동 추이에 대한 통찰력을 얻기 위

---

1 인튜이티브 서지컬(Intuitive Surgical)은 1995년에 설립된 미국의 수술용 로봇 업체로, 지난 1997년 복강경 수술 로봇인 '다빈치'를 개발했다. 다빈치 로봇은 2000년 미국 미국식품의약국(FDA) 승인을 받아 상용화되기 시작했으며, 전 세계 수술용 로봇 시장(약 5조4,000억원) 점유율 50%를 차지하고 있다.

해 역사적 시장 데이터집합을 사용한다.

'빅사이언스[Big Science]'라는 단어에서 유래된 신조어인 '빅데이터[Big Data]'는 공용 메모리 및 하드웨어 디스크와 전통적인 파일 및 관계형 데이터베이스에 적합하지 않은 데이터집합을 설명하는 데 사용하는 용어다. 빅데이터 분석에는 정교한 알고리즘과 과정[processing]이 필요하며, 대규모 표본을 활용하려면 빅데이터에 이러한 분석 기법을 적용해야 한다. 대규모의 데이터집합으로 더 현실적인 통찰과 발견을 할 수 있다. 이 책은 금융 분석을 수행하는 개인과 수업에서의 실습을 증진하는 것을 목표로 하며, 빅데이터 처리에 필요한 모형, 프로그램 로직, 주식의 데이터집합, 기타 일반 증권에 대한 정보를 제공한다.

1.1 금융 분석의 개요

2008년 금융위기 이후, 금융회사들은 수학적으로는 완벽하더라도 본질적으로 부정확한 모형에 의존하는 것은 더 이상 유효하지 않다는 사실을 깨달았다. 따라서 좀 더 실질적인 접근법이 필요했다. 2000년대에는 시장에 여러 접근법이 생겨났으며 기존에 확립된 시장 모형보다 특수한 사건[tail event]이 더 많아졌다. 이들 특수한 사건은 플래시 크래시[flash crash2]와 테크 버블[tech bubble] 그리고 그 이후로 모기지 기반 위기를 초래했다. 따라서 금융회사들은 수치를 보완하고 보정[calibration]할 수 있도록 신속한 발견과 시뮬레이션을 위한 도구가 필요해졌다.

한편 새롭게 부상하는 분석 분야인 데이터 과학[Data Science]은 전례에 없던 방식으로 비즈니스에 연산지능[computational intelligence]을 제공하고 있다. 분석 프로그램은 의료 진단부터 자동차 경로, 엔터테인먼트 콘텐츠에 이르기까지 모든 분야에 활용되고 있다. 예컨대 연구소나 비즈니스 세계에서는 관찰한 결과의 데이터집합을 통계 규칙과 이산 구조[discrete structures]를 적용하고 자동적으로 분석해 실제 업무에 활용한다. 기업들은 거래 데이터를 분석해 미래 소비자 구매 패턴을 예측할 수 있으며, 의사들은 건강 기록을 분석해 질병을 쉽게 진단할 수 있다.

오늘날 소비자와 기업은 모두 소비자 가격, 산업 생산량, 이자율, 천연가스 가격 변동에 영향을 받는다. 이러한 변동은 리스크가 항상 존재한다는 사실을 의미한다. 이제는 대량의

---

2 플래시 크래시(순간 폭락)는 2010년 5월 6일 다우지수가 몇 분만에 1000 가까이 폭락해 전 세계 금융시장을 깜짝 놀라게 한 사건이다. 주범인 싱 사라오는 당시 자동 트레이딩 프로그램을 사용해 E-미니 S&P 500 지수 선물 계약에 대규모 매도 주문을 만들어 내는 방식으로 시세를 교란한 것으로 알려졌다.

데이터집합을 구할 수 있으므로 금융회사들은 알고리즘을 이용해 경제 패턴을 측정하고 예상되는 경향을 조사하는 노력을 강화하고 있다.

　분석은 모형을 제시하고, 데이터에 대한 모형의 적합도를 확인하고, 모형으로부터 미래 결과를 예측하는 방법을 찾는 반복적인 과정을 설명하는 데 사용하는 용어로 자리잡았다. 금융 분석은 수십 년간 학계와 업계 전문가들이 기여한 분야이며 최근의 기술 발전으로 인해 지금과 같은 발견이 가능하게 된 분야다. 금융 분석에는 전통적 통계 모형과 연산 알고리즘을 금융 시장 데이터와 투자 포트폴리오에 적용하는 것도 포함된다. 예컨대 투자자와 투자회사, 그리고 가치 있는 유가증권과 원자재를 거래하는 생산자는 매일 시간에 따라 발생하는 관계를 분석한다. 핌코^{PIMCO}와 뱅가드^{Vanguard} 같은 투자회사는 투자금을 성공적으로 운용해 투자자가 은퇴 목표를 달성하거나 자녀를 대학에 보낼 수 있게 돕는다. 이 책은 이러한 투자회사나 다른 금융기관이 수행하는 업무를 깊이 이해할 수 있는 도구를 제공한다.

　많은 비즈니스 인텔리전스$^{business\ intelligence}$ 서적은 빅데이터에서 무엇^{what}이 일어나는지를 중점적으로 설명하지만, 이 책은 어떻게^{how} 상세한 결과를 얻을 수 있는가에 초점을 맞췄으며, 통계, 금융, 컴퓨터 과학을 아우른다.

　비즈니스에서는 수익은 높이고 리스크는 줄이기 위해 노력한다. 최적화는 금융 분석에서 중요한 분야다. 비즈니스 인텔리전스 접근방식에서는 결과를 최적화하기 위해 알맞은 데이터를 사용해야 한다.

　이러한 유형의 이슈는 금융 분석 시뮬레이션으로 해결해야 한다. 최적의 수익과 측정된 리스크 수준은 어느 정도인가? 좋은 확률변수가 될 수 있는 재무지표는 무엇이며, 어떻게 분포하는가? 확률변수를 분석적으로 표본추출^{sampling}할 수 있는 데이터집합은 무엇인가? 어떤 재무지표의 상관관계가 높은가? 어떤 재무지표가 비교적 독립적인가? 분석적 사고는 거래가 일어날 때 알고리즘에 단순한 보유 전략을 뛰어넘는 우위^{edge}를 제공할 수 있는가? 분석적 사고를 통해 거래를 시작할 때 알고리즘을 단순한 보유 전략보다 우선시할 수 있을까? 이 책에서 이러한 질문들의 해답을 찾아본다.

1.2 데이터 과학자를 위한 금융 분석

전문 데이터 과학자는 순수 통계학자가 아니다. 물론, 응용 통계 기술은 중요하다. 하지만 데이터 과학자라면 실용적인 소프트웨어 공학 기술도 보유해야 한다. 또한 빠르고 반복적으로 수행할 수 있는 신뢰성 높고 테스트 가능한 모형도 구축할 수 있어야 한다. 전문 데이터 과학자는 분석 알고리즘 구현을 위해 데이터 유형을 이해해야 한다. 그래야 이들을 고용한 기업과 고객들이 도출된 안정적인 모형으로부터 경쟁 우위를 확보할 수 있다. 우리의 목표는 금융상품을 하나씩 다루는 것이 아니라 대량으로 처리하는 것이다. 따라서 본질적으로 비교할 수 있도록 상품의 군집^{clusters}과 구조가 필요하다. 투자는 의사결정의 문제이며 주식 후보가 많을수록 성공 가능성을 높일 수 있다.

원서의 부제목이 '데이터 과학을 위한 랩톱 연구소 구축$^{Building\ a\ Laptop\ Laboratory\ for\ Data\ Science}$'인 이유는, 유의미한 크기의 작업 모듈로 분석 문제를 해결하는 소프트웨어 시뮬레이션 연구소 구축 방법을 설명하는 것이 이 책의 목적이기 때문이다. 랩톱은 빠르게 보급되고 있으며, R 언어는 모든 운영체제에서 동작한다. 200달러 미만의 랩톱에서도 이 책에서 제공하는 모든 시뮬레이션을 실행할 수 있을 정도로 저렴하면서도 강력한 연산 환경을 구축할 수 있다. 인터넷에서 무료로 구할 수 있는 우분투 리눅스의 변형인 크루톤^{Crouton}과 RStudio를 설치했다면, 언제든지 데이터집합을 다운로드해 자유롭게 수백만 행을 분석할 수 있다.

우리가 사용한 랩톱을 AL$^{Analytics\ Laboratory}$이라고 이름 지었다. 가정에서는 차에 베스티^{Betsy}, 핸섬^{Handsome}, 체스터^{Chester}, 베놈^{Venom}, 마일스^{Myles} 같은 이름을 붙이기도 한다. 차에도 이름을 붙이는데 매일 사용하는 기기에 이름을 붙이지 못할 이유도 없지 않은가? AL의 하드웨어와 운영체제는 그루폰^{Groupon}에서 139달러라는 저렴한 가격으로 구입했다. 독자들의 AL은 애플이나 윈도우 PC일 것이다. RStudio를 실행하고 많은 플랫 파일$^{flat\ file}$[3] 집합과 소규모의 데이터베이스를 보유할 수 있을 정도의 컴퓨터면 된다.

플랫 파일의 경우 코딩한 모듈 중 하나는 향후 분석을 위해 6백만 행의 가격을 다운로드하고 저장한다. 많은 책에 코드가 포함돼 있지만 이 책에서는 코드를 포함할 때 코드들이 서로 연관되도록 구성했으며, 자신의 컴퓨터에서 코드를 따라하면서 더 심층적으로 이해할 수 있도록 했다. 여러분들은 사실상 모든 종류의 컴퓨터 운영체제에서 R을 사용할 수 있다. 그리고 대용량 내장 하드 드라이브가 있는 고성능 애플 PC나 윈도우 랩톱에서 분석 라이브러리$^{Analytics\ Library}$를 실행하면 말 그대로 '전체 시장'을 로드하고 원하는 대로 데이터를 조회할 수 있다.

3　플랫 파일은 아무런 구조적 상호관계가 없는 레코드들이 들어 있는 파일이다. 이 용어는 모든 문서 처리나, 다른 구조 문자들 또는 마크업들이 제거된 상태의 텍스트 문서를 가리키기 위해 자주 사용된다. 대부분 사용자는 마이크로소프트 워드에서 문서를 "텍스트"만으로 저장한 것을 '플랫 파일'이라고 부른다. 플랫 파일의 또 다른 형식은 각 테이블 셀들이 콤마로 구분돼 있고 각 줄은 줄 바꿈으로 구분돼 ASCII 텍스트로 표시된 표 데이터가 그중 하나다. 이러한 형태의 플랫 파일을 CSV 파일이라고 부른다.

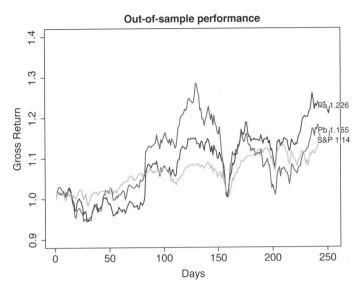

그림 1.1   S&P 벤치마크 포트폴리오(녹색)와 나스닥(NASDAQ) 및 뉴욕 증권거래소(NYSE) 주식의 최적화 포트
폴리오(보라색과 붉은색)의 표본 외 보정(2014~2015)

데이터 과학을 위한 랩톱 연구소인 AL은 성공적이었다. 데이터 마이닝$^{data\ mining}$ 측면에서
AL은 이 책에서 제시한 분석 프로그램을 통해 훌륭한 주식 후보를 찾아 포트폴리오를 최
적화할 수 있었다. R 프로그램은 전통적인 평균−분산 최적화$^{MVO,\ Mean-Variance\ Optimization}$를
사용해 연구소의 표본에서가 아니라 실제 주식시장에서 S&P 500 지수 수익률을 능가하는
주식 포트폴리오를 제공했다. 이런 결과는 S&P 500 지수보다 변동성^{volatility}이 다소 높은
포트폴리오를 함께 구성한 덕이었다. 실제로 AL의 포트폴리오 리스크에 대한 수익률과 지
수를 비교했을 때는 더 좋은 성과를 보였다. 이는 감내하는 리스크 크기에 견주어 수익률
이 더 높다는 의미다. 그림 1.1은 벤치마크와 비교한 두 개의 최적화 포트폴리오의 표본 외
$^{out-of-sample}$ 성능을 보여준다.

```
> logRetPortf = diff(log(indexRecentPrices1))
> mean(logRetPortf)/(sd(logRetPortf)*sqrt(252))
[1] 0.006083248
> logRetBench = diff(log(benchPrices/benchPrices[1]))
> mean(logRetBench)/(sd(logRetBench)*sqrt(252))
[1] 0.00497942
```

AL의 추천 결과가 성공적인 이유가 궁금할 수 있다. AL은 R의 함수형 및 벡터식 표기법과 패키지를 사용함으로써 수백 또는 수천 개의 주식을 처리하고, 가장 일관된 과거 실적을 기반으로 최고의 주식을 선택할 수 있었다. R을 사용하면 다른 플랫폼보다 적은 코드로 더 정확하게 분석을 수행할 수 있다. 투자자들은 투자 자문가나 웹 사이트로부터 이메일을 받으며 주관적으로 주식을 선택하곤 한다. SeekingAlpha.com과 MotleyFool.com은 의사결정에 필요한 정보를 얻을 수 있는 좋은 웹 사이트다. 이들 사이트는 기사에서 특정 주식에 초점을 맞추며, 구글 CFO가 사임한 이유와 여행 웹 사이트 회사가 과대평가됐다고 생각하는 이유 등에 대해 그들 나름대로 의견을 흥미롭게 제시하기도 한다. 하지만 AL은 즐거울 필요가 없고, 실제로 AL은 즐거워 할 수도 없다. 따라서 AL은 주관적인 정보들로 인해 산만해지지도 않는다. 주위 사람들에게서 좋은 정보를 얻었다고 으스대는 사람과 달리 AL은 시스템이다. 따라서 데이터집합과 통계에만 의존한다. R과 함께 AL을 사용하면 엄격하게 정량적 의사결정 접근법을 적용할 수 있으므로 고려해볼 만한 가치가 있다.

1.3 R을 활용한 고급 분석

2008년 금융위기 이후 은행, 보험, 펀드 운용, 기업 재정 분야에서는 통계와 데이터 분석에 더 많은 지식을 겸비하고, 다양한 리스크 지표를 측정하고 제시할 수 있는 전문가가 필요했다. 특히 매우 예외적인 사건에 대해서도 리스크 지표를 분석할 줄 알아야 했다. 1990년대에 여러 대학에서 계량금융quantitative finance 과정을 개설했지만 해당 과정에서는 주로 수학적인 분야에 치중했다. 당시 학생들은 수식을 증명하고 공식을 도출하는 데 더 많은 시간을 할애한 반면, 시장의 데이터집합을 이용한 학습은 등한시했다. 공식 도출은 모형을 이해하는 데는 도움이 되지만, 기회비용 측면에서 보면 공식을 도출하는 것보다 운영 데이터 분석 플랫폼 구축에 시간을 할애해야 한다. 사람들은 배우고 경험하면서 금융 분석 세계에 입문할 수 있다. 폭넓은 수학적인 지식을 겸비한 전문가라면 더 쉽게 실전에 뛰어들 수 있다. 수학적 지식이 다소 부족하고 금융 용어가 익숙하지 않은 독자라면 이 책에 있는 내용이 금융 분석 분야를 이해하는 데 많은 도움이 될 것이다. 이 책의 독자들은 금융 분야의 문제와 이슈를 해결하는 데 필요한 재무, 통계, 알고리즘 지식을 한 단계 높일 수 있으며, 직관력과 기본적인 금융 용어도 배우게 될 것이다. 또한 경험 많은 독자들은 현대적인 데이터 마이닝과 최적화 주제를 전통적인 재무지표에 접목해 새로운 패키지를 사용하는 최신 기법을 배울 수 있다. 이 책이 다루는 주제는 분석가로 경력을 전환하고 싶은 전문가, 전문적인 계량 금융 전문가, 고급 금융 분석 지식을 겸비하고 배우고 싶은 학생들에게 특히 흥미로울 것이다.

이 책은 통계 언어인 R을 이용해 금융 분석 프로그램을 체계적으로 개발하는 방법을 설명한다. R은 통계적 알고리즘을 정교하게 구현할 수 있으므로 학계에서 많이 사용하는 언어가 됐다. R은 오픈 소스이며 모든 일반적인 컴퓨터 운영체제에서 무료로 다운로드할 수 있다. 또한 이미 수천 개의 패키지가 존재하고 사용할 수 있으므로 공통 알고리즘을 처음부터 다시 개발할 필요가 없다.

금융 분석은 문제를 해결하기 위해 연산 로직으로 통계와 경제 규칙을 적용한다. 따라서 과거에는 별도로 여겼던 모형들을 연계하기 위해 분석 컴퓨터 프로그램의 역할이 확대되고 있다. 이러한 컴퓨터 프로그램은 전문 프로그램 언어를 사용해 더 효과적으로 구축할 수 있다.

이 책은 업계 종사자와 학자인 독자들에게 다양한 금융 분석 솔루션을 소개한다. 또한 개인 투자자나 투자회사 분석가라면, 참조 모형과 적절한 크기의 R 프로그램을 통해 분석 결과를 얻을 수 있다. 이 책은 먼저 시장의 확률과 통계, 그리고 가격 벡터 특성을 찾기 위해 R로 기본적인 알고리즘을 설명한다. 이때 예제와 함께 수익률, 액면분할조정, 유가증권의 성과 비교, 변동성, 리스크, 방향성, 왜도skew, 시장 특수 비중market tail weight 등을 살펴본다. 최적의 포트폴리오를 찾고 포트폴리오 내 관련 유가증권을 연결하기 위해, 그래프와 군집화 알고리즘을 사용해 비지도 머신 러닝unsupervised machine learning 기술을 활용하면 통찰력을 얻을 수 있다. 금융 시장의 속도가 빨라진다는 것은 정량 분석과 금융공학이 더 이상 배타적으로 단일 상품의 세부적인 사항에 초점을 맞춰야 한다는 의미가 아니다. 대신 거의 동시에 발생하는 수천 개의 가격과 거래의 큰 그림에 초점을 맞춰야 한다는 의미다. 이 책은 이러한 방향에서 새로운 단계를 제시한다.

1.4 연습 문제

1.1 그림 1.1을 살펴보자. 그림처럼 S&P 500 지수가 1.0에서 시작하도록 기간을 조정한다고 가정하면 S&P 500 지수의 252일, 즉 1년간 수익률은 몇 %가 되는가?

2 금융 분석 전문 언어, R

연산처리computing 분야에서 유닉스UNIX 운영체제와 C/C++ 언어를 포함한 수많은 혁신 사례처럼 R 언어는 1970년대와 1980년대에 걸쳐 AT&T 벨 연구소에서 진행한 S 언어 프로젝트에 뿌리를 두고 있다(Becker, Chambers, and Wilks, 1988). S 언어를 컴퓨터 과학자가 설계했다면 지금과 같은 방식으로 설계하지 않았을 것이라고 주장하는 사람들도 있다(Morandat, Hill, Osvald, and Vitek, 2012). 당시 통계학자들은 대중적이며 신뢰성을 인정받은 포트란FORTRAN 패키지와 연계하기 위해 S 언어를 설계했다. 이렇게 태어난 S 언어는 새롭게 개발된 유닉스와 C 환경에서 번성했다. R은 오클랜드대학교University of Auckland의 로스 이하카Ross Ihaka와 로버트 젠틀맨Robert Gentleman이 개발한 S 언어의 오픈 소스 변형으로 1993년에 처음으로 공개됐다(Ihaka, 1998). 변수 범위 지정과 파라미터 전달을 위해 선정한 규칙 때문에 인터프리터와 컴파일러 작성자가 R을 빠르게 실행하기는 어려웠다. 이 문제를 해결하기 위해 Rcpp와 같은 패키지가 R용으로 개발돼, R 프로그램이 미리 컴파일된 C++ 프로그램을 호출함으로써 속도 측면에서 병목 구간이었던 알고리즘 부분을 최적화했다(Eddelbuettel and Sanderson, 2014). Rcpp 패키지는 이 책의 후반부에서 논의한다. 오픈 소스라는 가용성과 통계 및 분석 연산 도구의 필요성이 대두됨에 따라 높아진 R의 인기는 R의 장점이 단점을 상쇄할 수 있을 정도로 크다는 사실을 보여준다. 전반적으로 R은 일급 객체first class object[1]인 벡터를 기반으로 한다. R의 많은 강점 중 대표적인 두 가지는 첫째, 리스프LISP, 스킴Scheme[2], 파이썬Python, 매트랩Matlab과 공유할 수 있다는 점이고, 둘째, 누구나 자유롭게 사용할 수 있는 4,000개가 넘는 패키지가 존재한다는 점이다. 이 책에서는 금융 분석과 관련된 R 패키지를 중점적으로 살펴본다.

---

1 일급 객체(first−class object)란 변수나 데이터에 할당할 수 있어야 하고, 객체의 파라미터로 넘길 수 있어야 하며, 객체의 반환값으로 넘길 수 있어야 한다는 세 가지 조건을 충족하는 객체를 말한다.

2 리스프(LISP)는 1958년 초안이 작성된 프로그래밍 언어로 독특하게 괄호를 사용하는 문법으로 유명한 프로그램이다. 널리 사용되는 포트란에 이어 두 번째로 오래된 고급 프로그래밍 언어다. 스킴(Scheme)은 함수형 프로그래밍과 절차적 프로그래밍을 지원하는 다중 패러다임 프로그래밍 언어로, 리스프(LISP)의 변종 언어다. 1970년대 가이 루이스 스틸 주니어(Guy Lewis Steele Jr.)와 제럴드 제이 서스먼(Gerald Jay Sussman)이 개발했다.

본격적인 진행에 앞서 간단히 R을 살펴보겠다. R에 익숙한 독자라면 이 부분은 건너 뛰어도 좋다. 하지만 R에 익숙하지 않다면 다양한 예제를 통해 R 언어에 대한 감을 익히기 바란다. 이 책에서 2장은 독립적으로 구성했으며, 독자들이 R에 대한 배경지식이 없다고 가정한다. 하지만 경험과 무관하게 2장에서 다루는 R의 소개나 설명은 시장 데이터집합 정보를 세부적으로 분해해, 다양한 시각을 제공하는 향후 분석 프로그램에 대비하는 데 도움이 될 것이다.

2.1 R 시작하기

R의 큰 장점 중 하나는 설치가 매우 쉽다는 것이다. 브라우저에서 CRAN^{Comprehensive R} ^{Archive Network} 웹 사이트인 http://cran.r-project.org로 이동한다. 애플 맥, 리눅스 시스템, 윈도우 PC별로 해당하는 R 인터프리터를 다운로드할 수 있다. R은 명령줄 인터페이스^{CLI,} ^{Command Line Interface}로 시작됐지만 다운로드 후 설치하고 나면 애플과 리눅스 시스템의 경우 다음과 같은 명령을 통해 기본적인 GUI^{Graphical User Interface}를 사용할 수 있으며, 결과적으로 그림 2.1과 같은 GUI 창이 나타난다. 윈도우의 경우 아이콘을 클릭해 동일한 R GUI를 시작할 수 있다.

```
R --gui=Tk
```

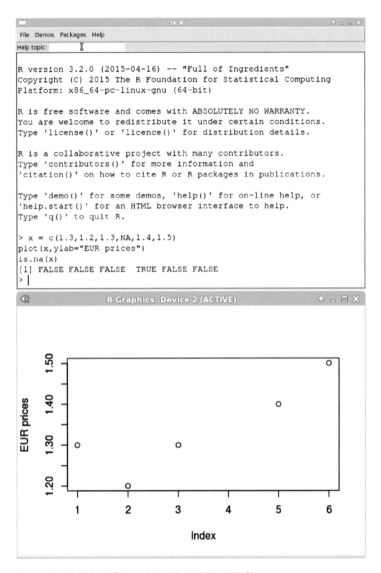

그림 2.1 기본적인 R의 UI 창과 plot() 명령의 결과를 보여주는 팝업 창

확인을 위해 다음 코드와 같이 가격^{prices} 벡터를 생성하고 이를 이용해 그래프를 그려보자.

```
> x = c(1.3,1.2,1.3,NA,1.4,1.5)
> plot(x,ylab="EUR prices")
> is.na(x)
[1] FALSE FALSE FALSE TRUE FALSE FALSE
```

c() 연산자는 요소의 벡터를 생성한다. c( )는 R의 기본 벡터 연산자다. 벡터의 네 번째 항목인 NA^not available에 주목해보자. R에서 NA, Inf^infinite values, NaN^not a number을 처리하는 기능은 R의 많은 강점 중 하나다. 그리고 변수가 이 세 가지 값인지 여부를 조사하는 데 사용하는 함수는 각각 is.na(), is.infinite(), is.nan()으로 불리언^Boolean 값을 반환한다. 데이터 과학에서는 알고리즘에서 이러한 잘못된 값을 입력값이나 결괏값으로 만나고는 한다.

R 인터프리터 주제로 돌아가보자. 웹 사이트 www.rstudio.com를 방문하면 최신 RStudio GUI 개발 툴을 다운로드할 수 있다. RStudio는 무료로 다운로드해 사용할 수 있으나 고급 기능을 사용하기 위해서는 별도의 비용을 지불해야 한다. RStudio를 사용하면 기본적인 R 인터프리터에 비해 그래프^plot 창, 변수 내용 관리뿐만 아니라 디버깅 작업을 더 효율적으로 수행할 수 있다. 그림 2.2는 그래프 창과 변수 내용을 비롯해 모든 작업 내용을 한눈에 파악할 수 있음을 보여준다. CRAN에서 제공하는 기본 R 인터프리터를 효과적으로 사용하려면 시간이 걸리겠지만, C++이나 자바용 대화식 개발환경을 사용해본 경험이 있다면 RStudio의 구문 강조, 실행 옵션, 다중 파일 처리 등이 이들과 매우 유사하다는 사실을 알 수 있다. RStudio, 오라클 빅데이터 어플라이언스^Oracle Big Data Appliance는 R의 인기가 높아지고 R의 상업화가 증가하고 있다는 반증이기도 하다(Ora, 2011).

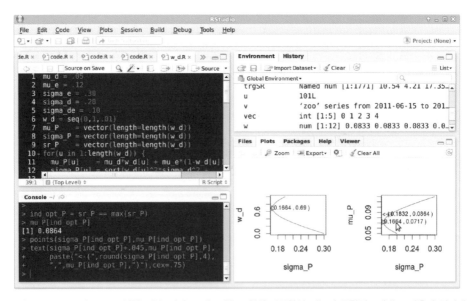

그림 2.2 RStudio는 코드, 실행, 변수 검사, 그래프 창, 표현식 자동완성 기능이 통합된 2세대 R 사용자 인터페이스다.

R 언어 도구로 이 책의 코드를 사용하기 위해서는 우선 homeuser 변수를 설정해 현재 디렉터리 경로를 정의해야 한다. 책의 모든 코드가 위치할 기본 디렉터리를 설정하기 위해 변수를 미리 설정한다. R을 사용할 때마다 homeuser 변수를 다음과 같이 설정한다.

```
homeuser="<basedir>"
```

여기서 <basedir>은 컴퓨터 시스템에 따라 /home/<myuserid>나 C:/Users/<myuserid>와 같은 디렉터리를 설정할 수 있으며, 그러면 <basedir>/FinAnalytics/<dir>이 R 코드로부터의 입출력이 발생하는 위치가 된다. 이때 <dir>은 각 장의 작업 디렉터리로 2장의 경우 일반적으로 ChapII와 같이 나타내며 R 변수 dir에 저장된다. http://www.acornpub.co.kr/book/financial-analytics-r에서 책 전체 코드와 데이터집합을 담은 FinAnalytics(한국어판).zip 파일을 다운로드할 수 있다. 압축을 풀면 FinAnalytics/<dir>과 같은 형식으로 디렉터리가 구성돼 있음을 알 수 있으며, 사용할 때마다 homeuser를 정의해야 한다는 사실을 기억하자.

R은 library 구문을 만나면 패키지 사용 여부를 확인한다. 사용할 수 없다면 다운로드해야 한다. 예컨대 ggplot2 패키지를 다운로드하는 명령은 다음과 같다.

```
update.packages()
install.packages("ggplot2",dependencies=TRUE)
library(ggplot2)
```

패키지 간에 의존관계가 있을 수 있는데, 이 경우 "dependencies=TRUE" 설정을 사용한다. 이 설정은 해당 패키지와 관련된 모든 패키지를 자동으로 설치한다. 다만 패키지 설치에 문제가 발생했을 경우에는 브라우저의 검색 엔진에 에러 메시지를 입력하면 도움이 되는 페이지를 찾을 수 있다.

2.2 언어 특성: 함수, 할당, 인수, 타입

많은 경우에 R은 전산 통계 플랫폼을 제공한다. R을 통해 수학 함수들을 쉽게 사용할 수 있다. 기본 log() 함수는 자연로그 함수다. 물론 벡터 x에 log() 함수를 적용하면 자연로그의 벡터 y가 된다. R은 많은 명령형 언어imperative language와 달리 반복문loop이 필요하지 않다. 아래 코드의 마지막 함수 round()는 y를 반올림해 소수점 셋째 자리까지 표현한다. 이

때 NA값이 어떻게 처리되는지 보자. 예상대로 NA의 log() 함수 계산 결과는 NA임을 알 수 있다.

```
> x[x > 1.3]
[1] NA 1.4 1.5
> y <- diff(log(x))
> round(y,3)
[1] -0.080 0.080 NA NA 0.069
```

R에서는 벡터뿐만 아니라 함수도 일급 객체다. R은 이러한 속성을 함수형 언어functional language 리스프 및 스킴과도 공유한다. 일반적으로 함수는 변수에 할당하는 방식으로 정의한다. g라는 변수에 함수를 할당하면 g(4)는 이를 계산해 결과를 반환하고, 괄호가 없는 g는 함수 정의를 반환한다. 인수는 순서나 이름으로 일치match시킬 수 있으며, 인수의 기본값도 지정할 수 있다. 아래 예제의 경우는 인수를 이름으로 일치시켜 정의와 다른 순서로 인수를 설정했다.

```
> g <-function(x,y=5) { return(x^y) }
> g(4)
[1] 1024
> g(4,6)
[1] 4096
> g(4,y=7)
[1] 16384
> g(y=8,x=4)
[1] 65536
> g
function(x,y=5) { return(x^y) }
```

R에는 네 개의 할당 연산자가 있다. 가장 기본적인 연산자는 "<-"다. 사용 방법은 아래 코드의 첫 번째 줄과 같다. R은 함수적 특성이 매우 강해 "<-" 연산자 대신 assign("x",1)과 같이 assign() 함수를 이용해 할당할 수도 있다. R의 화살표 할당 연산자는 APL 언어에서 유래됐다[3]. 하지만 시간이 지나면서 "="으로 할당하는 언어가 늘어나고 사용자가 이에 익숙해짐에 따라 R에서도 이 방식을 수용해 g(x,y=7)와 같이 함수 호출에서 파라미터 값을

---

3 APL(A Programming Language)은 고급 수학용 프로그래밍 언어로 케네스 아이버슨(Kenneth E. Iverson)이 1957년 하버드대학교에서 발명했다. APL은 금융과 보험 애플리케이션, 시뮬레이션, 수학 애플리케이션 등 다양한 응용에서 사용됐다.

할당할 때 "="를 사용하게 됐다. 이제 "<-"를 사용하느냐 "="를 사용하느냐는 선호의 문제
가 됐다. 지금까지 설명한 세 가지 할당 방식은 지역^local 할당을 위한 것으로 범위^scope 밖
에 있는 동일한 이름의 다른 변수에는 영향을 미치지 않는다. 아래 R 실행 결과에서 알 수
있듯이 값으로 3을 할당한 x는 함수 f() 내에 있는 x에 4를 할당해도 아무런 영향을 받지
않는다.

```
> x <- 1
> assign("x",2)
> x
[1] 2
> x = 3
> x
[1] 3
> f <-function(x)
+ {
+ x = 4
+ x
+ }
> f(x)
[1] 4
> x
[1] 3
```

　R의 네 번째 할당 연산자는 "<"를 두 개 사용하는 연산자로, "슈퍼 할당^super-assignment" 연
산자라고 한다. 이 연산자를 실행하면 함수 f()에서 함수 f() 밖에 있는 전역^global 변수
인 x에 값을 할당할 수 있다. 전역 환경에 x가 없다면, x를 생성하고 값을 할당한다. 함수의
인수에 '값'을 전달하므로 슈퍼 할당 연산자를 이용해 호출 환경에 값을 반환할 수 있다.

```
> x = 3
> x
[1] 3
> f <-function(x)
+ {
+ x <<- 4
+ x
+ }
> f(x)
[1] 4
> x
```

```
[1] 4
> typeof(f)
[1] "closure"
> typeof(x)
[1] "double"
```

슈퍼 할당을 사용한 위 코드의 출력 결과는 로컬 할당을 사용한 이전 코드의 출력 결과와 다르다. 두 개의 "x"가 있는데, 하나는 함수의 밖에 있고 다른 하나는 함수의 안에 있다. 슈퍼 할당 연산자는 함수 외부를 확인하고 함수 외부에 선언된 x에 영향을 미친다.

R은 동적으로 타입type을 지정하므로 변수는 타입이 없는 대신 값에 타입이 있다. 따라서 변수의 타입은 값의 타입에 의해 결정된다는 사실을 알 수 있다. typeof() 함수는 변수에 할당된 값의 타입을 반환하는 데 사용할 수 있다. 사용 예는 위 코드의 결과에서 확인할 수 있듯이 함수의 경우 typeof(f)는 "closure"를 반환하고, typeof(x)는 "double"을 반환한다.

R의 동적인 특성을 유지하면서 평가는 eval() 함수를 사용해 동적으로 수행할 수 있다. eval() 함수를 사용해 두 개의 함수 중 하나를 실행하는 예제를 살펴보자. 문자열을 R 표현식 또는 프로그램으로 평가하기 위해 parse() 함수를 eval() 함수와 결합해 사용한다.

```
> call_type = 2
> if(call_type == 1) {
+ str = "f(2)"
+ } else {
+ str = "g(2)"
+ }
> eval(parse(text=str))
[1] 32
```

if-else에 대해 하나 더 설명하자면 ifelse()라는 함수가 있다. 이 함수는 3개의 인수를 받는다. 첫 번째 인수를 평가해 TRUE면 두 번째 인수를 실행하고, 아니면 세 번째 인수를 실행한다.

```
> call_type = 2
> ifelse(call_type == 1,
+ eval(parse(text="f(2)")),
+ eval(parse(text="g(2)")))
[1] 32
```

9장, '군집 분석'에서 if-else가 필요한 경우를 살펴본다. 세부적인 내용은 R Development Core Team(2011)[4] 자료를 참조하기 바란다.

물론 벡터나 행렬도 함수에 적용할 수도 있다. 예컨대 vec=c(1:3)이면, sqrt(vec)는 세 개의 요소 벡터(1.000000,1.414214,1.732051)가 된다. R의 또 다른 유용한 함수로 apply()가 있다. apply() 함수를 사용하면 벡터, 행렬, 데이터프레임에 임의의 함수를 적용할 수 있으며, 데이터 전체에 함수를 한번에 적용해 반복문 없이 한 줄로 간단하고 빠르게 처리할 수 있다. apply 계열 함수로는 apply() 외에도 lapply(), sapply(), tapply(), mapply()가 있다.

```
> set.seed(1)
> vec = c(1:3)
> sapply(vec,rnorm)
[[1]]
[1] -0.6264538

[[2]]
[1] 0.1836433 -0.8356286

[[3]]
[1] 1.5952808 0.3295078 -0.8204684
```

첫 번째 줄에 set.seed() 함수가 있다. 이 함수는 2.5절에서 설명하겠다. 위 예제는 가장 간단한 형태 중 하나로 for 구문을 이용해 벡터를 반복^{iteration}하지 않고 sapply()를 사용해 함수를 적용해 반복 작업을 처리했다. 이 예제의 경우 정규분포 생성 함수인 rnorm()를 적용했다. 실행 결과는 벡터의 목록이며 이 내용은 2.5절에서 더 자세히 살펴보겠다.

2.3 언어 특성: 바인딩과 배열

스칼라^{scala}나 벡터를 함께 바인딩^{binding}하는 것은 함수에서 집계한 결과를 반환하는 한 가지 방법이다. 또 다른 방법으로는 2.2절에서 설명했던 슈퍼 할당 연산자를 이용해 함수 밖에 있는 새로운 변수에 반환하는 방법도 있다. 바인딩의 경우 cbind() 함수는 항목을 두 개의 열^{column}로 바인딩하고, rbind() 함수는 항목을 두 개의 행^{row}으로 바인딩한다. 두 항목

---

4 R-Project(https://www.r-project.org/)를 이끄는 주체로 1997년 중반 이후 R의 개발과 수정을 담당하고 있다.

이 스칼라면 두 연산도 스칼라다. rep()는 반복적인 항목을 생성하는 데 사용하는 함수다. 예컨대 rep(4,5) == c(4,4,4,4,4)는 TRUE이며, 이는 4를 다섯 번 반복했음을 의미한다. 지금까지 설명한 내용의 코드 예제는 다음과 같다.

```
> A = cbind(rep(x,length(y)),y)
> A
                y
[1,] 4 -0.08004271
[2,] 4  0.08004271
[3,] 4         NA
[4,] 4         NA
[5,] 4  0.06899287
> B = rbind(rep(x,length(y)),y)
> B
         [,1]        [,2] [,3] [,4]       [,5]
   4.00000000 4.00000000    4    4 4.00000000
y -0.08004271 0.08004271   NA   NA 0.06899287
> t(A) == B
  [,1] [,2] [,3] [,4] [,5]
  TRUE TRUE TRUE TRUE TRUE
y TRUE TRUE   NA   NA TRUE
> sum(t(A) == B)
[1] NA
```

위 출력에서 rep() 함수는 두 열과 두 행으로 바인딩하기 전에 스칼라 x의 인스턴스를 다섯 개 생성한다. A와 B는 이제 배열 또는 행렬이 됐다. t()는 전치^{transpose} 함수로 이 함수를 이용해 5 × 2인 A 행렬을 B와 같은 2 × 5 행렬로 만들었다. "=="를 이용한 비교는 R이 항등 연산자를 이용해 두 개의 2 × 5 배열을 비교한 결과를 보여준다. 2 × 5 배열의 비교 결과는 원래 y 벡터에서 값이 NA이었던 것은 NA이고, 이를 제외하면 모두 TRUE다. NA는 어떤 값과 비교해도 NA를 반환한다.

R에는 배열에 관한 강력한 축약 표기법이 있다. B의 네 번째 열만 확인하려면 B[,4]와 같이 작성하면 된다. B 배열에서 네 번째 열에 있는 두 값만 출력된다.

```
> B[,4]
   y
 4 NA
> B[,-4]
          [,1]        [,2] [,3]        [,4]
```

```
    4.00000000 4.00000000    4 4.00000000
y -0.08004271 0.08004271   NA 0.06899287
> t(A)[,-4] == B[,-4]
  [,1] [,2] [,3] [,4]
  TRUE TRUE TRUE TRUE
y TRUE TRUE   NA TRUE
> sum(t(A)[-2,-4] == B[-2,-4])
[1] 4
```

반면에 네 번째 열만 제거하려면 해당 인덱스 앞에 음수 기호(−)를 붙이면 된다. 마지막 줄에서 두 번째 행과 네 번째 열을 제거한 다음 몇 개의 항목이 일치하는지 확인하면 4개가 일치함을 알 수 있다.

R에서는 범위를 별도로 또는 for 구문을 이용해 만들 수 있다. 범위는 ":" 연산자로 지정하며 아래 코드에서 보듯이 벡터가 된다.

```
> n <- 12
> z <- 1:n
> z
 [1] 1 2 3 4 5 6 7 8 9 10 11 12
> z <- c(1:n)
> z
 [1] 1 2 3 4 5 6 7 8 9 10 11 12
> z <- vector(length=n)
> for(i in 1:n)
+ z[i] <- i
> z
 [1] 1 2 3 4 5 6 7 8 9 10 11 12
```

벡터는 1차원이지만 R에서 행렬은 2차원이며, 배열은 다차원이다. 행렬은 nrow와 ncol 인수를 사용해 경계를 설정한다.

```
> mat2by4 <- matrix(1:8, nrow=2, ncol=4)
> mat2by4
     [,1] [,2] [,3] [,4]
[1,]   1    3    5    7
[2,]   2    4    6    8
```

배열은 dim 파라미터를 이용해 아래와 같이 3차원 배열로 만들 수 있다.

```
> arr2by4by3 <- array(1:24, dim=c(2,4,3))
> arr2by4by3
, , 1

     [,1] [,2] [,3] [,4]
[1,]    1    3    5    7
[2,]    2    4    6    8

, , 2

     [,1] [,2] [,3] [,4]
[1,]    9   11   13   15
[2,]   10   12   14   16

, , 3

     [,1] [,2] [,3] [,4]
[1,]   17   19   21   23
[2,]   18   20   22   24
```

R의 가장 유용한 기능 중 하나는 음수첨자[negative subscript]다. 역사적으로 많은 컴퓨터 프로그래밍 언어는 음수첨자를 금지했다. 하지만 R에서는 음수첨자를 이용해 벡터, 행렬, 배열에서 값을 제거할 수 있다. 위 예제의 3차원 배열인 arr2by4by3을 이용해 arr2by4by3[1,,]와 같이 설정했으며, 이는 위 예제에 있는 arr2by4by3에서 1차원 값을 이용해 4×3 행렬을 만든다는 의미다. 즉 arr2by4by3의 각 행렬에서 첫 번째 행인 $1,3,5,7,\cdots,17,19,21,23$을 4×3 행렬로 만든 것이다. 그리고 아래 코드의 두 번째 줄처럼 arr2by4by3[1,-4,]와 같이 2차원 값을 -4와 같은 음수첨자로 설정하면 네 번째 행이 제거된다.

```
> arr2by4by3[1,,]
     [,1] [,2] [,3]
[1,]    1    9   17
[2,]    3   11   19
[3,]    5   13   21
[4,]    7   15   23
> arr2by4by3[1,-4,]
     [,1] [,2] [,3]
```

```
[1,]    1    9   17
[2,]    3   11   19
[3,]    5   13   21
> arr2by4by3[1,c(-3,-4),]
     [,1] [,2] [,3]
[1,]    1    9   17
[2,]    3   11   19
```

R에는 더 뛰어난 기능이 있다. 바로 위 예제와 같은 음수첨자 벡터 c(-3,-4)를 사용해 차원에서 전체 요소 집합을 제거할 수 있다는 점이다. 위 예제의 arr2by4by3[1,c(-3,-4),]는 세 번째와 네 번째 행을 제거한다.

벡터, 행렬, 배열에 있어 길이와 차원은 중요하다. length()와 dim() 함수의 사용 예제는 아래와 같다.

```
> length(c(-3,-4))
[1] 2
> dim(arr2by4by3[1,c(-3,-4),])
[1] 2 3
```

행렬 곱은 8장, '마코위츠 평균-분산 최적화'에서 중요하게 다루는 내용이다. R에서는 %*% 연산자를 사용해 행렬을 곱한다. 먼저 A에 행렬을 할당한 다음 A^T, 즉 A의 전치행렬을 구하고 A와 A^T를 곱한다.

```
> A <- arr2by4by3[1,c(-3,-4),]
> t(A)
     [,1] [,2]
[1,]    1    3
[2,]    9   11
[3,]   17   19
> A <- arr2by4by3[1,c(-3,-4),]
> A
     [,1] [,2] [,3]
[1,]    1    9   17
[2,]    3   11   19
> t(A)
     [,1] [,2]
[1,]    1    3
[2,]    9   11
```

```
[3,]   17   19
> A%*%t(A)
      [,1] [,2]
[1,]  371  425
[2,]  425  491
> 1+9*9+17*17
[1] 371
```

위의 마지막 단계에서는 [1,1]의 요소값이 맞는지 여부를 확인했다.

2.4 에러 처리

에러 처리는 데이터 과학에서 중요한 부분이다. 잘못된 데이터의 변수 대입을 막고 데이터 집합을 가능한 깨끗하게 유지해야 하기 때문이다. 일반적으로 특정 패키지를 호출할 때 에러가 발행하며, 이를 위해 R에는 tryCatch() 함수가 있다. 이 함수에 파라미터로 메인 블록 표현식, 경고 처리용 코드, 에러 처리용 코드, 공통 마무리용 코드를 순차적으로 작성한다.

```
fh <- 0
tryCatch({
    fh <<- file("file1.txt", open="r")
}, warning = function(w) {
    print(w)
    fh <<- NA
}, error = function(e) {
    print(e)
    fh <<- NA
}, finally = {
    #마무리 코드
})
if(!is.na(fh)) readLines(fh)
```

위 코드를 실행하면 현재 디렉터리에 file1.txt가 있는지 여부를 확인한 다음, 없을 경우 다음과 같은 경고 메시지를 출력한다.

```
<simpleWarning in file("file1.txt", open = "r"):
cannot open file 'file1.txt': No such file or directory>
> fh
[1] NA
```

향후 R의 여러 패키지를 통해 시장 데이터를 가져올 때 요구하는 시장 데이터가 없는 경우가 있으므로 tryCatch() 함수를 사용한다.

2.5 숫자, 통계, 문자 함수

계산할 때 options(digits=n)을 사용하면 반올림할 자릿수를 설정할 수 있다.

```
> options(digits=10)
> pi = 3.1415926535897932384626
> pi
[1] 3.141592654
```

R에는 확률변수$^{random\ variable}$의 분포함수가 세 개 있다. 균등분포$^{uniform\ distribution}$의 경우 runif(), 정규분포$^{normal\ distribution}$의 경우 rnorm(), 이항분포$^{binomial\ distribution}$의 경우 rbinom()이다. 히스토그램과 밀도 그래프도 hist()와 density() 함수를 이용해 그릴 수 있다. 이항분포로부터 변량^{variate}의 밀도를 검사하는 것은 그림 2.3과 같이 density() 함수의 결과를 그래프로 나타내 수행할 수 있다.

```
> plot(density(rbinom(50,50,1/2)))
```

난수 발생 시 유용한 함수로 set.seed()가 있다.[5] 이 함수를 사용하면 이후 통계 함수를 여러 번 실행하더라도 동일한 난수를 계속 생성한다. 이와 관련된 통계 함수로 sample()이 있다. 이 함수는 무작위 정수 벡터를 반환하며, 직접 또는 인덱스를 이용해 사용할 수 있다. 복원 또는 비복원 추출 모두 가능하다.

```
> options(digits=6)
> set.seed(99)
> sample(10, replace=TRUE)
 [1] 6 2 7 10 6 10 7 3 4 2
```

---

5 같은 알고리즘을 여러 번 실행하더라도 다른 숫자가 나오도록 시작 숫자는 현재 시간 등의 임의의 숫자를 사용해 매번 변경한다. 이런 시작 숫자를 시드(seed)라고 한다. 따라서 시드를 수동으로 설정하면 이후에 동일한 난수를 계속 생성한다.

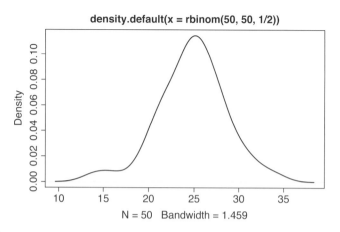

density.default(x = rbinom(50, 50, 1/2))

그림 2.3   이항분포의 밀도 그래프

문자열은 다양한 종류의 함수를 이용해 처리할 수 있다. 가장 많이 사용하는 함수는 문자를 연결하는 paste() 함수다. 예컨대 이 함수를 이용해 현재 디렉터리 경로를 여러 부분 경로들을 연결해 설정할 수 있다. sep 파라미터는 구분자를 지정하는 데 사용하며 기본값은 공백space이다.

```
> print(paste("PCLN","UNP","IBM","MCD","PFE",sep=","))
[1] "PCLN,UNP,IBM,MCD,PFE"
```

substr() 함수에 인수로 문자열의 시작 위치와 끝 위치를 지정하면 문자열 일부를 추출할 수 있다.

```
> date <- as.Date("2014-02-01")
> substr(date,9,10)
[1] "01"
```

match() 함수는 문자열 배열에서 사용하며 배열에서 해당 값의 위치를 반환한다.

```
> tickers <- c("PCLN","UNP","IBM","MCD","PFE")
> match('MCD',tickers)
[1] 4
```

2.6 데이터프레임과 입출력

데이터프레임은 R의 독특하고 편리한 기능 중 하나다. 데이터프레임은 다양한 데이터 타입으로 구성할 수 있는 2차원 행렬이다. 데이터프레임을 로딩하는 일반적인 방법은 엑셀의 .csv 파일로부터 가져오는 것이다. 데이터를 주요 알고리즘에 전달하는 핵심 메커니즘으로 데이터프레임을 사용하는 R 패키지가 많이 있으며, 특히 머신 러닝 패키지에서 많이 사용한다. $연산자를 사용하면 아래 예제 코드에서 보듯이 데이터프레임에서 특정 열을 참조할 수 있다.

```
> L3 <- LETTERS[1:3]
> fac <- sample(L3, 10, replace=TRUE)
> d <- data.frame(x=1, y=1:10, fac=fac)
> d[1:4,]
  x y fac
1 1 1   B
2 1 2   B
3 1 3   A
4 1 4   B
> d$fac
 [1] B B A B C B B A A A
Levels: A B C
```

생성한 데이터프레임은 write.csv() 함수를 사용해 파일로 저장할 수 있다.

```
> write.csv(d,file="d.txt",row.names=FALSE)
> e <- read.csv("d.txt",header=TRUE)
> e[1:4,]
  x y fac
1 1 1   B
2 1 2   B
3 1 3   A
4 1 4   B
```

데이터프레임은 열을 나타낼 수 있으며 수정도 가능하다. 아래 예제 코드에서는 데이터프레임 e의 처음 두 열 이름은 유지하고, 세 번째 열 이름을 "factor"로 수정했다.

```
> names(e)
[1] "x" "y" "fac"
```

```
> names(e) <- c(names(e)[1:2],"factor")
> e[-c(2:dim(e)[1]),]
  x y factor
1 1 1      B
> typeof(e)
[1] "list"
```

또한 데이터프레임을 typeof() 함수를 통해 확인하면 리스트 타입임을 알 수 있다.

파일 시스템에서 디렉터리를 알맞게 설정해야 파일을 성공적으로 읽고 쓸 수 있다. 책의 R 코드를 실행하기 위해서는 디렉터리를 알맞게 설정해야 하며, 필요에 따라 R의 setwd() 와 getwd() 함수를 사용한다. 일반적으로 항상 파일 경로의 homeuser 부분을 앞에 덧붙여 setwd() 함수가 성공적으로 수행되도록 한다.

```
> setwd(paste(homeuser,"/FinAnalytics/ChapII",sep=""))
```

다음과 같은 에러는 R 세션에서 homeuser를 설정하지 않았을 때 주로 발생한다. 이때 getwd() 함수를 사용해 현재 디렉터리 경로를 확인해본다.

```
Error in file(file, "rt") : cannot open the connection
```

2.7 리스트

리스트는 c(...) 연산자로 구성된 벡터와 같은 정렬된 집합이다. 하지만 리스트는 list(...) 를 사용해 벡터, 행렬, 배열, 데이터프레임 등과 같은 서로 다른 구조의 데이터를 모두 묶을 수 있으며, 재귀적으로 구성된다는 점에서 기본 벡터와 다르다. 리스트는 리스트를 포함할 수 있다. 아래의 코드 출력 결과에서 차이점을 확인해보자.

```
> c(1,c(1,2),3,"A",c(4,5))
[1] "1" "1" "2" "3" "A" "4" "5"
> list(1,c(1,2),3,"A",list(4,5))
[[1]]
[1] 1

[[2]]
[1] 1 2
```

```
[[3]]
[1] 3

[[4]]
[1] "A"

[[5]]
[[5]][[1]]
[1] 4

[[5]][[2]]
[1] 5
```

위 리스트를 l에 할당하면 두 가지 방법으로 요소를 참조할 수 있다. l[2]는 벡터 c(1,2)의 리스트를 반환하는 반면, l[[2]]는 벡터 c(1,2) 자체를 반환한다.

```
> l <- list(1,c(1,2),3,"A",list(4,5))
> l[2]
[[1]]
[1] 1 2
> l[[2]]
[1] 1 2
```

앞서 살펴본 데이터프레임 e는 아래와 같이 리스트로 처리할 수 있음을 알 수 있다.

```
> e[[1]]
 [1] 1 1 1 1 1 1 1 1 1 1
> e[[2]]
 [1] 1 2 3 4 5 6 7 8 9 10
> e[[3]]
 [1] B A B A C C B B B C
Levels: A B C
```

이 책에서 리스트를 사용하는 주된 이유는 함수로부터 항목의 구조를 반환하기 위해서다. c() 연산자로 벡터를 구성하는 것과 달리, list() 연산자를 이용해 함수의 반환값을 구성하면 서로 다른 타입의 리스트 항목을 구분할 수 있으며, 리스트 인덱스 연산자인 [[]]로 편리하게 참조할 수 있다.

심볼을 담은 A 벡터와 이에 해당하는 현재 가격을 담은 B 벡터가 있을 때 다음과 같은 방식으로 두 벡터를 호출할 수 있다.

```
> obtainPrices <- function() {
+ A <- matrix(c("VRSN","UNP","HPQ","NSC"),nrow=1)
+ B <- matrix(c(37.61,125.62,50.48,50.44),nrow=1)
+ list(A,B)
+ }
> res <- obtainPrices()
> res[[1]]
     [,1]   [,2]  [,3]  [,4]
[1,] "VRSN" "UNP" "HPQ" "NSC"
> res[[2]]
      [,1]    [,2]   [,3]  [,4]
[1,] 37.61 125.62 50.48 50.44
```

벡터 생성자 c()나 rbind() 또는 cbind() 연산자를 사용할 경우에는 제약사항이 있다는 것을 유의해야 한다. 예컨대 길이가 다른 두 벡터를 바인딩하려면 호출 프로그램 코드는 각 항목의 길이를 각각 계산해야 한다. 이는 매우 번거로운 작업이다. 하지만 리스트는 각 요소의 차원과 길이가 다를 수 있으므로 이 작업이 자동으로 처리된다.

이것으로 R에 대한 간략한 소개와 설명을 마친다.

2.8 연습 문제

2.1 2장에 있는 모든 코드를 실행하고 테스트해보라.

2.2 seq(-2,2,.1)를 이용해 다음과 같이 정의한 확률 함수 $f(x)$의 입력으로 사용할 x값의 범위를 구한다.

$$f(x) = \begin{cases} 2x & \text{for } 0 \leq x \leq 1 \\ 0 & \text{elsewhere} \end{cases} \tag{2.1}$$

$f(x)$를 정의하고, $f(x)$를 x값의 벡터에 적용해, x값에 대한 $f(x)$의 결과를 그래프로 나타내는 R 코드를 작성하라.

2.3 1에서 25까지 숫자의 제곱을 구하는 R 코드를 작성하라. 그런 다음 숫자를 x축에 나타내고, x축 숫자의 제곱값을 y축에 나타내는 그래프를 R 코드로 작성하라(힌트: c() 연산자를 사용해 요소를 벡터에 추가할 수 있다.).

3 금융 통계

수리 과학에서는 데이터를 수집하고 구성하며 데이터를 대표하는 확률변수^{random variable}로 실험을 수행한다. 통계학은 바로 수리 과학과 관련된 학문이다. 이러한 확률변수를 통해 자연적이거나 시뮬레이션한 사건을 나타낼 수 있다. 통계학의 놀라운 특성은 관찰한 데이터의 구조를 설명하는 능력이 있다는 점이다. 3장에서는 향후 분석 프레임워크의 토대가 될 몇 가지 기본적인 수식을 설명한다.

통계는 금융 분석 처리에 반드시 필요하다. 정량적 관점에서 금융상품의 투자를 논의하기 위해서는 일정 수준의 사전지식이 필요하며, 이때 통계를 사용하면 더 높은 수준의 정확도를 담보할 수 있다. 통계 없이는 금융 분석을 수행할 수 없다. 3장에서 설명할 수식은 책 전체에 걸쳐 계속 사용하며, R의 명령어로 구현한다.

이산확률^{discrete probability}부터 살펴보겠다. 처음 세 절 이후는 부록을 참고해 분석에서 사용되는 다양한 확률분포와 통계 분석 개념을 살펴보기 바란다.

3.1 확률

확률은 사건의 우도^{likelihood}에 관심이 있다. 사건 A는 $\emptyset \subseteq A \subseteq S$로 정의하며, 여기서 $\emptyset$은 영공간^{null space} 또는 공집합^{empty set}을 의미한다. S는 가능한 모든 결과 집합인 표본공간^{sample space} 또는 표본집합^{sample set}을 의미한다. 또한 사건 A의 확률은 $0 \leq P(A) \leq 1$로 설정하는데, 여기서 영공간의 확률은 $P(\emptyset) = 0$이며, 표본공간은 $P(S) = 1$이다. 여집합 A^c는 (1) $A \cup A^c = S$와 (2) $A \cap A^c = \emptyset$을 만족하는 집합으로 정의한다. 두 조건이 불필요해 보일 수도 있으나 (1) 사건은 발생하거나 발생하지 않아야 한다. 그리고 (2) 사건은 발생과 미발생이 공존하지 않는다는 요구사항을 수학적으로 명확히 구분하기 위해서다.

이제 두 사건 A와 B를 생각해보자. 두 개 사건의 교집합 확률, 즉 두 사건이 모두 발생할 확률인 결합 확률^{joint probability}은 $P(A \cap B)$로 정의한다. 또한 합집합 확률, 즉 하나의 사건이라도 발생할 확률인 합 확률^union probability 은 $P(A \cup B)$로 정의한다. 참고로 $P(A \cap B)$의 단축형으로 $P(A,B)$를 사용하는 경우도 있다. 두 사건의 합 확률은 다음과 같이 두 사건의 결합 확률로 나타낼 수 있다.

$$P(A \cup B) = P(A) + P(B) - P(A \cap B)$$

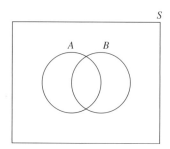

그림 3.1   사건 집합 A와 B의 4가지 영역

베이즈 규칙

사건 A와 B가 있을 때, 사건 A가 일어난 것을 전제로 한 사건 B의 조건부 확률을 구하고 싶다고 하자. 그런데 지금 알고 있는 것은 사건 B가 일어난 것을 전제로 한 사건 A의 조건부 확률, B의 확률, A의 확률뿐이다. 이때 원래 구하고자 했던 '사건 A가 일어난 것을 전제로 한 사건 B의 조건부 확률'은 다음과 같이 구할 수 있다.

$$P(B|A) = \frac{P(A|B)P(B)}{P(A)} = \frac{P(A \cap B)}{P(A)} \tag{3.1}$$

위 표본공간의 분할과 마찬가지로 사건들을 $P(A) = P(A,B) + P(A,B^c)$와 같이 나눌 수 있다. 즉, 사건 A와 B가 있을 때 그림 3.1에서 보듯이 사건 A의 확률은 사건 A와 사건 B의 결합 확률과 사건 A와 사건 B의 여집합의 결합 확률의 합으로 나타낼 수 있다. 이 식의 양변을 $P(A)$로 나누면 조건부 확률의 결과를 얻을 수 있다. 다시 말해 사건 A가 일어날 때 사건 B가 일어날 확률과 일어나지 않을 확률의 합으로 나타낼 수 있다.

$$P(A) = P(A,B) + P(A,B^c) \tag{3.2}$$

$$1 = \frac{P(A,B)}{P(A)} + \frac{P(A,B^c)}{P(A)} \tag{3.3}$$

$$1 = P(B|A) + P(B^c|A) \tag{3.4}$$

베이즈 규칙의 확장

방정식 3.1의 베이즈 규칙은 사건 A에 의존하는 많은 사건들로 확장할 수 있다.

$$P(B_i|A) = \frac{P(A|B_i)P(B_i)}{\sum_{j=1}^{n} P(A|B_j)P(B_j)} \tag{3.5}$$

3.2 조합론

유한 상태 확률finite state probability, 즉 이산확률discrete probability을 계산해야 하는 경우가 있다. 예컨대 두 개의 정육면체 주사위를 굴려서 나온 숫자를 합산한 확률은 하나씩 세어보면 알 수 있으며, 포커에서 풀 하우스의 확률 역시 하나씩 세어보면 알 수 있다. 이러한 경우의 수를 알기 위해 필요한 두 개의 수단이 순열permutation과 조합combination이다.

순열

n개의 이산 객체 집합이 있을 때 순서를 고려한 모든 경우의 수를 계산해야 한다고 가정해 보자. 처음에는 선택할 수 있는 객체가 n개 있다. 두 번째는 선택할 수 있는 객체가 $n-1$개, 세 번째로 선택할 수 있는 객체가 $n-2$개다. 이는 선택할 수 있는 객체가 하나 남을 때까지 계속한다. 즉 순서의 수는 다음과 같이 계산할 수 있다.

$$n! = n \times (n-1) \times (n-2) \times \cdots \times 2 \times 1 \tag{3.6}$$

이번에는 n개의 이산 객체에서 r개의 이산 객체를 선택해 나열하는 경우를 생각해보자. 위 공식과 유사하게 n부터 1씩 빼가며 r개를 곱한다. 이를 수식으로 나타내면 $n \times (n-1) \times (n-2) \times \cdots \times (n-r+1)$과 같으며, $P(n,r)$로 표기하고 다음과 같이 정의할 수 있다.

$$P(n,r) = \frac{n!}{(n-r)!} \tag{3.7}$$

조합

n개의 이산 객체 집합이 있을 때 순서를 고려하지 않고 모든 경우의 수를 계산해야 한다고 가정해보자. 순열은 집합에서 객체의 순서를 고려하지만 조합은 순서를 고려하지 않는다. 포커 게임을 예제로 생각해보자. 게임에서는 손에 쥔 카드의 패는 중요하지만 카드 순서는

중요치 않다. 이처럼 조합은 순서를 고려하지 않으므로 순열을 r!로 나누면 구할 수 있다. 따라서 조합은 다음과 같은 수식으로 나타낼 수 있으며, 간단히 'n개에서 r개를 선택'한다고 표현한다.

$$C(n,r) = \binom{n}{r} = \frac{n!}{r!(n-r)!} \tag{3.8}$$

결국 조합은 n개 중에서 순서에 상관없이 r개를 선택하는 경우의 수만 고려하면 된다. 따라서 n개 중에서 r개를 선택하는 순열의 경우의 수를 r개를 나열할 수 있는 방법의 수로 나누면 된다. 그러므로 조합과 순열은 다음과 같은 관계가 성립한다.

$$P(n,r) = C(n,r)r! \tag{3.9}$$

즉 n개 중에서 r개를 선택하는 순열의 수는 n개 중에서 r개를 선택하는 조합의 수에 r!를 곱하면 구할 수 있다.

예제

포커: 다음과 같은 포커 예제를 통해 이산확률의 개념을 익혀보자. 먼저 주어진 포커 패의 확률을 계산하려면 얼마나 많은 패가 있는지 알아야 한다. 카드 덱^{deck}에는 A부터 K까지 (A, 2 ~ 10, J, Q, K), 13가지 숫자 별로 각각 4가지 무늬가 있는 52장의 카드가 있고, 플레이어는 5장의 카드를 선택한다. 포커 패에서 카드의 순서는 중요하지 않으므로, 52장의 카드에서 5장의 카드를 선택하는 총 경우의 수는 다음과 같이 계산할 수 있다.

$$N = \binom{52}{5} = \frac{52!}{5!(52-5)!} = 2{,}598{,}960 \tag{3.10}$$

이제 포커 패의 총 경우의 수를 알았으므로, 주어진 패의 확률을 계산할 수 있다. 에이스 포카드$^{\text{four aces}}$의 확률을 계산해보자. 에이스 포카드는 5장의 카드 중에서 4장이 에이스인 카드이므로, 에이스 포카드의 확률은 다음과 같이 에이스 카드 4장을 제외하고 남아 있는 카드 48장(52-4) 중에서 1장을 선택하는 확률과 같다.

$$P(\text{four aces}) = \frac{48}{2{,}598{,}960} \tag{3.11}$$

이번엔 포카드$^{\text{four of a kind}}$의 확률을 계산해보자. 포카드는 동일한 숫자가 4장인 카드다.

따라서 포카드의 확률은 13가지 숫자에서 한 숫자로 4장의 카드를 선택하고, 다섯 번째 카드는 나머지 48장에서 선택하는 확률과 같다.

$$P(\text{four of a kind}) = \frac{(13)(48)}{2,598,960} \tag{3.12}$$

이제 어느 정도 감을 잡았으므로 좀 더 복잡한 경우의 수를 생각해보자. 같은 숫자 2장으로 이뤄진 원 페어^{one pair}를 생각해보자. 원 페어가 되기 위해서는 숫자가 같은 한 쌍의 카드를 선택해야 한다. 즉, 숫자가 같은 한 쌍의 카드가 있고 다른 세 카드는 다른 숫자들이어야 한다. 숫자는 총 13가지가 있으며, 이때 선택한 숫자에서 4가지 무늬 중 2개를 선택하는 경우의 수는 $\binom{4}{2}$이다. 그리고 나머지 12가지 숫자 중에서 3가지를 선택하는 경우의 수는 $\binom{12}{3}$이며, 이때 3가지 숫자에는 각각 4가지 무늬가 있으므로 4^3가지 경우의 수가 존재한다. 따라서 원 페어 카드를 선택할 확률은 아래와 같다.

$$P(\text{one pair}) = \frac{13\binom{4}{2}\binom{12}{3}4^3}{\binom{52}{5}} \tag{3.13}$$

R에서 원 페어의 확률을 계산하는 방법은 다음과 같다.

```
> 13*choose(4,2)*choose(12,3)*4^3 / choose(52,5)
[1] 0.422569
```

이처럼 플레이어가 원 페어의 확률은 42.26%로 매우 높다. 투 페어^{two pair}는 원 페어가 두 쌍 존재하는 경우다. 13가지 숫자 중 2가지를 선택하는 경우의 수는 $\binom{13}{2}$이며, 이때 선택한 2가지 숫자에 대해서 각각 원 페어를 선택하는 경우의 수는 $\binom{4}{2}^2$가지다. 그리고 마지막 남은 1장의 카드를 선택하는 경우의 수는 11이며, 이때 4가지 무늬 중 하나를 선택할 수 있다. 따라서 투 페어의 확률은 다음과 같다.

$$P(\text{two pair}) = \frac{\binom{13}{2}\binom{4}{2}^2(11)(4)}{\binom{52}{5}} \tag{3.14}$$

R에서 투 페어를 확률을 계산하는 방법은 다음과 같다.

```
> choose(13,2)*choose(4,2)^2*11*4 / choose(52,5)
[1] 0.04753902
```

트리플[triple, three of a kind]은 같은 숫자 3장으로 구성된 경우를 말한다. 따라서 마지막 2장의 카드는 3장의 카드와 다르고 서로도 일치하지 않아야 한다. 숫자는 총 13가지가 있으며, 이때 선택한 숫자에서 4가지 무늬 중 3개를 선택하는 경우의 수는 $\binom{4}{3}$이다. 그리고 나머지 12가지 숫자 중에서 2가지를 선택하는 경우의 수는 $\binom{12}{2}$이며, 이때 2가지 숫자에는 각각 4가지 무늬가 존재하므로 경우의 수는 4^2이다. 따라서 트리플의 확률은 다음과 같다.

$$P(\text{triple}) = \frac{13\binom{4}{3}\binom{12}{2}4^2}{\binom{52}{5}} \tag{3.15}$$

이번에는 풀 하우스[full house]의 확률을 계산해보자. 풀 하우스는 트리플과 원 페어가 같이 있는 경우를 말한다. 즉, 같은 숫자 3장과 같은 숫자 2장으로 된 경우다. 숫자는 총 13가지가 있으며, 이때 선택한 숫자에서 4가지 무늬 중 3개를 선택하는 경우의 수는 $\binom{4}{3}$이다. 그리고 나머지 12가지 숫자가 있으며, 이때 선택한 숫자에서 4가지 무늬 중 2개를 선택하는 경우의 수는 $\binom{4}{2}$이다. 따라서 풀 하우스의 확률은 다음과 같다.

$$P(\text{full house}) = \frac{13\binom{4}{3}12\binom{4}{2}}{\binom{52}{5}} \tag{3.16}$$

앞서 포카드의 확률을 구했지만 정리 차원에서 다시 한번 상기해보자. 포카드는 동일한 숫자가 4장인 카드다. 즉 한 숫자에 대해 4가지 무늬가 모두 있는 경우다. 숫자는 총 13가지가 있으며, 이때 선택한 숫자에서 4가지 무늬 중 4개를 선택하는 경우의 수는 $\binom{4}{4}$이다. 그리고 나머지 12가지 숫자가 있으므로 경우의 수는 $\binom{12}{1}$이며, 이때 선택한 숫자에서 4가지 무늬 중 1개를 선택하는 경우의 수는 4^1이다. 따라서 포카드의 확률은 다음과 같다.

$$P(\text{four}) = \frac{13\binom{4}{4}\binom{12}{1}4}{\binom{52}{5}} \tag{3.17}$$

스트레이트[straight]는 5장이 무늬와 상관없이 숫자 순서대로 나오는 경우를 말한다. 순서는 A2345부터 10JQKA까지만 해당되므로 10가지 경우의 수가 존재하며, 이때 5가지 숫자 별로 4가지 무늬가 존재하므로 총 경우의 수는 $(10)4^5$가 된다. 하지만 여기서 중복 계산을 방지하기 위해 스트레이트 플러시[straight flush]의 수를 뺀다. 따라서 스트레이트의 확률은 다음과 같다.

$$P(\text{straight}) = \frac{(10)4^5 - (4)(10)}{\binom{52}{5}} \tag{3.18}$$

플러시^{flush}는 5장이 숫자에 상관없이 무늬가 같은 경우를 말한다. 총 13가지 숫자 별로 4 가지 무늬가 있으며 각 무늬는 $\binom{13}{5}$가지의 조합이 가능하다. 따라서 총 경우의 수는 $4\binom{13}{5}$가 된다. 하지만 중복 계산을 방지하기 위해 스트레이트 플러시 수를 뺀다. 따라서 플러시의 확률은 다음과 같다.

$$P(\text{flush}) = \frac{4\binom{13}{5} - (4)(10)}{\binom{52}{5}} \tag{3.19}$$

스트레이트 플러시$^{\text{straight flush}}$는 5장이 숫자 순서대로 나오면서 무늬가 같은 경우를 말한다. 순서는 10가지 경우의 수가 존재하고 4가지 무늬가 존재하므로 총 경우의 수는 $(4)(10)$이다. 하지만 중복 계산을 방지하기 위해서 로열 스트레이트 플러시$^{\text{royal straight flush}}$를 뺀다. 따라서 스트레이트 플러시의 확률은 다음과 같다.

$$P(\text{straight flush}) = \frac{(4)(10) - 4}{\binom{52}{5}} \tag{3.20}$$

로얄 스트레이트 플러시$^{\text{royal straight flush}}$는 10, J, Q, K, A의 스트레이트 플러시를 말한다. 즉, 무늬가 같은 10, J, Q, K, A를 의미한다. 그러므로 4가지의 경우의 수만 존재한다. 따라서 로열 스트레이트 플러시의 확률은 다음과 같다.

$$P(\text{royal straight flush}) = \frac{4}{\binom{52}{5}} \tag{3.21}$$

특별한 패가 없을 경우$^{\text{no hand}}$, 즉 노 페어$^{\text{no pair}}$의 확률은 다음과 같다.

$$P(\text{no hand}) = \frac{\left[\binom{13}{5} - 10\right](4^5 - 4)}{\binom{52}{5}} \tag{3.22}$$

조건부 에이스$^{\text{conditional aces}}$의 확률은 다음과 같다.

$$P(4 \text{ aces in 4 cards}|i \text{ aces in } i \text{ cards}) = \frac{P(\{4 \text{ aces in 4 cards}\} \cap \{i \text{ aces in } i \text{ cards}\})}{P(i \text{ aces in } i \text{ cards})}$$

$$\tag{3.23}$$

$$= \frac{P(\{4 \text{ aces in 4 cards}\})}{P(i \text{ aces in } i \text{ cards})} \tag{3.24}$$

$$P(i \text{ aces in } i \text{ cards}) = \frac{\binom{4}{i}}{\binom{52}{i}} \tag{3.25}$$

$$P(4 \text{ aces in 4 cards}|i \text{ aces in } i \text{ cards}) \tag{3.26}$$

$$= \frac{1}{\binom{52}{4}\frac{\binom{4}{i}}{\binom{52}{i}}} = \frac{\binom{52}{i}}{\binom{52}{4}\binom{4}{i}} \tag{3.27}$$

$$= \frac{(4-i)48!}{(52-i)!} = \frac{1}{\binom{52-i}{4-i}} \tag{3.28}$$

예제

독립성independence : 두 사건 A와 B가 다음과 같은 등식이 성립하면 사건 A와 B가 독립이라는 필요충분조건이 될까?

$$P(A|B) = P(A|B^c)$$

먼저 직관적으로 생각해보자. 사건 A는 "나는 트럭에 치였다"이고, 사건 B는 "나는 카키색 옷을 입고 있다"라고 가정해보자. 내가 카키색 옷을 입고 트럭에 치일 확률은 내가 카키색 옷을 입지 않고 차에 치일 확률과 같다. 트럭에 치일 확률은 카키색 옷을 입은 것과는 아무런 상관이 없다. 두 사건은 상식적으로나 통계적으로 아무런 관련이 없다. 즉 독립적이다. 반대로 사건이 독립적이라면 카키색 옷의 착용여부와 관계없이 트럭에 치일 확률이 동일함을 보여줘야 한다.

이를 공식으로 증명하려면 먼저 다음의 조건부 확률의 법칙을 기억해야 한다.

$$P(A|B) = \frac{P(A, B)}{P(B)}$$

또한 사건 A와 B는 다음과 같은 등식이 성립하면 통계적으로 독립이라고 정의한다는 사실을 기억하기 바란다.

$$P(A, B) = P(A)P(B)$$

다음과 같은 기본적인 확률은 이미 알고 있을 것이다.

$$P(B^c) = 1 - P(B)$$

이는 카키색 옷을 입지 않은 확률은 1에서 카키색 옷을 입은 확률을 뺀 것을 의미한다.

또한 다음과 같은 기본적인 확률도 알고 있을 것이다.

$$P(A) = P(A, B) + P(A, B^c)$$

이는 트럭에 치였을 때, 카키색 옷을 입었을 수도 입지 않았을 수도 있다는 의미다.

다시 문제로 돌아가, 가설은 다음과 같다.

$$P(A|B) = P(A|B^c)$$

조건부 확률에 의해 다음과 같은 등식이 성립한다.

$$\frac{P(A, B)}{P(B)} = \frac{P(A, B^c)}{P(B^c)}$$

등호를 기준으로 분모를 각각 양변에 곱하면 다음과 같은 등식이 된다.

$$P(A, B)P(B^c) = P(A, B^c)P(B)$$

치환하면 다음과 같다.

$$P(A, B)[1 - P(B)] = [P(A) - P(A, B)]P(B)$$

이를 정리하면 다음과 같다.

$$P(A, B) - P(A, B)P(B) = P(A)P(B) - P(A, B)P(B)$$

양변에서 동일한 항목을 빼면 다음과 같이 정리된다.

$$P(A, B) = P(A)P(B),$$

이것이 독립성의 정의다.

예제

생일 역설 Birthday Paradox : 생일이 같은 사람이 한 쌍 이상 존재할 확률이 50% 이상 되려면 최소 몇 명이 모여야 할까?

생일이 같은 사람이 적어도 한 쌍 있을 확률을 P(at least one match)라고 하고, 모든 사람의 생일이 다를 확률은 P(no matches)라 하자. 그러면 다음과 같은 등식이 성립한다.

$$P(\text{at least one match}) + P(\text{no matches}) = 1$$

위 등식은 다음과도 같다.

$$P(\text{at least one match}) = 1 - P(\text{no matches})$$

알고 싶은 것은 모여야 하는 사람의 수 n이며, 문제의 조건에 따라 모든 사람의 생일이 다를 확률은 다음과 같이 0.5다.

$$P(\text{no matches}) = 0.5$$

앞서 설명했듯이 조건부 확률은 다음과 같다.

$$P(A,B,C) = P(C|A,B) \cdot P(A,B)$$
$$= P(C|A,B) \cdot P(B|A) \cdot P(A)$$

이때, 두 명의 생일이 다를 확률을 P(no match in two), 두 명의 생일이 다를 때 세 명의 생일도 다를 확률을 P(no match in three|no match in two)라고 했을 때 다음과 같은 관계가 성립한다.

$$P(\text{no matches}) = P(\text{no match in two}) \cdot P(\text{no match in three}|\text{no match in two})$$

1년은 365일 이므로 위 등식은 다음과 같이 계산할 수 있다.

$$= \frac{365}{365} \cdot \frac{365 - 1}{365} \cdot \frac{365 - 2}{365} \cdots$$
$$= (1) \cdot (1 - 1/365) \cdot (1 - 2/365) \cdots$$

그리고 e^x의 테일러 전개Taylor expansion는 다음과 같다.

$$e^x = \sum_{n=0}^{\infty} \frac{1}{n!}x^n$$

$$= 1 + x + \frac{1}{2}x^2 + \frac{1}{3 \cdot 2}x^3 + \cdots$$

작은 x에 대해서는 다음과 같이 정의할 수 있다.

$$e^{-x} \approx 1 - x$$

위 관계는 그림 3.2에서도 확인할 수 있다.

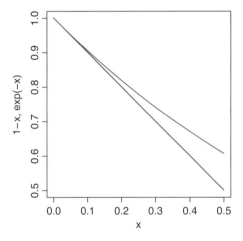

그림 3.2 $1-x$와 e^{-x}의 근사치 그래프

따라서 다음과 같이 작성할 수 있다.

$$P(\text{no match}) \approx e^0 \cdot e^{-\frac{1}{365}} \cdot e^{-\frac{2}{365}} \cdots$$

$$= e^{-\frac{1}{365}\sum_{i=1}^{n} i} = e^{-\frac{1}{365} \cdot \frac{n(n+1)}{2}} = 0.5$$

그 이유는 다음과 같기 때문이다.

$$\sum_{i=1}^{n} i = \frac{n(n+1)}{2}$$

위 식은 다음과 같다.

$$\sum_{i=1}^{n} i = \text{Area} = \frac{n^2}{2} + \frac{n}{2} = \frac{n^2 + n}{2} = \frac{n(n+1)}{2}$$

정리하면 다음과 같다.

$$P(\text{no matches}) = e^{-\frac{n(n-1)}{2 \cdot 365}}$$

이 값이 $\frac{1}{2}$이 되어야 하므로 다음과 같은 등식이 성립한다.

$$e^{-\frac{n(n-1)}{2 \cdot 365}} = \frac{1}{2}$$

n에 대해 풀면 다음과 같다.

$$n^2 - n = -2 \cdot 365 \cdot \ln\left(\frac{1}{2}\right)$$

위 2차 방정식을 풀면 n값은 23이 나온다. 즉, 23명만 모이면 적어도 한 쌍의 사람들의 생일이 같을 확률이 50%나 된다. 이 수는 대부분의 사람이 생각했던 인원보다 훨씬 작다. 대부분은 100에서 200명까지 생각한다. 왜 그럴까? 보통 사람들은 모임에 있는 누군가와 자신의 생일이 같을 확률만을 생각하는데, 무리 내의 다른 사람 간의 생일이 서로 일치할 확률은 간과한다. 일반적으로 확률과 리스크를 인식하고 반응할 때 이처럼 근시안적인 방식으로 접근한다.

3.3 수학적 기댓값

기댓값$^{\text{expected value}}$은 통계에서 가장 기본적인 개념이다. 확률 $p(x)$와 그 결괏값 x를 결합해, 발생하지 않은 일련의 사건의 기댓값을 찾을 수 있다. X는 확률변수$^{\text{random variable}}$이고 x는 가능한 결과다.

이산확률분포에서 평균^{mean}과 분산^{variance}을 정의해보자. 먼저 평균은 다음과 같다.

$$E(X) = \sum_{x \in S} x p(x) = \mu$$

그리고 분산은 다음과 같다.

$$Var(X) = E[(X - E(X))^2] = \sum_{x \in S}(x - E(X))^2 = \sigma^2$$

연속확률분포에서 평균과 분산을 정의해보자. 먼저 평균의 정의는 다음과 같다.

$$E(X) = \int xp(x)dx = \mu$$

그리고 분산은 다음과 같다.

$$Var(X) = E[(X - E(X))^2] = \int (x - \mu)^2 p(x)dx = \sigma^2$$

표준편차standard deviation는 분산의 제곱근이다.

$$\sigma_r = \sqrt{Var(r)}$$

왜도skewness의 정의는 다음과 같다.

$$Skew(X) = E\left[\left(\frac{X - \mu}{\sigma}\right)^3\right]$$

첨도kurtosis의 정의는 다음과 같다.

$$Kurt(X) = E\left[\left(\frac{X - \mu}{\sigma}\right)^4\right]$$

공분산covariance은 2개의 확률변수의 상관정도를 나타내는 값이다. 2개의 변수 중 하나의 값이 상승할 때 다른 값도 상승하는 경향을 보이면 공분산은 양수이고, 반대로 2개의 변수 중 하나의 값이 상승할 때 다른 값이 하락하는 경향을 보이면 공분산은 음수가 된다. 공분산이 0이면 두 변수 간에는 아무런 선형관계가 없으며 서로 독립적인 관계에 있다. 다만 두 변수가 독립적이면 공분산은 0이지만 공분산이 0이라고 항상 독립적인 것은 아니다.

$$Cov(X, Y) = E[(X - E(X))(Y - E(Y))] = E(XY) - E(X)E(Y)$$
$$Cor(X, Y) = \frac{E[(X - E(X))(Y - E(Y))]}{\sigma_X \sigma_Y} = \frac{E(XY) - E(X)E(Y)}{\sigma_X \sigma_Y}$$

평균은 위치^{location} 파라미터로, 분포가 수평축에서 배치돼 있는 특정 위치를 나타낸다. 예컨대 μ를 0에서 1로 이동하면 전체 분포가 오른쪽으로 한 단위 이동한다. 분산의 제곱근인 표준편차는 규모^{scale} 파라미터로, 분포의 너비를 결정한다. 예컨대 표준편차가 3이면 분포가 3만큼 넓어진다. 표준편차가 작을수록 평균값에서 변량들의 거리가 가깝다. 왜도와 첨도는 모양^{shape} 파라미터다. 왜도는 대칭의 정도를 알려준다. 왜도가 0이며 완벽한 대칭이다. 왜도가 음수이면 왼쪽으로 긴 꼬리 모양이 돼 오른쪽으로 치우진 분포를 나타내며, 왜도가 양수이면 오른쪽으로 긴 꼬리 모양이 돼 왼쪽으로 치우친 분포를 나타낸다. 이처럼 왜도는 분포의 비대칭도를 나타내는 통계량으로 정규분포, T분포와 같이 대칭인 분포의 경우 왜도가 0이다. 첨도는 확률분포의 뾰족한 정도를 나타내는 척도다. 관측치들이 어느 정도 집중적으로 중심에 몰려 있는가를 측정할 때 사용된다. 첨도값이 3에 가까우면 정규분포에 가깝다. 3보다 작을 경우에는 정규분포보다 더 완만하게 납작한 분포로 판단할 수 있으며, 첨도값이 3보다 큰 양수이면 정규분포보다 더 뾰족한 분포로 생각할 수 있다.

예제

상트페테르부르크의 역설$^{\text{St. Petersburg Paradox}}$: 다음 게임을 상상해보자. 동전의 '앞면'이 나올 때까지 동전을 던진다. 게임의 상금^{payout}은 2^n이다. 여기서 n은 첫 번째 '앞면'이 나오기 전의 뒤집기 횟수다. 이 게임을 하기 위해 얼마의 참가비를 내겠는가? 달리 표현하면 게임 참가 티켓이 있다면 얼마에 팔 수 있을까?

게임 상금의 기댓값을 계산해보자.

$$E(\text{payout}) = \sum_n \text{payout}(n)p(n) = \sum_{n=0}^{\infty} 2^n P(N = n)$$

따라서 이 게임의 경우에는 다음과 같다.

$$= 1 \cdot \frac{1}{2} + 2 \cdot \frac{1}{4} + 4 \cdot \frac{1}{8} + \cdots$$

이를 계산하면 다음과 같다.

$$= \frac{1}{2} + \frac{1}{2} + \frac{1}{2} + \cdots = \infty$$

따라서 게임의 기댓값은 무한대다. 하지만 게임에 참가하기 위해 비용을 지불할 용이가 있는가? 부의 로그 효용함수가 $U(W) = \ln W$와 같다고 가정해보자. 이제 부의 기댓값 대신 부의 기대효용expected utility[1]을 계산해보자.

$$E(U(W)) = \sum_{n} \ln(W(n))p(n)$$

$$= \sum_{n} \left(\frac{1}{2}\right)^{n+1} \ln(2^n)$$

$$= \ln 2 \sum_{n} \left(\frac{1}{2}\right)^{n+1} n$$

$$= 0.693$$

$\ln(2) = 0.693$이므로 다음과 같은 확실성 등가certainty equivalence[2]가 성립한다.

$$E(U(W)) = E(\ln(W))$$

따라서 다음과 같은 결론을 도출할 수 있다.

$$W_{ce} = 2$$

이 값은 일반적으로 사람들이 게임에 지불하는 참가비와 매우 비슷하다. 따라서 부의 로그 효용 가정은 완벽하지는 않지만 좋은 근사치라고 할 수 있다.

게임의 가치는 무한대지만, 아주 적은 참가비만 지불하려 한다는 사실에 주목하라. 여기서 차익거래arbitrage의 기회가 생긴다. 여러분의 티켓을 구입해 게임을 하는 회사가 있다. 바로 보험회사insurance company다. 회사가 전체 종류(여기서는 논의상 16이라 하자)의 티켓을 구입했다고 가정해보자. 기대 보상액은 얼마인가? 90번째 백분위 수의 기대 보상액은 얼마인가? 95번째 백분위 수의 기대 보상액은 얼마인가? 99번째 백분위 수의 보상액은 얼마인가?

---

1 일반적으로 미래에 대한 불확실성이라 하면 어떠한 결과가 나타날지 확실히 알 수 없는 상태에서 실현 가능한 여러 확률 분포를 추정해 이를 바탕으로 의사결정을 하는 경우를 말한다. 이러한 불확실성 하에서 기대효용을 극대화하는 이론을 기대효용이론(expected utility theory)이라 한다(출처: 매일경제).

2 확실성 등가란, 리스크 있는 수익흐름에 대해 그 리스크를 부담하는 대신 적은 수익이라도 확실하게 실현될 수 있다면 그와 맞바꿀 수 있는 최소한의 가격이다. 이때 확실성 등가와 그에 상응하는 리스크 있는 수익흐름의 기대치와의 비율을 확실성 등가계수라 한다.

예제

위험회피와 보험^{Risk Aversion and Insurance}: 이산형 기댓값 계산을 적용한 결과, 총자산^{wealth}이 $250,000이고 그중 집값이 $200,000라고 가정하자. 집주인은 집에 대한 화재보험을 고려하고 있다. 주어진 해의 화재 확률은 0.001이며, 화재 시 집값은 $0으로 줄어든다. 유동자산은 6%의 무위험 이자율^{risk-free rate}로 투자된다. 부의 로그 효용을 가정하면, 얼마의 화재 보험료가 적당할까?

다시 말해 자산 포트폴리오 중 $200,000이 주택이고 $50,000이 무위험자산에 투자된다. 무위험자산에서 $50,000 · (1.06) = $53,000이므로 보험가입을 하지 않을 경우 연말 자산의 확률분포는 다음과 같다.

	Probability	Wealth
No fire	0.999	253,000
Fire	0.001	53,000

이제 $U(W) = \ln(W)$이라고 가정하고 기대효용을 구해보자.

$$
\begin{aligned}
E(U(W)) &= \sum_s p(s)U(W(s)) \\
&= p(\text{no fire})U(W(\text{no fire})) + p(\text{fire})U(W(\text{fire})) \\
&= 0.999 \cdot U(253,000) + 0.001 \cdot U(53,000) \\
&= 0.999 \cdot \ln 253,000 + 0.001 \cdot \ln 53,000 \\
&= 12.439582
\end{aligned}
$$

이때 $U = \ln W$는 $W = e^U$와 같으므로 이 기대효용의 부의 확실성 등가는 다음과 같다.

$$
e^{12.439582} = 252,604.85
$$

보험을 가입하려면 보험료 P를 지불해야 한다. 이 예제에서는 연초에 유동자산에서 보험료 P를 지불한다. 따라서 연초에 투자할 무위험자산은 $50,000 - P$가 된다. 따라서 보험 가입 시 연말 자산은 다음과 같다.

$$
(50,000 - P) \cdot (1.06) + 200,000
$$

알맞은 보험료를 찾으려면 연말 보험 가입 자산을 부의 확실성 등가와 같게 설정한다.

$$
(50,000 - P) \cdot (1.06) + 200,000 = 252,604.85
$$

이제 보험료 P를 계산하면 다음과 같은 결과가 도출된다.

$$50,000 - P = \frac{252,604.85 - 200,000}{1.06}$$
$$P = 50,000 - \frac{252,604.85 - 200,000}{1.06}$$
$$= 372.78$$

보험회사의 기대비용은 $0.001 \cdot \$200,000 = \$200$다. 기대비용과 집을 보호하기 위해 지불해야 하는 보험료를 비교하라. 이때 소유 자산 중 집이 차지하는 비중이 얼마인지가 중요하다. 집의 비중이 높을수록 더 많은 보험료를 납입할 것이다.

3.4 표본평균, 표준편차, 분산

연속확률은 이산확률보다 더 까다로울 수 있다. 주요 확률분포와 통계 분석에 익숙하지 않거나 복습하고 싶다면 부록을 참조하기 바란다.

모든 확률분포에는 이를 대표하는 파라미터가 있다. 평균이 대표적인 예다. 평균은 확률분포의 1차 적률moment[3]이다. 각 확률분포는 표본이 될 수 있다. 그리고 확률분포 적률에 해당하는 표본적률sample moment이 있다.

확률분포 적률의 비편향 추정량unbiased estimator인 표본적률을 이용해 표본으로부터 핵심 파라미터를 추정할 수 있다(Hogg and Craig, 1978). 표본평균의 경우 표본의 이론적 평균theoretical mean을 추정할 수 있다. 예컨대 주가의 로그 수익률log return[4]의 경우 표본평균을 구하면 투자자는 주가가 상승하는 추세인지 하락하는 추세인지 추정할 수 있다. 또한 시장에서 역사적 변동성historical volatility이라고 알려진 표본표준편차를 구하면 투자자는 투자의 리스크 수준을 추정할 수 있다.

가장 일반적인 추정량은 표본평균이다. 표본평균은 표본 데이터들을 합산하고 이를 데

---

3 양수 n에 대해 확률변수 X의 기댓값 $E(X^n)$을 확률변수 X의 원점에 대한 n차 적률이라 한다. 즉, $n=1$일 때 확률변수 X의 기댓값이 된다. 즉 원점의 1차 적률이 기댓값이다.

4 로그 수익률을 사용하는 이유는 첫째, 로그를 사용하면 곱하기나 나누기, 심지어 지수 등을 덧셈이나 뺄셈으로 변환해 쉽게 계산할 수 있다. 둘째, 로그 수익률을 이용한 연속복리수익률의 확률분포는 무한대 값을 갖기 때문에 비대칭 문제가 발생하지 않는다. 셋째, 이익의 착시현상을 없앨 수 있다. 예컨대 주식이 10달러에서 1달러 오른 것과 100달러에서 10달러 오른 경우를 비교하면 이익은 전자가 1달러, 후자가 10달러로 큰 차이가 나지만 수익률은 모두 10%로 동일하다. 이처럼 가격을 같은 간격으로 나타내는 일반 수익률과 달리 로그 수익률은 수익률을 같은 간격으로 나타낸다.

이터 개수 N으로 나눈 값이다. 표본 수익률의 확률변수를 R_i라 하자. 이때 $N+1$개 값 S의
$R_i = \log(S_i/S_{i-1})$다.

$$\bar{R} = \frac{1}{N} \sum_{i=1}^{N} R_i \tag{3.29}$$

R에서는 mean() 함수를 사용하면 표본평균을 구할 수 있다. 확률변수와 관련된 개념으로
최대우도방법$^{maximum\ likelihood\ method}$이 있다. 이 내용은 부록 A.14절을 참고하기 바란다. 더
높은 차수의 적률에는 $1/N$ 요소 대신 $1/(N-1)$ 요소를 사용하는 표본 추정량이 있다.

증권의 역사적 분산 s^2와 역사적 변동성 s, 그리고 표본 로그 수익률의 표준편차는 미래
의 기대 가격의 규모를 예측하는 데 중요하다. 실무에서는 주로 로그 수익률의 표준편차를
참조하며, 리스크 척도 계산을 위해 사용하거나 그 자체로 간단한 리스크 척도로 사용된
다. 역사적 변동성은 역사적 분산의 제곱근이다.

$$s = \sqrt{\frac{1}{N-1} \sum_{i=1}^{N} (R_i - \bar{R})^2} \ \ where \ \ \bar{R} = \frac{1}{N} \sum_{i=1}^{N} R_i \tag{3.30}$$

이때 일별 로그 수익률을 사용했으며, $\bar{R}$은 평균 로그 수익률을 의미한다. 이 수치는 시장
주기상 일반적으로 연 단위로 사용하므로 1년의 영업일 수에 해당하는 252를 일별 분산에
곱해 연 단위 분산으로 변환한다. 마찬가지로 일별 변동성에 252의 제곱근을 곱해 연 단위
변동성으로 변환한다.

$$s_{ann}^2 = s_d^2(252) \tag{3.31}$$

$$s_{ann} = s_d \sqrt{252} \tag{3.32}$$

s의 원시 가격이 주 단위인 경우에는 252 대신 52를 사용한다. 월요일부터 금요일까지가
아니라 연중무휴인 경우에는 252 대신 365를 사용한다. 금융 분석가나 리스크 전문가로서
좀 더 일반적인 작업은 잠재적인 미래 시장 움직임을 시뮬레이션하기 위해 관심 있는 증권
의 역사적 변동성을 찾는 것이다. 이는 증권시장 리스크의 객관적인 척도를 제공한다. 직
관적으로 유로 대 미국 달러의 연간 역사적 변동성이 10%에서 7%로 감소한다는 것을 알면
시장이 더 잠잠해졌다는 사실을 알게 된다. 기존의 연간 역사적 변동성을 알면 상승과 하락
움직임의 관점에서 무엇을 기대해야 하는지 알 수 있다. 이러한 기대치에 기초해 가격역지

정주문^{stop limit order}**5**을 수립해 거래 한도를 설정할 수 있다. 또한 한도 초과 시기도 결정할 수 있다.

일별 또는 주별 가격의 1년 동안의 시계열로부터 연 단위 역사적 변동성을 계산하는 R 코드는 다음과 같다.

```
> S = c(1.3,1.2,1.3,1.4,1.5,1.4,1.3,1.4,1.5)
> diffLogS = diff(log(S))
> diffLogSmean = mean(diffLogS)
> N = length(diffLogS)
> histVol = sqrt(1/(N-1)*sum((diffLogS-diffLogSmean)^2))
> annHistVol = histVol*sqrt(length(S))
> annHistVol
[1] 0.2296238
```

3.5 표본 왜도와 첨도

표본 왜도^{sample skewness}의 계산 방법은 다음과 같다.

$$Skew(R) = \frac{1}{N} \sum_{i=1}^{N} \left\{ \frac{(R_i - \bar{R})}{s} \right\}^3 \qquad (3.33)$$

표본 왜도는 위와 같이 3차 적률과 관련돼 있으며, R에서는 moments 라이브러리의 skewness(x) 함수를 사용해 계산한다.

표본 첨도^{sample kurtosis}의 계산 방법은 다음과 같다.

$$Kurt(R) = \frac{1}{N} \sum_{i=1}^{N} \left\{ \frac{(R_i - \bar{R})}{s} \right\}^4 \qquad (3.34)$$

표본 첨도는 위와 같이 4차 적률과 관련돼 있으며, R에서는 moments 라이브러리의 kurtosis(x) 함수를 사용해 계산한다. skewness() 함수와 kurtosis() 함수의 사용 예는 5장을 참고하기 바란다.

5　가격역지정주문(stop limit order)은 투자자가 주식의 매매주문을 할 때 시장의 주가가 특정 가격을 상회하면 매입하고 반 대로 특정가격을 하회하면 매도할 것을 위탁하는 주문 형태로 자신의 시세관을 기준으로 그 종목의 가격이 일정 수준을 초과하면 폭등하고, 하회하면 폭락할 것이라고 판단할 때 이용한다.

3.6 표본분산과 상관관계

서로 다른 시계열 증권 간의 상관관계^{correlation}는 포트폴리오 설계 시 중요하다. 마치 프로 스포츠 팀과 같이 포트폴리오라는 '팀' 안의 여러 증권들은 각자의 역할을 수행하고 서로 다른 시기에 포트폴리오 수익률을 '끌어올리리라' 기대한다. 각 증권들은 서로 다른 시간에 최고치와 최저치를 가져야 하므로 낮은 상관관계가 가장 좋다. 예컨대 최저치가 동시에 발생하지 않도록 주의해야 한다. 그렇지 않으면 포트폴리오 가치가 크게 하락한다. 하나의 증권이 바닥을 칠 때, 목표는 다른 증권이 포트폴리오 수익률을 끌어올리는 것이다

R에서 제공하는 그래프 함수를 이용하면 주식시장의 여러 확률변수의 그래프들을 한 화면에 나타내 비교할 수 있다. 그림 3.3의 상단에 있는 9개 주식의 시계열은 로그 정규분포를 갖는 주식들이다.

그림 3.3의 하단에 있는 9개 그래프는 상단에 있는 9개 시계열의 로그 수익률이다. 이들은 다변량 정규분포^{multivariate normal distribution}로 간주할 수 있는 시계열 확률변수다. 가격의 상관관계 측정은 로그 수익률로 작업하는 것이 가장 좋다. 앞서 살펴봤듯이 로그 수익률은 극단값의 빈도가 높은 경우를 제외하고는 대략 정규분포다. 이번 경우는 각 길이가 N인 p개의 시계열 $(R_1,...,R_p)$이 있다고 하자. 다시 $R_{i,j} = \log(S_{ij}/S_{i-1,j})$라고 가정하자. 두 시계열 R_j와 R_k를 선택하면 공분산과 상관행렬은 다음과 같이 정의할 수 있다.

$$Cov(R_j, R_k) = E\left\{(R_j - \bar{R}_j)(R_k - \bar{R}_k)\right\} \tag{3.35}$$

$$Cor(R_j, R_k) = \frac{Cov(R_j, R_k)}{\sigma_j \sigma_k} \tag{3.36}$$

$$\text{where } \bar{R}_j = \frac{1}{N}\sum_{i=1}^{N} R_{i,j} \text{ and } \bar{R}_k = \frac{1}{N}\sum_{i=1}^{N} R_{i,k} \tag{3.37}$$

R에서는 cov() 함수를 사용하면 공분산을 계산할 수 있다. R은 통계 기반 언어이므로 공분산 기능이 기본적으로 내장돼 있다. 그림 3.4에서 x와 y축은 9개 주식의 1에서 9까지 행과 열의 값이며, z값은 주식 쌍 (x, y)의 상관계수로, -1에서 1 사이의 값을 갖는다. 녹색 대각선 값은 '최고치^{peak}'를 의미하며 전면에 표시한다. 각 변수 x와 그 자신의 상관관계는 1이므로 이 값은 행렬에서 가장 높은 값이다. 세 번째 확률변수는 다른 확률변수들과 상관관계가 가장 낮고 값이 0에 가까우므로, '최저치^{valley}'를 의미하는 진한 파란색으로 표시한다.

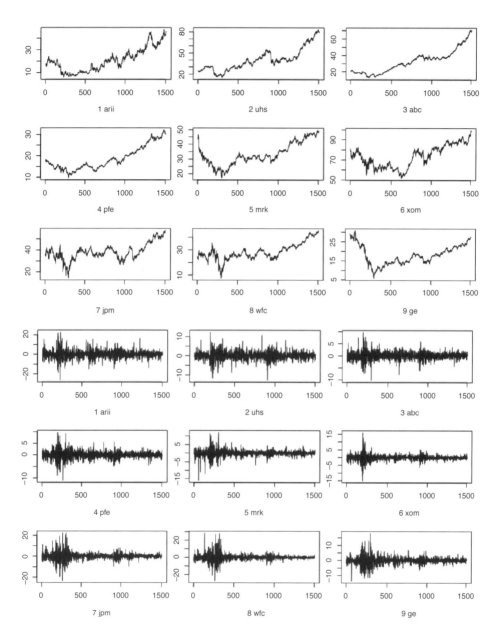

그림 3.3 처음 9개 그래프는 2008년부터 2013년까지 대표적인 주식들의 역사적 가격이다. 특히 MRK, JPM, WFC, GE의 경우에는 금융위기 여파로 2008년과 2009년 시장 침체가 분명하게 나타난다. 그 뒤 9개 그래프는 동일한 주식들의 일별 종가에 대한 로그 수익률이다.

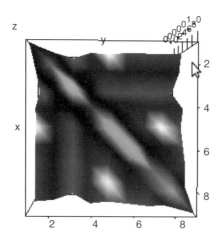

그림 3.4   그림 3.3의 주식 로그 수익률의 상관관계를 나타낸 3D 그래프다. 최저치를 의미하는 진한 파란색으로 표시한 세 번째 행과 열을 주목하라. 이는 세 번째인 ABC 회사가 다른 주식들과의 상관관계와 공분산이 가장 낮음을 의미한다.

예제

포트폴리오의 기본 사상은 증권들을 각 투자 금액을 나타내는 가중치가 있는 바구니에 담는 것이다. 각 투자수익은 확률변수다. 두 개의 투자수익 X와 Y의 경우 a와 b가 투자 가중치라면 포트폴리오의 분산이 어떻게 나타나는지 알아보자.

a와 b라는 요소의 가중치가 부여된 포트폴리오에서 두 확률변수의 분산은 다음과 같다.

$$
\begin{aligned}
Var(aX + bY) &= E(aX + bY)^2 - E^2(aX + bY) \\
&= E(a^2X^2 + 2abXY + b^2Y^2) - E(aX + bY)E(aX + bY) \\
&= E(a^2X^2 + 2abXY + b^2Y^2) - [E(aX) + E(bY)][E(aX) + E(bY)] \\
&= a^2E(X^2) + 2abE(XY) + b^2E(Y^2) - a^2E^2(X) - 2abE(X)E(Y) - b^2E^2(Y) \\
&= a^2[E(X^2) - E^2(X)] + b^2[E(Y^2) - E^2(Y)] + 2ab[E(XY) - E(X)E(Y)] \\
&= a^2Var(X) + b^2Var(Y) + 2abCov(X,Y)
\end{aligned}
$$

3.7 금융 수익

수리 금융[mathematical finance]에서 증권의 현재 투자 가격은 다음과 같이 나타낼 수 있다.

$$S(0), S(1), \ldots, S(t), \ldots$$

초깃값은 $S(0)$이며, 지속된다. 관심의 대상인 최종값은 그림 4.2와 같이 시간 T에 대해 나타낼 수 있다. 그림 4.2의 경우 시간 t는 일 단위이며, 0에서 44일까지 t에 대해 $S(t)$값을 나타낸다.

수익은 시간이 지남에 따라 투자에서 발생하는 이익 또는 손실의 양을 말한다. 금융 투자 작업에서 수익 측정은 매우 중요하다. 속도계가 없다면 차를 운전하지 못할 것이다. 여행의 안전과 계획을 위해서는 속도라는 중요한 정보가 필요하다. 마찬가지로 현재의 수익률, 과거의 수익률, 미래의 기대 수익률을 객관적으로 분석해야 한다. S는 자국의 통화로 계산된 가격을 나타내는 확률변수라 하자. 루퍼트[Ruppert]는 저서에서 여기서 살펴볼 전형적인 수익률을 다음과 같이 정의했다(Ruppert, 2011).

총수익률[gross returns]은 다음과 같다.

$$R_g(t) = \frac{S(t)}{S(t-1)}$$

이익[gain]을 나타내는 총수익률은 항상 1보다 크다.

순수익률[net returns]은 다음과 같다.

$$r(t) = \frac{S(t)}{S(t-1)} - 1$$

이익을 나타내는 순수익률은 항상 0보다 크다.

로그 수익률은 다음과 같다.

$$R(t) = \log(1 + r(t)) = \log\left(\frac{S(t)}{S(t-1)}\right) = \log(S(t)) - \log(S(t-1))$$

여기서 log는 자연로그다. $\log()$ 함수는 주어진 값의 순서를 조정하지 않는다. $x > y$이면 $\log(x) > \log(y)$이므로 단조증가[monotone increasing]만 한다. 로그 수익률의 경우 $S(t) = S(t-1)$이면 $S(t)/S(t-1) = 1$이다. $\log()$ 함수를 취하면 순수익률처럼 1은 0이 되므로 0은 임계값[threshold]이다. 로그 수익률의 경우 이익은 항상 0보다 크다. R 언어로 된 대부분의 자동화 처리에서 로그 수익률을 사용할 것이므로 이를 위해 R 문자는 예약어로 설정해 둔다.

3.8 자본자산가격결정모형

자본자산가격결정모형^{CAPM, Capital Asset Pricing Model}에서 주식 i의 수익률 r_i는 다음과 같은 등식이 성립한다고 가정한다.

$$r_i = \alpha_i + \beta_i r_M + e_i$$

여기서 α_i는 시장 수익률이 0일 때 주식 i의 초과 수익률^{excess return}로, 이는 시장 수익률을 상회하는 주식 i의 수익률을 말한다. β_i 파라미터는 시장 수익률 r_M에 대한 주식 i 수익률의 민감도^{sensitivity}다. e_i는 주식 i의 고유 성분^{idiosyncratic component}으로, 평균이 0인 정규분포를 따른다. 양변의 기댓값을 구하면 다음과 같다.

$$\begin{aligned} E(r_i) &= E(\alpha_i + \beta_i r_M + e_i) \\ &= E(\alpha_i) + E(\beta_i r_M) + E(e_i) \\ &= \alpha_i + \beta_i E(r_M) \end{aligned}$$

주식 i의 수익률에 대한 분산을 계산하면 다음과 같다.

$$\begin{aligned} \sigma_i^2 &= Var(r_i) \\ &= Var(\alpha_i + \beta_i r_M + e_i) \\ &= Var(\alpha_i) + Var(\beta_i r_M) + Var(e_i) \\ &= \beta_i^2 Var(r_M) + Var(e_i) \\ &= \beta_i^2 \sigma_M^2 + \sigma^2(e_i) \end{aligned}$$

주식 i의 수익률과 주식 j의 수익률 간의 공분산은 다음과 같다.

$$\begin{aligned} Cov(r_i, r_j) &= Cov(\alpha_i + \beta_i r_M + e_i, \alpha_j + \beta_j r_M + e_j) \\ &= Cov(\alpha_i, \alpha_j) + Cov(\beta_i r_M, \alpha_j) + Cov(e_i, \alpha_j) \\ &\quad + Cov(\alpha_i, \beta_j r_M) + Cov(\beta_i r_M, \beta_j r_M) + Cov(e_i, \beta_j r_M) \\ &\quad + Cov(\alpha_i, e_j) + Cov(\beta_i r_M, e_j) + Cov(e_i, e_j) \\ &= \beta_i \beta_j Cov(r_M, r_M) \\ &= \beta_i \beta_j Var(r_M) \\ &= \beta_i \beta_j \sigma_M^2 \end{aligned}$$

결과적으로 두 주식 수익률 간의 공분산은 시장의 분산과 각 주식의 두 베타 파라미터와의 곱과 같다. 그럼 애플 AAPL의 CAPM을 한번 계산해보자. RSQLite 패키지를 사용해 데이터베이스에 연결한 후 애플 AAPL과 S&P 500 SPY[6]의 월간 수익률 데이터를 가져온다. 그런 다음 변수 y에 AAPL 수익률을 추출하고, 변수 x에 SPY 수익률을 추출한다.

```
> library(RSQLite)
> library(foreign)
> setwd(paste(homeuser,"/FinAnalytics/ChapXII",sep=""))
> funda <- read.dta("funda.dta")
> msf <- read.dta("msf.dta")
> con <- dbConnect(SQLite(),":memory:")
> dbWriteTable(con,"funda",funda,overwrite=TRUE)
> dbWriteTable(con,"msf",msf,overwrite=TRUE)
> command <- "SELECT tsymbol,ret
+             FROM msf
+             WHERE date BETWEEN '2005-01-01' AND '2013-12-31'
+                 AND tsymbol IN ('AAPL','SPY')"
> result <- dbGetQuery(con,command)
> y <- result[result$tsymbol=='AAPL',]$ret
> x <- result[result$tsymbol=='SPY',]$ret
```

β_{AAPL}는 분산의 공분산 비율을 계산하거나 R의 선형 회귀 함수인 lm()을 이용해 선형 적합의 선형 성분을 조사하면 알 수 있다. 회귀분석에 관한 더 자세한 내용은 부록을 참조하기 바란다.

```
> cov(x,y)/var(x)
[1] 1.219438
> summary(lm(y~x+1))
Call:
lm(formula = y ~ x + 1)

Residuals:
     Min       1Q   Median       3Q      Max
-0.267367 -0.057082 0.004689 0.051996 0.196984
Coefficients:
          Estimate Std. Error t value Pr(>|t|)
(Intercept) 0.02446    0.00857   2.853 0.0052 **
x           1.21944    0.19374   6.294 7.11e-09 ***
---
Signif. codes: 0 '***' 0.001 '**' 0.01 '*' 0.05 '.' 0.1 ' ' 1
```

---

6 SPY: S&P 500 지수 추종 ETF

```
Residual standard error: 0.08807 on 106 degrees of freedom
Multiple R-squared: 0.2721, Adjusted R-squared: 0.2652
F-statistic: 39.62 on 1 and 106 DF, p-value: 7.106e-09
```

또한 애플의 통계적으로 유의한 양수 α값을 확인할 수 있는데 이는 드문 경우다. CAPM
은 일반적으로 $\alpha = 0$이라 간주한다.

```
> shapiro.test(x)

Shapiro-Wilk normality test

data: x
W = 0.96002, p-value = 0.002527

> shapiro.test(y)

Shapiro-Wilk normality test

data: y
W = 0.96924, p-value = 0.01323

> plot(x,y)
```

위 코드는 샤피로-윌크 검정Shapiro-Wilk test을 이용해 월별 수익률의 정규성normality[7]을 확
인한다. x, y 모두 p값이 0.05보다 작으므로 x, y의 정규성을 기각하고, 그림 3.5와 같은 양
의 수익률 관계를 나타내는 그래프를 그린다.

---

7 정규성 검정(normality test)은 자료가 정규분포를 따르는지 여부를 검정한다. 모수적 검정 방법(t-test, ANOVA 등)의 경우
   모집단의 확률분포가 정규분포를 따른다고 확신할 수 있는 상황에서 사용할 수 있다. 일반적으로 표본의 크기가 30 이상
   인 경우에는 중심극한정리에 의해 정규성을 가지고 있다고 가정하고 진행한다. 그러나 표본의 크기가 30 이하인 경우에
   는 정규성 검정을 먼저 수행해야 한다. 정규성 검정에는 콜모고로프 스미르노프(Kolmogorov-Smirnov) 검정과 샤피로-윌
   크(Shapiro-wilk) 검정이 사용된다. 하지만 샤피로-윌크 검정이 더 보수적인 방법이다.

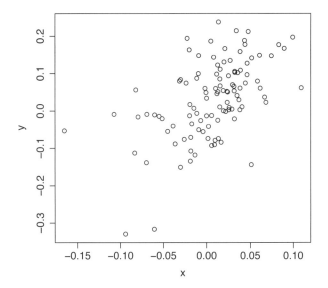

그림 3.5　AAPL 주식(*y*축)과 S&P 500 지수인 SPY(*x*축) 간의 관계

3.9 연습 문제

3.1　특정 월의 산업용 포크레인의 판매량 X는 다음 확률 함수를 따른다.

$$p(x) = \begin{cases} 0.7 & \text{for } x = 0 \\ 0.2 & \text{for } x = 1 \\ 0.1 & \text{for } x = 2 \end{cases} \tag{3.38}$$

월간 매출의 기댓값, 분산, 표준편차를 계산하라.

3.2　주어진 24시간 동안 서버가 동작하는 시간의 비율은 다음과 같다.

$$f(x) = \begin{cases} 2x & \text{for } 0 \leq x \leq 1 \\ 0 & \text{elsewhere} \end{cases} \tag{3.39}$$

(a) X의 기댓값과 분산을 계산하라.

(b) 주어진 24시간 동안 서버가 6시간 미만 동작할 확률을 구하라.

(c) 서버 운영으로 인한 이윤 Y는 $Y = 5X - 2$와 같이 운영 시간과의 관계로 나타낼 수 있다. 이윤의 기댓값과 분산을 계산하라.

3.3 골프 카트 배터리 브랜드의 연간 장애시간의 확률밀도함수는 다음과 같다.

$$f(x) = \begin{cases} \frac{1}{2}e^{-2x} & \text{for } x \geq 0 \\ 0 & \text{elsewhere} \end{cases} \tag{3.40}$$

(a) $E(X)$와 $E(X^2)$를 계산하라. 이때 X의 $Var(X) = E(X^2) - E^2(X)$라는 사실을 이용해 X의 분산을 계산하라.

(b) 골프 카트 배터리의 수명이 3년보다 클 확률을 구하라.

(c) 골프 카트 배터리가 수명이 1년보다 작을 확률을 구하라.

3.4 3.6절의 두 증권 가치의 가중 포트폴리오 분산을 참조해 상수 a, b, c로 가중치를 부여한 3개의 증권 가치의 분산에 관한 수식을 유도하라. 확률변수는 X, Y, Z를 사용하라.

4 금융 증권

4장에서 다루는 증권^{security}을 통해 금융시장에서의 다양한 증권 간의 관계를 심도 있게 살펴보자. 채권^{bond}과 주식^{stock}의 기본적인 정량적 측면들을 시작으로 최근에 발생한 역사적인 사건들까지 살펴보겠다. 과거 많은 사람이 이러한 부정적인 사건에 영향을 받았다. 자신이 직접 영향을 받지 않았더라도 가까운 친구나 가족 중에 퇴직금이나 직업을 잃어본 적이 있는 이가 있을 것이다. 이런 이야기를 되돌아보면 금융 분석 기술을 갖춰야 하는 이유를 알 수 있다. 이제 개별 증권의 통계적 움직임들과 그 상호관계를 이해해야 한다. 이는 우리가 살고 있는 복잡한 세상에서 핵심이다. 실제로 최근과 같은 저금리 시대에 대응해 자녀 학자금을 준비하고, 고령화 시대나 은퇴자금 설계의 포트폴리오를 스스로 관리하기 위해서는 금융 분석 기술에 대한 지식은 필수다.

세상에는 증권 거래에 관한 수많은 성공과 실패 사례가 있다. 시카고에서 뉴욕으로 출장 가는 길에 시카고 택시 운전사와 증권시장에 대해 이야기를 나눈 적이 있다. 그는 증권시장에 대해 상당한 지식을 보유하고 있는 것처럼 보였다. 공항에 도착해 트렁크에서 수화물을 꺼내며, 변동이 심한 시카고 상품시장에서 몇 년 전 파산해 지금은 트레이더^{trader}가 아닌 택시 운전사로 생계를 유지하고 있다고 말했다. 이런 일은 충분히 일어날 수 있다.

지난 수십 년 동안 증권의 가격발견^{price discovery}[1] 방식은 사람들 간에 큰 소리를 내며 역동적으로 대화하는 방식에서, 기기를 사용해 컴퓨터 네트워크로 조용히 신호를 보내는 방식으로 바뀌었다. 증권은 거래 시간 동안 가격이 변동한다는 점에서 다른 상품들과는 다르다. 따라서 증권가격 분석은 무작위 과정^{random processes}을 연구하는 일이다. 그러므로 무작위성^{randomness}의 수학적 연구가 현대 투자은행과 전산화된 거래소보다 선행돼야 한다.

---

1 시장에서 매수자와 매도자가 만나 쌍방이 합의한 수량과 가격에 거래가 이루어지는 것을 거래 체결(deal)이라고 한다. 그리고 경제학적으로는 이처럼 거래 체결을 통해 그 금융상품의 가격이 발견되고 결정되기 때문에 이를 거래 체결에 의한 가격 발견이라고 한다.

가격이 시세에 의해 형성되는 가장 기본적인 증권인 대상증권underlying securities과 그 기본적인 증권에서 가치가 파생한 파생증권derivative securities을 구분한다.[2] 기본적인 증권에는 주식, 채권, 현물상품spot commodities[3]이 포함된다. 이러한 기본적인 증권의 가격은 특별한 알고리즘 방식 없이 바로 알 수 있지만 파생증권 가격은 기초자산 가격, 변동성, 만기일에 따라 움직이기 때문에 또 다른 수준의 복잡성을 초래한다.

4장은 기본적인 증권에 집중한다. 대부분의 주식시장 거래는 기본적인 증권을 사용하므로 가장 먼저 이들을 바탕으로 분석 기반을 수립해야 한다.

가장 기본적인 금융상품financial instrument이자 가장 일반적인 투자증권은 바로 채권과 주식이다. 먼저 채권의 경우 채권 구매자, 즉 채권 보유자는 채권 발행자의 일정 금액의 채무를 보유하고 있다. 따라서 채권 발행자는 채권 보유자에게 구입일부터 만기일까지 채무를 진다. 채권 발행자는 지방자치단체, 정부, 공사 같은 정부기관sovereign entity일 수 있다. 발행자는 채권 보유자에게 만기일에 전체 금액 또는 '액면금액notional amount'을 지불해야 할 뿐만 아니라 액면금액의 일정 비율을 반기 등과 같이 주기적으로 지불해야 할 의무가 있다. 이처럼 발행 시 약속한 액면 이자율에 따라 일정기간 단위로 이자를 지급하고 만기일에 원금(액면금액)을 상환하는 채권을 **이표채**coupon bond라 한다. 반면에 이표, 즉 이자지급표coupon가 없어 만기까지 이자 지급이 없으며 만기에 액면금액을 받는 채권을 **무이표채권**zero coupon bond이라 한다. 두 경우 모두 구매자는 이표에 따라 제공된 소득과 원구매 가격 대비 최종 채권 가치의 상승분에 대한 차익을 얻을 수 있으리라 기대한다.

주식이란, 주주가 주식회사에 출자한 일정한 지분 또는 이를 나타내는 증권을 말한다. 주식의 경우 주식 구매자, 즉 주식 보유자는 주식의 수에 의해 결정되는 기업의 지분을 매입한 자를 말한다. 채권과 달리 주식 보유 기간은 무제한 즉, 만기가 없다. 주식은 주식시장에서 활발하게 거래되므로 주당 가격은 매도자와 매수자의 주식 거래와 수요와 공급 규칙에 의한 가격 결정에 따라 매우 빠르게 변동한다.

---

2 대상자산(underlying assets)은 옵션 행사 시 매수(콜옵션인 경우) 또는 매도(풋옵션의 경우)의 대상이 되는 특정 자산을 말하며, 기초자산이라고도 한다. 선물이나 옵션 등 파생금융상품에서 거래 대상이 되는 자산으로, 파생상품의 가치를 산정하는 기초가 된다. 파생상품에 따라 기초상품, 기초증권, 기초주식, 기초지수, 기초통화 등이 있는데, 이들을 포괄하는 개념이다. 옵션은 금, 은, 곡물 등 일반상품을 대상으로 하는 상품옵션(commodity option)과, 주식, 채권, 통화, 주가지수 등 금융물을 대상으로 하는 금융옵션(financial option)으로 구분하며, 특히 기초자산이 주식, 채권 등 유가증권인 경우를 대상증권(underlying securities)이라고 한다. 파생상품은 환율이나 금리, 주가 등의 시세변동에 따른 손실 리스크를 줄이기 위해 일정 시점에 일정한 가격으로 주식과 채권 같은 전통적인 금융상품을 기초자산으로 해 새로운 현금흐름을 가져다주는 증권을 말한다.

3 현물상품(spot commodity)이란, 실제적인 상품 거래 없이 만기가 되는 선물거래(future trading)와 대조되는 것으로 구입자에게 실제적으로 상품의 인도가 이뤄질 것으로 기대되는 상품을 말한다. 현물상품은 현물시장에서 거래된다.

파생상품은 환율, 금리, 주가 등의 시세 변동에 따른 손실 리스크를 줄이기 위해 미래 일정 시점에 일정한 가격으로 상품이나 주식, 채권 등을 거래하기로 약속이 된 일종의 보험성 금융상품에서 비롯됐다. 따라서 항상 만기나 만료일이 있으며, 파생상품은 기반이 되는 대상증권의 가치에서 파생된다. 파생상품은 채권이나 주식을 특정 날짜까지 특정 가격으로 매매하는 계약이다. 채권에 대해서도 살펴보지만, 이 책에서는 주로 주식 증권과 관련된 내용을 살펴본다. 파생증권은 14장, '옵션의 이항모형'에서 살펴보겠다.

4.1 채권 투자

앞서 채권을 소개했지만 채권의 가치를 계산하는 방법이 궁금할 수 있다. 채권의 이표 지급이 6개월 단위라면, 이자율 r은 일반적으로 채권의 기간 동안 고정된다. 채권을 구매해 채권의 소유자가 되면 채권을 매수[long]한다고 하고, 채권 판매자는 채권을 매도[short]한다고 한다.[4] 채권은 일정 기간 단위로 이표를 지급한다. 이를 수학적으로 나타내면 다음과 같다.

$$채권 가치(\text{BV, Bond Value}) = 이표의 현재 가치 + 채권 액면가의 현재 가치 \qquad (4.1)$$

$$\text{BV}_{ann} = \sum_{t=1}^{T} \frac{C}{(1+r)^t} + \frac{P}{(1+r)^T} \qquad (4.2)$$

$$\text{BV}_{semi} = \sum_{i=1}^{2T} \frac{C}{(1+\frac{r}{2})^i} + \frac{P}{(1+\frac{r}{2})^{2T}} \qquad (4.3)$$

모든 이표[coupon] 지급액과 채권 액면가[par] P를 이자율 $(1+r)$로 T 기간에 대해 할인해 현재 가치[present value]를 구한다. **무이표채권**[zero-coupon bonds]의 경우 채권 가치에 이자가 없으므로 만기 시점에 채권 발행자는 채권 소유자에게 채권 액면가의 현재 가치만 지급한다.

---

4 선물을 매수하거나 매도할 때 사람들은 buy나 sell이라는 표현을 쓰지 않고 long이나 short이라는 표현을 쓴다. 선물은 계약이다. 지금 당장 대상이 되는 물건을 사고 파는 게 아니라 미래의 특정시점에서 사거나 팔기로 하는 계약을 체결하는 것일 뿐이다. 실제로 사거나(buy) 파는(sell) 행위는 미래의 특정 시점에 가서야 일어난다. 따라서 대상 물건을 사겠다는 선물매수는 실제로 대상 물건을 산 게 아니라 '미래에 사겠다는 위치를 점(占)'하고 있는 것이다. 따라서 선물매수를 'long position'이라고 한다. 그 반대로 '미래에 팔겠다는 위치를 점(占)'하고 있는 것이 선물매도이며 'short position'이라고 한다. (출처: 한국경제)

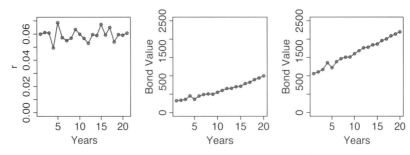

그림 4.1   반년 단위로 금리 $r(t)$가 발생하는 변동금리부채권(floating rate note)[5]의 20년간 그래프다. 시간 흐름에 따라 이표와 원금이 지급된다. 왼쪽 그래프는 금리시장에서 변동하는 금리이며, 가운데 그래프는 무이 표채권($C=0$)일 때 가치다. 그리고 오른쪽 그래프는 변동금리에 의해 결정된 할인율에 따른 이표채권의 가치다.

일반적인 유형의 채권은 미 재무성$^{US\ Government\ treasury}$에서 발행한다. 이 중 재무성 증권 TB, Treasury-bills은 1년 이하의 단기 채권이다. 이 채권은 만기 전 이자를 지불하지 않는다. 이 자는 매입가격과 만기 시 지불하는 가격(액면금액)이나 만기 전에 판매된 경우에는 증권^{bill} 의 가격 간의 차이다. 재무성 중기채$^{Treasury\ notes}$와 재무성 채권$^{Treasury\ bonds}$은 만기까지 반기 마다 지급되는 명시된 이자율이 있는 증권이다. 이 둘을 구분하는 기준은 만기 기간이다. 중기채^{notes}는 2, 3, 5, 10년 기간으로 발행되며, 채권^{bonds}은 10년 이상의 장기 투자다.[6]

채권의 가치는 **기회비용**$^{opportunity\ cost}$의 일반적인 사례다. 채권 보유자가 금리 r로 채권을 구입하고 채권시장이 계속 움직일 때, 시장의 이율이 올라가면 채권 보유자의 채권 가치는 줄어든다. 채권 보유자의 이자율은 $r=2\%$이고, 시장 이자율이 3%로 변경됐을 때 무이표 30년 채권의 본래 가치와 새로운 가치는 다음과 같이 계산할 수 있다.

---

5   채권은 발행 당시에 이자와 만기 등이 결정된다. 발행을 누가 하는지, 이자는 어떤 식으로 주는지, 만기는 어느 정도인지 에 따라 주로 채권을 분류하는데, 이자의 변동 유무에 따라 채권을 나누기도 한다. 일반적인 채권의 모습, 즉 이자가 변하 지 않고 발행 당시의 이자인 표면금리(발행이율, coupon rate)로 이자를 지급하는 것을 고정금리부채권(straight bond)이 라고 한다. 대부분의 국공채와 회사채가 여기에 해당돼 그냥 '채권'이라고 하면 고정금리부채권을 말한다. 상대되는 개념 으로 이자가 변하는 채권을 변동금리부채권(floating rate note)이라고 한다. 채권의 이자가 시장금리에 연동돼 이자지급 기간마다 변동된다. 주로 중장기물 채권에서 이와 같은 발행 사례가 많으나 금리가 급변동하는 시기에는 금리를 예측해 발행하기도 한다. 최근에는 은행을 중심으로 1년물 은행채 발행을 주로 변동금리부채권으로 발행하는 사례가 많다. 금리 가 앞으로도 낮아질 것으로 예상하기 때문이다. (출처: biz.chosun.com)

6   미 재무성이 발행하고 있는 재무성 증권에는 단기물부터 20년을 넘는 장기물에 이르기까지 다양한 종류가 있다. 보통 1년 이하의 것을 재무성 증권(TB, Treasury-bills)이라 하고, 1년 이상 10년 미만의 것을 재무성 중기채(Treasury notes), 10년 이상의 것을 재무성 채권(Treasury bonds)이라 부른다. 재무성 중기채와 재무성 채권은 이자 지급 방법에서도 재무성 증 권과 그 성격을 달리하고 있다. 즉, 재무성 증권은 할인 발행 방식을 택하고 있는데 비해, 재무성 중기채 및 재무성 채권은 액면가 또는 이에 근사한 가격으로 발행돼 일정 기간마다 확정 이자를 지급하는 이자부 발행 방식을 택하고 있다. (출처: 매일경제 용어사전)

```
> 1000/(1.02)^30
[1] 552.0709
> 1000/(1.03)^30
[1] 411.9868
```

기구매 채권은 현재 시장 금리보다 적은 금액이 지불된다. 채권 이자율 r과 채권 가치 간의 역관계는 이 계산을 통해 분명히 알 수 있다. 이자율은 상승했지만 채권 가치는 하락했다.

이 관계는 그림 4.1의 그래프에서도 확인할 수 있다. 좌우 그림에서 상승과 하락 움직임을 비교해보면 $r(t)$와 채권 가치의 역관계를 볼 수 있다.

다음 R 프로그램은 시장금리 $r(t)$가 $N(\mu = 0.03, \ \sigma^2 = 0.0025^2)$의 가우스 분포로 시간에 따라 변동하는 경우의 시뮬레이션이다. 프로그램에서 수식 4.3에 정의된 채권 가치는 과거에 지급됐거나 누적된 이표 지급을 포함하도록 확장한다.

```
P <- 1000
T <- 20
r <- .06
C <- 30
BV <- function(P,C,r,t,T) {
  tmat <- T-t
  acrued <- C*2*t
  if(tmat != 0) {
    i <- seq(1,2*tmat)
    acrued + sum(C/(1+r/2)^i) +
      P/(1+r/2)^(2*tmat)
  } else
    acrued + P/(1+r/2)^(2*tmat)
}
```

이제 채권 가치를 계산하는 BV() 함수가 있으므로 시드를 설정하고 rnorm() 함수를 이용해 $r(t)$를 시뮬레이션해서 가우스 변량^{Gaussian variates}을 구한다. 그런 다음 0에서 T까지 t를 반복해 시뮬레이션한다. BV() 함수는 잔존만기^{time to maturity}를 두 배 늘려 반기^{semi-annual} 단위인 BV_{semi}의 수식 4.3을 구현한다.

```
set.seed(437)
par(mfrow=c(1,3))
rvec <- round(c(r,r+
               rnorm(T)*.0050),4)
```

```
plot(rvec,type="l",ylim=c(0,.07),
     xlab="Years",ylab="r",col=4)
points(rvec,col=4)
simBV <- function(P,C,rvec,T) {
  BVvec = rep(0,T)
  for(t in 0:T) {
    i = t+1
    BVvec[i] <- BV(P,C,rvec[i],t,T)
  }
  plot(BVvec,type="l",col=4,ylim=c(0,2500),
       xlab="Years",ylab="Bond Value")
  points(BVvec,col=4)
  BVvec
}
BV(P,C,r=.06,t=0,T=20)
BV(P,C,r=.06,t=1/2,T=20)
BV(P,C,r=.06,t=1,T=20)
BV(P,C,r=.07,t=1/2,T=20)
BV(P,C,r=.06,t=20,T=20)
BV(P,C,r=0,t=0,T=20)

C <- 0
simBV(P,C,rvec,T)
C <- 30
simBV(P,C,rvec,T)
```

위 코드는 금리를 시뮬레이션하고 채권 가치$^{bond\ value}$를 그래프로 나타낸다. 다음에 살펴볼 코드는 채권 가치의 결과를 확인하기 위해 '단위 테스트$^{unit\ test}$'를 실행한다. 단위 테스트는 매우 적은 수의 코드 행으로 함수의 기본 예상 속성을 보여줄 수 있다. 이 사례처럼 대부분 경우 한 행이면 된다. 대체로 함수 작성자가 함수를 테스트하겠지만 기본적인 기초 연산이 정확한지 확인해야 한다.

```
> BV(P,C,r=.06,t=0,T=20)
[1] 1000
> BV(P,C,r=.06,t=1/2,T=20)
[1] 1030
> BV(P,C,r=.06,t=1,T=20)
[1] 1060
> BV(P,C,r=.07,t=1/2,T=20)
[1] 924.4875
> BV(P,C,r=.06,t=20,T=20)
```

```
[1] 2200
> BV(P,C,r=0,t=0,T=20)
[1] 2200
```

마지막 단위 테스트는 금리가 $0(r=0)$이므로 할인율이 없을 때 지불액을 나타낸다. 2200 값은 쿠폰가 30을 40번 지급한 값과 액면가 1000을 합산한 값이다.

채권에는 채권을 발행하고 지급하는 채권 매도인(채권 발행자)과, 최종 만기일까지 지급금을 수령하는 채권 매수인(채권 보유자)이 존재한다. 채무불이행 리스크^{default risk}는 채권 발행자가 이표 지급에 어려움을 겪거나 최종 액면가 지불에서 발생할 수 있는 잠재적인 어려움에서 비롯된다. 채무불이행 리스크는 채권 보유 투자자가 기대하는 이자율 r의 일부분으로 반영되므로 이자율이 더 높다.

4.2 주식 투자

기업이나 정부기관의 대출^{loan} 성격인 채권과 달리, 주식은 투자자가 기업의 지분을 매입하는 것이다. 주식시장은 기업별 주식의 수요와 공급이 매일, 초, 또는 심지어 초보다 더 작은 단위로 변동하기 때문에 가격 변동 측면에서 가장 역동적인 투자처 중 하나라고 할 수 있다. 여러 주식의 지분^{shares of stock}을 매입하면 회사 일부의 소유자가 되며, 이를 주식 매수^{long}라고 한다. 주가의 가치가 높아져 주식 매수자가 주식을 매도^{short}하면 이익을 얻는다.

주식을 소유하지 않고, 증권사에서 빌려 주식을 팔 수도 있다. 이 경우 투자자는 주식을 **공매도**^{short selling, shorting}한다고 한다.[7] 이는 일반적인 경우는 아니며, 주식을 매수하는 것보다 리스크가 높은 투자로 간주된다.

가능한 한 주가를 정확하게 정량화하기 위해 증권 가격을 시간에 따른 확률변수로 모형화할 수 있다. 증권의 가격을 확률변수 S, 또는 보다 구체적으로 $S(t)$로 지정한다. 거래의 시작 시점에서 시간은 0, 주가는 $S(0)$이고, 거래의 마지막 시점에서 시간은 T, 주가는 $S(T)$다. 여기서 시간 단위는 일^{day}이다.

---

7 공매도란, 문자 그대로 없는 것을 판다는 의미다. 다시 말해 주식을 보유하고 있지 않은 사람이 주식을 파는 것을 의미한다. 앞으로 주가가 떨어질 것을 예상한 투자자가 주가를 현재 가격으로 팔고, 나중에 가격이 떨어지면 싼 가격으로 다시 매입해 매매차익을 얻는 방식이다. 예컨대 A 종목의 주가가 100원일 때 팔았다가 1주일 후 70원으로 하락했을 때 70원에 A 종목의 주식을 다시 사서 돌려주면 30원의 시세차익이 생기는 방식이다.

증권의 **선물매수**^{long position}8에 관한 주식 거래에서 투자자는 거래 동안 증권을 소유한다. 선물매수를 통해 투자자는 $S(T) > S(0)$일 때 $S(T) - S(0)$만큼 이익을 얻는다. $S(T) = S(0)$일 때는 이익이나 손실이 없다. $S(T) < S(0)$일 때 투자자는 $S(0) - S(T)$만큼 손실을 본다. 주식 가치의 상승기나 하락기에 따라 투자자에게 각각 **미실현 이익**^{unrealized gain}이나 미실현 손실^{unrealized loss}이 발생한다. 그리고 거래가 완료된 시점의 이익과 손실에 따라 각각 **실현 이익**^{realized gain}이나 **실현 손실**^{realized loss}이 발생한다. 그림 4.2는 $T = 45$ 일간의 거래이며, T 시점에 실현 이익이 발생한다. 주가는 주당 100달러에서 시작했으며, 100주의 주식을 구매 또는 '매수^{long}'한다. 즉, 처음에 10,000달러를 투자한 셈이다. 다음 코드는 rnorm() 함수를 통해 간단한 가상의 주식매수 상황을 시뮬레이션해 가우시안 변량^{Gaussian variates}을 산출한다.

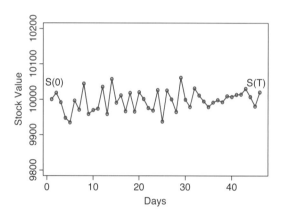

그림 4.2 증권 $S(t)$의 45일간 선물매수. 약간의 이익을 얻었다.

```
par(mfrow=c(1,1))
T <- 45
Svec <- round(c(1,1+1.1*
                rnorm(T)*.0025),4)
SVvec <- 10000*Svec
plot(SVvec,type="l",col=4,ylim=c(9800,10200),
     xlab="Days",ylab="Stock Value")
points(SVvec,col=4)
text(c(1,T),c(10050,10050),c("S(0)","S(T)"))
```

---

8 선물매수(long position)는 현재 선물계약을 매수한 상태로서 만기일에 지수가 상승할 것이라고 예상한 투자다. 참고로 전매(long liquidation)는 선물거래에서 매수 미결제 약정을 최종 거래일 이전에 매도해 손익을 확정하는 매매거래를 말한다.

증권의 **선물매도**^{short position}[9]에 관한 주식 거래에서는 증권을 빌려 0에서 T 기간에 대해 구매자에게 매도할 수 있다. 선물매도를 통해 투자자는 $S(T) < S(0)$일 때 $S(0) - S(T)$만큼 이익을 얻는다. $S(T) = S(0)$일 때는 이익이나 손실이 없다. $S(T) > S(0)$일 때는 투자자는 $S(T) - S(0)$만큼의 손실을 본다. 매도주문은 매수주문보다 드물며, 운용 시 복잡하기 때문에 투자자 계정에서 금지되는 경우가 있다.

4.3 서브프라임 모기지 사태

지금까지 채권과 주식 투자를 자세히 살펴봤으므로 지금부터는 이들 가치에 영향을 미친 최근 사건을 살펴보자. 서브프라임 모기지 사태^{subprime mortgage crisis}는 불행한 상황 중 일어난 최악의 사건이었다. 시장 전반에 걸쳐 증권이 어떻게 서로 영향을 미치는지 알아보기 위해 역사적 사건들을 살펴보겠다. 2000년 닷컴 버블^{dot-com bubble}로 대표되는 기술의 거품이 꺼지고 9.11 테러 이후 소비가 급감하면서 미 연방준비은행^{US Federal Reserve Bank}은 금리를 거의 0달러 수준으로 낮췄다. 이 금리인하 조치는 주택의 거품을 조장했다. 대출 수요는 급증하는 데 반해 주택 공급은 상대적으로 일정하게 유지되기 때문이다. 모두가 더 큰 집을 원했고 최저금리로 현재 집을 재융자하길 원했다. 여기에 정부는 서브프라임 등급^{subprime category}[10]까지 주택융자를 이용할 수 있도록 허가했다. 서브프라임 대출은 지불 불이행 가능성이 가장 높은 대출이다.

서브프라임 대출의 확산과 더불어 지불 불이행 가능성이 가장 적은 것으로 평가된 AAA급 증권에 대한 월스트리트의 수요는 대출의 증권화를 이끌었다. 이는 금융회사들이 서브프

---

9 선물매도(short position)는 현재 선물계약을 매도한 상태로써, 만기일에 지수가 하락할 것이라 판단한 투자다. 참고로 환매(short covering)는 선물거래에서 매도 미결제 약정을 최종 거래일 이전에 매수해 손익을 확정하는 매매거래를 말한다.

10 서브프라임 모기지(subprime mortgage)란, 신용등급이 낮은 저소득층을 대상으로 주택자금을 빌려주는 미국의 주택담보대출상품, 즉 우리말로 '비우량주택담보대출'을 말한다. 신용도가 낮기 때문에 우대금리보다는 높은 금리가 적용된다. 미국의 주택담보대출시장은 집을 사려는 일반 개인들의 신용등급에 따라 크게 3종류 대출로 나눈다. 신용등급이 높으면 프라임(Prime), 낮으면 서브프라임(Subprime), 그 중간은 알트에이(Alt-A: Alternative-A) 모기지다. 신용등급이 높을수록 우대금리를 적용 받을 수 있다. 모기지 신용등급은 신용평가회사인 FICO(Fair Issac and Company)라는 곳에서 대출신청자의 과거 대출 실적과 대출잔액, 거래 기간, 신용대출실적과 신용 조회 수, 적정수준 대출 유지 여부 등 5개 부문을 기준으로 점수를 매긴다. 거래 기간이 길수록, 신용점수와 비교할 때 기존 대출이 적을수록, 신용 조회 수가 많지 않을수록, 연체가 없고 적정 수준의 대출을 유지할수록 신용점수는 높게 나온다. 점수는 최저 300점에서 최고 850점까지 나타난다. 일반적으로 신용점수가 620점 미만에 해당하는 사람들이 서브프라임 모기지를 받는다. 신용점수 620점은 넘지만, 소득 증명이 불완전하거나 두 번째 주택을 구입하는 경우는 알트에이 모기지에 해당된다. (출처: 매일경제 용어사전)

라임 대출을 함께 묶어 트랑쉐^{tranche11}를 만드는 계기가 됐다. 이게 바로 주택저당증권^{MBS,} ^{Mortgage Backed Securities12}인 MBS다. 상위 트랑쉐는 통계적으로 AAA 리스크가 있는 것으로 가정한다. 즉, 1년 동안의 채무 불이행 확률이 1만분의 1보다 작은 것을 의미한다.

더 나아가서, 투자은행은 이익을 맞추기 위해 MBS를 사들여 이를 기초로 다시 다양한 파생상품을 만들어 판매했다. 이를 '승부의 책임^{skin-in-the-game13}' 요구사항이라고 한다. 환매조건^{buy-back clauses}도 사용됐는데, 이는 트랑쉐 실적이 일정 수준 이하로 떨어지면 발행은행이 MBS를 구매하도록 강제하는 데 사용된다. 미 연방준비은행이 금리인상과 변동금리 모기지^{ARM, Adjustable Rate Mortgage14}를 더 높은 금리로 재설정하기 시작하자 서브프라임 모기지는 불이행되기 시작했다. 문제는 부도율이 예상보다 훨씬 높아 투자은행의 대차대조표 상에 환매와 직접 투자로 인해 부채가 빠르게 증가해 예상보다 커졌다.

어떻게 이런 일이 일어났을까? 이자율이 상승하기 시작하자 사람들은 더 이상 모기지¹⁵에 지불할 수 없게 됐고 부도율이 높아졌다. MBS의 기초가 된 모기지담보증권들은 수익률 높은 비우량 모기지담보증권이었으나 더 이상 실적을 내지 못했다. 단기 상업대출로 자금을 조달하던 투자은행의 대차대조표도 금리상승 여파를 피할 수 없었다. 서브프라임 모기지의 실적 악화로 인해 은행 자산이 감소하기 시작했다. 부채는 자금 조달 비용 상승으로 인해 증가했으며, 이에 따라 자본은 압박을 받았다. 이로 인해 MBS 사태에 가장 많이

---

11 트랑쉐(tranche)는 조각(slice)을 의미하는 프랑스어로, 채권 발행 시 기채조건이 다를 두 종류 이상의 채권을 동시에 발행할 경우 각각의 채권 발행을 트랑쉐라고 한다. 즉 금융기관이 개별 대출들을 모아 이를 기반으로 다시 발행한 채권을 말한다. 또한 대출과 관련해서는 동일한 계약으로 두 가지 이상의 서로 다른 조건의 퍼실리티(facility)를 제공할 경우 각각의 퍼실리티를 의미한다. (출처: 외교통상용어사전)

12 주택저당증권(MBS)이란, 금융기관이 주택을 담보로 장기대출을 해준 주택저당채권을 대상자산으로 발행한 증권을 말한다. 금융회사에서 주택을 담보로 대출 실행 시 대출금을 회수할 수 있는 권리인 대출채권을 가지게 되는데 이를 주택저당채권이라 한다. 주택대출 금융기관은 보유하고 있는 주택저당채권을 일정한 조건별로 집합화(pooling)해 유동화 기관에 양도하고, 유동화 기관이 이를 기초로 증권을 발행한다. MBS는 자산유동화증권(ABS, Asset-Backed Securities)의 일종으로 금융기관이 단기로 자금을 조달해 장기대출함에 따른 대출기간의 불일치 문제와 장기대출에 따른 자산운용의 한계, BIS기준의 자기자본 비율의 부담 가중 및 금리변동 리스크 등을 해소하고, 주택자금의 조달을 원활하게 해 주택시장과 주택금융시장의 안정성을 제고하는 기능을 수행한다. (출처: KB금융지주 경영연구소)

13 승부의 책임(skin-in-the-game)이란, 대출금의 상환 불능 때 생기는 신용 리스크를 뜻한다. 즉 게임에 임하면서 발생하는 비용과 결과 등에 책임을 져야 한다는 것을 비유로 든 용어다. 본인의 돈이 걸린 게임에 임하는 주체가 그에 대한 책임감으로 게임에서 이길 확률이 높아진다는 설명하기 위해 고안됐다.

14 변동금리모기지(ARM)는 말 그대로 이자율이 상환 기간 동안 바뀌는 상품을 말한다. 이의 반대 개념은 고정금리모기지(FRM, Fixed Rate Mortgage)이며, 30년 고정과 15년 고정이 대표적인 고정금리 상품이다. 변동금리모기지는 처음 2년 정도는 미끼금리 형식으로 낮은 고정금리를 적용하다 나머지 기간 동안에는 높은 변동금리로 전환하는 옵션형태의 금리 조정부 대출 형태를 말한다.

15 법률적 관점에서는 모기지(mortgage)는 금융 거래에서 부동산을 담보로 하는 경우 그 부동산에 설정되는 저당권 또는 그 저당권을 나타내는 증서를 말하며, 모기지론(주택저당대출, mortgage loan)은 그러한 저당증권을 발행해 장기주택자금을 대출해주는 제도를 가리키는 말이다. 그러나 일상적으로는 '모기지론'을 간단히 '모기지'로 쓰는 경우가 많다.

관련된 두 은행 리먼 브라더스^{Lehman Brothers}와 베어 스턴스^{Bear Stearns}는 결국 파산했다.[16]

　미 연방준비은행은 손실을 막고자 노력했다. TARP^{Troubled Asset Recovery Program}[17]라는 특수기금을 창설하고 구제금융을 시작했다. 연방준비은행은 정부 부채의 대가로 은행, 보험회사 등의 MBS를 매입했다. 이로 인해 은행들의 자본 기반은 안정화됐다. 또한 마진콜, 매도 물결, 마진콜^{margin call}[18], 매도 등으로 이어지는 악순환에 따른 MBS의 급락세도 막았다. 연방준비은행은 금리도 0에 가깝게 낮췄다. 5년간의 하락세 이후 2012년 동안 대부분 시장은 회복의 조짐을 보였다.

4.4 유럽 경제위기

유럽연합^{EU}은 1999년 단일통화를 정식으로 도입했다. 유로화^{EURO}는 1999년 1월 1일 이후 유럽경제통화동맹^{EMU, European Economic and Monetary Union}인 EMU가 공식 출범함과 동시에 EMU 참가국들은 유로화를 자국의 통화로 사용했다. 유로화는 1999년 초부터 2001년 말까지 실체가 없는 문서상의 통화로 정부 간 거래 및 금융기관 간 결재통화로 사용되다가, 2002년 1월부터 6월까지 지폐와 주화의 형태로 각국의 통화와 함께 통용되다 2002년 7월부터는 유로화만이 법정통화로 사용되고 있다. 유로라는 공용 통화로 인해 유럽 전역에 리스크 프리미엄에 변화가 일어났다. 더 이상 보험증권은 프리미엄을 지불하거나 징수할 때,

---

16　리먼 사태의 근본 원인으로는 2007년부터 시작된 미국 부동산가격 하락과 이에 따른 서브프라임 모기지론(비우량주택담보대출) 부실이 지목된다. 미국 경기침체의 영향으로 금리가 내려가자 금융회사들은 주택대출의 확대를 부추겼다. 그 결과 부동산가격이 가파르게 상승했고, 시장 안팎엔 집값이 계속 오를 거라는 전망이 형성됐다. 부동산 값 상승에 대한 기대는 신용도와 소득이 낮은 사람에게도 주택 자금을 빌려주는 서브프라임 모기지의 확대로 이어졌는데, 서브프라임(sub-prime)은 정상 대출이라 할 수 있는 프라임 대출보다 소득이 낮은 사람들을 대상으로 한 대출을 말한다. 당연히 신용도가 낮은 저신용 계층이 많이 이용하고, 담보가치에 비해 대출액이 컸다. 리스크가 높은 상품임에도 금융회사들은 '집값은 하락하지 않는다'는 예상을 근거로 대출을 늘려 나갔다. 모험이 성공을 거두자 금융사들은 서브프라임 대출을 통해 구입한 주택의 '저당권'을 활용해 '주택저당증권(MBS)'이라는 또 다른 금융상품을 만들어 냈다. MBS는 쉽게 말해 집의 저당권을 다시 판매하는 것이다. 일종의 자산유동화증권(ABS, Asset-Backed Securities)으로 미래에 받을 채권을 미리 현금화하는 방법이다. 이 과정에서 모기지론을 대출해 준 은행이나 모기지 업체는 여러 채권을 섞기도 하고, 리스크를 회피하는 조건이나 구조를 만들어냈다. 이렇게 만들어진 MBS는 여러 금융회사에 분산돼 팔렸다. (출처: 다음 금융, 정일환 기자)

17　TARP(Troubled Assets Relief Program)는 미국이 금융위기 극복을 위해 만든 미국 재무부 금융구제프로그램으로, 2008년 10월 출범했다. 직역하면 부실자산구제 프로그램이다. 총 7,000억달러 규모로 조성했으며 자본매입 프로그램(CPP)을 통해 48개주 707개 금융사에 긴급 자본을 지원했다. 미국 재무부는 자본 확충이 필요한 은행의 우선주를 매입하는 형태로 자본을 지원했다. 이 프로그램은 2010년 10월 종료됐다.

18　마진콜(margin call)이란, 선물계약 기간 중 선물가격 변화에 따른 추가 증거금 납부 요구를 말한다. 선물거래에서 최초 계약 시 계약 이행을 보증하고 채권을 담보하기 위해 예치하고 있는 증거금이 선물가격의 하락으로 인해 거래개시수준 이하로 하락한 경우 추가 자금을 유치해 당초 증거금 수준으로 회복시키도록 요구하는 것을 말한다. 증거금 부족분을 급히 보전하라는 전화(call)를 받는다는 뜻에서 붙여진 이름이다. 투자자가 이 요구를 무시할 경우 거래소는 자동반대매매(청산)를 통해 거래 계약 관계를 종결시킨다.(출처: 네이버 지식백과)

통화 리스크를 고려할 필요가 없게 됐다. 이로 인해 남부 유럽, 특히 스페인의 부동산이 급등했다. 북유럽 자본이 남부 및 동유럽 시장으로 흘러 들어가 '융합^{convergence}'이 일어날 것이라 기대했다.

동화책 속 이야기라면 '유로로 인해 급여와 생산성이 높아지고, 부패는 줄어들며, 경제 수준은 비슷해지고 유로화 안에서 더욱 밀접하게 연결돼 모두가 행복하게 살았다'고 하겠지만, 알다시피 생각처럼 잘 풀리지 않았다. 경제적 순환 과정에서는 경제가 활황에서 불경기로 떨어지는 거품 붕괴, 즉 붐 앤 버스트$^{boom\ and\ bust}$ 현상을 여러 차례 겪는다. 남유럽은 비생산적 자산인 주택시장에 과다 투자했다. 총 단가 중 인건비가 독일보다 15~30% 높은 수준까지 상승해 많은 제조산업은 밀려났다. 서브프라임 모기지 사태와 금융위기가 찾아왔고 남부 유럽의 성장이 경기침체 수준으로 떨어졌다. 복지와 실업 수당을 비롯한 정부 지출은 지속적으로 발생해 정부의 적자가 급증했다.

2008년엔 서브프라임 모기지 사태가 닥쳐 지중해 전역의 성장은 어려워졌다. 2008년부터 2010년까지 그리스는 심각한 경기침체에 빠졌는데, 사회적 지출은 계속 높았으며 적자는 급증했다. 중요한 임계점은 GDP 대비 부채 비율이 100%에 달할 때다. 일단 100%가 넘으면 경제는 적어도 이자율이나 통제를 넘어 급등하는 비율로 성장해야 한다. 유럽연합^{EU}의 일부이므로 다른 나라처럼 통화가치도 평가 절하할 수 없다. 이는 곧 유럽연합 탈퇴를 의미하기 때문이다.

투자자들이 그리스의 채무불이행을 인식하면서 그리스 부채는 급격히 감소하기 시작했다. 그리스는 2010년 5월 EU와 IMF로부터 받은 1차 구제금융을 시작으로 2011년 2차 구제금융 요청, 2015년 3월까지 트로이카로부터 총 2266억 유로의 구제금융을 지원받았다. 그럼 그리스 채권과 할인한 현재가치를 고려해 채권가치를 계산해보자.

- 초기 수익률 7 %는 다음과 같이 현재가치를 산출한다: $1000/1.07^2 = 873.44$. 이때 제곱은 2년간의 할인율이다.
- 2011년 5월: 2년간 그리스 채무의 연간 수익률 40% 기록: $1000/1.4^2 = 510.20$
- 2011년 8월: 2년간 그리스 채무의 연간 수익률 60% 기록: $1000/1.6^2 = 390.63$
- 2011년 9월: 2년간 그리스 채무의 연간 수익률 87% 기록: $1000/1.87^2 = 285.97$

이자율과 수익률이 증가함에 따라 채권의 현재가치가 어떻게 변하는지 알 수 있다. 이러한 반비례 관계는 추후 더 자세히 살펴보겠다.

여기서 한 가지 의문이 생길 수 있다. 왜 그리스가 그렇게 큰 문제였나? 그건 바로 EU

구제금융의 구조와 유럽 은행의 대차대조표 구성 때문이다.

- 스페인과 이탈리아 은행들은 그리스 부채에 크게 노출돼 있었다.
- 그리스가 파산한다면 구제금융의 일부를 스페인과 이탈리아에서 지급해야 한다.
- 또 다른 문제는 이탈리아와 스페인 역시 부채가 너무 많아서 그리스 구제금융의 몫을 지불하고 자국의 은행까지 구제할 수 없다는 점이다.
- 그리하여 그리스의 붕괴로 인해 남부 유럽 대부분이 유로에서 이탈하게 되는 일련의 사태를 초래할 위험이 있다.

그리스, 스페인이나 이탈리아 시민이 아니었다면, 사실 북부 유럽의 시민이었더라도 아마 이 문제를 특별히 신경 쓰지는 않았을 것이다. 하지만 짚고 넘어가야 할 필요가 있다.

- 독일의 GDP 대비 무역흑자 비율은 세계에서 가장 높다. 대부분의 경제학자들은 약 40% 저평가된 통화 때문이라고 간주한다.
- 남부 유럽 대부분이 유로화를 탈퇴하면 달러 대비 유로화 가치가 급등할 것이다.
- BMW나 벤츠 자동차의 달러 가격은 자국 노동자 비율에 따라 1년 안에 20%에서 50%까지 증가하며, 이는 독일이 생각하는 최악의 상황일 것이다.
- 따라서 교착상태에 빠지게 된다.

스페인은 위기의 절정에서 150만 가구의 주택시장 과열로 가장 큰 타격을 입었다. 이는 미국 주택시장과 유사하지만, 미국 인구는 스페인 인구의 $300M/40M \approx 7.5$배, 미국의 GDP는 스페인 GDP의 $15T/1.477T \fallingdotseq 10$배다. 남부 유럽은 미국처럼 제조업을 재가동하고 주택 가격을 다시 높이기 위해 양적 완화$^{QE, Quantitative Easing}$[19]를 사용해 평가 절하할 수 없다. 그들은 유로에 갇혔다. 그렇다면 누가 이 상황에 득을 볼까? 남부 소비자와 북부 생산자다. 그럼 누가 손해를 볼까? 남부 생산자와 북부 소비자다. 이것은 이탈리아와 스페인에서는 산업이 철수하고 청년 실업률이 50% 이상인 극단적인 수준의 현 상황에 이르게 했다.

그렇다면 여기에서 유로화 사태는 어디로 불똥이 튀었을까? 그리스와의 상황은 위태롭

---

19 정책 금리가 0에 가까운 초저금리 상태에서 경기 부양을 위해 중앙은행이 시중에 돈을 푸는 정책으로, 정부의 국채나 여타 다양한 금융자산의 매입을 통해 시장에 유동성을 공급하는 것이다. 이는 중앙은행이 기준금리를 조절해 간접적으로 유동성을 조절하던 기존 방식과 달리, 국채나 다른 자산을 사들이는 직접적인 방법으로 시장에 통화량 자체를 늘리는 통화정책이다. 자국의 통화가치를 하락시켜 수출 경쟁력을 높이는 것이 주목적이다. 통화량이 증가하면 통화가치가 하락하고, 원자재 가격이 상승해 물가는 상승한다. 한 나라의 양적 완화는 다른 나라 경제에도 영향을 미칠 수 있다. 예를 들면 미국에서 양적 완화가 시행돼 달러 통화량이 증가하면 달러 가치가 하락해 미국 상품의 수출 경쟁력은 강화되나, 원자재 가격이 상승해 물가는 상승하며, 달러 가치와 반대로 원화 가치(평가 절상. 환율 하락)는 상승한다.

게 진행됐으나 이제 해결됐다. 하지만 사이프러스^{Cyprus} 구제금융은 파산한 은행의 개인 예금자가 150,000유로가 넘는 예금의 일부를 잃게 되는 더 암울한 상황을 맞이했다. 이는 전례가 없던 경우다. 하지만 가장 불편한 진실은 바로 프랑스다. 프랑스 경제는 심각한 경기 침체를 겪고 있으며 개선의 조짐이 보이지 않는다. 프랑스 주택 가격은 급격한 하락을 보이고 있으며, 경제학자들은 20~50%의 하락을 예측하고 있다. 프랑스는 구제하기엔 너무 규모가 크기 때문에 남아있는 유일한 방법은 독일이 확고히 반대하는 양적 완화뿐이다. 그래서 이 상황은 계속 논란 중이다.

4.5 증권 데이터집합과 시각화

경제를 논의하며 매우 구체적인 주식 분석 기법인 차트^{chart} 분석도 함께 알아보자. 차트는 가장 일반적인 형태의 시각화^{visualization} 방법이다. 언덕이나 계곡의 지형처럼 가로축에 시간을, 세로축에 가격을 나타내는 2차원 차트를 통해 주가 활동을 쉽게 감지할 수 있다. 그림 4.3은 외환거래시장^{Forex}의 유로 환율^{EC, Euro Currency} 데이터를 1개월간 1분 간격으로 나타냈다. 이때 가격은 유로/달러 환율, 즉 유로를 미국 달러로 변환한 값으로 유로 가치를 의미한다.

차트를 통해 가격 움직임^{price behavior}을 관찰하면 유로의 가격 움직임이 상당히 불규칙함을 알 수 있다. 가격이 1.3360에서 1.3500로 갑자기 1% 상승할 만큼 유로가 미국 달러에 대해 강세를 보이기도 했다. 이와 같은 0.0140의 변화는 일종의 상승세로 외환 투자자가 이를 예측하고 유로를 매수했다면^{long position} 반겼을 것이다. 반면에 외환 투자자가 유로를 매도했거나^{shot position} 이 시기에 미국 달러를 매수했다면 좌절했을 것이다.

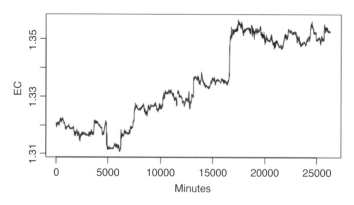

그림 4.3   2013년 9월, 실제 분당 유로/달러 환율

다음의 R 코드는 $n \times p$ 가격의 다변량 행렬$^{multivariate\ matrix}$을 받아 R 명령어 par(mfrow = c(nrow,ncol))로 한 화면에 그래프를 nrow개의 행, ncol개의 열로 배치한다. 이는 분석가가 증권가격과 로그 수익의 포트폴리오를 시각화하는 데 자주 사용된다. 시간 기반 확률변수 $S(t)$는 p개 있는 경우 $S_1(t),...,S_p(t)$와 같이 나타낼 수 있으며 prices라 명명한다.

```
displayCharts <- function(prices,lab,nrow=3,ncol=4,sleepSecs=4) {
  Dims=length(prices[1,])
  for(chartGrp in (1:ceiling(Dims/(nrow*ncol)))) {
    print(chartGrp)
    par(mar=c(3.82,1.82,1.82,0.82))
    par(mfrow=c(nrow,ncol))
    for(i in 1:(nrow*ncol)) {
      j = ((chartGrp-1)*nrow*ncol+i)
      if(j <= Dims) {
        print(paste(j,lab[j]))
        plot(prices[,j],type="l",xlab=paste(j,lab[j]))
      }
    }
    Sys.sleep(sleepSecs)
  }
}
#단위 테스트
prices <- matrix(rep(1,10),nrow=5,ncol=2)
prices[3,] <- c(6,6)
prices[4,2] <- 2
lab <- c("X","Y")
displayCharts(prices,lab)
```

displayCharts() 함수에서 nrow와 ncol은 가격 데이터가 아니라 그래프 표시를 위한 행과 열의 정보다. lab은 티커 심볼$^{ticker\ symbol}$[20] 벡터다. 함수 정의 다음에 있는 단위 테스트 코드에서 두 개의 더미 증권 X와 Y가 lab 벡터를 구성한다.

R 패키지에는 분석용 데이터집합이 내장돼 있는 경우도 있다. 머신 러닝$^{machine\ learning}$을 위한 huge$^{Higher-dimensional\ Undirected\ Graph\ Estimation}$라는 R 패키지에는 2003년 1월 1일부터 2008년 1월 1일까지 452개 주식의 5년간 일별 종가를 제공하는 stockdata 데이터집합이 포함돼 있다(Zhao, Liu, Roeder, Lafferty, and Wasserman, 2012).

---

20 티커 심볼(ticker symbol)은 증권을 주식호가 시스템에 표시할 때 사용하는 약어다. 예컨대 XON은 엑손(Exxon)을, AAPL은 애플(Apple)을, AMZN은 아마존(Amazon)을 나타낸다.

huge 패키지의 stockdata 데이터집합을 살펴보는 가장 좋은 방법은 주식분할^{stock split}을
위한 데이터 조정이다. 먼저 stockdata 데이터집합을 R로 불러오자.

```
#install.packages("huge")
library(huge)
data(stockdata)
D = length(stockdata$data[1,])
len = length(stockdata$data[,1])
prices = stockdata$data[,1:D]
lab = stockdata$info[1:D,1]
```

displayCharts() 함수를 호출해 stockdata 데이터집합의 처음 12개의 주식을 그려보자.

```
> displayCharts(prices[,1:12],lab[1:12],sleepSec=30)
```

sleepSec을 30초로 설정하면 그림 4.4와 같이 처음 출력된 화면을 캡처할 수 있는 물리
적인 시간을 확보할 수 있다. MMM, ADBE, AET[21] 차트에서 데이터 조정이 필요한 급격
한 가격 변동을 볼 수 있다.

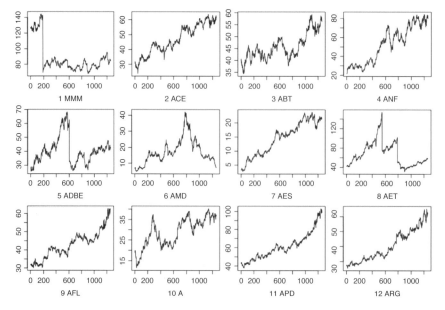

그림 4.4   일별 차트: 분할 조정 전 동일한 척도(scale)로 그린 stockdata의 처음 12개 증권 그래프

---

21   MMM은 3M(제조업체), ADBE는 Adobe Systems(IT회사), AET는 Aetna, Inc(건강보험회사)의 티커 심볼이다.

4.6 주식분할 조정

주식분할^{stock split}은 흥미로운 사건이다. 주식 가격이 크게 상승한 경우, 보통주를 분할하면 주식 가격이 저렴해져 새로운 투자자의 진입이 쉬워진다. 회사의 소유권 비율은 주식 수에 분할 비율의 역수를 곱하기 때문에 변경되지 않는다. 예컨대 2대 1로 나누면 가격이 반으로 줄고 투자자는 주식의 두 배를 보유하게 된다. 이 같은 분할은 두 가지 이유로 새로운 투자자에게 더 매력적이다.

- 주당 가격이 더 낮아져 매수 부담이 줄어든다.
- 주당 수수료^{commission}는 주가가 아닌 주식의 수를 기반으로 하기 때문에 감소한다.

100주 이하를 매입하는 경우 수수료는 일반적으로 고정 금액이다. 따라서 100주 미만으로 주식을 매입하면 주당 수수료는 올라간다. 투자자가 50주만 매입하는 경우에도 100주에 해당하는 수수료를 지불해야 한다. 그러나 주식이 2대 1로 분할되면, 그 이후에는 주당 가격이 절반으로 줄어듦에 따라 기존 50주 가격은 분할 후 100주 가격이 된다. 이로 인해 투자자가 지불할 최저 수수료가 낮아진다.

이러한 시나리오는 수십 년간 대체로 사실이었지만, 지난 10여년 동안 수수료 비용이 줄어들면서 주당 수수료 비용은 덜 중요해졌다. 일부 회사들은 변경 관리를 피하기 위해서 더 이상 주식분할을 하지 않는다. 2010년부터 2015년까지 가격이 크게 상승한 프라이스라인^{Priceline, PCLN22}과 구글^{Google, GOOG} 같은 회사는 주식을 빈번히 분할하지 않았으며 주당 가격은 수백 달러에 달한다.

하지만 분할은 여전히 매우 흔하게 발생하므로 시장 가격 데이터의 조정이 이뤄져야 한다. 일반적으로 분할은 순방향^{forward direction}이다. 즉, 분할 비율이 1보다 크다. 예컨대 2대 1 또는 3대 2와 같이 1주를 2주로 분할하거나 2주를 3주로 분할한다. 그러나 보통 주가가 하락한 후에는 주식병합^{reverse stock split}이 발생할 수 있다.[23] 예컨대 씨티그룹^{Citigroup}은 투자자 보고서에 표시된 주식의 수를 줄이기 위해 2013년에 1대 10으로 주식병합을 수행했다. 주식병합에서 분할 비율은 1보다 작다.

---

22 PCLN은 항공권, 숙박 등의 여행 할인 상품 검색 및 예약 사이트를 운영하는 미국 기업 프라이스라인닷컴(Priceline. com)의 티커 심볼이다.

23 주식분할(stock split)과 달리 기존의 여러 주를 한 주로 합치는 경우를 주식병합(reverse stock split)이라고 하며, stock split와 반대라는 의미에서 reverse stock split이라고 한다. 이 때문에 stock split을 reverse stock split과 대비해서 forward stock split이라고 하기도 한다.

주식분할은 투자자들이 매수하기에 부담이 되는 수준인 경우 투자자 층을 확대하기 위해서, 또는 주식 수가 적어 거래가 활발하지 않은 경우 유동성을 높이기 위해서 이뤄진다. 반면에 주식병합은 주가가 너무 낮아 기업 이미지에 부정적이거나, 투기적인 거래에 취약한 상황에서 기업 이미지 개선과 거래의 건전성 확보를 위해 이루어진다.

주식병합의 고전적인 사례는 2006년에 있었던 광섬유 네트워크 장비 업체인 JDS 유니페이즈$^{JDS\ Uniphase}$다. 이 발표에서 투자자들에게 설명한 분할 사유는 다음과 같다 (JDSU, 06).

JDSU 1대 8 주식병합 발표

2006년 9월 21일 캘리포니아, 밀피타스 - JDSU는 금일 이사회가 2005년 12월 1일에 있었던 회사주주들의 승인에 따라 보통주의 1대 8 주식병합을 승인했다고 발표했다. 주식병합은 동부 시간으로 2006년 10월 16일 월요일 오후 11:59부터 효력이 발생한다. JDSU의 보통주는 2006년 10월 17일 화요일 개장되면 'JDSUD'라는 임시 거래 심볼로 분할 조정된 방식으로 나스닥(NASDAQ)에서 거래를 시작한다. 거래 심볼은 약 20거래일 후에 'JDSU'로 복귀된다.

JDSU의 주식병합은 주당 회사 수익성에 대한 투자자들의 인지도(visibility)를 높이기 위한 것이다. 회사 역시 주가가 높아지면 JDSU의 투자자들에게 호소력도 높아지고, 주당 거래 수수료와 특정 관리 비용도 감소한다고 믿는다.

주식병합으로 인해 회사 보통주의 유통주식(outstanding shares) 수는 약 17억 주에서 약 2억 1100만 주로 감소한다. 또한 JDSU 스톡옵션(stock options)과 다른 주식장려형보상(equity incentive awards), 주식기준보상계획(equity compensation plans), 그리고 무보증전환사채(convertible notes)의 비례 조정(proportional adjustments)이 이뤄진다. 보통주의 수권주식(authorized shares)[24] 수는 60억 주에서 10억 주로 감소한다.

이러한 1대 8 주식병합에서 보통주가 2억 1100만 주라면, 그 8배인 16억 8800만 주가 원 주식 수가 된다. 주가의 시계열 데이터만 존재해 각 일자별 주가는 쉽게 확인할 수 있지만, 공고한 주식분할과 분할 비율 데이터는 쉽게 확인할 수 없는 경우가 있다. 사용할 수 있는 역사적 주가 데이터가 분할 조정되지 않았고 분할 사건 정보의 출처도 없을 때는 R의 벡터, 행렬, 그래프 기능을 사용해 데이터집합을 조사할 수 있다.

1 시계열 모니터링: 설명할 수 없는 갑작스런 변동인 급등^{jump}을 수작업으로 조사한다.

2 데이터 조정: 주식분할을 자동으로 감지하고 수정해 주식분할을 조정한다.

---

24 • 수권주식(authorized shares): 회사가 발행할 주식의 총수
   • 발행주식(issued shares, 소각분 제외)
   • 미발행주식(unissued shares) = 수권주식 - 발행주식 - 소각주식
   • 자기주식(금고주, treasury stocks): 발행주식 가운데 재취득한 주식
   • 유통주식(outstanding shares) = 발행주식 - 자기주식

데이터 정제^data cleaning의 필요성은 R의 가장 강력한 도구 중 하나인 그래프 기능을 사용하면 명확히 알 수 있다. huge 패키지의 stockdata 데이터집합의 주식 차트인 그림 4.4를 보면 설명할 수 없는 가격 변화가 데이터에 존재한다는 사실을 명확히 알 수 있다. 이는 급격한 가격 변동이 아니라 조정되지 않은 주식분할이며, 가격 차트에서 급등으로 나타난다.

주식분할은 이와 같이 급격한 변화가 발생하는 가장 일반적인 원인이지만 수익 발표도 차트에서 매우 유사한 형태로 나타난다. 주식분할은 일관성 있는 차트를 위해 분할일 이후 가격을 매끄럽게 조정해야 하므로 두 사건을 구분할 수 있어야 한다.

대량의 데이터집합에는 수많은 주식분할 비율이 존재하므로 변환 규칙을 작성해야 한다. 예컨대 그림 4.5에서 티커 심폴이 CMCSA인 컴캐스트^Comcast 차트에 갑작스런 급등이 수익 발표로 인해 발생한 현상인 듯 보였으나, 인터넷을 통해 추가적으로 조사한 결과 해당 기간 동안 3대 2 분할 사건이 있었음을 알 수 있었다. 이를 조정하면 그림 4.6과 같이 매끄럽게 변환된 그래프가 된다. 조정하지 않으면 초기 차트는 부정확한 수익률과 유동성 계산을 낳는다. 변동성^volatility 계산 방법은 3장, '금융 통계'에서 살펴봤다.

다음 코드는 배수^multiplier를 찾아 적용해 prices 벡터를 조정한다.

```
splitAdjust <- function(prices,symbol) {
  len = length(prices)
  origFinalPrice = prices[len]
  for(j in 2:len) {
    split = 0
    #print(paste(prices[j-1],prices[j]))
    if(prices[j-1] >= 1.4*prices[j]) {
      split = +1.5
      if(prices[j-1] >= 1.8*prices[j])
        split = +2
      if(prices[j-1] >= 2.9*prices[j])
        split = +3
      if(prices[j-1] >= 3.9*prices[j])
        split = +4
      if(prices[j-1] >= 4.9*prices[j])
        stop(paste(symbol,'detected more than 4:1 split'))
      print(paste("split adjusting",symbol,split,
                  j,prices[j-1],prices[j]))
```

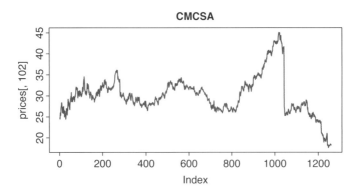

그림 4.5 가격 분할 조정 전 컴캐스트(CMCSA) 증권 차트

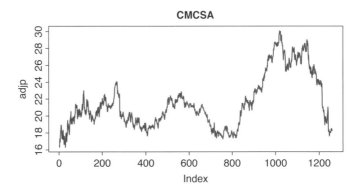

그림 4.6 3대 2 가격 분할 조정 후 컴캐스트(CMCSA) 증권 차트

위 규칙은 이전보다 주식 가격이 낮아지는 주식분할stock split 사례를 처리하는 코드다. 반면에 주식병합reverse stock split은 이전보다 주식 가격이 높아지는 경우다. 데이터집합이 따르는 공통 병합 규칙을 처리하는 코드는 아래와 같다.

```
  }
  if(prices[j-1] <= prices[j]/1.4) {
    split = -1.5
    if((prices[j-1] <= prices[j]/1.9) && (prices[j-1] >= prices[j]/2.1))
      split = -2
    if((prices[j-1] <= prices[j]/2.9) && (prices[j-1] >= prices[j]/3.1))
      split = -3
    if((prices[j-1] <= prices[j]/5.8) && (prices[j-1] >= prices[j]/6.2))
      split = -6
    if((prices[j-1] <= prices[j]/7.7) && (prices[j-1] >= prices[j]/8.3))
```

```
    split = -8
  if((prices[j-1] <= prices[j]/9.7) && (prices[j-1] >= prices[j]/10.3))
    split = -10
  if((split == 0) && (prices[j-1] <= prices[j]/2.9))
    stop(paste(symbol,'detected more than double reverse split'))
  print(paste("reverse split adjusting",j,symbol,j,
          split,prices[j-1],prices[j]))
}
```

split 금액이 결정됐으므로 이를 prices 벡터에 적용할 수 있다. 데이터집합 생성 규칙은 다음과 같다.

```
  if(split != 0) {
    for(k in j:len) {
      if(symbol=="C")
        prices[k] = prices[k]/10
      else if(split == +1.5)
        prices[k] = 1.5*prices[k]
      else if(split == +2)
        prices[k] = 2*prices[k]
      else if(split == +3)
        prices[k] = 3*prices[k]
      else if(split == +4)
        prices[k] = 4*prices[k]
      else if(split == -1.5)
        prices[k] = prices[k]/1.5
      else if(split == -2)
        prices[k] = prices[k]/2
      else if(split == -3)
        prices[k] = prices[k]/3
      else if(split == -6)
        prices[k] = prices[k]/6
      else if(split == -8)
        prices[k] = prices[k]/8
      else if(split == -10)
        prices[k] = prices[k]/10
      else stop('splitAdjust internal error')
    }
  }
}
finalPrice = prices[len]
return(prices*origFinalPrice/finalPrice)
```

```
}
#단위 테스트
p <- c(3.0,3.0,2.0,11.88,5.9,1.95,3.90,3.90,
       1.5,.75,1.00,1.2,1.4,1.8,2.1,1.05,1.30,1.31,1.32,.44,
       .43,.11,.12,.13)
sap <- splitAdjust(p,"SYM")
plot(p,type='l',ylim=c(0,15)); points(sap,col=4)
```

이제 1대 8 주식병합 사례인 JDSU를 살펴보고 splitAdjust() 함수로 테스트해보자.

```
> JDSUidx <- match('JDSU',lab)
> plot(prices[,JDSUidx],type='l',xlab='JDSU')
> adjp<-splitAdjust(prices[,JDSUidx],c('JDSU'))
[1] "reverse split adjusting 956 JDSU 956 -8 2.13 16.6"
> plot(adjp,type='l',xlab='JDSUadj')
```

위 코드를 실행해 출력된 전후 그래프는 각각 그림 4.7 및 그림 4.8과 같다.

findR() 함수의 코드는 아래와 같다. 이 함수는 D 가격 계열의 로그 수익률을 구한다. 슈퍼 할당 연산자super-assignment operator[25]를 사용해 전역 변수 D에 할당하며 로그 수익률 행렬 R을 반환한다.

```
findR <- function(prices,isSplitAdjusted=TRUE) {
  len = dim(prices)[1]
  D <<- dim(prices)[2]
  R = matrix(nrow=(len-1),ncol=D)
  for(i in 1:D) {
    #print(i)
    if(!isSplitAdjusted) prices[,i] <<- splitAdjust(prices[,i],lab[i])
    R[,i] = 100*diff(log(prices[,i]))
  }
  R
}
```

---

25 함수 내부에서 연산된 어떤 값을 함수 외부나 작성하는 프로그램 전체에서 사용해야 하는 경우 슈퍼 할당 연산자 (super-assignment operator) <<-를 사용하거나, assign() 함수를 사용한다. 이처럼 변수값이 특정 함수 내에서 국한되지 않고 전체에서 활용되는 개념을 전역 할당(global assignment 혹은 permanent assignment)이라고 한다. 반대로 변수값이 지정된 함수 내부에서만 사용되는 것을 지역 할당(local assignment)이라고 한다.

미조정 주식 시계열 수정을 위한 분할 및 병합 유틸리티 테스트까지 마쳤으므로, 유틸리티를 호출해 prices 행렬의 해당 요소를 수정해보자. findR() 함수에 isSplitAdjusted=FALSE로 설정해 splitAdjust() 함수를 호출한다.

```
> R <- findR(prices,isSplitAdjusted=FALSE)
[1] "split adjusting MMM 2 188 140.54 69.07"
[1] "split adjusting ADBE 2 603 62.72 32.42"
[1] "split adjusting AET 2 553 147.71 74.76"
[1] "split adjusting AET 2 790 202.5 99.42"
[1] "split adjusting AGN 2 1127 114.47 58"
[1] "split adjusting ABC 2 755 83.77 41.48"
...
[1] "reverse split adjusting 956 JDSU 956 -8 2.13 16.6"
...
[1] "reverse split adjusting 114 PCLN 114 -6 4.24 25.22"
...
[1] "split adjusting YHOO 2 343 53.53 27.08"
[1] "split adjusting YUM 2 1129 64.57 32.37"
> D <- dim(prices)[2]
> D
[1] 452
```

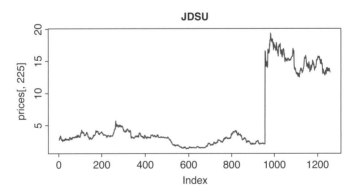

그림 4.7 가격 병합 조정 전 JDS 유니페이즈(JDSU) 증권 차트. 1,000일 직전에 발생한 이례적인 사건을 조사해야 한다.

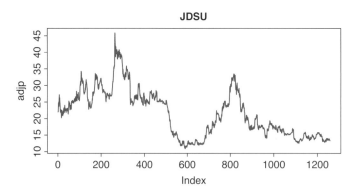

그림 4.8   1대 8 가격 병합 조정 후 JDS 유니페이즈(JDSU) 증권 차트. 그림 4.7과 비교했을 때 병합 시점 보정 후 유사한 흐름을 보인다.

또 다른 주식병합 사례로 PCLN이 있다. PCLN이 실제 1대 6 병합이 있었다는 사실을 확인하기 위해 인터넷을 검색해 PCLN 병합 기사를 찾아봤다. CNBC 기사(Spechler, 2011)에 따르면 병합은 2003년 6월 16일에 발생했다. 이 기사는 주식병합에 성공한 사례들을 다뤘는데, PCLN을 주식병합에 성공한 사례로 꼽았다.[26]

4.7 인수합병 조정

인수합병$^{M\&A,\ Mergers\ and\ Acquisitions}$은 지속적으로 발생하며 데이터집합에 영향을 미친다. 한 회사가 다른 회사를 인수하면 일반적으로 두 티커 심볼 중 하나를 선택하고 다른 종목은 합병 당일이나 하루 전에 거래가 중단된다. 주식 포트폴리오가 존재하고 획득 가격으로 성과를 살펴볼 때 누락된 파일이 있거나 시세 유틸리티 함수가 정확한 결과를 반환하지 못해 에러가 발생할 수 있다. 첫 번째 예로는 원하는 데이터집합에서 일어난 티커 심볼이 TIE인 금속회사 티타늄 메탈$^{Titanium\ Metals\ Corporation}$의 인수합병 사건이다(GoogleFinance.com, 2014).

> TIMET(Titanium Metals Corporation)는 용융 티타늄(titanium melted)과 티타늄 가공제(mill product) 생산 업체다. 2013년 1월, 프리시전 캐스트파츠(Precision Castparts Corp.)가 TIMET를 인수했다.

---

26 PCLN(Priceline)은 여행 웹사이트에서 시작해 식료품, 보험, 주유소까지 사업을 확장했으나 닷컴 버블 붕괴와 9.11 사태가 겹치며 99년 974달러에 달했던 주가는 7달러까지 곤두박질쳤다. 이후 PCLN은 여행을 제외한 모든 사업을 매각하고 액면가 상승을 위해 주식병합을 실시했다.

또 다른 예로는 의료 서비스^{healthcare} 산업에서 있었던 티커 심볼이 CVH인 건강보험회사 코벤트리헬스케어^{Coventry Healthcare}의 인수합병 사건이다(Forbes.com, 2013).[27]

의료 서비스 제공 업체들은 향후 12-18개월 내에 오바마케어(Obamacare)가 시작됨에 따라 연방정부가 운영하는 메디케어(Medicare)와 주정부의 메디케이드(Medicaid)로 인한 급격한 변화에 대응하기 위해 노력했다. 법안이 통과되고 대법원이 확정할 때 쯤 WLP(WellPoint)와 AGP(Amerigroup)이 합병했으며, 직후 AET(Aetna)와 CVH(Coventry Healthcare)가 합병했다.

resD26QP1Days1258.csv라는 플랫 파일^{flat file}에 TIE와 CVH 티커 심볼이 있으면 에러가 발생한다. 따라서 TIE와 CVH에 해당하는 행을 편집해 resD24Days1258.csv라는 새로운 파일을 작성한다.

```
adjustForMergers <- function(dir,portFile) {
  setwd(paste(homeuser,"/FinAnalytics/",dir,"/",sep=""))
  df <- read.csv(portFile)
  lab <- df[,2]
  w <- df[,3]
  if(abs(sum(w) - 1.0) < .002) {
    print('All weights sum to 1.0')
  } else {
    print(sum(w))
    amtToRealloc <- 1.0 - sum(w)
    wInc <- w/sum(w)*amtToRealloc
    print(sum(w+wInc))
    df[,3] <- w+wInc
    newFile = paste("rebal",portFile,sep="")
    write.csv(df,file=newFile,row.names = FALSE)
    print(paste("wrote file",newFile))
  }
}
adjustForMergers('huge','resD26QP1Days1258.csv')
adjustForMergers('huge','resD25Days1258woTIE.csv')
adjustForMergers('huge','resD24Days1258.csv')
```

유틸리티 함수 adjustForMergers()를 실행하면 첫 번째 파일의 경우 가중치 합이 거의 1.0이지만, 이 가중치는 부적합한 TIE와 CVH가 포함돼 있어 사용할 수 없다는 사실을 알 수 있다.

---

27 매출 규모 3위의 애트나(Aetna)는 2012년 코벤트리헬스케어(Coventry Healthcare)를 56억 9,000만달러에, 2015년에는 매출 기준 4위의 휴머나(Humana)를 370억달러에 인수했다.

```
> adjustForMergers('huge','resD26QP1Days1258.csv')
[1] "All weights sum to 1.0"
> adjustForMergers('huge','resD25Days1258woTIE.csv')
[1] 0.9498
[1] 0.99748
[1] "wrote file rebalresD25Days1258woTIE.csv"
> adjustForMergers('huge','resD24Days1258.csv')
[1] 0.9918
[1] 0.9999328
[1] "wrote file rebalresD24Days1258.csv"
>
```

TIE의 경우, TIE의 새로운 모회사인 PCP가 이미 포트폴리오에 존재하므로 TIE의 가중치 $w_7 = 0.0491$와 PCP의 가중치 $w_{15} = 0.0269$를 합산해 TIE의 가중치를 PCP의 새로운 가중치 $w_{PCP} = 0.0760$로 대체한다. CVH의 경우는 모회사가 포트폴리오에 존재하지 않으므로 CVH를 제외한다. 그런 다음 resD24Days1258.csv에 대해 유틸리티 함수를 실행하면 가중치 합이 1.0으로 재조정된^{rebalanced} 별도 파일 rebalresD24Days1258.csv가 생성된다.

4.8 여러 시계열의 그래프 비교

데이터집합에 있는 처음 몇 개의 주가 시계열을 시작 시점에서 가격 척도를 1 통화 단위나 1 총수익률 단위로 조정해 비교할 수 있다. 이를 구현한 함수는 아래에 있는 plotMultSeries() 함수이며, 실행 결과 그래프는 그림 4.9와 같다.

```
plotMultSeries <- function(prices,lab,w,D,cc="days",ret=NA,
                           ylim=c(.2,15),isAlone=TRUE) {
  if(isAlone) plot.new()
  mapToCol <- function(d)
    if(d%%8==7) 1 else if(d==8)
      2 else if(d==15) 3 else if(d==23) 4 else d
  par(mar=c(4,2.82,1.82,1))
  if(isAlone) par(mfrow=c(1,1))
  tot <- 0; len <- dim(prices)[1]
  first <- TRUE; D <- dim(prices)[2]
  for(d in 1:D) {
    if(!is.na(prices[1,d]) && !is.na(w[d]) && w[d] > 0) {
      print(lab[d])
      tot <- tot + 1
```

```
   if(first) {
      first = FALSE
      plot(prices[,d]/prices[1,d],type="l",
             col=mapToCol(d),xlab=cc,
             ylim=ylim)
   } else
      lines(prices[,d]/prices[1,d],type="l",
              col=mapToCol(d))
   text(len,(prices[len,d]/prices[1,d]),lab[d],
          col=mapToCol(d),cex=.8)
   }
  }
  print(tot)
  print(paste("density or non-zero weights (sparsity) is ",tot/D))
}
#단위 테스트
D2 <- 12
w <- rep(1/D2,D2)
plotMultSeries(prices,lab,w,D2,cc=
  paste(sum(w>0),"stocks"),ret="", ylim=c(.5,8))
```

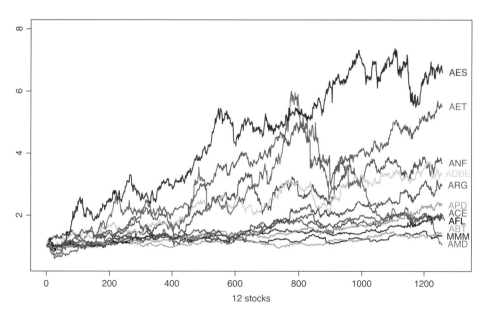

그림 4.9   stockdata의 처음 12개 증권을 1$의 동일한 척도로 조정해 재작성한 그래프

이처럼 척도 조정을 통해 실제 가격을 상대 가격으로 대체해 증권 수익을 비교할 수 있다.

4.9 증권 데이터 획득

huge 패키지의 stockdata 데이터집합은 매우 든든한 출발점이다. 하지만 이 데이터집합에서 제공한 452개보다 더 많은 주식 거래가 존재하며, 시간 프레임을 2003년에서 2008년으로 제한하지 않고 제어하기 원한다. 특히 금일과 이전일 시세를 통해 최근 포트폴리오 실적을 확인하고자 한다.

역사적 수익률을 측정하고 현재 시장에 맞게 포트폴리오를 보정하려면 소프트웨어 메커니즘이 필요하다. R의 tseries 패키지는 역사적 가격을 가져오는 get.hist.quote()라는 매우 유용한 함수를 제공한다. 예컨대 애플의 역사적 가격은 다음과 같이 가져올 수 있다.

```
library(tseries)
pv <- get.hist.quote('AAPL',quote="Adj",start="2011-02-09",end="2015-02-09")
pv
```

이 함수는 역사적 데이터를 조회하고 저장하는 데 사용할 수 있다.

하지만 최신 데이터집합을 사용하려면 외부 소스에 연결해야만 한다. 한편, 로직을 변경하며 여러 번 시뮬레이션을 반복해야 하는 경우가 있다. 온라인 데이터 소스는 편리하기는 하지만 저장하면 네트워크 연결 없이 로컬에서 사용할 수 있다. 따라서 새로운 데이터집합이 필요할 때 get.hist.quote() 함수를 이용해 인터넷에 연결하여 데이터를 가져와 플랫파일로 저장하면 된다. 로컬에 저장된 데이터를 읽으면 시뮬레이션을 더 빠르게 실행할 수 있고 오프라인 상태에서도 실행할 수 있는 유연성을 제공한다. 물론 저장된 데이터를 사용하면 저장된 시간대의 동일한 데이터만 사용할 수 있다는 한계가 있다.

```
readExchSymbols <- function(fileName) {
  frame <- read.csv(fileName,header=TRUE,sep="\t")
  return(as.character(frame[,1]))
}
```

위에 있는 readExchSymbols() 함수로 해당 시간대의 원하는 주식 시세를 읽어 데이터를 NYSE와 NASDAQ의 두 디렉터리에 개별 플랫 파일로 저장한다. 다음 초기화 R 코드는 앞서 살펴본 displayCharts()와 splitAdjust() 함수의 로직을 활용해 디렉터리에서 역사적 가격을 읽어 배열에 표시한다.

두 개의 하위 디렉터리가 있다. 하나는 NYSE 주식용이고 다른 하나는 NASDAQ 주식용이다. 각 디렉터리에는 증권당 하나씩 약 2,200개의 저장 파일이 있다. 예컨대 NYSE의 IBM 증권인 경우 파일 이름은 cacheIBM.csv이며, 여러 해의 가격이 단일 열 형식으로 배열돼 있다. 다음의 createDirs() 함수는 테스트 일자 범위에 해당하는 주가를 저장할 디렉터리를 설정한다. 일반적으로 메인 디렉터리 아래에 NYSE와 NASDAQ용으로 각각 하나의 하위 디렉터리가 있다. 만일 isSubDir=TRUE로 설정하면 NYSE와 NASDAQ의 두 티커 파일을 각각 하위 디렉터리로 복사한다.

```
createDirs <- function(dir,isSubDir=TRUE) {
  mainDir <- paste(homeuser,"/FinAnalytics/",sep="")
  destDir <- paste(mainDir,dir,sep="")
  if(!file.exists(destDir))
    dir.create(file.path(destDir))
  setwd(file.path(destDir))
  if(isSubDir) {
    f1 <- "NYSEclean.txt"
    f2 <- "NASDAQclean.txt"

    NYSEsubDir <- paste(destDir,"/NYSE",sep="")
    if(!file.exists(NYSEsubDir))
      dir.create(file.path(NYSEsubDir))
    if(!file.exists(paste(NYSEsubDir,"/NYSEclean.txt",sep="")))
      file.copy(paste0(homeuser,"/FinAnalytics/",f1),
                NYSEsubDir)

    NASDAQsubDir <- paste(destDir,"/NASDAQ",sep="")
    if(!file.exists(NASDAQsubDir))
      dir.create(file.path(NASDAQsubDir))
    if(!file.exists(paste(NASDAQsubDir,"/NASDAQclean.txt",sep="")))
      file.copy(paste0(homeuser,"/FinAnalytics/",f2),
                NASDAQsubDir)
  } else {
    f <- paste(dir,"clean.txt",sep="")
    if(!file.exists(paste(destDir,"/",f,sep="")))
      if(file.exists(paste(mainDir,"/",f,sep="")))
        file.copy(paste0(homeuser,"/FinAnalytics/",f),".")
  }
}
#단위 테스트
createDirs("CDUT")
```

R 환경에서 이 코드를 정의하고 단위 테스트를 수행해보자. 위 코드의 마지막 줄은 메인 디렉터리인 FinAnalytics 아래에 CDUT이라는 테스트 디렉터리를 생성한다. CDUT를 생성한 후에 컴퓨터의 디렉터리 내용을 살펴보라. 단위 테스트 수행이 완료되면 각 티커 심볼의 파일이 있는 두 개의 하위 디렉터리가 있어야 한다.

```
readSubDirs <- function(dir,isSubDir=TRUE) {
  if(isSubDir) {
    setwd(paste(homeuser,"/FinAnalytics/",dir,"/NYSE",sep=""))
    lab <- readExchSymbols("NYSEclean.txt")
    D1 <- length(lab)
    print(D1)
    setwd(paste(homeuser,"/FinAnalytics/",dir,"/NASDAQ",sep=""))
    lab2 <- readExchSymbols("NASDAQclean.txt")
    lab <- append(lab,lab2)
    D2 <- length(lab2)
    print(D2)
    list(D1,D2,as.character(lab))
  } else {
    setwd(paste(homeuser,"/FinAnalytics/",dir,sep=""))
    lab <- readExchSymbols(paste(dir,"clean.txt",sep=""))
    D <- length(lab)
    print(D)
    list(D,as.character(lab))
  }
}
```

위 readSubDir() 함수가 처리하는 두 가지 주요 경우는 다음과 같다.

- NYSE와 NASDAQ 거래용 하위 디렉터리가 있는 디렉터리
- 하위 디렉터리가 없는 디렉터리

acquirePrices() 함수는 시세를 다운로드하고 저장하는 메인 코드다. 처음에 acquirePrices() 함수는 lab 벡터에 나열돼 있는 모든 증권의 모든 가격을 다운로드해야 한다. 가격 벡터는 필요한 날짜 범위를 R tseries 패키지의 get.hist.quote() 함수를 통해 얻을 수 있으므로 CSV 파일에 저장하여 나중에 사용할 수 있다. NYSE와 NASDAQ 시세는 별도의 하위 디렉터리에 보관된다.

아래 acquirePrices() 함수 선언을 보면 start=start, end=end 부분을 볼 수 있다. 이는 인수로 시작과 끝 시점을 제공하면 'YYYY-MM-DD' 형식으로 지역 변수 start와 end의 초깃값

을 설정한다는 의미다. 그렇지 않으면 기본값이 할당된다. 이때 기본값은 함수의 전역 변수 start와 end값이 된다.

```
acquirePrices <- function(prices,lab,len,D,D1,D2,dir,
                          start,end,isSubDir=TRUE,verbose=TRUE) {
  isSuccessfulQuote <- FALSE
  for(d in 1:D) {
    if(d == 1 || (isSubDir && d == (D1+1)))
      if(d == 1 && isSubDir) {
        setwd(paste(homeuser,"/FinAnalytics/",dir,"/NYSE",sep=""))
        unlink('bad*')
        print(paste("NYSE=======:",d))
      } else if(d == (D1+1) && isSubDir) {
        setwd(paste(homeuser,"/FinAnalytics/",dir,"/NASDAQ",sep=""))
        unlink('bad*')
        print(paste("NASDAQ=======:",d))
      } else {
        setwd(paste(homeuser,"/FinAnalytics/",dir,sep=""))
        unlink('bad*')
        print(paste("ETF==========:",d))
      }
    if(verbose) print(paste(d,lab[d]))
    fileName = paste("cached",lab[d],".csv",sep="")
    usingCacheThisFileName <- FALSE
    if(file.exists(fileName)) {
      usingCacheThisFileName <- TRUE
      pricesForStock <- read.csv(fileName,header=TRUE,sep="")[,1]
      if(!is.na(pricesForStock[1]))
        isSuccessfulQuote <- TRUE
    }
    if(!usingCacheThisFileName ||
        (usingCacheThisFileName && length(pricesForStock) != len)) {
      usingCacheThisFileName <- FALSE
```

R의 흥미로운 기능은 tryCatch() 래퍼wrapper 함수다. 이 함수는 코드 블록을 묶고 각 결과의 경고, 에러, 최종 코드 블록을 추가한다. tryCatch() 함수 로직은 아래와 같다.

```
tryCatch( {
  print(start);print(end)
  Sys.sleep(1)
  pricesForStock <- get.hist.quote(lab[d],quote="Adj",
```

```
                                      start=start,end=end)
    if(!is.na(pricesForStock[1]))
      isSuccessfulQuote <- TRUE
  }, error = function(err) {
    print(err);cat(lab[d],file="badsyms.txt",
                    append=TRUE,sep="\n")
    isSuccessfulQuote <- FALSE
  } )
}
```

반환된 길이는 필요한 len값과 같아야 한다. 그렇지 않으면 get.hist.quote() 함수로 심볼의 값을 가져올 수 없다.

```
if(length(pricesForStock) == len) {
  prices[,d] <- pricesForStock
  if(sum(is.na(prices[,d])) > 0 || (sum(is.na(prices[,d-1])) == 0 &&
      d > 1 && prices[1,d] == prices[1,d-1])) {
    print(paste(lab[d],"has NA prices"))
    cat(lab[d],file="badsyms.txt",
        append=TRUE,sep="\n")
    isSuccessfulQuote <- FALSE
  }
} else {
  cat(lab[d],file="badsyms.txt",append=TRUE,sep="\n")
}
if(!isSuccessfulQuote)
  cat(lab[d],file="badsyms.txt",append=TRUE,sep="\n")
if(isPlotInAdjCloses) {
  if(d == 1)
    plot(prices[,d]/prices[1,d],type="l",col="blue",ylim=c(.2,6))
  else
    lines(prices[,d]/prices[1,d],type="l",col="blue")
  text(len,(prices[len,d]/prices[1,d]),lab[d],cex=.6)
}
```

위 내용은 에러 처리 로직이다. pricesForStock 벡터에 NA가 반환되면 badsyms.txt 파일에 항목을 생성한다. 나중에 elimSyms() 함수는 이 파일을 이용해 lab 벡터와 price[] 행렬에서 NA 항목을 제외한다. isCacheEnabled이 TRUE이고 usingCacheThisFileName이 FALSE이면 아래 로직과 같이 해당 심볼의 저장 항목인 가격이 포함된 플랫 파일을 생성한다.

파일을 저장하는 코드는 다음과 같다.

```
   if(isCacheEnabled && !usingCacheThisFileName &&
      isSuccessfulQuote) {
    fileName = paste("cached",lab[d],".csv",sep="")
    print(fileName)
    write.csv(prices[,d],file=fileName,row.names = FALSE)
   }
   isSplitAdjusted = TRUE
  }
 prices
}
```

지금까지 주가는 야후^{Yahoo!}를, 환율은 오안다^{Oanda}를 사용하는 get.hist.quote() 함수를
이용해 인터넷 저장소^{repository}에서 가격 데이터를 획득하는 로직을 설명했다. 이 방식은 일
별 주가 데이터를 얻는 매우 강력한 방법이다. 하지만 수천 개의 주가 계열 데이터를 다운
로드하려면 상당히 많은 시간이 소요된다. 다행히 데이터를 로컬에 저장해 재실행하거나
디버깅할 수 있으므로 최초 다운로드 이후에는 가격 획득 시간을 상당히 줄일 수 있다.

get.hist.quote() 함수의 핵심 인수는 start와 end다. 참고로 8장, '마코위츠 평균-분산
최적화'에서는 6년간의 일별 주가 분석을 다룬다. 인수 설정 방법은 다음과 같다.

```
start = "2008-02-14"
end = "2014-02-14"
```

이 핵심 변수는 역사적 데이터 범위를 설정한다.

acquirePrices() 함수의 get.hist.quote() 함수를 통해 가격을 가져오는 작업을 시작하
기 위해 디렉터리 구조를 설정하려면 기본적으로 두 단계의 설정이 필요하다. MVOx가
<homeuser>/FinAnalytics 디렉터리 아래 첫 번째 단계의 디렉터리 이름인 경우,
<homeuser>는 일반적으로 C:/Users/<userid>이나 /home/<userid>와 같으며, x는 가격 데이
터 수집 년 수(일반적으로 3,4,5,6)를 나타낸다. 그런 다음 표 4.1과 같이 두 개의 하위 디렉
터리 아래에 원하는 티커 심볼이 포함된 두 개의 파일이 필요하다. 플랫 파일에는 헤더 줄
이 있으며 그 아래로 한 줄씩 티커 심볼 이름들이 나열돼 있다.

표 4.1 줄 단위로 각 티커 심볼명이 나열돼 있는 간단한 플랫 파일의 이름

디렉터리 경로	파일
〈homeuser〉/FinAnalytics/MVOx/NYSE	NYSEclean.txt
〈homeuser〉/FinAnalytics/MVOx/NASDAQ	NASDAQclean.txt

앞서 4.1절에서 채권 가치 계산을 설명할 때 단위 테스트에 대해 간단히 소개했다. 하지만 위와 같이 NYSE와 NASDAQ 거래 별로 하위 디렉터리가 있고, 티커 심볼의 정리된 목록이 존재하는 플랫 파일 NYSEclean.txt와 NASDAQclean.txt가 있는 두 단계의 디렉터리 구조 설정은 다소 까다롭다.

저장된 파일, 즉 저장된 가격을 지원하는 구성 요소가 있는지 확인하기 위해 단위 테스트 스크립트를 R로 만들 수 있다. 필요한 단계는 다음과 같다.

- NYSE와 NASDAQ 티커 심볼을 초기화한다.
- 최상위 디렉터리 APUT$^{Acquire\ Prices\ Unit\ Test}$와 두 개의 하위 디렉터리를 만든다.
- $D1$과 $D2$ 치원을 심볼의 수로 설정한다.
- 심볼 벡터를 하나의 벡터로 합치고 $D = D1 + D2$로 설정한다.
- 가격을 가져온다. 아직 저장된 파일이 없으므로 인터넷에서 가져와야 한다. 저장할 파일을 생성한다. 각 심볼당 하나의 파일을 생성하며 get.hist.quote() 함수가 반환한 가격을 저장한다.
- 위 단계를 다시 실행해 저장 파일 사용을 테스트한다. 이번에는 가격이 존재하면 저장 파일에서 선택한다.
- 단위 테스트를 다시 실행할 수 있도록 최상위 디렉터리와 하위 디렉터리들을 삭제한다.

20개의 NYSE와 26개의 NASDAQ 티커 심볼을 선택했다. 하지만 선택한 티커 심볼이 모두 시세를 성공적으로 반환하는 것은 아니다.

```
library(tseries)
APUT <- function(isTestElimSyms=FALSE) {
  dir <- 'APUT'
  l1 <- c('A','AA','AAN','AAP','AAT','AAV','AB','ABB','ABC','ABG',
          'ABM','ABR','ABX','ACC','ACCO','ACE','ACG','ACH','ACI','ACM')
  l2 <- c('AAL','AAME','AAON','AAPL','AAWW','AAXJ','ABAX','ABCB',
          'ABCD','ABCO','ABIO','ABMD','ABTL','ACAD','ACAS',
          'ACAT','ACCL','ACET','ACFC','ACFN','ACGL','ACHC','ACHN',
```

```r
        'ACIW','ACLS')
topdir <- paste(homeuser,'/FinAnalytics/',dir,sep="")
NYSEdir <- paste(topdir,'/NYSE',sep="")
NASDAQdir <- paste(topdir,'/NASDAQ',sep="")
if(!file.exists(topdir))
  dir.create(topdir)
if(!file.exists(NYSEdir)) {
  dir.create(NYSEdir)
  setwd(NYSEdir)
  if(!file.exists("NYSEclean.txt"))
    write.csv(l1,file="NYSEclean.txt",
              quote=FALSE,row.names=FALSE)
}
if(!file.exists(NASDAQdir)) {
  dir.create(NASDAQdir)
  setwd(NASDAQdir)
  if(!file.exists("NASDAQclean.txt"))
    write.csv(l2,file="NASDAQclean.txt",
              quote=FALSE,row.names=FALSE)
}
D1 <- length(l1)
D2 <- length(l2)
l <- c(l1,l2)
D <- D1 + D2
len <- length(get.hist.quote("NVDA",start="2010-02-17",
                             end="2014-02-14",quote="AdjClose"))
p <- matrix(rep(NA,len*D),nrow=len,ncol=D)
isPlotInAdjCloses <<- FALSE
isCacheEnabled <<- TRUE
p <- acquirePrices(p,l,len,D,D1,D2,dir,
    start="2010-02-17",end="2014-02-14",isSubDir=TRUE)
p <- acquirePrices(p,l,len,D,D1,D2,dir,
    start="2010-02-17",end="2014-02-14",isSubDir=TRUE)
if(isTestElimSyms) {
  dim(p)
  D
  system(paste('sort ',paste(NYSEdir,'/bad*',sep="")))
  system(paste('sort ',paste(NASDAQdir,'/bad*',sep="")))
  saveD <- D
  res <- elimSyms(p,l,"APUT")
  p <- res[[1]]
  l <- res[[2]]
  print(paste("elimSyms returns",l))
  #print(p[1,])
```

```
    }
    unlink(topdir, recursive = TRUE)
    p[len,]
  }
#단위 테스트
APUT()
```

위 단위 테스트 줄을 실행하면 46개 티커 심볼 중 2개를 제외한 44개 티커 심볼의 가격 벡터가 생성된다.

```
> p[len,]
 [1] 38.954475 11.223343 29.747891 127.015142          NA 3.880000
 [7] 20.996400 23.711670 66.778435 49.259998 26.564400 6.129368
[13] 19.929171 34.144345  5.990000 94.616193  6.821497 9.250000
[19] 40.801209 30.000000 34.018565  3.879132 18.988840 75.606251
[25] 32.939999 56.436053 38.114603 19.883766  1.930000 61.419998
[31] 61.419998  1.790000 28.139999 18.049999 23.930000 14.820000
[37] 45.126448          NA 18.506554  3.990000  3.670000 55.259998
[43] 51.180000  3.570000 19.150000  2.190000
```

실행 결과는 위와 같다. 이는 특정 기간의 가격 벡터를 acquirePrices() 함수로 두 번 실행해 얻은 내용이다. 한 번은 인터넷에서 가격을 가져와서 저장하며, 다른 한 번은 저장된 파일에서 다시 읽는다.

4.10 증권 데이터 정제

두 티커 목록의 가격을 얻으려고 노력했으나 모든 가격을 얻을 수는 없었으므로 NYSEclean. txt와 NASDAQclean.txt 파일을 편집해 가격을 얻을 수 없는 티커를 제외한다. 또한 acquirePrices() 함수는 'bad'가 붙은 세 가지 유형의 에러 파일을 만들고 행을 추가했다.

데이터 정제data cleansing는 이와 같은 각 유형별 에러 파일 집합을 이용해 자동화할 수 있다.

- badsyms.txt: 사용 불가한 가격이 있는 심볼

- badsharpes.txt: 계산 불가한 샤프 비율[28]Sharpe Ratio이 있는 심볼
- badcors.txt: 계산 불가한 공분산이나 상관관계가 있는 심볼

elimSyms() 함수는 badsyms.txt 파일을 읽어 티커 집합 lab[]와 prices[] 행렬에서 파일에 있는 내용을 제외한다. 예컨대 ACO라는 티커 심볼이 있으나 get.hist.quote() 함수가 가격을 찾을 수 없고, 야후나 구글 파이낸스도 검색했으나 가격을 찾지 못했다면 이 티커 심볼을 badsyms.txt 파일을 추가해 제외할 수 있다.

```
elimSyms <- function(prices,lab,dir,isSubDir=TRUE) {
  len = dim(prices)[1]
  D = dim(prices)[2]
  indInFile = as.vector(rep(FALSE,D))
  ifelse(isSubDir,subdirVec <- c("NYSE","NASDAQ"),subdirVec <- c(NA))
  for(subdir in subdirVec) {
    if(isSubDir)
      setwd(paste(homeuser,"/FinAnalytics/",dir,"/",subdir,sep=""))
    else
      setwd(paste(homeuser,"/FinAnalytics/",dir,sep=""))
    for(file in c("badsyms.txt","badcors.txt","badsharpes.txt")) {
      badlab = NA
      if(file.exists(file))
        badlab <- read.table(file)
      if(length(badlab)>1 || !is.na(badlab)) {
        for(l in badlab) {
          print(paste("elimSym",l))
          pos = match(l,lab)
          indInFile[pos] = TRUE
        }
      }
    }
  }
  indNAPrices = (is.na(prices[1,]))
  indNALab = (is.na(lab[1:D]))
  indTooBig = (prices[1,] > 1e5) | (prices[len,] > 1e5)
  indUnion = indInFile | indNAPrices | indNALab | indTooBig
  smallerSz = D - sum(indUnion)
  print(smallerSz)
  newPrices = matrix(rep(0,len*smallerSz),nrow=len,ncol=smallerSz)
```

---

28 샤프 비율(또는 샤프 지수 등)은 금융에서 투자 성과를 평가함에 있어 해당 투자의 리스크를 조정해 반영하는 방식이며, 윌리엄 샤프(William F. Sharpe)의 이름을 따 명명됐다. 샤프 비율은 투자 자산 또는 매매 전략에서, 일반적으로 리스크라 불리는 편차 한 단위당 초과수익(또는 리스크 프리미엄)을 측정한다.

```
  newLab = vector(length=smallerSz)
  e <- 1
  for(d in 1:D) {
    if(!indUnion[d]) {
      #print(paste("e",e,lab))
      newPrices[,e] <- prices[,d]
      newLab[e] <- lab[d]
      e <- e + 1
    } else {print(d)}
  }
  list(newPrices[,1:smallerSz],newLab)
}
```

elimSyms() 함수에서 에러가 있는 심볼의 경우 isSubDir이 TRUE라면 각 하위 디렉터리에서 세 가지 에러 파일을 확인한다. 반복문의 마지막에 심볼당 불리언 벡터 indInFile을 사용해 심볼을 lab 벡터에서 제외해야 하는지 여부를 알려준다.

로직의 단위 테스트가 필요할 때 acquirePrices() 함수의 단위 테스트인 APUT를 재사용할 수 있다. 이번에는 isTestElimSyms = TRUE로 설정해 elimSyms() 함수를 실행하는 내부 블록을 호출한다.

```
#단위 테스트
APUT(TRUE)

isPlotInAdjCloses = FALSE
dir <- 'MVO4'
len <- 1006
createDirs(dir)
res <- readSubDirs(dir)
isCacheEnabled <- TRUE
D1  <- res[[1]]
D2  <- res[[2]]
lab <- res[[3]]
D <- D1 + D2
start = "2011-02-09"
end   = "2015-02-09"

prices <- matrix(rep(NA,len*D),nrow=len,ncol=D)
prices <- acquirePrices(prices,lab,len,D,D1,D2,
                        start=start,end=end,dir,isSubDir=TRUE)
```

```
res      <- elimSyms(prices,lab,dir,isSubDir=TRUE)
prices <- res[[1]]
lab      <- res[[2]]
D        <- length(lab)
D
dim(prices)

R <- findR(prices)
D <- dim(prices)[2]
```

이제 findR() 함수와 이와 관련된 함수들을 정의했으므로 위 코드 흐름을 보고 실행해 하위
디렉터리를 읽고 가격을 얻어 R 로그 수익률 행렬을 계산할 수 있다.

findCovMat() 함수는 평균 벡터와 공분산 행렬을 구한다. 그런 다음 공분산 행렬을 이용
해 표준편차의 벡터를 구한다. 다음으로 통계를 계산한다.

```
findCovMat <- function(R) {
  meanv <- apply(R,2,mean)
  cov_mat <- cov(R)
  diag_cov_mat <- diag(cov_mat)
  sdevv <- sqrt(diag(cov_mat))
  list(meanv,cov_mat,diag_cov_mat,sdevv)
}
#단위 테스트
res <- findCovMat(R)
meanv      <- res[[1]]
cov_mat  <- res[[2]]
diag_cov_mat <- res[[3]]
sdevv <- res[[4]]
```

과정을 진행하려면 공분산 행렬에 NA가 없어야 한다. 또한 중복된 가격이 과정에 들어가
면 공분산도 중복된다. 이를 확인하는 방법은 다음과 같다.

```
checkCovMat <- function(cov_mat) {
  D = dim(cov_mat)[1]
  for(d in 1:D)
    for(e in d:D) {
      print(paste(d,e,cov_mat[d,1],cov_mat[e,1]))
      if(d != e && !is.na(cov_mat[d,1]) &&
          !is.na(cov_mat[e,1]) && cov_mat[d,1] == cov_mat[e,1])
```

```
        stop(paste("dups in cov_mat",d,e))
    }
}
#단위 테스트
checkCovMat(cov_mat)
```

이 책의 집필 중에 checkCovMat() 함수에서 예기치 못한 에러가 발생했다. 일련의 코드를
반복해 실행했을 뿐인데 알려진 티커 집합에서 에러가 발생하는 이유는 무엇일까? 출력 메
시지는 다음과 같다.

```
...
[1] "16 291 1.35732246087691 1.93682271844313"
[1] "16 292 1.35732246087691 1.35732246087691"
Error in checkCovMat(cov_mat) : dups in cov_mat 16 292
> cov_mat[16,1:5]
[1] 1.3573225 1.3360865 0.8959254 0.7315397 0.8271826
> cov_mat[292,1:5]
[1] 1.3573225 1.3360865 0.8959254 0.7315397 0.8271826
> lab[c(16,292)]
[1] "ACE" "CB"
```

checkCovMat() 함수에서 에러가 발생한 바로 그날 인터넷을 검색해보니 에이스 그룹[ACE
Group]이 처브 그룹[Chubb Group]을 인수해 하나의 회사가 되면서 get.hist.quote() 함수가 반
환하는 가격도 동일하게 됐다. 에이스가 처브를 인수했지만 새 법인의 이름은 처브로 결정
해 처브의 티커 심볼인 CB를 사용하게 됐으므로 ACE를 NYSEclean.txt 파일에서 제외
했다.[29]

2008년부터 2013년까지의 displayCharts() 함수 출력은 그림 4.4와 같다. 동일한 기간
의 몇 가지 주요 주식과 해당 가격의 그래프를 3×4 표 형태로 나타낸다.

---

29 2016년 1월 에이스 그룹이 31조 7000억을 투자해 처브 그룹을 인수하고 새로운 합병 그룹의 이름을 처브 그룹으로 결정
했다. 지난 2008년 에이아이지(AIG) 그룹을 미국 정부가 구제금융으로 인수한 것을 제외하면 당시 보험업계 최대 인수
합병(M&A)이었다.

4.11 증권 시세 검색

앞서 매우 유용한 get.hist.quote() 함수를 살펴봤으므로 이 함수와 R의 그래프 기능을 확장해 getHistPrices() 함수를 만들어보자. 이 함수는 lab 벡터에서 모든 가중 티커^{weighted ticker}를 반복하며 역사적 가격을 찾는다.

```r
library(tseries)
getHistPrices <- function(lab,w,len,start="2013-11-29",
                          end="2014-11-28",startBck1="2013-11-28",
                          startFwd1="2013-11-27",cached=NA) {
  D <- length(lab)
  recentPrices = matrix(rep(NA,len*D),nrow=len,ncol=D)
  for(d in 1:D) {
    if(w[d] > 0.0) {
      print(lab[d])
      if(!is.na(cached) && !is.na(match(lab[d],cached))) {
        x <- read.csv(paste("cached",lab[d],".csv",sep=""))[,1]
        recentPrices[,d] <- x
      } else
        tryCatch({
          x <- get.hist.quote(lab[d],quote="Adj",start=start,end=end)
          if(length(x) != len) {
            x <- get.hist.quote(lab[d],quote="Adj",
                                start=startBck1,end=end)
            if(length(x) != len) {
              x <- get.hist.quote(lab[d],
                                  quote="Adj",start=startFwd1,end=end)
            } else {
              recentPrices[1:length(x),d] <- x
            }
          } else {
            recentPrices[,d] <- x
          }
        }, warning = function(w) {
          #경고 처리 코드
          #print(w)
        }, error = function(e) {
          #에러 처리 코드
          #print(e)
        })
    }
  }
}
```

```
  return(recentPrices)
}
#단위 테스트
library(tseries)
get.hist.quote("BRK-B",start="2016-05-01",end="2017-05-01",quote="Adj")
pdf <- getHistPrices(c('BKNG','MCD'),c(.5,.5),251,
                     start="2013-02-15",end="2014-02-14")
pdf
```

recentPrices 행렬의 초깃값을 NA값으로 설정해 경고와 에러 처리 코드가 간단히 이들 값을 계속 유지하게 한다. start에서 end까지 일자 범위 중에 유효한 가격 시세가 없는 티커에 해당하는 열에서 NA값이 호출자에게 반환된다. cached 파라미터는 티커 심볼이 get.hist.quote() 함수에서 유효하지 않게 됐을 때 이전에 다운로드한 가격 파일을 제공하는 데 사용된다.

4.12 연습 문제

4.1 만일 미국 달러^{USD}로 환산한 유로^{EUR}에 대한 두 개의 연속된 가격인 $S = c(1.3,\ 1.2)$ 가 있을 때 R을 사용해 총수익률, 순수익률, 로그 수익률을 계산하라. 순수익률과 로그 수익률의 차이점은 무엇인가?

4.2 3개의 테스트 케이스 파일인 resD26QP1Days1258.csv, resD25Days1258woTIE. csv, resD24Days1258.csv와 함께 adjustForMergers() 함수의 코드를 찾아라. FinAnalytics 아래에 huge라는 디렉터리를 생성한다. 파일당 한 번, 즉 세 번 함수를 호출하는 코드를 작성하고 실행해 각 테스트 케이스 결과를 설명하라.

4.3 plotMultSeries() 함수의 코드를 찾아 단위 테스트를 실행해 4장에서 여러 색상으로 구성한 12가지 주식의 차트를 만들어라.

4.4 par(mfrow=c(2,1))를 사용해 두 개의 그래프를 구성하라.

  (a) 첫 번째 그래프는 stockdata의 452개 주식 중 처음 12개 주식에서 AET 주식의 미조정 가격이어야 한다.

  (b) 두 번째 그래프는 AET 주식의 분할조정 가격이어야 한다.

  (c) 얼마나 많은 분할조정이 필요한가?

  (d) 각 분할조정 비율은 얼마인가?

(e) 각 영역에서 적절한 상수를 곱하거나 나누어 c() 연산자를 이용해 벡터를 조합한
다. 벡터를 splitAdjust() 함수의 반환 결과와 비교하라.

4.5 acquirePrices() 함수에 대한 4장의 단위 테스트 코드를 찾아라. 이 테스트는 두 개
의 하위 디렉터리가 있는 APUT$^{\text{acquirePrices Unit Test}}$ 디렉터리를 생성한다. 마지막 단계
에서 디렉터리를 삭제한다. 단위 테스트를 실행하고 동작을 설명하라.

5 데이터집합 분석과 리스크 측정

금융에서 몬테카를로 시뮬레이션$^{\text{Monte Carlo simulation}}$[1]을 수행할 때, 혼합모형$^{\text{mixture model}}$은 모집단^{population} 내의 하위 집단^{subpopulation}을 나타내는 데 사용할 수 있는 확률 모형이다. 다양한 금융 시장에서 발생할 수 있는 극단적인 사건들을 시뮬레이션하기 위해 하위 모집단은 급등^{jump}이나 폭락^{crash}일 수 있다. 이러한 급등을 설명하기 위해서는 비가우시안 분포$^{\text{non-Gaussian distribution}}$[2]를 적용하는 것이 일반적이지만 두 개 이상의 단변량$^{\text{single-variate}}$ 가우시안 분포를 사용해 이들을 혼합모형으로 결합할 수도 있다. 5장에서는 이를 외환시장 시뮬레이션에 적용해본다.

5.1 로그 수익률로부터 가격 생성

금융 분석 작업은 RStudio와 같은 훌륭한 오픈 소스 도구가 생겨나고, 시장 데이터를 웹에서 쉽게 구할 수 있게 됨에 따라 그 어느 때보다 쉬워졌다. 이러한 데이터를 사용해 미래 결과를 예상^{forecast}하고 예측^{predict}할 때는 불확실성^{uncertainty}과 리스크^{risk} 측정이 중요하다. 그럼 지금부터 혼합모형의 가장 기본적인 속성을 시작으로 실제 시장에서 일어난 사건들을 살펴보자.

로그 수익률이 이론적 가정처럼 가우시안 분포, 즉 정규분포인지, 아니면 실제 현실처럼 정규분포가 아닌지 여부와 상관없이 로그 수익률로부터의 가격 시뮬레이션이 중요하다. 로그 수익률의 분포를 알면 시뮬레이션 가격과 실제 시장 가격 사이를 오가며 상당히 정확

---

1 몬테카를로 시뮬레이션이란, 불확실한 상황에서의 의사결정을 위한 확률적 시스템을 이용한 모의실험을 말한다. 몬테카를로 시뮬레이션의 핵심은 모형의 확률 요소 실험인데, 이는 확률적 또는 우연적 결과를 발생시키는 도구로 이용해 수행된다. 이 도구는 모형에서 가정한 확률분포에 따라 무작위 표본추출로 우연 결과를 발생시킨다. 이용되는 도구로는 주사위나 룰렛 바퀴(roulette wheel) 등이 있으며, 가장 일반적으로 쓰이는 것은 난수(random number)다. 모의적 표본추출법(simulated sampling technique)이라고도 한다.

2 가우시안 분포란, 도수분포 곡선이 평균값을 중앙으로 좌우 대칭인 종 모양을 이루는 것을 말한다. 정규분포(normal distribution)라고도 한다.

하게 현실적인 가격을 시뮬레이션할 수 있다.

R의 매우 편리한 함수 프로그래밍 구문으로 인해 애널리스트는 프로그래밍에 소요되는 많은 시간을 절약할 수 있다. 금융 분석 시 사용하는 가장 유용한 구문 중 하나는 다음과 같다.

```
Ylogrets = diff(log(Y))
```

벡터에 `log()` 함수를 적용한 다음 그 결과를 `diff()` 함수에 입력하는 방식은 매우 강력한 기능이다. 스프레드시트에서 비교 작업을 수행하려면 얼마나 많은 성가신 작업을 거쳐야 하는지 생각해보라. 가격 행의 상단과 하단을 확인하고, 열을 생성해 각 행의 로그 값을 계산하며, 또 다른 열을 생성해 각 로그값의 차분을 계산한다. 스프레드시트 프로그램이든 R이든 위 방정식의 역관계를 찾는 것은 그리 쉬워 보이지 않는다. 하지만 다음과 같은 대수학algebra으로 쉽게 알아낼 수 있다.

N개의 원 가격 Y는 $Y = (Y_1, \ldots, Y_N)$라 하고, 로그 수익률은 $r_2 = \log(Y_2/Y_1), \ldots, r_N = \log(Y_N/Y_{N-1})$이라고 정의할 때, 벡터에서 1에서 N까지 로그 수익률의 합계를 누적하면 다음과 같다.

$$\left(Y_1, Y_1 \exp(\sum_{j=2}^{2} r_j), \ldots, Y_1 \exp(\sum_{j=2}^{i} r_j), \ldots Y_1 \exp(\sum_{j=2}^{N} r_j) \right) \tag{5.1}$$

이는 초깃값인 Y_1을 곱한 결과다. 그리고 $\exp()$ 함수의 특성에 의거 다음과 같이 작성할 수 있다.

$$\left(Y_1, Y_1 \prod_{j=2}^{2} \exp(r_j), \ldots, Y_1 \prod_{j=2}^{i} \exp(r_j), \ldots Y_1 \prod_{j=2}^{N} \exp(r_j) \right) \tag{5.2}$$

이는 다음과 같은 일련의 곱셈 계산 벡터다.

$$(Y_1, Y_1[Y_2/Y_1], \ldots, Y_1[Y_2/Y_1] \ldots [Y_i/Y_{i-1}], \ldots, Y_1[Y_2/Y_1] \ldots [Y_N/Y_{N-1}]) \tag{5.3}$$

따라서 다음과 같이 간단해진다.

$$(Y_1, \ldots, Y_N) \tag{5.4}$$

이는 목표였던 원래의 Y 벡터다. 수식 5.1은 다음과 같은 R 코드로 매우 간단히 구현할 수 있다.

```
c(Y[1],Y[1]*exp(cumsum(Ylogrets)))
```

위 R 코드를 사용하면 Y의 로그 수익률에서 원래 Y값과 일치하는 가격을 생성할 수 있음을 예제를 통해 확인할 수 있다.

```
> Y = c(30,29,28,28,30,32,31)
> Ylogrets = diff(log(Y))
> round(Ylogrets,4)
[1] -0.0339 -0.0351 0.0000 0.0690 0.0645 -0.0317
> Yprices = c(Y[1],Y[1]*exp(cumsum(Ylogrets)))
> Yprices
[1] 30 29 28 28 30 32 31
```

이처럼 로그 수익률로부터 가격을 생성하는 개념은 앞으로도 계속 사용하게 될 것이다. 따라서 toPrices()라는 로그 수익률을 가격으로 변환하는 기능을 함수로 만들어보자.

```
Y=c(1.3,1.2,1.3,1.4,1.5,1.4,1.3,1.4,1.5)

toPrices <- function(Y1,Ylogrets){
  Yprices = c(Y1,Y1*exp(cumsum(Ylogrets)))
  Yprices
}
Y
toPrices(Y[1],diff(log(Y)))
sum(Y-toPrices(Y[1],diff(log(Y)))<.00000001) == length(Y)
```

위 코드의 실행 결과는 아래와 같다. 원래의 Y 가격과 toPrices() 함수로 로그 수익률에서 재생성한 Y 가격을 비교하면 TRUE임을 알 수 있다.

```
> Y
[1] 1.3 1.2 1.3 1.4 1.5 1.4 1.3 1.4 1.5
> toPrices(Y[1],diff(log(Y)))
[1] 1.3 1.2 1.3 1.4 1.5 1.4 1.3 1.4 1.5
> sum(Y-toPrices(Y[1],diff(log(Y)))<.00000001) == length(Y)
[1] TRUE
```

로그 수익률에서 가격을 생성하는 과정을 좀더 자세히 살펴보자. 로그 수익률은 수식 5.4와 같이 나타낼 수 있으며, 주^{week}, 일^{day}, 초^{second} 단위로 증가하며 변할 수 있다. 예컨 대 일 단위인 경우 각 r들은 $N(\mu_d, \sigma_d^2)$로 분포하며, 이때 d는 일 단위를 의미한다.

$$r_2, \ldots, r_N \tag{5.5}$$

로그 수익률로부터 가격을 재구성할 때 분포에 어떤 일이 발생하는지 살펴보자. 길이가 N인 기간에서 $2 \leq i \leq N$일 때 Y_i를 구성하는 방법을 검토해보면, 수식 5.1은 다음과 같이 재작성할 수 있다.

$$Y_i = Y_1 \exp(r_2 + \cdots + r_i) \tag{5.6}$$

수식 5.6은 또 다른 형태로 재작성한 것이다. 기간은 자유롭게 선택할 수 있지만, 본 예제 에서는 1년으로 하겠다. 원 가격이 일별 주식 시세인 경우는 $N = 252$로, 환율처럼 휴일이 없는 가격 데이터 소스인 경우는 $N = 365$로 설정하며, 가격은 종가를 사용한다. 여기서는 환율처럼 $N = 365$로 설정하겠다. $r_2, \ldots, r_N$을 2일차부터 N일차까지의 가격 추이라고 하면 수식 5.1을 사용해 다음과 같이 나타낼 수 있다.

$$Y_{365} = Y_1 \exp\left(\sum_{j=2}^{365} r_j\right) = Y_1 \exp(r_2 + \cdots + r_{365}) \tag{5.7}$$

합계는 364개의 항으로 구성돼 있으며, 각 항은 $N(\mu_d, \sigma_d^2)$으로 분포한다. 정규변량^{normal} ^{variates}의 합도 정규분포이며, 이때 평균은 평균의 합과 같고, 분산은 분산의 합과 같다. 수 식 5.7의 합계 부분은 다음과 같다.

$$U_i = \sum_{j=2}^{i} r_j \tag{5.8}$$

따라서 $U_i \sim N(\mu_{U_i}, \sigma_{U_i}^2)$이며, 이때 $\mu_{U_i} = (i-1)\mu_d$이고 $\sigma_{U_i}^2 = (i-1)\sigma_d^2$이다. $U_i = U$는 정규분 포 $N(\mu, \sigma^2)$이므로, $V = \exp(U)$는 로그 정규분포 $LN(\mu, \sigma^2)$다. 여기서는 $(i-1)$개의 r_i항이 존재하므로 정리하면 다음과 같다.

$$U_i \sim N((i-1)\mu_d, (i-1)\sigma_d^2) \text{이고 } V_i = \exp(r_2 + \ldots + r_i) \sim LN((i-1)\mu_d, (i-1)\sigma_d^2) \tag{5.9}$$

그러므로 수식 5.6에 의해 Y_i/Y_1 역시 $LN((i-1)\mu_d, (i-1)\sigma_d^2)$로 분포한다.

5.2 가격 변동의 정규 혼합모형

가우시안 분포인 정규분포의 첨도[kurtosis](는) 항상 3이며[3], 이때 꼬리의 크기는 분산과 무관하게 일정한 값을 갖는다. **가우시안 혼합모형**[Gaussian mixture model](인) **정규 혼합모형**[normal mixture model](은) 필요한 더 두꺼운 꼬리를 얻는 데 사용할 수 있으며, 이는 첨도가 3보다 커야 한다는 기준을 충족시킨다. 표준 혼합 확률변수 X의 시장 분포를 시뮬레이션 하는 데 두 정규분포를 결합한 혼합모형을 사용할 수 있다. 이때 확률변수가 Y인 첫 번째 분포의 분산은 확률변수가 Z인 두 번째 분포의 분산보다 작다. 두 분포는 각각 $Y \sim N(0, \sigma_1^2)$과 $Z \sim N(0, \sigma_2^2)$이며, 여기서 $\sigma_1 < \sigma_2$다. 소수점 단위의 임계값[threshold](에) 따라 첫 번째 분포나 두 번째 분포를 갖도록 하여 확률변수 U의 균등분포[uniform distribution](를) 사용할 수 있다.

$$X = \begin{cases} Y, & U < 0.9\text{인 경우} \\ Z, & \text{그 외} \end{cases} \tag{5.10}$$

이 간단한 개념은 균등분포에 대해서는 runif() 함수를 사용하고, 각 두 분산에 따라 두 기대변량 중 하나를 갖도록 rnorm() 함수의 두 인스턴스를 사용해 R로 구현할 수 있다. rmixture() 함수는 제공한 σ_1과 σ_2로 $\mu = 0$인 정규 혼합을 구현한다. 함수 다음에 있는 한 줄의 코드는 이 함수의 단위 테스트다. 단위 테스트 히스토그램 그래프는 그림 5.1과 같다.

```
rmixture <- function(N,sigma1,sigma2=0,thresh=.9) {
  variates = vector(length=N)
  U = runif(N)
  for(i in 1:N)
    variates[i] = rnorm(1,0,sd=sigma1)
  if(sigma2 != 0) {
    for(i in 1:N)
      if(U[i] >= thresh)
        variates[i] = rnorm(1,0,sd=sigma2)
  }
  variates
}
hist(rmixture(10000,sigma1=1,sigma2=5),breaks=50)
```

---

3 첨도(kurtosis)는 확률분포의 뾰족한 정도를 나타내는 척도다. 첨도는 관측치들이 어느 정도 집중적으로 중심에 몰려 있는가를 측정할 때 사용된다. 첨도 값이 3에 가까우면 산포도가 정규분포에 가깝다. 3보다 작을 경우에는(K<3) 정규분포보다 더 완만하게 납작한 분포로, 분포의 꼬리가 정규분포보다 얇다. 첨도 값이 3보다 큰 양수이면(K>3) 산포도는 정규분포보다 더 뾰족한 분포로, 분포의 꼬리가 정규분포보다 두껍다.

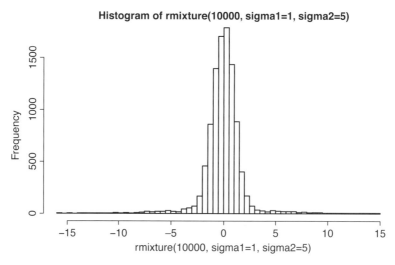

그림 5.1 시장의 극단적 사건(extreme events)은 정규 혼합모형으로 모형화할 수 있다. 위 히스토그램의 경우 $\mu = 0$이고 $\sigma_1 = 1$이며 $\sigma_2 = 5$이다. 꼬리에서 변량의 빈도는 표준정규분포보다 5배 크다.

가격 시뮬레이션에서 혼합모형을 사용하려면 수익률을 가격으로 변환하는 방법이 필요하다. 로그 수익률이 정규분포이면 이는 전통적인 금융시장의 가정과 일치한다. 하지만 새로운 혼합모형인 rmixture() 함수를 통해 로그 수익률이 정규 혼합모형에 따라 분포하도록 가정을 수정하고자 한다. 이는 필요에 따라 꼬리에서 극단적 사건을 얻기 위해서다.

아래 작성한 R 함수 simPricePath()는 정규 또는 정규 혼합모형으로부터 가격 추이를 생성한다. 만일 sigma2를 설정하면 $\mu = 0$과 sigma1과 sigma2를 이용해 정규 혼합을 선택한다. Y는 정규 변수고 Z는 정규 혼합 확률변수다. 로그 수익률이 생성되면 toPrices() 함수를 사용해 로그 수익률을 가격으로 변환한다. 그림 5.2와 그림 5.3을 통해 Yprices와 Zprices를 비교할 수 있다. 가격 혼합모형에서는 예상대로 그림 5.3과 같이 더 급등하는 가격 계열이 생성됨을 알 수 있다.

```
simPricePath <- function(initPrice,N,seed,sigma1=.05,
                         sigma2=0,thresh=.9) {
  set.seed(seed)
  Xlogrets = rmixture(N,sigma1,sigma2,thresh=thresh)
  Xprices = toPrices(initPrice,Xlogrets)
  list(Xprices,c(Xlogrets))
}
#단위 테스트
seed=26
```

```
sigma1=0.007157
N=365
par(mfrow=c(2,1)); maxy=10*.007
Y <- simPricePath(1.3,N=365,seed=seed,sigma1)
Yprices  <- Y[[1]]
Ylogrets <- Y[[2]]
plot(Yprices,type='l')
plot(Ylogrets,type='l',ylim=c(-maxy,maxy))
points(Ylogrets)
Z <- simPricePath(1.3,N=365,seed=seed,sigma1,sigma2=4*sigma1)
Zprices  <- Z[[1]]
Zlogrets <- Z[[2]]

plot(Zprices,type='l')
plot(Zlogrets,type='l',ylim=c(-maxy,maxy))
points(Zlogrets)
sd(Ylogrets)
sd(Zlogrets)
par(mfrow=c(1,1))
plot(density(Ylogrets))
lines(density(Zlogrets),col=4)
```

위 코드의 마지막 세 줄을 실행하면 그림 5.4와 같은 Ylogrets와 Zlogrets의 밀도density 그래프가 생성된다.[4] Zlogrets의 더 두꺼운 우측 꼬리는 그림 5.3에서 50번째 시점 이후의 큰 움직임에 해당한다. 비혼합모형non-mixture model과 혼합모형의 4차 적률moment을 비교해보면, 혼합모형의 첨도가 비혼합모형의 첨도보다 훨씬 더 크다는 사실을 아래의 결과에서 알수 있다.

---

4 밀도 추정이란, 해당 변수에서 관측된 몇 가지 '데이터'로부터 변수가 가질 수 있는 모든 값들에 대한 밀도(확률)를 추정하는 것이다. 예컨대 나무의 색에서 갈색이 나타날 확률은 높은 반면 파란색이 나타날 확률은 낮다는 것을 수학적으로 추정하는 것이다.

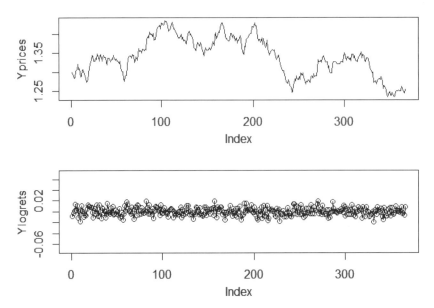

그림 5.2 시계열 Y는 정규 모형으로 생성한 365일간의 일별 가격이다. 하단 그래프에서 로그 수익률의 첨도는 정규분포와 유사한 2.80이다. 이에 반해 그림 5.3의 경우는 7.60이다.

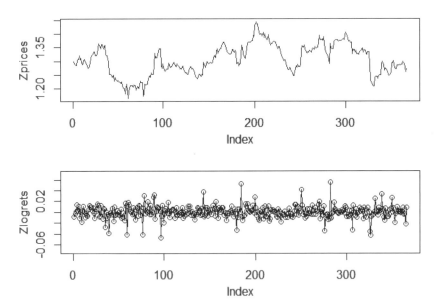

그림 5.3 시계열 Z는 정규 혼합모형으로 생성한 365일간의 일별 가격이다. 로그 수익률에서 급등이 발생하고 가격에서도 해당하는 시점에서 급등이 발생한다는 점을 제외하고는 그림 5.2와 유사하다.

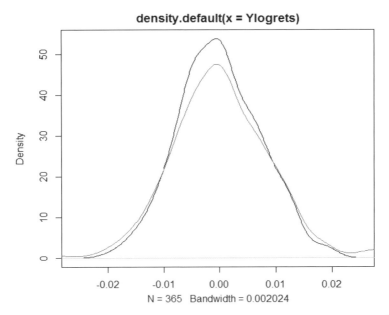

그림 5.4 정규 모형과 정규 혼합모형 생성 로그 수익률의 커널 밀도 추정(kernel density estimation)[5]

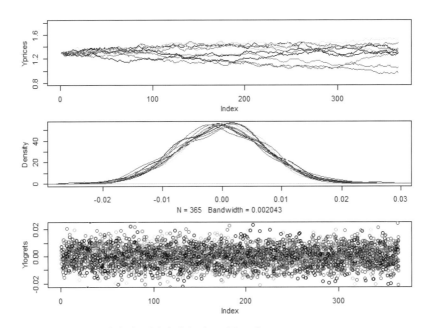

그림 5.5 정규 모형의 365일간 시뮬레이션 가격, 밀도, 변량 그래프

---

5 커널(kernel)이란, 일정한 특징을 갖는 함수를 말하며, 커널 밀도 추정은 데이터들을 각각 커널 함수에 입력해 합친 상태를 통해 밀도 추정을 하는 수학적 기법을 말한다.

```
> library(moments)
> KurtYlogrets = length(Ylogrets)^(-1)*sd(Ylogrets)^
+   (-4)*sum((Ylogrets - mean(Ylogrets))^4)
> KurtYlogrets
[1] 2.789523
> kurtosis(Ylogrets)
[1] 2.804871
> KurtZlogrets = length(Zlogrets)^(-1)*sd(Zlogrets)^
+   (-4)*sum((Zlogrets - mean(Zlogrets))^4)
> KurtZlogrets
[1] 7.615403
> kurtosis(Zlogrets)
[1] 7.657303
```

위 결과에서 보듯이 수식 3.34를 이용해 첨도 공식을 코드로 작성하여 계산한 경우나 kurtosis() 함수를 사용해 계산한 경우 모두 혼합분포의 첨도가 더 크다. 정규분포의 첨도는 약 2.8인데 반해 정규 혼합분포의 첨도는 약 7.6이다.

반복문에서 simPricePath() 함수를 호출하면 USD당 EUR 가격을 1.3000에서 시작해 365일 동안의 다양한 추이를 시뮬레이션할 수 있다. 기본적인 정규 모형과 정규 혼합모형을 사용하면 변동성을 비교할 수 있다. 먼저 그림 5.5 그래프를 생성하는 정규 모형 코드는 다음과 같다.

```
library(moments)
par(mfrow=c(3,1))
mapToCol <- function(d)
  if(d==7) 1 else if(d==8)
    2 else if(d==15) 3 else if(d==23) 4 else d
allYlogrets = matrix(nrow=10,ncol=N)
for(path in 1:10) {
  Y <- simPricePath(1.3,N,seed=path,sigma1=.007157)
  Yprices <- Y[[1]]; Ylogrets <- Y[[2]]
  if(path == 1) plot(Yprices,type='l',ylim=c(.8,1.8))
  else lines(Yprices,col=mapToCol(path))
  allYlogrets[path,] = Ylogrets
}
for(path in 1:10) {
  if(path==1) plot(density(allYlogrets[path,]),main="")
  else lines(density(allYlogrets[path,]),
             col=mapToCol(path))
}
```

```
mean(Ylogrets)
sd(Ylogrets)
for(path in 1:10) {
  if(path==1) plot(allYlogrets[path,],ylab='Ylogrets')
  else points(allYlogrets[path,],col=mapToCol(path))
}
```

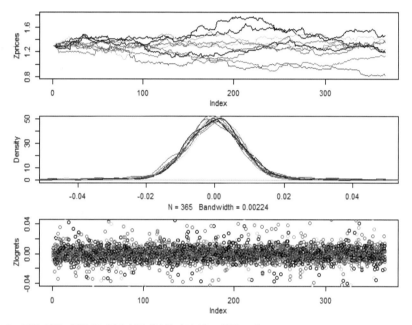

그림 5.6   정규 혼합모형의 365일간 시뮬레이션 가격, 밀도, 변량 그래프

이제 그림 5.6을 생성하는 정규 혼합모형 코드를 살펴보자. sigma1=0.007157로 설정했다. 이 값은 전형적인 연간 13.7%의 변동성에 해당한다. 그리고 아래 혼합 코드에서 sigma2는 sigma1의 4배인 sigma2=4*.007157로 설정했다.

```
allZlogrets = matrix(nrow=10,ncol=N)
for(path in 1:10) {
  Z <- simPricePath(1.3,N,seed=path,sigma1=.007157, sigma2=4*.007157)
  Zprices <- Z[[1]]; Zlogrets <- Z[[2]]
  if(path == 1) plot(Zprices,type='l',ylim=c(.8,1.8))
  else lines(Zprices,col=mapToCol(path))
  allZlogrets[path,] = Zlogrets
}
```

```
for(path in 1:10) {
  if(path==1) plot(density(allZlogrets[path,]),main="")
  else lines(density(allZlogrets[path,]),
             col=mapToCol(path))
}
mean(Zlogrets)
sd(Zlogrets)
for(path in 1:10) {
  if(path==1) plot(allZlogrets[path,],ylab='Zlogrets')
  else points(allZlogrets[path,],col=mapToCol(path))
}
```

아래 결과에서 보듯이 일별 기준으로 변동성은 0.007559591에서 0.01017884로 약 34.6% 증가했는데, 추이에 미치는 영향에 비하면 큰 수치는 아닌 것처럼 보인다.

```
> sd(Ylogrets)
[1] 0.007559591
> sd(Zlogrets)
[1] 0.01017884
> sd(Zlogrets)/sd(Ylogrets)
[1] 1.34648
```

5.3 스위스, 최저환율제 포기 선언

2015년 1월 15일 목요일, 스위스 국립은행SNB, Swiss National Bank은 유로화EUR 대비 스위스프랑CHF의 최저 환율을 1유로당 1.2스위스프랑으로 고정했던 최저환율제를 포기한다고 밝혔다. 최저환율제는 스위스프랑의 가치가 지나치게 오르는 것을 막기 위한 제도다. 금융위기 이후 스위스프랑은 대표적인 안전자산으로 분류되며 유럽 각국에서 금융위기가 생길 때마다 가치가 급격히 올랐다. 이 때문에 스위스의 수출 기업들은 가격경쟁력이 떨어지게 됐고, 이를 막기 위해서 도입된 것이 최저환율제다.

그러나 유럽중앙은행ECB, European Central Bank이 계속해서 돈을 푸는 상황이 오자, 환율을 일정하게 유지하기에는 비용 부담이 크다고 판단했다. 유럽중앙은행 통화정책회의의 추가 양적 완화 조치도 스위스 중앙은행의 결정에 영향을 미쳤다. 급작스러운 스위스 중앙은행의 발표에 외환시장이 요동쳤다. 스위스프랑의 가치는 급등했고, 유로화 가치는 추락했다.

15일 1유로는 미화 1.16달러에 거래됐다. 미 달러화 대비 유로화 가치는 2003년 9월 이후 최저 수준을 기록했다. 유로화 대비 스위스프랑 환율도 큰 폭으로 내렸다. 즉 스위스프랑 의 가치가 크게 상승했다.

유로화 대비 스위스프랑^{CHFEUR} 환율은 2015년 1월 14일에서 16일까지 단 3일 만에 0.8327에서 0.8876과 0.9974로 변했다. 관련 데이터는 get.hist.quote() 함수를 사용해 다운로드할 수 있다. 이는 각각 549와 1,098틱^{tick}이 일어난 것으로 외환시장에는 전례 없 던 상황이었다. 틱은 최소 가격 변동 단위를 의미한다. CHFEUR 증권의 경우 틱(0.0001) 당 금액은 계약당 약 10.09달러다. 따라서 549틱은 $5,539를, 1,098틱은 $11,079와 같다. 이러한 상황에서 유로화는 매수하고 스위스프랑은 매도한 투자자는 단기간에 큰 손해를 볼 수 있다.

```
library(tseries)
tmixture <- function(N,sigma1,sigma2=0,sigma3=0) {
  variates = vector(length=N)
  mode = 1
  B = rbinom(365,1,1/365)
  for(i in 1:N)
    variates[i] = rnorm(1,0,sd=sigma1)
  if(sigma2 != 0) {
    for(i in 1:N)
      if(B[i] == 1) {
        mode = 2
        variates[i] = rnorm(1,0,sd=sigma2)
        print(sigma2)
        print(variates[i])
      } else if (mode == 2) {
        variates[i] = rnorm(1,0,sd=sigma3)
      }
  }
  variates
}
#S<-get.hist.quote("CHF/EUR",provider="oanda",
#                  start="2014-01-30",end="2015-01-29")
setwd(paste(homeuser,"/FinAnalytics/ChapV",sep=""))
S<-rev(read.csv("CHFperEUR.csv",header=TRUE)[,2])
```

CHF/EUR값은 위 코드에서 주석 처리한 두 줄의 명령어처럼 get.hist.quote() 함수로 오안다$^{Oanda\ Corporation}$에서 제공한 시장 데이터를 다운로드해 CHFperEUR.csv 파일로 미리 만들었다. 시장 데이터를 얻는 또 다른 방법은 강력하고 명쾌한 Quandl.com 웹사이트 API를 이용해 아래 코드와 같이 ECB/EURCHF 가격을 다운로드한 다음 역순으로 정렬 하여 나누는 것이다.

```
library(Quandl)
S2<-1/rev(Quandl('ECB/EURCHF',
                 start_date="2014-01-30",end_date="2015-01-29")[,2])
```

본론으로 들어가 2×2 그래프 그리드를 설정하고 그래프를 그리기 위해 실제 가격의 로그 수익률을 구해보자.

```
par(mfrow=c(2,2))
diffLogS <- diff(log(S))
plot(diffLogS,type='p',ylim=c(-.08,.08))
plot(S,type='l',col='blue',ylim=c(.60,1.05),
     xlab="One Year: early 2014 - early 2015",
     ylab="actual CHF per EUR")
S[351:359]

diffLogS351 <- diff(log(S[1:351]))
diffLogS351mean <- mean(diffLogS351)
diffLogS351mean
diffLogS351dailyVol <- sd(diffLogS351)
diffLogS351dailyVol
diffLogSjumpMean = mean(diff(log(S[351:353])))
sd(diff(log(S[351:353])))/diffLogS351dailyVol
diffLogSlast <- diff(log(S[355:365]))
sd(diffLogSlast)/diffLogS351dailyVol
```

이항확률변수binomial random variable $B \sim B(n, p)$를 사용한다. 여기서 $n = 365$로, 시뮬레이션 일자이며, $p = \frac{1}{365}$로, 각 일자의 급등jump 사건 발생 확률이다. 또한 표준편차 sigma1의 혼 합 크기를 알아야 한다. 역사적 변동성 측면에서 일별 변동성은 처음 351일로부터 계산하 며, 이 이후의 수치는 급등을 나타내는 '시그마sigma' 변동movement의 수다.

```
> diffLogS351 <- diff(log(S[1:351]))
> diffLogS351mean <- mean(diffLogS351)
> diffLogS351mean
[1] 5.998469e-05
```

```
> diffLogS351dailyVol <- sd(diffLogS351)
> diffLogS351dailyVol
[1] 0.0006201728
> diffLogSjumpMean = mean(diff(log(S[351:353])))
> sd(diff(log(S[351:353])))/diffLogS351dailyVol
[1] 60.1819
> diffLogSlast <- diff(log(S[355:365]))
> sd(diffLogSlast)/diffLogS351dailyVol
[1] 17.84865
```

CHF 가격을 R 코드에 적용하면 이러한 변동이 역사적으로 얼마나 급격한 변화였는지 이해할 수 있다. 정규분포 확률변수에서 3표준편차[6]는 매우 드물다는 사실을 알고 있다. 가장 큰 두 날은 60배의 시그마 변동을 보였고, 이는 혼란을 일으켰다. 특히 비 유로존$^{Euro-zone}$ 국가에서의 혼란이 컸다. 이로 인해 투자자들은 비 유로존인 미국과 스위스와 같은 안전한 피난처로 계속 몰려 들었다(Swiss Move Roils Global Markets, 2015).

다음 코드는 tmixture() 함수로 다음과 같은 3단계 혼합을 사용한다.

- 처음에, 이항확률변수 $B=1$이 될 때까지 혼합은 작은 분산을 가진 순수한 정규분포다. 이 단계는 CHF의 가치 상승을 막기 위해 1유로당 1.20CHF로 유지한 최저환율제를 도입했던 시기다.
- 이항확률변수 $B=1$이 되면 초기 sigma1의 60배에 해당하는 표준편차를 가진 정규변량이 선택된다.
- 최저환율제를 포기한 후에 통화는 더 높은 변동성의 정규분포를 갖는다. 즉, 급등^{jump} 사건 이후에 나타나는 시뮬레이션 가격은 sigma3을 사용하는데, 이는 sigma1의 17.84배다.

지금까지의 설명을 정리하면 다음과 같다.

$$Y = \begin{cases} Z \sim N(0, \sigma_1), & B = 0\text{일 때} \\ U \sim N(0, \sigma_2), & B = 1\text{일 때} \\ V \sim N(0, \sigma_3), & \sigma_2 = 60.18\sigma_1 \text{ 이후 } \sigma_3 = 17.84\sigma_1\text{일 때} \end{cases} \tag{5.11}$$

---

6 통계학에서 68-95-99.7 규칙(68-95-99.7 rule)은 정규분포를 나타내는 규칙으로, 경험적인 규칙(empirical rule)이라고도 한다. 3시그마 규칙(three-sigma rule)이라고도 하는데, 이때는 평균에서 양쪽으로 3표준편차의 범위에 거의 모든 값들(99.7%)이 들어간다는 것을 나타낸다.

위 모형은 스위스 중앙은행의 최저환율제 폐지에서 영감을 받아 만들었지만 동일하지는 않을 수 있다. 시드^{seed}를 196으로 설정한 시나리오는 특히 정확히 하나의 특이점^{singularity}[7] 이 있는 2015년 1월의 사건과 유사하다. 혼합모형의 이항 부분은 일반적으로 1년의 기간^{window}에서 0에서 2개의 이와 같은 사건을 생성할 수 있다.

```
b = 196
for(path in b:205) {
  N=365
  set.seed(path)
  Y <- tmixture(N,diffLogS351dailyVol,
                60.1819*diffLogS351dailyVol,
                17.84*diffLogS351dailyVol)
  if(path == b)
    plot(Y,ylim=c(-.08,.08),xlab=path)
  Yprices = c(S[[1]],S[[1]]*exp(cumsum(Y)))
  if(path == b)
    plot(Yprices,col=14,type="l",ylim=c(.60,1.05),
         xlab="365 Days = 1 Simulated Year",
         ylab="simulated CHF per EUR")
  else
    lines(Yprices,col=mapToCol(path%%24))
  print(path)
  Sys.sleep(5)
}
```

---

7 특이점(singularity)이란 어떤 기준을 상정했을 때 그 기준이 적용되지 않는 점을 이르는 용어로, 물리학이나 수학 등의 학문에서 사용된다. 수학에서의 특이점이란 어떤 수학적인 대상이 정의되지 않는 지점을 가리킨다.

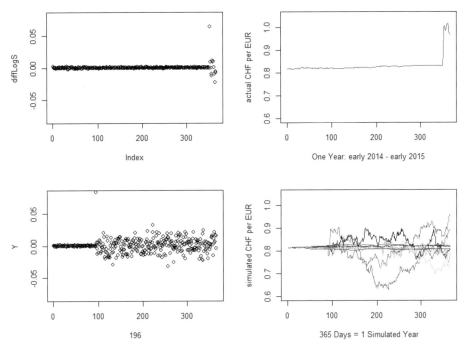

그림 5.7 2014년 1월 24일부터 2015년 1월 13일까지의 CHFEUR의 일별 가격. 상단의 두 그래프는 실제 가격이며, 하단의 두 그래프는 시뮬레이션한 가격이다. 스위스 중앙은행이 최저환율제를 포기한 후 계열에서 352번째와 353번째 일자에 가격 급등이 일어났다. 좌측 그래프는 로그 수익률이며, 우측 그래프는 가격이다. 우측 상단의 그래프는 급등 전 351일 동안 크기를 조정한다. 좌측 하단 그래프는 첫 번째 시뮬레이션 추이에서 95번째 일자에 무작위로 발생하는 특이점을 갖는 삼원배치 혼합모형(three-way mixture model)의 정규변량 그래프다. 이러한 로그 수익률의 혼합모형은 우측 하단에 있는 10가지 가격 추이와 매핑된다. 다른 추이보다 가격이 낮아지는 추이는 두 번째 급등 사건이 일어난 추이다.

그림 5.7은 표본변수 S의 그래프를 보여준다. S에는 극단적 변동이 있거나 없는 일별 CHFEUR 가격이 포함돼 있다. 좌측 그래프는 로그 수익률이며, 우측 그래프는 가격이다. 우측 상단은 실제 가격이며, 우측 하단은 Y와 유사한 사건의 시뮬레이션을 1년간 일별 계열로 표시했다.

외환시장에서 거래와 투자의 리스크를 고려할 때 본 예제와 같은 극단적인 변동은 언제든지 발생할 수 있다. 외환시장에서 이처럼 큰 변동은 가능하지 않다고 생각했더라도 이러한 사건을 겪으면 생각이 바뀔 것이다. 극단적 사건의 가능성을 고려한 리스크 모형을 구축하려면 분석적 관점에서 극단적 사건을 연구하는 것이 중요하다.

5.4 연습 문제

5.1 로그 변환 차분의 역관계 이해하기

R의 cumsum() 함수를 사용하지 않고 길이가 N인 벡터의 값을 받아 수식 5.1의 매핑을 수행하는 mycumsum() 함수를 작성하라. c(15, 15*exp(mycumsum(c(-0.0339, -0.0351, 0.0000, 0.0690, 0.0645, -0.0317))))로 얻을 수 있는 값은 무엇인가?

5.2 가우시안 혼합모형을 시장에 맞게 조정하기

필요하다면 5장의 코드를 사용하고 이를 수정해 29,999개의 로그 수익률에서 30,000개의 가격을 산출하는 가우시안 혼합모형을 만들어라. 이 개수는 EURUSD 증권의 1분 단위 가격의 약 한 달치에 해당하는 숫자다. USD당 EUR의 초기 가격은 1.3400을 사용하라. 정규 확률변수 Y와 Z의 경우 각각 $\sigma_Y = 0.0002$와 $\sigma_Z = 0.0007$를 사용하라.

(a) 균등분포의 변량을 사용해 29,999 로그 수익률의 첨도는 약 10이고, 이때 3이 가우시안 분포의 첨도가 되도록 두 부분으로 구성된 혼합모형을 만들어라. 균등 확률변수 U는 균등분포에서 생성된다. 시행착오를 거쳐 적절한 임계값 h를 찾아 이 첨도의 분포를 조종할 수 있다.

$$X = \begin{cases} Y, & U < h \text{인 경우} \\ Z, & \text{그 외} \end{cases} \tag{5.12}$$

(b) 생성한 가격과 로그 수익률, 로그 수익률의 밀도 그래프를 그려라.

(c) 이는 정규분포의 밀도인가?

6 시계열 분석

독자 여러분이 항공사의 운영 부서에서 근무한다고 가정해보자. 이 부서에서는 회사와 업계의 역사적 데이터집합을 기반으로 내년에 예약된 모든 비행의 예상 적재량을 파악해야 한다. 이는 예상 수익과 직접적으로 연관돼 있으며, 회사 비용은 수익으로 상쇄할 만한 수준이어야 한다. 지나치게 낙관적인 태도는 예측을 충족시키지 못할 경우 미래에 실망을 초래할 위험이 크므로 도움이 되지 않는다.

그럼 무엇을 해야 하는가? 항공기 탑승객 수의 변동은 주기적이다. 경제 침체의 리스크도 존재하며, 이러한 리스크는 회사 전체의 수익성에 영향을 미칠 수 있다. 석유와 제트 연료의 가격 역시 중요하다. 이외에도 합병은 매년 발생할 수 있으며, 이는 경쟁 구도를 변화시키고 일부 노선을 효율적으로 만들 수 있다.

시계열$^{time\ series}$ 분석은 분명 유용하다. 다만 통계의 신뢰구간처럼 전망 시 불확실성은 존재한다. 여기서 확률변수는 항공기 탑승 예상 승객 수다. 6장에서는 이러한 항공기 탑승 예상 승객 수를 R이라는 도구의 도움을 받아 예측해본다.

6.1 시계열 조사

모형화^{modeling}할 시계열의 유형을 간단히 살펴보는 것으로 시작해보자. 먼저 quantmod와 PerformanceAnalytics 패키지를 사용한다. 그리고 다운로드하려는 심볼^{symbol}의 벡터를 정의한다. GSPC, VIX, TNX 심볼은 각각 S&P 500 지수, CME 변동성 지수[1], 10년만기 국채 수익률$^{10\ Year\ Treasury\ Yields}$을 나타낸다. getSymbols() 함수를 사용해 sym.vec에 있는 심볼의 시계열을 2003년 1월 3일부터 2015년 9월 10일까지 다운로드할 수 있다. quantmod와 PerformanceAnalytics 패키지가 설치돼 있지 않다면 install.packages("quantmod",

---

[1] CME 변동성 지수(VIX, Volatility Index)란, 시카고 상품거래소(CME: Chicago Mercantile Exchange)에서 발행하는 주가지수 옵션 가격에 내재된 주가지수의 변동성을 나타내는 지수다.

dependencies=TRUE)와 install.packages("PerformanceAnalytics", dependencies=TRUE) 명령을 사용해 설치한다.

```
> library(quantmod)
> library(PerformanceAnalytics)
> sym.vec <-c("^GSPC","^VIX")
> getSymbols(sym.vec, from = "2005-01-03", to = "2015-09-16")
```

```
[1] "GSPC" "VIX"
```

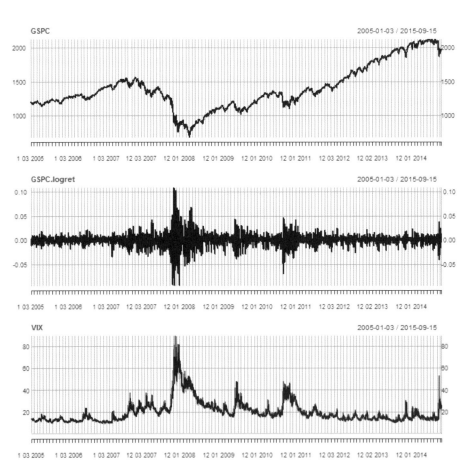

그림 6.1   2005년 1월 3일부터 2015년 9월 16일까지 S&P 500 지수의 가격, 로그 수익률, 변동성 지수

　그림 6.1의 첫 번째 그래프는 S&P 500 지수다. 2007년 초 당시 최고점을 경신했지만 서브프라임 모기지 사태로 가파르게 하락했다. 2009년 중반 최저점에 도달했으나 반등해 2015년 중반까지 상승장이 이어졌다. 다만 유로존의 정부 부채를 둘러싼 불확실성 때문에 2011년과 2012년에 약간의 조정이 있었다. 그리고 중국 경제를 둘러싼 불확실성으로 인해 2015년 중반에 상당한 대량 매각이 있었다. 시계열에서 장기간에 걸친 주가 상승이나 대세 상승을 불마켓^{bull market}이라 부른다. 이 표현은 마치 황소가 뿔로 주가를 치받아 올리는 것과 같다는 데서 비롯됐다. 반면에 주가를 비롯한 자산 가격이 하락하고 있거나 하락할 것으로 예상되는 약세장은 베어마켓^{bear market}이라고 부르는데, 이 표현은 아래로 할퀴는 곰의 습성에서 내리막이라는 분위기를 풍긴 데서 비롯됐다.

　이제 본격적으로 S&P 500의 조정 가격을 추출해보자.

```
> GSPC <- GSPC[, "GSPC.Adjusted", drop=F]
```

그런 다음 CalculateReturns() 함수를 이용해 가격 벡터의 로그 수익률을 계산한다. 로그 수익률에 주목하는 이유는 전체 가격분포가 로그 정규분포면 로그 수익률도 정규분포이며, 그 결합분포^{joint distribution}[2]는 다변량 정규분포를 따르기 때문이다.

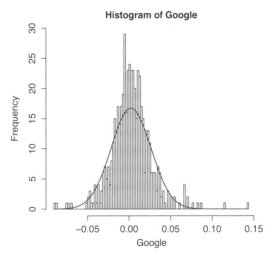

그림 6.2　2004년 8월 20일부터 2006년 9월 13일까지 구글 로그 수익률의 히스토그램이다. 그 위에 구글 로그 수익률과 같은 평균과 표준편차를 갖는 정규 확률변수의 밀도 그래프를 중첩시켰다. 주식 수익률에서 흔히 관찰되는 과도한 첨도를 확인할 수 있다. 즉 평균 주변 작은 수익률의 군집화뿐만 아니라 분포 꼬리에서의 큰 편차를 볼 수 있다.

2　결합분포란, 확률변수가 여러 개일 때 이들을 함께 고려하는 확률분포다.

```
> GSPC.logret = CalculateReturns(GSPC, method="log")
```

CalculateReturns() 함수는 가격 시계열의 log() 함수를 받아 차분difference을 취한다. 차분은 현재 값에서 이전 값을 뺀 값이므로 로그 수익률 벡터의 첫 번째 요소는 정의할 수 없다. 따라서 아래와 같이 첫 번째 값은 0으로 설정한다.

```
> GSPC.logret[1]
          GSPC.Adjusted
2005-01-03           NA
> GSPC.logret[1] = 0.0
```

그림 6.1의 수익률 그래프를 통해 금융 수익률의 주요 특징인 시간에 따라 변하는 변동성volatility을 관찰할 수 있다. 시장에는 큰 변화 없는 완만한 시기가 있고, 시장의 변동폭이 큰 급변기도 있다. 이러한 시간에 걸쳐 변하는 변동성time-varying volatility을 뜻하는 통계적 용어를 이분산성heteroskedasticity3이라 하며, 이는 금융 데이터 모형화가 매우 어려운 주요 이유 중 하나다.

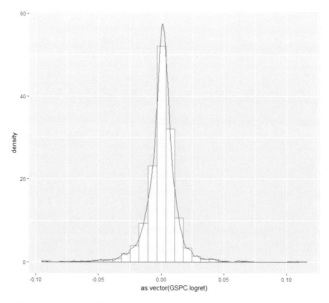

그림 6.3   2005년 1월 3일부터 2015년 9월 16일까지 S&P 500 지수의 히스토그램과 로그 수익률의 추정 밀도

---

3 등분산성(homoscedasticity)은 2개의 모집단에서 추출된 각 표본 간의 분산이 같은 경우다. 이분산성(heteroskedasticity) 은 2개의 모집단에서 추출된 각 표본 간의 분산이 다른 경우를 말하며, 주로 횡단면 자료에서 많이 나타난다.

```
> par(mfrow=c(3,1))
> plot(GSPC)
> plot(GSPC.logret)
> plot(VIX)
```

시장 수익률의 버스티성burstiness[4]과 밀접하게 관련된 것이 가격 변동성의 움직임이다. 이는 그림 6.1의 VIX 그래프에서도 확인할 수 있다. 대략적으로 말하면 VIX는 옵션의 다양한 집합, 즉 바스켓basket[5]의 내재 변동성implied volatility[6]에 대한 평균이다. 내재 변동성은 0.0에서 1.0이 조금 넘는 수치이며 대상증권underlying security 추세의 표준편차를 나타낸다. VIX의 경우 대상증권은 S&P 500 지수다.

VIX 지수Volatility Index는 S&P 500 지수 옵션 가격의 향후 30일 동안의 변동성에 대한 시장의 기대를 나타내는 지수다. 1993년부터 시카고 옵션거래소CBOE에서 실시간으로 제공하고 있으며, 증시 지수와 반대로 움직이는 특징이 있다. 주식시장의 변동성이 커지면 위험 헤지를 위한 투자자들의 옵션 수요가 증가해 옵션 가격premium이 높아지고 VIX 지수가 올라간다. VIX 지수가 최고치에 달하면 시장참가자들의 심리가 그만큼 불안하다는 뜻을 나타내 '공포지수'라고도 불린다. 1993년 미국 듀크 대학의 로버트 E. 웨일리 교수가 미국 주식시장의 변동성을 나타내기 위해 개발한 S&P 500 지수옵션에 대한 향후 30일간의 변동성에 대한 투자기대 지수를 나타낸다. 시장 상황에 대한 정보, 수급과 함께 주가에 영향을 미치는 요소 중의 하나인 투자자들의 투자심리를 수치로 나타낸 지수로, 예를 들어 VIX 30%라고 하면 앞으로 한 달간 주가가 30%의 등락을 거듭할 것이라고 예상하는 투자자들이 많다는 것을 의미한다.

그림 6.1에서도 보듯이 서브프라임 모기지 사태가 있었던 2008년에는 VIX 지수가 80%까지 치솟았다. 하지만 서브프라임 모기지 사태 이후 한동안은 VIX 지수가 10%에서 12% 정도로 떨어졌음을 볼 수 있다.

---

4 버스티성(burstiness)이란, 신호처리 분야에서 주로 사용하는 용어로 데이터가 갑자기 집중적으로 한번씩 소규모로 발생되는 특징을 말한다.

5 바스켓 옵션(basket option)이란, 둘 이상의 기초자산 가격의 평균에 의해 수익이 결정되는 옵션을 말한다.

6 내재 변동성(implied volatility)은 상품의 실제 거래 가격이 향후 1년 동안 얼마나 변할 것인가를 나타내는 값으로 블랙-숄즈(Black-Scholes) 모형 등 옵션가격결정모형에 옵션의 시장가격을 대입해 산출한 기초자산 가격의 변동성으로, 역사적 변동성(historical volatility)과 구별해 내재 변동성이라고 한다. 보통 투자자가 가격이 크게 변한다고 여길 경우 대상상품의 거래 가격은 높아지게 되며 덩달아 내재 변동성도 높아진다. 예컨대 투자자들이 예상하는 앞으로 1년간의 주가 변동폭 내재 변동성이 70%라는 것은 이 옵션을 거래하는 투자자들이 앞으로 1년 동안 KOSPI200이 70% 변할 것으로 보고 옵션을 매매함을 뜻한다.

```
> library(TSA)
> library(ggplot2)
> data(google)
> hist(google, breaks=100)
> curve(dnorm(x, mean=mean(google), sd=sd(google)), add=TRUE, col="blue")
> ggplot(NULL,aes(x=as.vector(GSPC.logret),y=..density..)) +
+   geom_histogram(fill="cornsilk", colour="grey60", size = 0.2) +
+   geom_density(colour="blue")
> dt4<-function(x) dt(x,df=4)
> ggplot(data.frame(x=c(-5,5)),aes(x=x)) +
+   stat_function(fun=dnorm, colour="blue") +
+   stat_function(fun=dcauchy, colour="green") +
+   stat_function(fun=dt4, colour="red")
```

R에서 moments 라이브러리의 kurtosis(x) 함수는 적률법$^{moment\ method}$을 사용해 표본 첨도를 계산한다. skewness() 함수와 kurtosis() 함수의 사용 예는 앞서 5장, '데이터집합 분석과 리스크 측정'에서 다뤘다. 정규성^{normality}은 그림 6.2에서 확인할 수 있다.

그림 6.4의 밀도 그래프에서 $t(4)$와 코시분포$^{Cauchy\ distribution}$[7]의 두터운 꼬리를 볼 수 있다. 각 세 개의 분포에서 10,000개의 확률변수 표본을 무작위로 추출해 각 표본의 첨도를 계산하고 S&P 500의 첨도와 비교하면 이러한 사실을 더 명확히 알 수 있다. 관찰한 시장 수익률은 $t(4)$ 분포를 상당히 잘 따른다. 다음에 나오는 코드를 실행하여 그 결과를 확인해 보면 수익률의 첨도는 표준정규분포의 첨도보다 크고 $t(4)$ 분포의 첨도와 유사하다. 코시분 포의 극단적인, 두꺼운 꼬리는 그림 6.5에 있는 $t(4)$나 시장 수익률의 첨도보다 두 자리수 이상 큰 첨도로 확인할 수 있다. 예상했듯이 정규확률변수의 초과 첨도$^{excess\ kurtosis}$[8]는 0에 가깝다.

---

7   코시분포는 평균과 분산을 유한하게 정의할 수 없는 분포로 확률론에서 반례로 많이 사용하는 분포다. 모든 분포가 평균 과 분산을 가질 것 같지만 실제로는 그렇지 않다. 그 대표적인 예가 코시분포다. 언뜻 정규분포와 닮았지만 양쪽 꼬리가 두꺼운 모양을 하고 있다.

8   정규분포의 첨도는 기본적인 정의에 의하면 3이지만, 일반적으로 정규분포의 첨도를 0으로 만들기 위해 3을 빼서 정의하 는 경우가 많다. 정규분포가 0이 되게 정의하는 첨도를 초과 첨도(excess kurtosis)라고 한다.

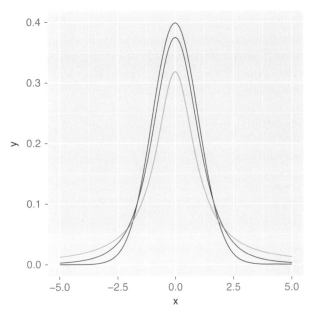

그림 6.4 표준정규분포(파란색), 코시분포(녹색), 자유도가 4인 *t*분포(붉은색)의 밀도

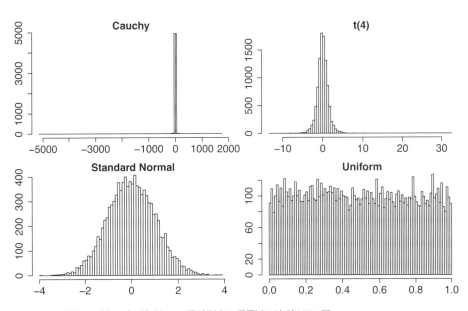

그림 6.5 코시분포, 자유도가 4인 *t*분포, 표준정규분포, 균등분포의 히스토그램

```
par(mfrow=c(2,2))
hist(rcauchy(n=10000), main="Cauchy",breaks=100)
hist(rt(n=10000,df=4), main="t(4)",breaks=100)
hist(rnorm(n=10000), main="Standard Normal",breaks=100)
hist(runif(n=10000), main="Uniform",breaks=100)
set.seed(255270)
kurtosis(rcauchy(n=10000))
kurtosis(rt(n=10000,df=4))
kurtosis(rnorm(n=10000))
kurtosis(GSPC.logret[c(-1)])
kurtosis(runif(n=10000))
```

6.2 정상 시계열

시계열 분석은 시계열에서 추세나 주기성과 같은 일반적인 유형의 구조에 대한 연구를 포함해 다른 유형의 구조를 추출하는 데 중점을 둔다. 금융 분야에서는 지수적 추세 증가 exponential trend growth와 계절적 주기성seasonal cyclicality을 자주 접할 수 있다. 여러 가지 시계열 예제를 통해 다양한 유형의 추세와 주기성을 살펴보겠다. 분석에는 R의 TSA 패키지를 사용한다. 시계열은 정상stationary과 비정상non-stationary으로 구분할 수 있다. 그리고 정상은 다시 약정상weakly stationarity과 강정상strongly stationarity으로 구분할 수 있다. 이때 약정상은 아래와 같이 시계열의 평균과 공분산 구조가 시간이 변해도 일정하다는 의미다.[9]

$$E(Y_t) = \mu$$
$$\gamma_j = E(Y_t - \mu)(Y_{t-j} - \mu) \, for \, all \, t$$

강정상은 1차와 2차 적률을 넘어 더 높은 차원의 적률까지 확률 구조가 같고 기본확률분포함수는 시간이 지나도 동일하다는 의미다. 이를 수식으로 표현하면 다음과 같다.

$$F_Y(y_{t+j_1}, \cdots, y_{t+j_n}) = F_Y(y_{j_1}, \cdots, y_{j_n}) \, for \, all \, t \, and \, j_1, \cdots, j_n$$

더 높은 차원의 적률로 강정상과 약정상을 구분할 수 있다. 예컨대 3차 적률은 시간이 지

---

9 시계열은 정상(stationary, 안정) 시계열과 비정상(non-stationary, 불안정) 시계열로 구분하며, 정상은 강정상(strongly stationary)과 약정상(weakly stationary)으로 구분할 수 있다. 정상 시계열은 시간이 변해도 확률 구조가 동일한 시계열을 말한다. 시간이 지나도 평균, 분산, 왜도, 첨도 등 모든 확률 구조가 동일하면 강정상 혹은 완전 정상(completely stationary)이라고 하며, 평균과 분산 정도, 즉 2차 적률까지 확률 구조가 같으면 약정상이라 한다. 강정상은 조건이 너무 까다로우므로, 약정상 시계열을 보통 정상 시계열이라 한다.

남에 따라 변하지만 1차와 2차 적률은 그렇지 않은 분포가 있다고 생각해보자. 이러한 시계열은 강정상이 아니라 약정상이라 할 수 있다.

정상성이 중요한 이유는 분석하고자 하는 시계열 자료가 정상성을 만족하지 못하면, 다시 말해 평균과 분산 등의 성질들이 계속 변하는 복잡한 형태라면 추정해야 할 파라미터가 많아지기 때문이다. 유한개의 관찰된 시계열 자료로부터 모집단인 시계열 모형에 관한 통계적 추정과 검정을 수행하기 위해서는 분석을 단순화시키는 어떤 가정이 필요한데, 이 중 가장 중요한 것이 정상성 가정이다.

6.3 자기회귀이동평균 과정

정상 시계열을 검사하는 주요 방법은 자기회귀이동평균^{ARMA, Auto-Regressive Moving Average}과정^{process}이다. ARMA(p, q) 과정의 정의는 다음과 같다.

$$\hat{Y}_t = \mu + \phi_1 Y_{t-1} + \phi_2 Y_{t-2} + \cdots + \phi_p Y_{t-p}$$
$$+ e_t - \theta_1 e_{t-1} - \theta_2 e_{t-2} - \cdots - \theta_q e_{t-q}$$

여기서 $\phi_1 Y_{t-1} + \phi_2 Y_{t-2} + \cdots + \phi_p Y_{t-p}$는 자기회귀^{AR, Auto-Regressive} 요소이고, $\theta_1 e_{t-1} + \theta_2 e_{t-2} + \cdots + \theta_q e_{t-q}$는 이동평균^{MA, Moving-Average} 요소다. μ는 과정 평균^{process mean}이고, e_t는 오차 과정^{error process}이다. 오차 과정은 시간 t에서 가능한 정보를 기반으로 모형이 예측한 값과 시간 t에서 변수의 관측 값 간의 차이로, 혁신 과정^{innovation process}이라고도 한다.

6.4 멱변환

비정상 시계열 분석을 위해선 더 다양한 분석 도구가 필요하다. 궁극적인 목표는 비정상 시계열에 변환^{transform}과 차분^{difference}과 같은 일련의 작업을 수행해 정상 시계열로 만드는 것이다.[10] 이분산성을 줄이기 위해, 다시 말해 시간에서 분산을 더 안정적으로 만들기 위해 시계열에 함수를 적용한다. 일반적인 변환 함수는 자연로그 함수 $\log(x)$와 제곱근 함수 $\sqrt{x}$ 다. 이러한 함수들을 이용한 변환을 일반적으로 멱변환^{power transformation}이라고 한다. 멱변

---

10 평균이 변하는 형태일 때는 차분. 분산이 변하는 형태일 때는 변환을 이용해 비정상 시계열을 정상시계열로 만든다. 두 가지 다 수행해야 할 때는 변환을 먼저 수행한다.
  • 차분: $W_t = Y_t - Y_{t-1}$
  • 변환: $W_t = \log(Y_t)$

환은 1964년에 박스^{Box}와 콕스^{Cox}에 의해 소개됐다.[11] 파라미터 λ가 주어진 경우, 멱변환의 정의는 다음과 같다.

$$f(x) = \begin{cases} \frac{x^\lambda - 1}{\lambda} & \text{for } \lambda \neq 0 \\ \log x & \text{for } \lambda = 0 \end{cases} \tag{6.1}$$

멱변환이 $\lambda = 0$ 일 때 $f(x) = \log(x)$임을 증명하고자 로피탈의 정리^{l'Hospital's rule}[12]를 사용해 $\lambda \to 0$일 때 $\frac{x^\lambda - 1}{\lambda} \to \log(x)$임을 계산하겠다. 먼저 $e^{\log(x)} = x$, $\log(x^\lambda) = \lambda \log(x)$, $\frac{d}{dx} e^x = e^x$라는 등식을 통해 $x^\lambda = e^{\lambda \log(x)}$와 같은 등식을 도출할 수 있다. 그런 다음 이를 미분하면 다음과 같은 결과를 얻을 수 있다.

$$\frac{dx^\lambda}{d\lambda} = \frac{de^{\lambda \log(x)}}{d\lambda} \tag{6.2}$$

$$= \log(x) e^{\lambda \log(x)} \tag{6.3}$$

$$= \log(x) \left(e^{\log(x)} \right)^\lambda \tag{6.4}$$

$$= \log(x) x^\lambda \tag{6.5}$$

따라서 로피탈의 정리를 적용하면 다음과 같은 결과를 얻을 수 있다.

$$\lim_{\lambda \to 0} \frac{x^\lambda - 1}{\lambda} = \lim_{\lambda \to 0} \left(\frac{\frac{d}{d\lambda}(x^\lambda - 1)}{\frac{d}{d\lambda} \lambda} \right) \tag{6.6}$$

$$= \lim_{\lambda \to 0} \left(\frac{\log(x) x^\lambda}{1} \right) \tag{6.7}$$

$$= \log(x) \tag{6.8}$$

일반적인 변환을 정의했으므로 적절한 λ값을 찾는 방법이 궁금할 것이다. 적절한 값이란 정규확률변수와 가장 유사하게 변환되는 계열을 생성하는 값이다. 이 값은 시계열에 따라 다르며 R에서는 `BoxCox.ar()` 함수를 통해 추정할 수 있다.

---

11 1964년 박스(Box)와 콕스(Cox)라는 두 통계학자가 로얄 통계학회지 22호에 실린 논문 「An Analysis of Transformation」에서 비정규분포를 정규분포처럼 변환하는 방법을 제시한 이후, 이 학자들의 이름을 따서 박스-콕스 변환이라 부른다. 일반적으로 박스-콕스 변환과 같은 류의 멱변환은 분산 안정화 혹은 분포의 대칭성 향상 등을 목적으로 사용된다.

12 실해석학에서, 로피탈의 정리(l'Hospital's rule) 또는 로피탈의 법칙 또는 베르누이의 규칙(Bernoulli's rule)은 미분을 통해 부정형의 극한을 구하는 정리다.

6.5 TSA 패키지

TSA 패키지는 시계열 분석에 사용하는데, 시계열 모형을 추정하고 예측하며, 그래프를 그리는 기능이 포함돼 있다. 또한 함수를 사인 곡선[sinusoid]의 조합으로 분해해 시계열의 스펙트럼을 추정하는 기능도 포함돼 있다. 다만 이 책에서는 스펙트럼 분석은 다루지 않는다. TSA 패키지를 설치하지 않았다면 R의 `install.packages("TSA")` 명령을 사용해 설치한다.

설치됐다면 다음과 같이 TSA 패키지를 로딩한다.

```
> library(TSA)
```

처음 살펴볼 시계열은 tempdub로, 1964년 1월부터 1975년 12월까지 아이오와[Iowa] 주의 더뷰크[Dubuque] 지역의 월평균 기온이다. 이 데이터는 잘 분포된[well-behaved] 시계열의 좋은 예제다. 그림 6.6에서 보듯이 평균은 매우 일정하고, 계절적 주기성이 존재하며, 상당히 안정적이다. 기온은 여름과 겨울 사이에 급격하게 변하고 최댓값과 최솟값에 도달하는 월도 변하지만 편차는 크지 않다.

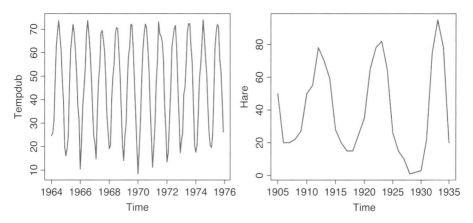

그림 6.6 두 개의 주기적인 시계열. 좌측은 아이오와주 더뷰크 지역의 월 평균 기온이며, 우측은 캐나다 허드슨만(Hudson Bay)의 산토끼(hare) 개체 수다. 약 10년 주기로 수십 년간 안정된 주기성을 보인다. 또한 환경적 요인의 변화에 따른 산토끼 개체 수 증감의 변화도도 확인할 수 있다.

```
> data(tempdub)
> plot(tempdub,col='blue')
```

tempdub는 기본적으로 높은 수준으로 구조화됐으므로 정상이라고 예상된다. 정상성 검정은 확장된 디키-풀러[ADF, Augmented Dickey-Fuller] 검정[13]을 사용해 수행할 수 있다. 확장된 디키-풀러 검정의 귀무가설[null hypothesis]은 비정상[non-stationarity]이므로, 귀무가설을 기각하기 위해서는 유의확률 p값[p-value]이 유의수준 α보다 작아야 한다. 아래와 같이 확장된 디키-풀러 검정을 수행하면 p값이 유의수준 $\alpha = 0.05$보다 충분히 작으므로 비정상성이라는 귀무가설을 기각할 수 있다. 따라서 tempdub은 정상이라는 결론을 내릴 수 있다.[14]

```
> adf.test(tempdub)

Augmented Dickey-Fuller Test

data: tempdub
Dickey-Fuller = -11.077, Lag order = 5, p-value = 0.01
alternative hypothesis: stationary
```

tempdub과 같은 매우 정상적인 시계열 모형을 만드는 자연스러운 방법은 계절 평균[seasonal means] 모형이다. 계절 평균 모형에서는 모형에 대한 많은 파라미터를 가정하는데, 여기서는 월 단위로 설정한다. 관측한 시계열은 다음과 같이 작성할 수 있다.

$$Y_t = \mu_t + X_t \tag{6.9}$$

이때 μ_t는 순환 요소[cyclical component]이고 X_t는 $E(X_t) = 0$과 같은 무작위 요소[random component]이다. 여기서는 12개월마다 기대 평균[expected average] 온도를 예측하고자 한다. 먼저 각 월의 고정 평균[constant average] $\beta_1, \beta_2, ..., \beta_{12}$을 가정하겠다. 따라서 12개월의 각각에 대한 기대 평균 온도는 다음과 같다.

---

13 디키-풀러(Dickey-Fuller) 검정은 대표적인 단위근 검정 방식이다. 단위근 검정이란, 확률변수가 정상인지 비정상인지 확인하는 방법이다. 단위근 검정을 수행하는 이유는 확률변수가 정상적(안정적)이지 않으면 회귀식을 추정할 때 잘못 추정하는 경우가 발생하기 때문이다. 따라서 비정상 변수를 정상 변수로 변환한 다음 회귀분석을 수행해야 한다. 확장된 디키-풀러(ADF, Augmented Dickey-Fuller) 검정은 디키-풀러 단위근 검정법에서 오차항에 내재하고 있을지도 모를 자기상관과 이분산의 문제를 해결하기 위하여 검정통계량을 비모수적으로 조정한 것이다.

14 유의수준(α)은 귀무가설이 맞는데 잘못해서 기각할 확률(1종 오류)의 최댓값이다. 유의확률(p-value)은 귀무가설이 맞는데 잘못해서 기각할 실제 확률(1종 오류의 확률)로, 귀무가설을 기각하는 검정 결과가 틀릴 확률이다. 따라서 유의확률(p-value) < 유의수준(α)이면 귀무가설을 기각할 수 있다.

$$
\mu_t = \begin{cases}
\beta_1 & \text{for } t = 1, 13, 25, \cdots \\
\beta_2 & \text{for } t = 2, 14, 26, \cdots \\
\quad \vdots \\
\beta_{12} & \text{for } t = 12, 24, 36, \cdots
\end{cases}
\tag{6.10}
$$

계절 평균 모형을 tempdub 데이터집합에 적합^{fit}시키기 위해 각 데이터 지점이 대응하는 월을 나타내는 지시 변수$^{indicator\ variable}$를 정의한다. TSA 패키지에 있는 season() 함수를 이용해 월을 추출한다. 그런 다음 lm() 함수를 이용해 추출한 월과 온도 간의 선형 회귀분석을 수행한다. 마지막으로 summary() 함수를 이용해 요약 정보를 확인한다. 각 월의 평균 온도를 살펴본다. 참고로 선형 회귀식에 있는 -1로 인해 절편은 생략된다.

```
> month <- season(tempdub)
> model1 <- lm(tempdub ~ month - 1)
> summary(model1)

Call:
lm(formula = tempdub ~ month - 1)

Residuals:
   Min      1Q  Median     3Q    Max
-8.2750 -2.2479  0.1125 1.8896 9.8250

Coefficients:
               Estimate Std.  Error t value  Pr(>|t|)
monthJanuary     16.608       0.987   16.83   <2e-16 ***
monthFebruary    20.650       0.987   20.92   <2e-16 ***
monthMarch       32.475       0.987   32.90   <2e-16 ***
monthApril       46.525       0.987   47.14   <2e-16 ***
monthMay         58.092       0.987   58.86   <2e-16 ***
monthJune        67.500       0.987   68.39   <2e-16 ***
monthJuly        71.717       0.987   72.66   <2e-16 ***
monthAugust      69.333       0.987   70.25   <2e-16 ***
monthSeptember   61.025       0.987   61.83   <2e-16 ***
monthOctober     50.975       0.987   51.65   <2e-16 ***
monthNovember    36.650       0.987   37.13   <2e-16 ***
monthDecember    23.642       0.987   23.95   <2e-16 ***
---
Signif. codes: 0 '***' 0.001 '**' 0.01 '*' 0.05 '.' 0.1 ' ' 1

Residual standard error: 3.419 on 132 degrees of freedom
```

```
Multiple R-squared: 0.9957, Adjusted R-squared: 0.9953
F-statistic: 2569 on 12 and 132 DF, p-value: < 2.2e-16
```

매우 정상적인 과정$^{stationary\ process}$을 모형화했으므로 모형의 적합성도 매우 높으리라 생각된다. 이를 여기서 확인해보자. 각 월에 대한 추정값은 매우 유의하며^{significant}, 표준 오차$^{standard\ error}$는 해당 월에 대해 1도 미만이며, R^2는 무려 0.9957다. R^2은 결정계수$^{coefficient\ of\ determination}$로, 추정한 선형 모형이 주어진 자료에 적합한 정도를 나타내는 척도다. 반응 변수의 변동량 증가에서 적용한 모형으로 설명 가능한 부분의 비율을 가리킨다. 0과 1 사이의 값을 가지며, 0에 가까울수록 설명력이 낮고 1에 가까울수록 설명력이 높다. 일반적으로 모형의 설명력으로 해석되지만 모형에 설명 변수가 들어갈수록 증가하기 때문에 해석에 주의해야 한다. 이러한 문제를 해결하기 위해 조정결정계수$^{adjusted\ coefficient\ of\ determination}$가 제시됐다.

위의 tempdub와 같은 계절 패턴은 매우 안정적이지만 대부분의 다른 유형의 주기는 이보다 덜 안정적이다. 데이터집합 hare는 캐나다 온타리오 주 허드슨 만의 주요 배수로에 있는 연간 산토끼의 개체 수이며, 사냥꾼들을 대상으로 한 설문을 기반으로 만들었다. 그림 6.6에서의 변동은 분명 주기적이지만 온도 측정 사례 보다는 덜 안정적이다. 이번 사례에서는 1년이 아니라 10년 주기로 변한다는 사실을 알 수 있다. 그 이유는 정점에서는 산토끼 개체 수가 너무 많아 환경이 이를 수용할 수 없어 산토끼가 죽거나 육식동물의 먹잇감이 되기 때문이고, 산토끼 수가 감소하고 환경이 회복되면 개체 수는 정점으로 이동하기 시작하기 때문이라고 생각할 수 있다. 또한 날씨나 태양의 움직임에서 다년간에 걸친 특정한 유형의 패턴을 가정하여 산토끼 개체 수의 주기성을 유도할 수도 있다. 어쨌든 문제는 주기가 안정적이지 않다는 점이다. 일부 주기에서는 증가와 감소가 급격히 일어나는 반면, 다른 주기에서는 증가와 감소가 완만하게 일어난다. 이는 의심의 여지없이 계절적 시기, 육식동물의 밀도, 날씨, 그리고 여러 복합적인 요인과 관련 있으며 이로 인해 위 날씨 예제보다 모형화하기 더 어려운 상황을 초래한다.

```
> data(hare)
> plot(hare,col='blue')
```

hare의 경우 확장된 디키-풀러^{ADF} 단위근 검정을 적용해 정상성을 검정한다. 이때 출력된 p값이 0.05보다 크므로 유의수준 $\alpha = 0.05$에서 비정상성$^{non\text{-}stationarity}$이라는 귀무가설을 채택한다. 즉 p값 > 0.05이므로 계열이 비정상이라는 귀무가설을 기각하지 못하며, 충분한 불안정성이 존재한다고 볼 수 있다.

```
> adf.test(hare)

Augmented Dickey-Fuller Test

data: hare
Dickey-Fuller = -3.5051, Lag order = 3, p-value = 0.06064
```

이는 이분산성이나 주기의 크기 변화가 문제일 수 있다. 이런 경우 멱변환을 적용해 분산을 안정화시킬 수 있다. 박스-콕스 절차Box-Cox procedure는 분산이 일정한 정규확률변수에 가깝게 만드는 변환을 수행하는 λ값과 더불어 최적의 λ값에 대한 신뢰구간을 구한다. 그럼 박스-콕스 절차를 수행하여 멱변환 파라미터 λ를 추정해보자. 산출된 신뢰구간은 그림 6.7과 같다. $\lambda = 0.5$가 신뢰구간 내에 있음을 확인하고 제곱근 변환을 결정한다.

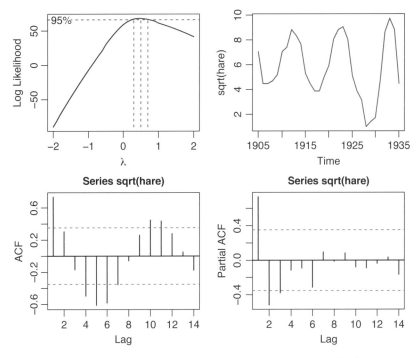

그림 6.7 좌측 상단부터: 산토끼 계열의 박스-콕스 신뢰구간, 제곱근 변환, 자기상관함수(ACF, autocorrelation function), 편자기상관함수(PACF, partial autocorrelation function).

```
> par(mfrow=c(2,2))
> BoxCox.ar(hare)
> plot(sqrt(hare),col='blue')
> acf(sqrt(hare))
> pacf(sqrt(hare))
```

그림 6.7에서 hare 데이터집합의 제곱근 그래프를 살펴보고 이분산성 또는 일정하지 않은 분산의 정도가 현저히 감소했음을 확인한다. 골trough15 이분산성은 여전히 존재하지만, 정점peak 이분산성은 대부분 제거됐다. 이제 제곱근 변환 과정을 거친 시간에 대한 정상성 검정을 다시 수행한다. 제곱근 변환한 시계열의 정상성을 검증하면 p값이 0.01이 나온다. 이 값은 5% 유의수준에서 비정상성이라는 귀무가설을 기각할 수 있을 만큼 충분히 작다. 따라서 비정상성이라는 귀무가설을 기각하고 hare 시계열의 제곱근은 정상이라는 결론을 내린다.

```
> adf.test(sqrt(hare))

Augmented Dickey-Fuller Test

data: sqrt(hare)
Dickey-Fuller = -4.479, Lag order = 3, p-value = 0.01
alternative hypothesis: stationary
```

정상성을 만족한다면 $ARMA(p, q)$ 과정을 수행할 수 있다. 이때 p는 자기회귀AR, Auto-Regressive 요소의 차수이고, q는 이동평균MA, Moving-Average 요소의 차수이다. 이들을 식별하는 3가지 방법은 다음과 같다.

1 ARMA 부분집합subset의 그래프
2 자기상관함수ACF, autocorrelation function
3 편자기상관함수PACF, partial autocorrelation function

ARMA 부분집합의 그래프는 베이지안 정보 기준BIC, Bayesian Information Criterion16을 최소화하는 AR과 MA 요소의 시차lag를 제공하며, 이는 그림 6.8의 상단 부분에서 확인할 수 있다.

---

15 시간의 흐름이 정지된 상태에서 주기적으로 반복되는 모양을 보이는 파동을 관찰했을 때 공간적으로 가장 낮은 부분을 파동의 골(trough)이라고 한다.

16 베이지안 정보 기준(BIC, Bayesian Information Criterion)이란, −2 로그 우도에 기반한 모형을 선택하고 비교하기 위한 측도다. 값이 작을수록 모형이 우수함을 나타낸다. BIC도 초과 모수화된 모형(예: 입력이 많은 복잡한 모형)에 '페널티를 부여' 하지만 아카이케 정보 기준(AIC, Akaike Information Criterion)보다 더 엄격하게 부여한다.

BIC의 정의는 부록을 참고하기 바란다. ARMA 부분집합 그래프는 계열 모형화에서 관심의 대상이 될 수 있는 시차가 무엇인지를 나타내는 첫 번째 표시 역할을 한다. 이는 여러 AR과 MA 시차에서 발생하며 자기상관과 편자기상관함수로 확인된 시차를 선택한다.

```
layout(matrix(c(1,1,2,3), 2, 2, byrow=TRUE))
plot(armasubsets(y=hare,nar=7,nma=7))
acf(sqrt(hare))
pacf(sqrt(hare))
```

위 코드는 그림 6.8과 같이 부분집합과 상관관계 그래프를 생성한다.

자기상관함수^{ACF}는 MA 요소의 어떤 시차가 관심의 대상인지 나타내며, 편자기상관함수^{PACF}는 AR 요소의 어떤 시차가 관심의 대상인지 나타낸다. 이는 모형의 본질을 이해할 수 있게 해준다. 그림 6.8에서 상단에 있는 ARMA 부분집합 그래프는 2, 3, 5, 7의 AR 시차가 관심의 대상이고, 1, 2, 3, 6의 MA 시차가 관심의 대상임을 나타낸다. 편자기상관함수의 3개의 유의한 시차는 모형의 AR 요소가 3차임을 나타낸다. 자기상관함수의 진동하지만 지수적으로 감소하는 움직임은 MA 요소가 0차임을 나타낸다.

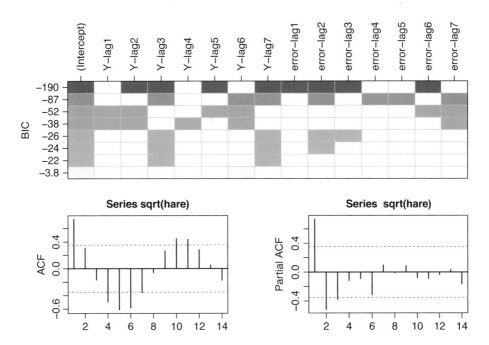

그림 6.8 변환된 산토끼 계열의 ARMA 부분집합, ACF, PACF

자기상관함수[ACF]는 MA 요소가 없음을 나타내며, 편자기상관함수[PACF]는 1, 2, 3의 시차를 나타낸다. 편자기상관함수를 조사하면 시차 1과 2가 유의[significant]하다는 결론을 내릴 수 있다. 시차 3은 경계선이지만 시차 1과 2가 모두 매우 유의하므로 모형에서 시차 3도 포함시킨다. 모수 추정[parameters estimation]은 정확하되 모형은 가능한 단순해야 한다. 따라서 $AR(3)$ 모형이 적절하다는 결론을 내리고, $ARMA(3, 0)$을 선정한다.

arima() 함수를 이용해 $AR(3)$ 모형을 $ARIMA(3, 0, 0)$ 모형으로 적합해 TSA 패키지의 $ARIMA(p, d, q)$에서 $p = 3$, $d = 0$, $q = 0$을 지정한다. ARIMA는 다음 절에서 더 자세히 살펴본다.

```
> m1.hare <- arima(x=sqrt(hare),order=c(3,0,0))
```

이제 잔차[residual]의 자기상관함수를 조사해 모형의 구조를 찾아보자. 시계열 모형의 목적은 모든 구조를 모형으로 통합하는 것이다. 이에 성공하면 남은 잔차 오차는 식별 가능한 구조를 나타내지 않아야 한다. 시계열에서 '식별 가능한 구조를 나타내지 않아야 한다'는 구문은 일반적으로 오차 항이 서로 독립적이고, 자기상관이 없어야 하며, 이상적으로는 정규분포여야 한다는 의미다. 그림 6.9에서 보듯이 잔차의 자기상관에 유의성이 없다는 사실을 감안하면 시계열의 대부분 구조를 모형화했다고 믿을 수 있다. 물론 륭-박스[Ljung-Box] 검정을 수행한다. 결과는 그림 6.9의 하단에서 볼 수 있다. 자기상관이 없다는 귀무가설을 세우고 잔차 오차의 자기상관을 검정한다. 예상대로 수행한 륭-박스 검정의 p값은 오차 항은 자기상관이 없다는, 즉 '독립적'이라는 귀무가설을 채택할 수 있을 정도로 충분히 크다. 따라서 시계열의 모든 구조를 모형의 모형 오차에 통합했다는 결론을 내릴 수 있다.

륭-박스 검정의 결과를 확인하고 잔차 오차 독립성을 입증하고자 잔차에 대해 연속성[runs] 검정[17]을 수행한다. 연속성 검정은 무작위성 검정이라고도 하며 계열에서 '연속성'의 퍼짐을 검사한다. 즉, 독립적이라는 귀무가설을 세우고 계열에서 중앙값[median]보다 크거나 작은 값이 연속적으로 발생한 경우를 검사한다. 계열에 연속성의 수가 너무 많거나 너무 적으면 계열이 무작위가 아니라는 증거다. 아래와 같이 연속성 검정을 수행해 p값이 오차 항이 독립적이라는 귀무가설을 채택할 수 있을 정도로 큰지 확인한다.

---

17 연속성(runs) 검정은 일련의 연속적인 관측 값들이 무작위적(random)으로 나타난 것인지 검정하는 방법으로서 관측 값들이 얻어진 순서에 근거하는 비모수적 검정법이다. 연속성이란, 동일한 관측 값이 연속적으로 이어진 것을 말한다. 예컨대 동전 던지기에서 앞면을 1, 뒷면을 0이라 했을 때 11001011100과 같은 결과가 나타난 경우 6개(11/00/1/0/111/00)의 연속성이 발생했다고 한다. 이러한 연속성의 수를 판단해 무작위성을 검정하는데, 연속성의 수가 너무 많거나 너무 적으면 관찰치 간의 연관성이 있다고 할 수 있다.

```
> runs(rstandard(m1.hare))

$pvalue
[1] 0.602

$observed.runs
[1] 18
```

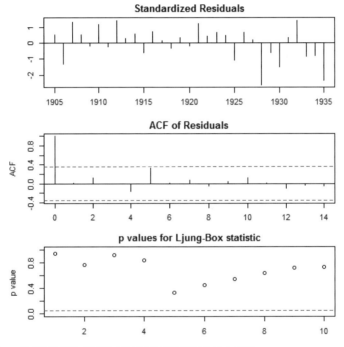

그림 6.9 hare의 표준화 잔차, 잔차의 ACF, 잔차 독립성의 륭-박스 검정

```
$expected.runs
[1] 16.09677

$n1
[1] 13

$n2
[1] 18

$k
[1] 0
```

오차 항의 독립성이 확인됐으므로 정규분포 여부를 결정한다. 먼저 그림 6.10에서 잔차의 히스토그램을 살펴보면 분포의 왼쪽은 몇 개의 이상치^{outliers}가 존재하며 분포의 오른쪽은 꼬리가 거의 눈에 띄지 않음을 알 수 있다. 이는 왜도^{skew}가 음수임을 의미하며 눈에 띄는 왼쪽 꼬리는 잔차의 정규성에 의문을 갖게 한다.

```
> tsdiag(m1.hare)
> par(mfrow=c(1,2))
```

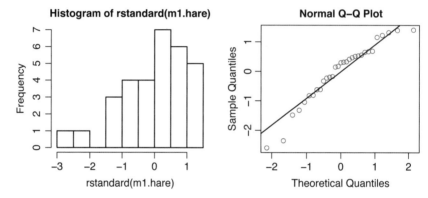

그림 6.10 hare에 적합시킨 *AR*(3) 모형의 잔차 히스토그램

```
> hist(rstandard(m1.hare))
> qqnorm(rstandard(m1.hare),col='blue')
> qqline(rstandard(m1.hare))
```

정규성을 결정하는 또 다른 방법은 Q-Q도[18]다. 목표는 독립적이면서 정규분포를 이루는 잔차 오차를 갖는 모형을 만드는 것이므로, qqnorm() 함수를 이용해 표준화한 전차와 표준정규확률변수와 비교한다. 잔차가 완벽하게 정규분포를 따르면 모든 점은 선에 매우 가깝게 표시된다. 그림 6.10에서 잔차의 Q-Q 정규분포도를 살펴보면 대부분은 선에 매우 가깝지만 유의한 편차를 보이는 점들이 몇 개 있다. 또한 음의 잔차를 나타내는 왼쪽 꼬리 분포가 두드러지므로 추가적인 잔차 분석이 필요함을 나타낸다.

히스토그램과 Q-Q도 모두 모호한 경우 잔차에 대해 샤피로-윌크$^{Shapiro-Wilk}$ 검정을 수행해 정규성을 확인한다. 샤피로-윌크 검정은 표본이 정규분포로부터 추출된 것인지 검정

---

18 Q-Q도(Quantile-Quantile Plot)은 데이터가 특정 분포를 따르는지를 시각적으로 검토하는 방법이다. Q는 분위수(Quantile)를 의미하며 Q-Q도는 비교하고자 하는 분포의 분위수끼리 좌표 평면에 표시하여 그린 그림이다.

하기 위한 방법으로 귀무가설은 '표본은 정규분포를 따른다'이다. 따라서 p값이 0.05보다 크면 귀무가설을 채택하고 잔차는 정규분포를 따른다고 볼 수 있다.

```
> shapiro.test(residuals(m1.hare))

Shapiro-Wilk normality test

data: residuals(m1.hare)
W = 0.93509, p-value = 0.06043
```

마지막으로 그림 6.11과 같이 산토끼 개체 수의 예측 전망과 95% 신뢰구간을 그래프로 나타낸다. 벡터를 제곱하는 함수를 정의하고 향후 25단계에 대한 모형의 예측 전망과 95% 신뢰구간을 그래프로 나타낸다. 예측 신뢰구간은 예측의 전체 수준에 따라 증가하고 예측 기간이 길어질수록 넓어진다는 사실을 볼 수 있다.

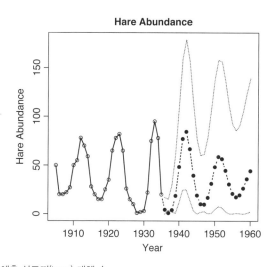

그림 6.11   허드슨 만의 예측 산토끼(hare) 개체 수

```
> square<-function(x) {y=x^2}
> plot(m1.hare,n.ahead=25,xlab='Year',ylab='Hare Abundance',
+     pch=19,transform=square,
+     col='blue')
```

이제 모형 진단 과정model diagnostic process을 요약해보자. 먼저 박스-콕스 절차를 사용해 최적의 변환을 수행하고, ACF/PACF를 살펴본 후 모형 차수를 선정해 모형에 적합한다.

모형에 적합한 후에는 몇 가지 방법을 사용해 모형의 품질을 확인한다. 시계열 모형의 목적은 식별 가능한 구조를 모형에 통합하는 것이다. 이 작업을 충분히 수행했다면 모형 잔차, 즉 모형이 추정한 값과의 차이[19]에서 구조를 관찰할 수 없어야 한다. 잔차가 완전히 무작위적이라면 몇 가지 특성을 나타낸다.

1 정규분포이거나 정규분포와 매우 유사하다. 이 경우에는 잔차를 생성하는 것이 무엇이든 본질적으로 시계열 구조와 무관하다고 주장할 수 있다.

2 잔차는 잔차의 현재 그리고/또는 과거 시간의 값을 안다고 잔차의 미래 값을 알 수 있는 것은 아니라는 의미에서 상관관계가 없어야 한다.

유용한 검정방법은 다음과 같다.

1 샤피로–윌크 검정은 표본이 정규분포로부터 추출된 것인지 검정하기 위한 방법이다. 검정은 shapiro.test() 함수를 사용하며 이때 귀무가설은 주어진 데이터가 정규분포로부터 추출된 표본이라는 것이다. 따라서 shapiro.test() 함수에 모형의 잔차를 전달해 p값이 0.05보다 크면 귀무가설을 채택해 잔차는 정규분포를 따른다고 판단한다. p값이 0.01과 0.05사이는 '회색 영역gray area'[20]이며, p값이 0.01 미만이면 잔차는 귀무가설을 기각하고 정규분포를 따르지 않는다고 판단한다.

2 tsdiag() 함수는 적합 모형fitted model을 인수로 받아 3개의 진단diagnostic 그래프를 출력한다.

(a) 상단 그래프에서는 잔차의 정규성을 확인한다. 상단 그래프는 잔차에서 평균을 빼고 표준편차로 나눈 표준화 잔차Standardized Residuals를 보여준다. 정규분포를 따른다고 주장하려면 +/−2 밖에는 소수의 점만 있어야 하며, +/−3 밖에는 점이 거의 없어야 한다. +/−4 밖에도 점이 있다면 정규분포를 따른다고 주장할 수 없다.[21]

---

19 편차(deviation), 오차(error), 잔차(residual)의 개념을 구분하면 다음과 같다.
- 편차: 관측치가 평균으로부터 떨어져 있는 정도. 즉, 평균과의 차이
- 오차: 예측하기 위해 측정된 값과 실제 값과의 차이. 즉, 예측 값이 정확하지 못한 정도
- 잔차: 평균이 아니라 회귀식 등으로 추정된 값과의 차이. 즉, 추정된 값이 설명할 수 없어서 남아 있는 편차. 잔차는 편차의 일부분

20 회색 영역(gray area, gray zone)은 어느 영역에 속하는지 불분명한 중간지대를 말한다. 경제에서는 기업이 추진할 신규 사업이 기존 법에 규정돼 있지 않아 규제 적용 여부가 불투명한 상태를 의미할 때 사용하기도 하며, 정치에서는 중동처럼 초강대국의 세력권에 속해 있는지 잘 알 수 없는 지역을 의미하기도 한다. 이 용어는 전략 무기인지 전술 무기인지에 대한 판단이 어려운 회색 무기에 비유에서 생겼다.

21 표준화 잔차는 추정 회귀식으로부터 관측치가 얼마나 떨어져 있는가를 나타내며 절댓값이 3 이상이면 이상치로 간주하며, 보수적으로 해석할 경우에는 2 이상도 이상치로 본다.

(b) 중간 그래프에서는 잔차의 자기상관성을 확인한다. 중간 그래프는 모형 잔차의 자기상관함수[ACF of Residuals]를 보여준다. 점선 밖에 20개 잔차 중에 1개 이상 보이면 안 된다. 이보다 더 많이 보이거나 점선 밖으로 많이 벗어난 잔차가 있다면 잔차에 유의한 구조, 즉 모형에 통합돼야 하는 구조가 있음을 나타낸다.

(c) 하단 그래프에서는 잔차의 독립성을 확인한다. 하단 그래프는 독립성에 대한 륭-박스 검정 결과[p values for Ljung-Box statistic]를 보여준다. 점선보다 훨씬 위쪽에 점들이 많이 보이면 모형 잔차는 서로 충분히 독립적이라고 가정할 수 있다.

6.6 자기회귀누적이동평균 과정

시계열을 분석할 때 계열의 성장 추세[trend]나 과정[process]의 분산이 불안정하여 발생하는 비정상성을 많이 보았을 것이다. 존슨앤드존슨[Johnson & Johnson]의 순이익[earnings] 시계열인 그림 6.12는 순이익 데이터가 전형적인 성장 추세를 보이고 분산도 커져 변동성이 증가하는 대표적인 유형의 시계열 데이터다. 이 그래프에서 전반적인 경제 성장에 따른 순이익 증가로 인한 지수적 성장 추세를 볼 수 있으며, 1분기와 3분기에는 순이익이 가장 높고 4분기에는 순이익이 가장 낮은 경향이 있으므로 주기적 요소도 확인할 수 있다. 경제가 성장함에 따라 지수적으로 증가하는 평균을 볼 수 있으며 안정적이나 시간이 지남에 따라 명확하게 지수적으로도 증가하는 주기적 요소도 볼 수 있다. 이와 같은 계열은 그림 6.12와 같이 먼저 변환해 등분산을 갖게 한다. 그런 다음 차분해 변환 후 남은 추세를 제거한다.

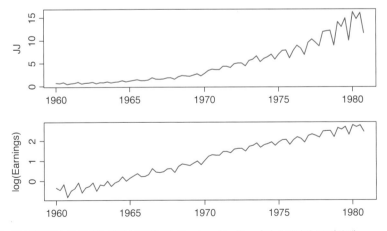

그림 6.12 존슨앤드존슨의 분기별 주당순이익(EPS, Earnings Per Share)과 순이익의 로그(아래)

안정적인 자기회귀이동평균^{ARMA, Auto-Regressive Moving Average} 과정을 생성하기 위한 차분의 과정은 자기회귀누적이동평균^{ARIMA, Auto-Regressive Integrated Moving Average} 모형과 밀접한 관련이 있다.

```
> data(JJ)
> plot(JJ,col='blue')
> par(mfrow=c(2,1))
> plot(JJ,col='blue')
> plot(log(JJ),ylab='log(Earnings)',type='l',col='blue')
```

시계열 $\{Y_t\}$는 d번째 차분인 $W_t = \nabla^d Y_t$가 정상 ARMA 과정이면 ARIMA 과정을 따른다. W_t가 차례로 $ARMA(p, q)$ 과정을 따르면 W_t는 $ARIMA(p, d, q)$ 과정이라고 한다.

우선 $W_t = Y_t - Y_{t-1}$인 $ARIMA(p, 1, q)$을 생각해보자. 이때 차분 계열^{differenced series} W_t의 관점에서는 다음과 같은 등식이 성립한다.

$$\hat{W}_t = \mu + \phi_1 W_{t-1} + \phi_2 W_{t-2} + \cdots + \phi_p W_{t-p} \qquad (6.11)$$
$$+ e_t - \theta_1 e_{t-1} - \theta_2 e_{t-2} - \cdots - \theta_q e_{t-q}$$

그리고 원래 관측된 계열의 관점에서는 다음과 같은 등식이 성립한다.

$$\hat{Y}_t - \hat{Y}_{t-1} = \mu + \phi_1(Y_{t-1} - Y_{t-2}) + \phi_2(Y_{t-2} - Y_{t-3}) + \cdots + \phi_p(Y_{t-p} - Y_{t-p-1})$$
$$+ e_t - \theta_1 e_{t-1} - \theta_2 e_{t-2} - \cdots - \theta_q e_{t-q} \qquad (6.12)$$

이는 $ARIMA(p, 1, q)$ 과정이다. 만일 1차 차분 과정이 여전히 정상이 아니라면, 즉 확장된 디키-풀러^{ADF} 검정의 p값이 0.05 미만이 아니라면 다시 차분하며, 결과적으로 $ARIMA(p, 2, q)$ 과정이 된다. 하지만 대부분의 과정은 1차 차분이면 충분하다. 분산을 안정화시키기 위해 과정을 변환한 후에는 변환 후 남아 있는 추세를 제거하기 위해 종종 한 번 차분을 구한다. 다음 절에서 이에 대한 예제를 볼 수 있다.

다음 절에서 살펴보겠지만 분기나 연 단위로 강한 주기성을 보이는 계열은 ARIMA 과정을 확장해 계절 요소를 수용할 수 있다. 이를 승법계절^{multiplicative seasonal} ARIMA 모형이라고 하고 다음과 같이 나타낸다.

$$ARIMA(p, d, q) \times (P, D, Q)_s$$

이때 p, d, q는 비계절형^{non-seasonal} 차수이고, P, D, Q는 계절 주기 s의 계절형^{seasonal} 차수다.

6.7 사례 연구: 존슨앤드존슨의 순이익

지수적 성장과 분기별 계절 요소가 있는 예제로 돌아가보자. 데이터집합 *JJ*는 미국 기업 존슨앤드존슨Johnson & Johnson의 1960년 1분기부터 1980년 4분기까지 분기별 주당순이익 EPS이다. 이 시계열은 지수적 성장으로 인해 비정상non-stationary이지만 지수적 성장과 계절적 주기성의 안정적 비율로 인해 효과적으로 모형화할 수 있다. 하위 수준에서의 순이익 변동성이 상위 수준에서의 순이익 변동성보다 낮다는 점에서 이분산성도 확인할 수 있다.

순이익 시계열 분석의 첫 번째 단계는 시계열의 로그 변환이다. 이 과정을 통해 그림 6.12와 같은 지수적 추세를 선형적 추세로 변환할 수 있다. 다음 단계는 로그 변환 계열을 차분해 선형적 경향을 제거한다. 수행한 결과의 계열은 그림 6.13과 같으며 이는 향후 분석의 기초가 된다.

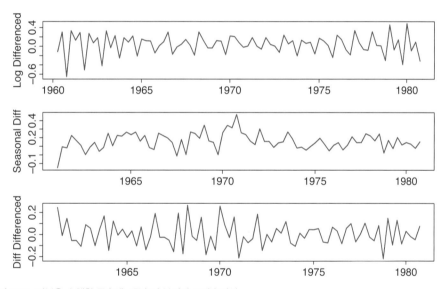

그림 6.13 차분을 수행한 존슨앤드존슨의 분기별 주당순이익

```
> par(mfrow=c(3,1))
> plot(diff(log(JJ)),ylab='log differenced',type='l',col='blue')
> plot(diff(log(JJ),lag=4),ylab='seasonal diff',type='l',col='blue')
> plot(diff(diff(log(JJ),lag=4)),ylab='diff differenced',type='l',
+      col='blue')
```

로그 차분Log Differenced 계열의 주기성은 명확하다. 그리고 몇 가지 진단 방법으로 이를 입증할 수 있다. 먼저 그림 6.14와 같이 자기상관을 조사한다. 1차 차분의 표본 ACF를 계산하고 그래프로 나타내어 주기성(시차 4) 요소가 제거됐는지 확인한다. 첫 번째 시차가 유의하므로 ARIMA 과정의 MA 요소를 $q = 1$로 설정한다. lag = 4에서 차분해 계절 차분 계열seasonal differenced series을 구하고 이 계절 차분 계열의 정상성을 검정한다. p값이 0.01이므로 정상이라는 결론을 내릴 수 있다.

```
> series<-diff(diff(log(JJ)),lag=4))
> adf.test(series)

Augmented Dickey-Fuller Test

data: series
Dickey-Fuller = -6.8701, Lag order = 4, p-value = 0.01
alternative hypothesis: stationary
```

```
> par(mfrow=c(1,2))
> acf(as.vector(series),ci.type='ma')
> pacf(as.vector(series),ci.type='ma')
```

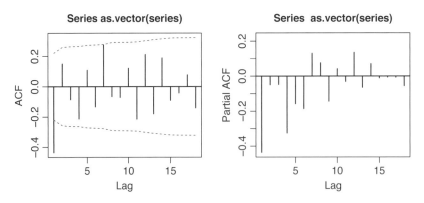

그림 6.14 존슨앤드존슨의 분기별 주당순이익에 대한 계절 차분의 ACF와 PACF

계열을 한 번만 차분했으므로 $d = 1$로 설정하고, ACF가 시차 1에서 유의한 상관관계를 나타내므로 $q = 1$로 설정한다. 이제 계절 차분 계열을 조사해 보자. 그림 6.14에서 ACF를 살펴보면 1에서 유의한 MA 시차를 볼 수 있다. 그리고 PACF를 살펴보면 1과 4에서 유의한 AR 시차를 볼 수 있다. 하지만 $ARIMA(1,1,1) \times (0,1,1)_4$ 혹은 $ARIMA(4,1,1) \times (0,1,1)_4$

을 적합시키면 표준 오차가 큰 AR 요소 추정치를 볼 수 있다. 이를 근거로 $ARIMA(0,1,1) \times$ $(0,1,1)_4$ 모형을 계열의 로그 변환에 적합시킨다. 앞서 살펴봤듯이 계절 ARIMA는 $ARIMA(p,d,q) \times (P,D,Q)_s$와 같이 표기한다. 여기서 분기별 주기성(연 4회)이 존재하므로 $s = 4$로 설정하고, 기간 4에서 한 번 차분하므로 $Q = 1$이며, 정상성 확보를 위해 계절 차분 후 한 번 차분하므로 $D = 1$이다.

```
> model<-arima(x=log(JJ),order=c(0,1,1),seasonal=
+                          list(order=c(0,1,1),period=4))
> model
Call:
arima(x = log(JJ), order = c(0, 1, 1), seasonal = list(order = c(0, 1, 1),
                                period = 4))

Coefficients:
          ma1      sma1
      -0.6809  -0.3146
s.e.   0.0982   0.1070

sigma^2 estimated as 0.007931: log likelihood = 78.38, aic = -152.75

> shapiro.test(residuals(model))

    Shapiro-Wilk normality test

data: residuals(model)
W = 0.98583, p-value = 0.489

> tsdiag(model)
> plot(model,n1=c(1975,1), n.ahead=8, pch=19, ylab='Earnings',
                                transform=exp,col='blue')
```

6.5절에서 설명했듯이 R의 tsdiag() 함수를 이용하면 시계열 진단 그래프를 그릴 수 있다. 위 코드에서 tsdiag() 함수를 이용해 출력한 그래프는 그림 6.15와 같다. 상단 그래프에서는 모든 표준화 잔차가 $+/-2$ 내에 있으며 뚜렷한 추세는 보이지 않는다. 중간 그래프에서는 잔차에 유의한 자기상관관계가 없음을 알 수 있다. 하단 그래프로부터는 모든 시차에서 독립적이라는 귀무가설을 쉽게 채택할 수 있다. 위 3개의 그래프를 통해 잔차는 독립적이며 정규분포를 이루고, ARIMA 모형은 모든 식별 가능한 구조를 통합했다고 쉽게 결론 내릴 수 있다.

정규성을 확보했으므로, 계열 예측으로 돌아가 1975년부터 시작해 향후 8분기를 예측해 보자. ARIMA 모형의 결과를 지수화하고 95% 신뢰구간으로 나타내면 그림 6.16과 같다.

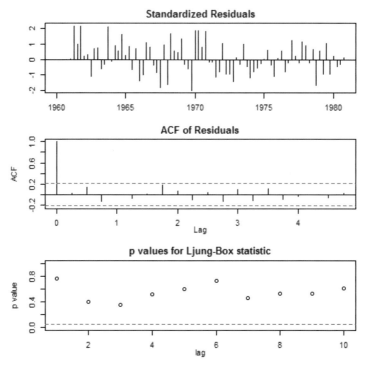

그림 6.15 분기별 주당순이익의 표준화 잔차, 잔차의 ACF, 잔차 독립성의 륭-박스 검정

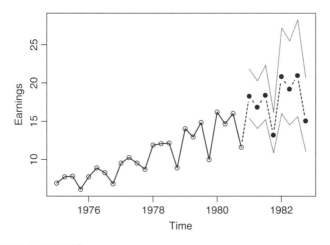

그림 6.16 향후 8분기의 순이익 예측

6.8 사례 연구: 월간 항공기 탑승객 수

1960년부터 1972년까지 항공기 여행객 수는 5배 이상 증가했다. 그 주기성은 그림 6.17과 같다. 주요 항공기 탑승객 계열을 변환하고 차분한 후 ACF를 수행한 결과 그래프는 그림 6.18과 같다.

```
> data(airpass)
> par(mfrow=c(3,1))
> plot(airpass,ylab="Air Passengers",col="blue")
> plot(log(airpass),ylab=" Log of Air Passengers",col="blue")
> plot(diff(log(airpass)), ylab="Diff of Log Air Passengers",col="blue")
> points(diff(log(airpass)),
+        x=time(diff(log(airpass))),
+        pch=as.vector(season(diff(log(airpass)))))
> layout(matrix(c(1,2,3,4), 2, 2, byrow = TRUE))
> acf(as.vector(diff(log(airpass))),main="differenced")
> acf(as.vector(diff(diff(log(airpass)),lag=12)),
+     main="seasonal differenced")
> plot(diff(diff(log(airpass)),lag=12),col="blue",
+      ylab="seasonal differenced")
> hist(diff(diff(log(airpass)),lag=12),main="histogram",
+      xlab="difference")
```

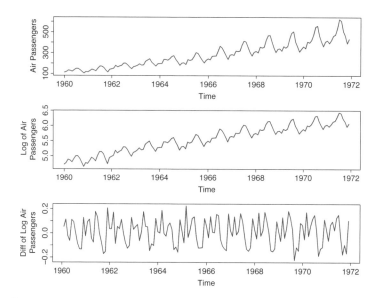

그림 6.17 항공기 탑승객 수, 로그 변환한 항공기 탑승객 수, 로그 변환한 항공기 탑승객 수의 차분 그래프

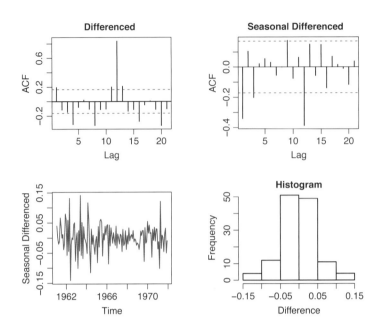

그림 6.18 좌측 상단부터: 로그 변환한 항공기 탑승객 수의 차분에 대한 ACF, 로그 변환한 항공기 탑승객 수의 차분에 대한 계절 차분(lag=12)의 ACF, 로그 변환한 항공기 탑승객 수의 차분에 대한 계절 차분(lag=12)의 그래프와 히스토그램

월간 항공기 탑승객 수 계열의 ARIMA 모형 추정을 수행하면, 추정치 절댓값의 1/5에 해당하는 모형 추정의 표준오차[s.e, standard error]를 확인할 수 있다. 이는 추정이 정확하고 신뢰할 수 있음을 나타낸다.

```
> mod <- arima(log(airpass), order = c(0,1,1),seasonal=
+                             list(order=c(0,1,1),period=12))
> mod
Call:
arima(x = log(airpass), order = c(0, 1, 1), seasonal =
list(order = c(0, 1, 1), period = 12))

Coefficients:
         ma1     sma1
      -0.4018  -0.5569
s.e.   0.0896   0.0731

sigma^2 estimated as 0.001348: log likelihood = 244.7, aic = -485.4
```

잔차 분석으로 돌아가 표준화 잔차, 잔차의 자기상관함수[ACF], 잔차 독립성의 륭-박스 검정 결과를 살펴본다. 그림 6.19의 상단 그래프에서 보듯이 표준화 잔차는 +/−3보다 크거나 근접한 값이 두 개 정도만 있을 정도로 대체로 균일하게 분포돼 있다. 중간 그래프에서는 잔차의 자기상관이 없는 것을 확인할 수 있다. 그리고 하단 그래프는 륭-박스 검정 결과 잔차는 독립적이라는 귀무가설을 쉽게 채택할 수 있음을 보여준다.

```
> tsdiag(mod)
```

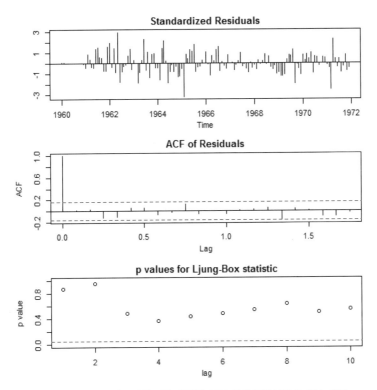

그림 6.19 월간 항공기 탑승객 수의 표준화 잔차, 잔차의 ACF, 잔차 독립성의 륭-박스 검정

샤피로−윌크 검정을 수행해 잔차의 정규성을 확인한다. 이때 출력된 p값이 0.1674이므로 잔차는 정규분포를 따른다는 귀무가설을 채택한다.

```
> shapiro.test(residuals(mod))

Shapiro-Wilk normality test
```

```
data: residuals(mod)
W = 0.98637, p-value = 0.1674
```

모형 추정과 잔차 분석을 마쳤으므로 예측해보자. 그림 6.20과 같이 향후 3년간 월간 항공기 탑승객 수를 95% 신뢰구간으로 예측하고 살펴본다. 예측 신뢰구간은 예측의 전체 수준에 따라 증가하고 예측 기간이 길어질수록 넓어진다는 사실을 알 수 있다.

```
> plot(mod,n1=c(1970,1),n.ahead=36,pch=19,
+       ylab="Predicted Air Passengers",transform=exp,col="blue")
```

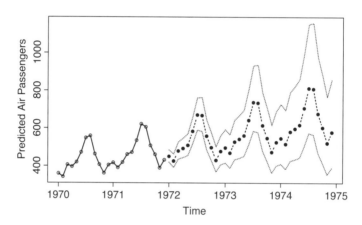

그림 6.20 향후 36개월의 항공기 탑승객 수 예측

6.9 사례 연구: 전력 생산량

지금부터 살펴볼 더 난해한 시계열은 electricity로 그림 6.21과 같으며, 이는 1973년 1월부터 2005년 12월까지 석탄, 천연가스, 원자력, 석유, 풍력과 같은 모든 유형의 미국 월간 전력 생산량(단위: 백만kWh)을 나타낸 데이터집합이다. 이 계열에서는 다루기 더 어려운 구조가 있음을 볼 수 있다. 먼저 데이터집합을 로딩해 그래프를 출력해보자.

```
> data(electricity)
> plot(electricity,col='blue')
```

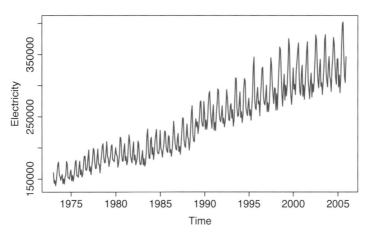

그림 6.21 1973년부터 2005년까지 미국 월간 전력 생산량

그림 6.21을 보면 여름의 혹서기나 겨울의 혹한기 동안 전력 생산량이 가장 높으며 안정된 주기성이 지속적으로 존재한다는 사실을 알 수 있다. 하지만 전력 사용량도 증가 추세다. 경제가 성장하고 인구가 늘어날수록 전력 사용량도 증가할 것이다. 이러한 성장 추세는 매우 쉽게 모형화할 수 있다. 모형화하기 더 어려운 것은 분산이 변하는 경우다. 사용량이 낮을 때는 변동성^{variability}이 적고, 사용량이 높은 때는 변동성도 크다는 사실을 알고 있다. 이러한 현상을 이분산성^{heteroskedasticity}이라고 하며 이를 처리하려면 멱변환^{power} ^{transformation}을 수행해야 한다. electricity 시계열의 안정된 지수적 성장을 감안하면 로그변환이 적절할 것이다. 박스-콕스 절차를 수행해 최적의 λ와 신뢰구간을 추정한다. 그림 6.22에서 보듯이 $\lambda = 0$일 때 신뢰구간 내에 있으며 λ의 최적화값$^{optimal\ value}$에도 매우 가깝기 때문에 로그 변환이 적절하다고 결론 내릴 수 있다.

```
> layout(matrix(c(1,2,3,4), 2, 2, byrow = TRUE))
> BoxCox.ar(electricity)
> acf(diff(log(as.vector(electricity))),main="differenced")
> acf(diff(diff(log(as.vector(electricity))),lag=12),
+     main="seasonal differenced")
> hist(diff(diff(log(as.vector(electricity))),lag=12),
+     main="histogram",xlab="difference")
> mod2 <- arima(log(electricity), order = c(0,1,1),
+                  seasonal=list(order=c(0,1,1),period=12))
> mod2
Call:
arima(x = log(electricity), order = c(0, 1, 1), seasonal =
```

```
                    list(order = c(0, 1, 1), period = 12))

Coefficients:
          ma1      sma1
      -0.5049   -0.8299
s.e.   0.0753    0.0319

sigma^2 estimated as 0.0007344: log likelihood = 831.35, aic = -1658.7

> tsdiag(mod2)
> shapiro.test(residuals(mod2))

Shapiro-Wilk normality test

data: residuals(mod2)
W = 0.99232, p-value = 0.03925

> plot(mod2,n1=c(2004,1),n.ahead=24,pch=19,
+       ylab="Predicted Electricity Production",transform=exp,col="blue")
```

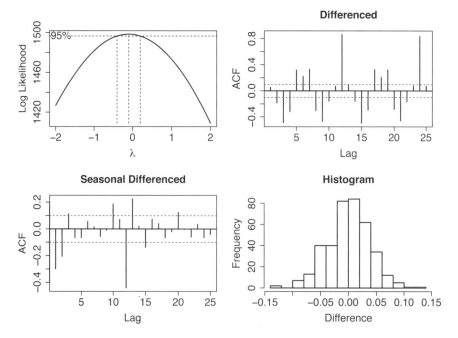

그림 6.22 좌측 상단부터: 변환 파라미터 λ의 박스-콕스 추정, 차분 계열의 ACF, 계절 차분 계열의 ACF, 계절 차분 계열의 히스토그램

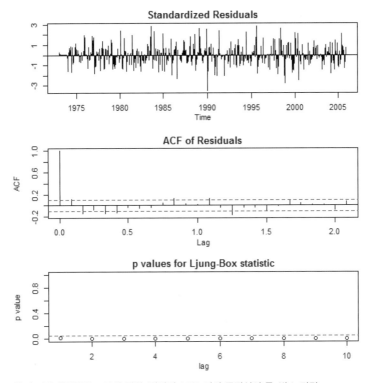

그림 6.23 월간 전력 생산량의 표준화 잔차, 잔차의 ACF, 잔차 독립성의 륭-박스 검정

그림 6.23에서 보듯이 표준화 잔차는 균일하게 분포돼 있지 않다. 그림 6.23의 상단 그래프에서 보듯이 표준화 잔차는 +/−3보다 크거나 근접한 값이 다수 존재하는데, 이는 추정값(추정치)을 벗어난 더 극단적인 값(이상치)을 나타낸다. 중간 그래프에서는 5% 유의수준에서 기대하는 1/20(0.05)보다 더 큰 유의한 상관관계가 있음을 나타낸다. 하단 그래프에서는 륭-박스 검정 결과 모든 시차에서 독립적이라는 귀무가설을 기각할 수 있음을 보여준다. 이 결과는 정규성을 기각한 샤피로−윌크 검정 결과와도 일치한다. 따라서 계열에서 대부분의 구조를 모형화했지만 잔차에 여전히 어떠한 구조가 존재하며, 대부분 비선형적인 특성이 있을 가능성이 매우 높다고 결론 내릴 수 있다.

6.10 일반화된 자기회귀 조건부 이분산성

앞서 살펴봤듯이 많은 시계열의 분산은 시간에 따라 변한다. 일반화된 자기회귀 조건부 이분산성GARCH, Generalized Auto-Regressive Conditional Heteroskedasticity 모형은 이러한 현상을 모형화하는 프레임워크를 제공한다. $ARMA(p, q)$ 과정에 자기회귀 $AR(p)$와 이동평균 $MA(q)$ 요소가 모두 있듯이, GARCH 과정의 구조도 유사하다.

$$\sigma_{t|t-1}^2 = \omega + \beta_1\sigma_{t-1|t-2}^2 + \cdots + \beta_p\sigma_{t-p|t-p-1}^2$$
$$+ \alpha_1 r_{t-1}^2 + \cdots + \alpha_q r_{t-q}^2$$

GARCH 프레임워크에서 모형화하려는 계열 σ_t^2는 ARMA 프레임워크에서 y_t와 유사하며, GARCH에서 제곱값$^{\text{squared returns}}$인 r_t^2은 ARMA에서의 혁신^{innovations}인 e_t와 유사하다. β 계수는 변동성 σ_t^2의 과거 값이 σ_t^2의 현재 값에 어떠한 영향을 미치는지 결정하며, α 계수는 제곱값인 r_t^2의 과거 값이 r_t^2의 현재 값에 어떠한 영향을 미치는지 결정한다. 예측한 전력 생산량은 그림 6.24와 같다.

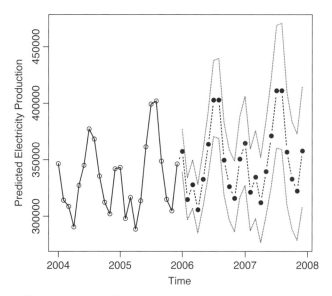

그림 6.24 향후 24개월의 전력 생산량 예측(신뢰구간 95%)

6.11 사례 연구: 구글 주식 수익률의 변동성

2004년 8월 20일부터 2006년 9월 13일까지 구글 주식의 일별 수익률을 분석해보자. 데이터집합 google을 로딩해 그래프로 나타내면 그림 6.25와 같다. 수익률의 변동성이 시점에 따라 더 높을 때도 있고 더 낮을 때도 있으므로 수익률에서 이분산성을 확인할 수 있다.

구글 시계열은 원가$^{\text{raw prices}}$가 아닌 수익률^{returns}로 구성돼 있다. 본래 가격 계열을 재구성하려면 return <- diff(log(price))와 같이 계열을 로그 변환한 다음 차분한다. 수익률 벡터로부터 가격 벡터를 생성하려면 이 과정을 역으로 수행한다. 과정을 누적해 합산한 다음 벡터의 각 값을 지수 변환한다. R에서 이 과정은 각각 5장, '데이터집합 분석과 리스크 측정'에서 살펴본 벡터 누적 합 함수인 cumsum()과 지수 함수인 exp()로 각각 수행한다. 가격 계열은 시작값이 1이 되도록 조정된다. 실제 가격 계열을 재구성하려면 계열의 시작값에 2004년 8월 19일 구글의 종가인 $50.12를 곱한다. 수익률로부터 재구성한 가격 계열은 그림 6.26과 같다.

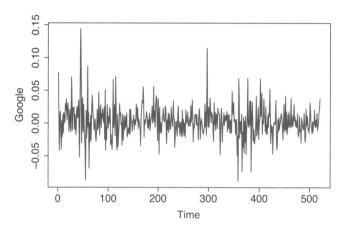

그림 6.25 2004년 8월 20일부터 2006년 9월 13일까지 구글 주식의 일별 수익률

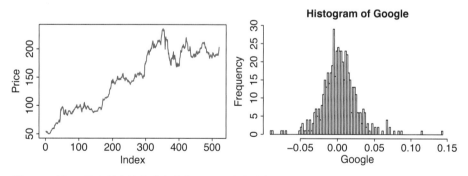

그림 6.26 좌측: 구글 주식의 일별 가격. 우측: 구글 주식의 일별 수익률에 대한 히스토그램. 기간은 2004년 8월 20일부터 2006년 9월 13일까지다.

```
> data(google)
> plot(google,col='blue')
> price <- exp(cumsum(google)) * 50.12
```

```
> plot(price,type='l',col='blue')
```

다음으로 시계열을 통해 구글 수익률의 히스토그램을 살펴본다. 금융 시계열에서 흔히 보이는 두꺼운 꼬리를 확인할 수 있다. 구글의 수익률 히스토그램은 정규분포를 닮았지만 샤피로−월크 정규성 검정을 수행해 확인해봐야 한다.

```
> hist(google,breaks=100)
> shapiro.test(google)

Shapiro-Wilk normality test

data: google
W = 0.94779, p-value = 1.365e-12
```

샤피로−월크 정규성 검정을 통해 두 가지를 확인할 수 있다. 첫째, p값이 0에 가까우므로 자료가 정규분포를 따른다는 귀무가설을 쉽게 기각할 수 있다. 둘째, 출력된 p값에서 극단값 존재에 대한 의존성을 확인할 수 있다. 만일 6%를 초과하는 수익률을 모두 제거한 구글 수익률의 샤피로−월크 정규성 검정을 수행하면 p값이 0.44보다 크므로, 자료가 정규분포를 따른다는 귀무가설을 쉽게 채택할 수 있다. 따라서 수익률은 균일하게 분포돼 있지만 극단값의 존재는 자료가 정규분포를 따른다는 귀무가설을 기각하게 한다는 사실을 알 수 있다. 또한 아래 코드를 통해 수익률의 절댓값이 6%가 넘는 일자를 세어보면 17일 뿐이라는 사실도 알 수 있다.

```
> sum(abs(google)>0.06)
[1] 17
> shapiro.test(google[abs(google)<=0.06])

Shapiro-Wilk normality test

data: google[abs(google) <= 0.06]
W = 0.99686, p-value = 0.4403
```

이제 일별 수익률 과정의 특성을 파악하고 모형을 만들어보자. 첫 번째 단계에서는 계열의 자기상관함수[acf]와 편자기상관함수[pacf]를 수행해 주기성을 검사한다. 그림 6.27로부터 유의한 시차를 관찰해 수익률은 본질적으로 시간에 대해 상관관계가 없다는 결론을 내린다.

```
> par(mfrow=c(2,2))
> acf(google)
> pacf(google)
> acf(google^2)
> pacf(google^2)
```

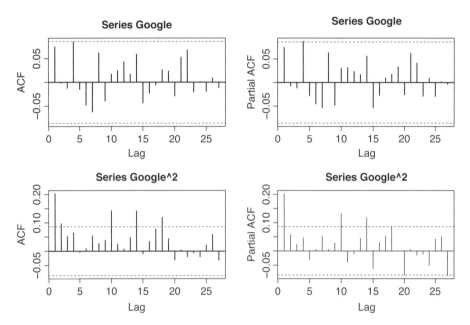

그림 6.27 2004년 8월 20일부터 2006년 9월 13일까지 구글 주식의 일별 수익률에 대한 ACF

수익률 과정을 모형화하려면 평균이 0이어야 한다. 일별 수익률 계열의 평균을 계산하면 일별 평균 수익률은 대략 0.27%임을 알 수 있다. 이 수치가 작아 보이지만 연율화^{annualized} 하면 0.6804(68%)나 된다.

```
> mean(google)
[1] 0.002685589
```

아래 코드와 같이 단측 t-검정을 수행하면 p값은 0.05보다 매우 작다. 따라서 평균 수익률이 0이라는 귀무가설을 기각하고 평균이 0보다 크다는 대립가설을 채택한다. 그러므로 GARCH 프레임워크에서 수익률 계열을 모형화할 때 평균을 빼야 한다.

```
> t.test(google, alternative='greater')

One Sample t-test

data: google
t = 2.5689, df = 520, p-value = 0.00524
alternative hypothesis: true mean is greater than 0
95 percent confidence interval:
 0.000962967        Inf
sample estimates:
  mean of x
0.002685589
```

다음 단계는 자기회귀 조건부 이분산성[ARCH, Auto-Regressive Conditional Heteroskedasticity] 검정이다. 이 작업은 맥레오드-리[McLeod-Li] 검정으로 수행한다. 이때 귀무가설은 등분산성[homoskedasticity], 즉, 분산이 동일하다는 것이다. 하지만 그림 6.28을 관찰하면 등분산성이라는 귀무가설은 쉽게 기각할 수 있다.

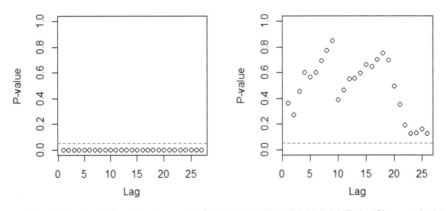

그림 6.28 좌측은 2004년 8월 20일부터 2006년 9월 13일까지 구글 주식의 일별 수익률에 대한 ARCH의 맥레오드-리 검정 결과다. p값이 임계 수준보다 지속적으로 낮은 값을 유지하므로 등분산성을 만족한다는 귀무가설을 기각할 수 있다. 우측은 평균이 0이고 표준편차가 1인 500개 독립정규확률변수 벡터의 맥레오드-리 검정 결과다. p값이 임계 수준보다 높으므로 등분산성을 만족한다는 귀무가설을 채택할 수 있다.

```
> par(mfrow=c(1,2))
> McLeod.Li.test(y=google)
> McLeod.Li.test(y=rnorm(500))
```

이를 확인하고자 등분산성을 만족한다고 알려진 500개 독립정규확률변수 벡터의 맥레오드-리 검정을 수행해보자. 모든 p값이 임계 수준보다 높으며 대부분 임계값보다 훨씬 크다는 사실을 알 수 있다.

이분산성을 확인했으므로 GARCH(p,q) 과정의 알맞은 차수를 결정해야 한다. 수익률 벡터의 절댓값과 수익률 벡터의 제곱에 대해 확장자기상관함수^{extended autocorrelation function}를 계산하면 모두 GARCH(1,1)이 적합함을 알 수 있다. 또한 확장자기상관함수 eacf()를 수행하면 x가 위와 왼쪽 모두에 있는 o의 삼각형 꼭지점에 해당하는 북서쪽 (1,1) 좌표를 확인할 수 있다. 이는 자기회귀와 이동평균 요소의 시차가 각각 1이라는 의미다. 이러한 결과는 자기상관함수와 편자기상관함수에서도 확인할 수 있다.

```
> eacf(google^2)

AR/MA
  0 1 2 3 4 5 6 7 8 9 10 11 12 13
0 x x o o o o o o o o x  o  o  o  x
1 x o o o o o o o o o x  o  o  o  x
2 x o o o o o o o o o x  o  o  o  x
3 x x x o o o o o o o x  o  o  o  x
4 x x x o o o o o o o o  o  o  o  o
5 x x x o o o o o o o o  o  o  o  o
6 x x x x o o o o o o o  o  o  o  o
7 o x x o o x o o o o o  o  o  o  o
```

GARCH(1,1) 과정으로 수익률 계열을 모형화할 수 있으므로 다음과 같은 모형 방정식을 수립할 수 있다.

$$\sigma_{t|t-1}^2 = \omega + \beta_1 \sigma_{t-1|t-2}^2 + \alpha_1 r_{t-1}^2 \tag{6.13}$$

그리고 수익률 계열로부터 ω, α_1, β_1를 추정해야 한다. 데이터에 모형을 적합시키고 결과를 살펴본다. ω, α_1, β_1의 추정값이 모두 유의하다. 자크-베라^{Jarque-Bera} 검정 결과 왜도^{skewness}와 첨도^{kurtosis}가 모두 0이라는 귀무가설을 쉽게 기각할 수 있다. 또한 륭-박스 검정을 통해 잔차는 독립적이라는 귀무가설을 쉽게 채택할 수 있다.

```
> m1 <- garch(x=google-mean(google),order=c(1,1),reltol=1e-6)
> summary(m1)
Call:
```

```
garch(x = google - mean(google), order = c(1, 1), reltol = 1e-06)

Model:
GARCH(1,1)

Residuals:
     Min      1Q   Median      3Q     Max
-3.60772 -0.59914 -0.04721 0.54559 5.56378

Coefficient(s):
    Estimate Std. Error  t value Pr(>|t|)
a0 5.246e-05  1.276e-05    4.111 3.94e-05 ***
a1 1.397e-01  2.335e-02    5.984 2.17e-09 ***
b1 7.698e-01  3.722e-02   20.682  < 2e-16 ***
---
Signif. codes: 0 '***' 0.001 '**' 0.01 '*' 0.05 '.' 0.1 ' ' 1

Diagnostic Tests:
Jarque Bera Tes
t
data: Residuals
X-squared = 201.25, df = 2, p-value < 2.2e-16

    Box-Ljung test

data:  Squared.Residuals
X-squared = 0.010978, df = 1, p-value = 0.9166
```

이제 모형화한 변동성을 이용해 그래프를 그려보자. 그림 6.29에서 보듯이 상대적으로 변동성이 낮은 기간이 매우 빠르게 변동성 급등으로 변하면서 수익률의 조건부 분산이 시간의 경과에 따라 크게 변할 수 있다는 사실을 알 수 있다. 그림 6.30에서는 구글의 가격 계열, 수익률 계열, 수익률의 조건부 분산 그래프를 한눈에 볼 수 있다. 가격 계열과 수익률 계열 모두에서 불확실성과 움직임이 큰 기간에 분산도 급등하는 것을 확인할 수 있다.

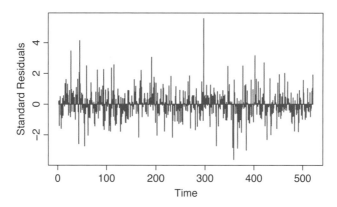

그림 6.29 구글의 표준화 잔차

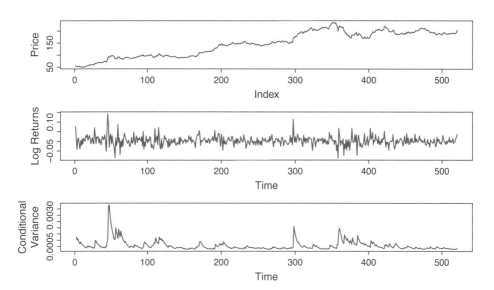

그림 6.30 2004년 8월 20일부터 2006년 9월 13일까지 구글 주식의 가격, 수익률, 변동성 그래프

```
> plot(residuals(m1),type='h',ylab='standard residuals',col='blue')
```

```
> par(mfrow=c(3,1))
> plot(price,type='l',col='blue',ylab='price')
> plot(google,type='l',col='blue',ylab='log returns')
> plot((fitted(m1)[,1])^2,type='l',
+      ylab='conditional variance',xlab='time',col='blue')
```

GARCH$(1,1)$ 모형의 잔차에 대한 Q–Q도는 그림 6.31과 같다.

```
> par(mfrow=c(2,2))
> plot(residuals(m1),col="blue",main="Residuals")
> hist(residuals(m1))
> McLeod.Li.test(y=residuals(m1),main="McLeod-Li")
```

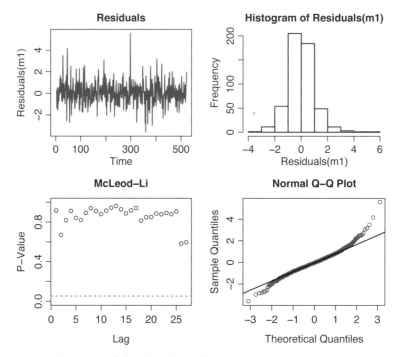

그림 6.31 구글 수익률의 GARCH(1,1) 모형의 잔차에 대한 Q–Q도

```
> qqnorm(residuals(m1),col='blue')
> qqline(residuals(m1))
> shapiro.test(residuals(m1))

Shapiro-Wilk normality test

data: residuals(m1)
W = 0.96922, p-value = 5.534e-09
```

GARCH$(1, 1)$ 모형으로부터 과정 분산을 계산할 수도 있다. 정상성을 가정하고, $E(r_t)$가 0에 가까우므로 대략적으로 $\sigma_t^2 = E(r_t^2) - E^2(r_t) \approx E(r_t^2)$라고 할 수 있으므로, 앞서 살펴본 수

식 6.13 $\sigma_{t|t-1}^2 = \omega + \beta_1\sigma_{t-1|t-2}^2 + \alpha_1 r_{t-1}^2$은 다음과 같이 나타낼 수 있다.

$$\sigma^2 = \omega + \beta_1\sigma^2 + \alpha_1\sigma^2$$

앞서 garch( ) 함수로 추정한 $a1$과 $b1$값을 각각 $\alpha_1 = a1$과 $\beta_1 = b1$에 대입해 σ^2을 풀면 다음과 같다.

$$\sigma^2 = \frac{\omega}{1 - \alpha_1 - \beta_1} = \frac{0.00005246}{1 - 0.1397 - 0.7698} = 0.0005796685 \tag{6.14}$$

이 값은 아래와 같이 계산한 수익률 과정의 분산과도 매우 유사하다.

```
> var(google)
[1] 0.0005693958
```

6장에서는 시계열에서 구조를 분리하고 모형화하는 데 사용하는 주요 방법을 살펴봤다. 자가상관함수와 편자기상관함수를 통해 안정적인 주기적 구조를 검출하는 방법도 살펴봤다. 박스-콕스 변환을 사용해 변동성을 안정화하고, 확장된 디키-풀러 검정으로 정상성을 검정한 다음, ARMA 프레임워크로 시계열을 모형화하는 방법도 학습했다. 모형을 정의하고 예측한 다음 TSA 패키지의 도구로 예측 추정치와 신뢰구간도 구했다. 또한 차분을 통해 추세 변화를 시계열의 특성에 접목시키는 방법도 살펴봤다. 그리고 충분히 정상화된 차분 계열을 이용해 ARIMA 프레임워크로 추세가 있는 계열을 모형화하는 방법을 살펴봤다. 마지막으로 시간에 걸쳐 변하는 분산, 즉 이분산성 현상을 설명했으며 이분산성을 모형화하기 위한 GARCH 과정도 살펴봤다.

6.12 연습 문제

6.1 대중교통 이용객

TSA 패키지를 설치하지 않았다면 install.packages("TSA") 명령을 이용해 설치하고 library(TSA) 명령으로 로딩한다.

본 연습 문제에서는 시계열 분석 기법을 사용해 콜로라도주 덴버의 경전철과 시내 버스 탑승객 수를 모형화하고 예측한다.

(a) data(boarding) 명령으로 탑승객 데이터를 로딩하고 str(boarding) 명령으로 데이터 구조를 살펴보라.

(b) boardings<-boarding[,1] 명령으로 분석할 요소를 추출하라.

(c) plot(boardings,col="blue") 명령으로 그래프를 그리고, 그래프 위에 points(boardings, x=time(boardings), pch=as.vector(season(boardings))) 명령으로 각 월의 첫 문자를 표시하라.

(d) acf(as.vector(boardings))로 ACF를 계산하고 살펴보라. 연간 주기성이 명확한가? MA 시차는 어떠한가?

(e) pacf(as.vector(boardings))로 PACF를 계산하고 살펴보라. 연간 주기성이 명확한가? AR 시차는 어떠한가?

(f) 탑승객 데이터를 $ARIMA(4,0,3) \times (1,0,0)_{12}$로 모형화한다. 모형의 누적^{integrated} 부분은 0이다. 추세 제거를 위한 차분을 수행하지 않았기 때문이다. 가장 정확한 예측은 무엇인가? 가장 부정확한 예측은 무엇인가?

```
m.boardings <- arima(boardings, order=c(4,0,3),
                    seasonal=list(order=c(1,0,0), period=12))
m.boardings
```

(g) 히스토그램 hist(residuals(m.boardings),breaks=20)로 모형 잔차를 살펴보고 shapiro.test(residuals(m.boardings))로 정규성을 검정하라.

(h) 샤피로–윌크 검정 결과 잔차는 정규분포를 따른다는 귀무가설을 채택해야 하는가, 기각해야 하는가?

(i) 향후 36개월을 예측하고, 예측 데이터와 함께 탑승객 데이터를 95% 신뢰구간으로 plot(m.boardings, n1=c(2004,1), n.ahead=36, col='blue') 명령을 이용해 그래프로 나타내라.

6.2 CO_2 수준

본 연습 문제에서는 시계열 분석 기법을 이용해 대기의 CO_2 수준을 모형화하고 예측한다.

(a) data(co2)로 데이터집합을 로딩하고 plot(co2, col="blue") 명령으로 그래프로 나타내라.

(b) plot(window(co2, start=c(2001,1)), col="blue") 명령으로 2001년에 시작하는 시계열의 일부 기간^{window}을 그래프로 나타내라.

(c) months=c('J', 'F', 'M', 'A', 'J', 'J', 'A', 'S', 'O', 'N', 'D')를 정의하고 points(window(co2, start=c(2001,1)), pch=months) 명령을 이용해 선 위의 점으로 배치하라.

(d) acf(as.vector(co2), lag.max=48)로 ACF 그래프를 그려서 12개월 주기가 나타나는지 살펴보라.

(e) plot(diff(co2))로 1차 차분을 그려서 다시 한번 연간 주기성을 살펴보라.

(f) series <- diff(diff(co2), lag=12) plot(series, ylab='First and Seasonal Difference')으로 1차 차분의 계절 차분을 계산하고 그래프로 나타내라.

(g) acf(as.vector(series))와 pacf(as.vector(series))로 1차 차분을 계절 차분한 계열의 ACF와 PACF를 그려보라. 어떤 차수의 ARIMA 모형을 추천하겠는가?

(h) m.co2 <- arima(co2, order=c(2,1,1), seasonal=list(order=c(0,1,1), period=12)) m.co2를 사용해 ARIMA$(2, 1, 1) \times (0, 1, 1)_{12}$ 모형을 적합하고 살펴보라.

(i) shapiro.test(residuals(m.co2))로 정규성을 검정하고 tsdiag(m.co2)로 모형을 진단하라. 잔차를 설명하라. 균일하게 분포돼 있는가? 정규분포인가?

(j) 2004년을 시작으로 향후 48개월을 95% 신뢰구간으로 예측하고 plot(m.co2, n1=c(2004,1), n.ahead=48, col='blue') 명령으로 그래프를 그려라.

6.3 환율

본 연습 문제에서는 홍콩 달러에 대한 미국 달러의 변동성을 분석한다.

(a) data(usd.hkd) 명령으로 미국 달러/홍콩 달러 데이터프레임을 로딩하라.

(b) str(usd.hkd) 명령으로 데이터프레임의 구조를 살펴보라.

(c) us.hk <- ts(usd.hkd$hkrate) 명령으로 hkrate 요소를 추출해 시계열로 만들어라.

(d) plot(us.hk) 명령으로 시계열 그래프를 그려라.

(e) m2 <- garch(x=us.hk-mean(us.hk), order=c(1,1), reltol=1e-6) 명령으로 GARCH$(1,1)$을 시계열에 적합시켜라.

(f) summary(m2) 명령으로 모형을 살펴보라.

(g) plot((fitted(m2)[,1])^2, type='l', ylab='conditional variance', xlab='time', col='blue') 명령으로 적합 모형의 조건부 분산을 그려라.

(h) plot(residuals(m2), col="blue", main="Residuals") 명령으로 모형 잔차를 그려라. 정규분포처럼 보이는가? 그 이유는 무엇인가? 그렇지 않다면 그 이유는 무엇인가?

(i) hist(residuals(m2)) 명령으로 모형 잔차의 히스토그램을 생성하라. 정규분포와 유사한가? 그 이유는 무엇인가? 그렇지 않다면 그 이유는 무엇인가?

(j) shapiro.test(residuals(m2)) 명령으로 모형 잔차의 정규성 검정을 수행하라. 잔차는 정규성을 따른다는 귀무가설을 채택해야 하는가 기각해야 하는가? 이는 앞서 살펴본 잔차 그래프와 히스토그램에 대한 생각과 일치하는가?

7 샤프 비율

투자 성과를 비교하려면 객관적인 측정 지표가 필요하다. 스포츠도 마찬가지다. 미식축구에서 쿼터백^{quarterback} 효율성 비율^{efficiency ratio}은 패스 성공 여부를 통해 패서^{passer}로서, 쿼터백의 성과를 측정하는 지표다. 총 야드^{yard}는 성공한 패스로 인해 전진한 거리이며, 터치다운^{touchdown}은 던진 패스가 6점 터치다운으로 연결된 횟수다. 성공 횟수^{completion}는 성공한 패스의 횟수이고, 가로채기^{interception}는 패스한 공이 상대 수비수에게 가로채기 당한 횟수다. 예컨대 미국 NCAA^{National Collegiate Athletic Association}의 쿼터백 효율성 비율 공식은 다음과 같다.

$$PssrRtg_{NCAA} = \frac{(8.4 \times Yds) + (330 \times TDs) + (100 \times Compl) - (200 \times Intcps)}{Atmps} \quad (7.1)$$

쿼터백 효율성 비율은 패서 레이팅^{passer rating} 또는 쿼터백 레이팅^{quarterback rating}이라고도 한다. 이 지표는 대학 미식축구 감독들이 쿼터백의 패스 능력을 가늠하는 용도로 사용되기도 한다. 쿼터백 효율성 비율은 리그에서 더 뛰어난 쿼터백을 선정하는 중요한 지표다. 애런 로저스^{Aaron Rogers}가 UC 버클리(팀명 약자: Cal)에서 쿼터백으로 두 시즌 활약하면서 패스로 전진한 총 거리는 5,469야드였고, 패스는 665번 시도 중 424번 성공했으며, 가로채기는 13번만 당했으며, 터치다운은 43번이나 성공했다. 이 수치들을 공식 7.1에 대입하면 애런 로저스의 UC 버클리에서의 커리어 패서 레이팅은 150.27이 된다. 그는 NFL^{National Football League} 팀인 그린 베이 패커스^{Green Bay Packers}로 드래프트돼 대학을 넘어 프로에서도 활약했다. 대학 시절 패서 레이팅이 예측한 대로 그는 미국 NFL에서 가장 훌륭한 패서가 됐다. 애런 로저스는 2년간 UC 버클리에서 훌륭한 커리어를 쌓은 이후 NFL에서 가장 높은 평균 패서 레이팅을 유지하며 2014 시즌이 끝날 때까지 항상 1위를 차지했다.

쿼터백 효율성 비율 공식이 한 시즌 동안 패서의 능력에 대한 객관적인 지표를 제공하듯이 일반 주식의 가격 추이를 분석하려면 측정 지표가 필요하다. 쿼터백의 패스 성공률이 팀의 성과에 영향을 미치듯이 증권 수익률은 운영 팀의 성과에 영향을 미친다. 그러므로 각 증권이 높은 수익률을 올리도록 성과를 측정해야 하며 이를 통해 팀이 지속적으로 좋은 수익을 거둬 투자자들이 계속 자금을 맡기도록 해야 한다. 일반적으로 과거에 성공을 거두면 미래에도 성공을 거둘 가능성이 높다고 예측한다. 반면에 증권의 드로우다운[drawdown][1]은 지속적인 가격 하락이 발생할 때 일어난다. 손실은 증권 소유자들에게 매우 두려운 상황이다. 투자자들이 투자 가치가 떨어지는 것을 목격하기 때문이다. 상당한 손실을 기록한 주식 차트를 보는 것은 팀의 쿼터백이 가로채기를 많이 당하는 것과 같다. 손실은 성과[performance]의 신뢰도에 큰 영향을 미친다. 신뢰도가 떨어지면 더 이상 선수가 성공할 것이라고 믿지 않는다. 마찬가지로 신뢰도가 떨어지면 투자자들은 더 이상 시장에서 해당 증권으로 수익을 창출할 수 없다고 판단한다.

위 공식 7.1에서 패서 레이팅 방정식을 자세히 살펴보면 실수인 가로채기는 패스 성공으로 받는 보상보다 두 배 더 큰 페널티를 받는다는 것을 명확히 알 수 있다. 이는 실수가 팀에 더 큰 손해를 끼칠 수 있기 때문이다. 가로채기처럼 불리한 시장 상황은 극복하기 어렵다. 시장가치 하락은 사람들의 미래 은퇴 소득은 물론 현재 수입까지도 붕괴시킬 수 있다. 따라서 분석 방법을 설명할 때에는 신중해야 한다.

7.1 샤프 비율 공식

샤프 비율[Sharpe Ratio]은 샤프 지수[Sharpe Index]라고도 하며, 투자성과 판단용 지수로 위험자산에 투자해서 얻은 초과 수익의 정도를 나타낸다. 샤프 비율은 초과 수익률[excess return]을 초과 수익률의 표준편차로 나누어 계산하는데, 이때 초과 수익률은 포트폴리오 수익률에서 무위험[risk-free] 수익률(국공채 수익률)을 차감한 값이다. 샤프 비율이 높으면 감수한 리스크 대비 수익이 좋다는 의미이므로 샤프 비율이 높은 포트폴리오가 좋은 포트폴리오라고 볼 수 있다. 기본적으로 샤프 비율이 0 이상이어야 투자의 고려 대상이 되며 1 이상이면 성공적인 투자라고 여긴다. 포트폴리오를 P라고 했을 때 샤프 비율을 수식으로 나타내면 7.2와 같다.

$$\frac{E\{R_P\} - \mu_f}{\sigma_P} \tag{7.2}$$

이처럼 샤프 비율은 변동성[volatility], 즉 수익률의 표준편차로 리스크를 계량화한다. 예컨대 포트폴리오 A의 수익률은 12%, 포트폴리오 B의 수익률은 10%라고 가정해보자. 수익률만

---

1 드로우다운(drawdown)은 상품, 펀드 또는 선물에서 특정 기간 동안 발생한 시세 고점에서 저점까지의 하락을 말한다. 보통 고점과 저점 간의 비율로서 인용되며 손실 폭이라고도 한다.

보면 포트폴리오 A가 좋은 포트폴리오라고 생각할 수 있다. 하지만 무위험자산 수익률이 5%, 포트폴리오 A의 표준편차가 10%, 포트폴리오 B의 표준편차가 5%라고 가정하면 각 포트폴리오의 샤프 비율은 다음과 같다

- 샤프 비율(A) = (12% − 5%)/10% = 0.7
- 샤프 비율(B) = (10% − 5%)/5% = 1

따라서 감수한 리스크 대비 수익률은 포트폴리오 B가 우월하다고 볼 수 있다.

그림 7.1의 각 개별 차트는 샤프 비율이 높은 주식을 보여준다. 이는 역사적 데이터를 사용한 실제 일별 가격 차트다. 따라서 데이터 보안상 티커 심볼[2]은 생략했다. 이러한 추세는 단기간의 약세를 겪다가 계속 상승한다는 점에서 투자자에게 '긍정적'인 평가를 받을 수 있다. 이는 NCAA에서 패서 레이팅을 사용해 최고의 쿼터백을 선정하는 것과 유사하다.

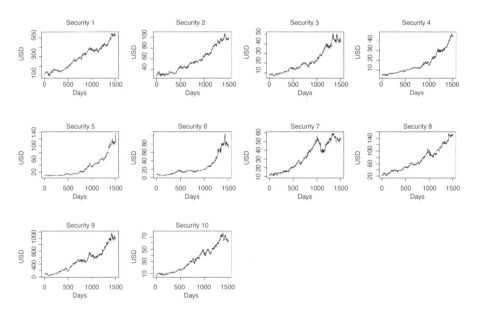

그림 7.1 수많은 주식 가운데 샤프 비율이 높은 상위 10개 주식이다. 위 주식 모두 변동성 대비 높은 수익률을 보인다.

---

2 티커 심볼(ticker symbol)은 주식시장에서 사용하는 기업명의 약어다. 티커 심볼은 기업의 인수합병 등으로 변경될 수 있다. 참고로 본 도서와 관련된 티커 심볼 중에서 변경된 티커 심볼을 정리하면 아래와 같다.
  • PCP→BRK-B, KMP→KMI, PLL→DHR, YHOO→VZ, PCLN→BKNG
  따라서 본문에서 변경 전 티커 심볼을 기준으로 작성된 소스 코드나 실행 결과 또는 그림의 경우 과거 티커 심볼이 있을 수 있다. 이 경우 새로운 티커 심볼로 다시 수행해 변경된 사항들을 확인해보기 바란다.

7.2 기간과 연율화

종종 샤프 비율을 인용한 책이나 기사를 읽을 때 다른 사례에 비해 지나치게 낮거나 높게 보이는 경우가 있을 수 있다. '잠깐, 지금 논의 중인 좋은 샤프 비율이 0.2인가요 2.0인가요?'라고 말이다. 샤프 비율은 시계열을 계산한 무단위^{unitless} 수치라는 사실을 명심해야 한다. 따라서 시계열의 간격^{interval}이 암시적 단위를 결정한다.

예컨대 일^{day}을 기준으로 계산한 로그 수익률이 있다 하더라도 이 수익률을 월^{month}을 기준으로 계산한 로그 수익률과 비교할 수 없다. 둘을 비교하려면 둘 중 하나의 단위를 변환해야 한다.

가장 일반적인 방법 중 하나는 연간^{year} 기준으로 변환하는 것이다. 일별 수익률 또는 일별 로그 수익률의 평균을 변환하려면 간단히 연간 거래 일수인 252를 곱하면 된다. 마찬가지로 일별 수익률 또는 일별 로그 수익률의 분산을 계산하려면 252를 곱하면 연율화된^{annualized} 분산을 구할 수 있다. 다만 변동성은 표준편차이므로 일별 가격을 기준으로 한 변동성에 $\sqrt{252}$를 곱해 연율화된 변동성을 구한다. 변동성을 일별에서 연간으로 변환하는 수식은 수식 3.31과 수식 3.32을 참조하기 바란다.

7.3 투자 후보 순위 결정

pruneBySharpe() 함수는 샤프 비율을 독립적으로 포트폴리오 최적화 전에 계산한다. 선별^{pruning}은 계산 후에 수행한다. 티커의 후보^{candidate} 집합은 임계값^{threshold}인 threshSR에 따라 줄어든다. pruneBySharpe() 함수의 실행 결과는 그림 7.2와 같다. 이 그림에서 샤프 비율의 정렬과 선별 전후의 모습을 볼 수 있다.

```
pruneBySharpe <- function(prices,lab,meanv,sdevv,threshSR,mufree=0) {
  par(mar=c(4,4,1,1))
  par(mfrow=c(1,2))
  indepSharpes <- (meanv-mufree)/sdevv
  len = length(indepSharpes)
  plot(indepSharpes,ylab="SR",col=4)
  plot(sort(indepSharpes),ylab="SR",col=4)
  lines(1:len,rep(threshSR,len))
  indHighSharpes <- (indepSharpes > threshSR)
  for(d in 1:length(indHighSharpes))
    if(is.na(indHighSharpes[d]))
```

```
      indHighSharpes[d] <- FALSE
   len = dim(prices)[1]
   wid = dim(prices)[2]
   smallerSz = sum(indHighSharpes)
   newPrices <- matrix(rep(0,len*smallerSz),
                       nrow=len,ncol=smallerSz)
   newLab <- vector(length=smallerSz)
   e <- 1
   for(d in 1:wid) {
     if(indHighSharpes[d]) {
       print(paste("e",e))
       newPrices[,e] <- prices[,d]
       newLab[e] <- lab[d]
       e <- e + 1
     }
   }
   print("completed Sharpe pruning")
   list(newPrices,newLab,indepSharpes)
}
#단위 테스트
library(huge)
data(stockdata)
D <- length(stockdata$data[1,])
p <- stockdata$data[,1:D]
l <- stockdata$info[1:D,1]
for(i in 1:D)
  p[,i] <- splitAdjust(p[,i],l[i])
r <- findR(p)
res <- findCovMat(r)
meanv <- res[[1]]
cov_mat <- res[[2]]
diag_cov_mat <- res[[3]]
sdevv <- res[[4]]

res <- pruneBySharpe(p,l,meanv,sdevv,.057)
p <- res[[1]]
l <- res[[2]]
r <- findR(p)
D <- length(l)
indepSharpes <- res[[3]]
print(paste('D =',D))
```

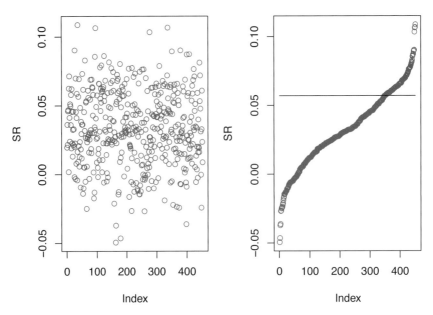

그림 7.2   pruneBySharpe( ) 함수의 실행 결과다. 좌측은 452개 후보의 정렬 전 모습이다. 우측은 후보의 정렬 후 모습이며 임계값이 수평선으로 표시돼 있다. 452개 중 102개가 임계값 위에 있다. 우측 그래프를 보면 대다수 후보의 샤프 비율이 양수임을 알 수 있다. 평균 로그 수익률이 양수인 경우에만 샤프 비율도 양수일 수 있다. 이러한 현상이 놀라운 일은 아니다. 후보들이 2003년에서 2008년까지 S&P 500 지수에서 살아남은 452개의 주식이기 때문이다.

pruneBySharpe() 함수를 실행한 후에는 후보 증권의 집합에 큰 영향이 있으며, prices 행렬의 새로운 사본에 반영된다. 로그 수익률의 시계열인 **R**로부터 findCovMat() 함수을 통해 계산한 Σ인 원 공분산 행렬로 과정^{process}을 시작할 경우, pruneBySharpe() 함수로 증권의 수를 줄인 후에 Σ′를 구해야 한다. Σ′는 새로운 공분산 행렬로 새로운 로그 수익률의 시계열인 **R**′로부터 계산된다. 이 작업은 앞의 설명과 같이 findCovMat() 함수로 수행한다. 또한 로그 수익률 행렬로부터 행렬에 NA가 유입되지 않도록 아래와 같은 isnaCheckCovMat() 함수를 이용해 NA를 탐지한다.

대부분의 경우, pruneBySharpe() 함수에 구현된 샤프 비율 필터는 선택한 임계값에 따라 후보 증권을 상당히 많이 줄일 것이다. 공분산 행렬이 재계산됐다면 NA값을 검사해 원인 불명 에러^{unexplained error}가 발생하지 않도록 한다.

```
isnaCheckCovMat <- function(R) {
  cov_mat = cov(R);
  print("Checking cov data.")
```

```
  isNACov <- FALSE
  for(d in 1:D) {
    if(is.na(cov_mat[d,1])) {
      print(paste("NA for",d,lab[d]))
      cat(lab[d],file="badsyms.txt",append=TRUE,sep="\n")
      isNACov <- TRUE
    }
  }
  if(isNACov) stop("NA Covs recorded in badsyms.txt")
  diag_cov_mat <- diag(cov_mat)
  sdevv        <- sqrt(diag_cov_mat)
}
sdevv <- isnaCheckCovMat(r)
```

과정 중에 서로 다르게 명명된 증권에서 중복된 가격이 발생할 수 있다. 두 심볼이 동일한 가격 계열을 가리킬 수 있기 때문이다. 활용 불가한 공분산 행렬이 있다면 포트폴리오 가중치 선택 과정을 계속하는 것은 무의미하다. 주요 기준^{criteria} 중 하나는 고려하는 각 후보 증권의 가격 계열이 고유하다는 점이다. 이것이 checkDeterminant() 함수에서 수행하는 첫 번째 검사다. 임의로 선택한 시점인 20일을 사용해 prices[20, d]와 price[20, d+1]를 비교한다. 이 조사는 20일에 가격이 동일한 연속된 시계열이 존재하면 실패로 간주한다. 경험상 데이터 소스에 대한 조사는 필수다.

checkDeterminant() 함수의 두 번째 부분에서는 상관 행렬 또는 공분산 행렬의 행렬식^{determinant}을 점진적으로 검사한다. 알고리즘의 진행은 다음과 같다. 가격 계열 R_{small}의 핵심 크기$^{core-sized}$ 상관 행렬로 시작하며, 여기서는 상관 행렬의 크기가 5×5다. 그런 다음 반복할 때마다 R_{small}의 상관 행렬의 크기가 $d \times d$에서 $(d+1) \times (d+1)$가 되도록 단일 가격 벡터를 하나씩 추가한다.

```
checkDeterminant <- function(prices,R,lab,isSubDir=TRUE) {
  subdirStr = ifelse(isSubDir,"/NYSE","")
  D <- dim(R)[2]
  scalar_cov = vector(length=D)
  for(d in 1:D){
    scalar_cov[d] = cor(R[,d],R[,8])
    print(paste(d,round(scalar_cov[d],6)))
  }
  for(d in 1:(D-1))
    if(prices[20,d] == prices[20,d+1]) {
```

```
    print("adding to badcors.txt")
    print(lab[d:(d+1)])
    system(paste("echo",lab[d],
      paste(">> ",homeuser,"/FinAnalytics/",dir,subdirStr,
          "/badcors.txt",sep="")))
  }
  for(d in 5:D){
    Rsmall = R[,1:d]
    small_cov_mat = cor(Rsmall)
    deter = det(small_cov_mat)
    print(paste(d,lab[d],deter,dim(Rsmall)[2]))
    if(deter <= 0.0) {
      system(paste("echo",lab[d],
        paste(">> ",homeuser,"/FinAnalytics/",dir,subdirStr,
            "/badcors.txt",sep="")))
      stop(paste(d,lab[d],"det =",deter))
    }
  }
}
checkDeterminant(p,r,l)
```

행렬식은 수치적으로 매우 크거나 작을 수 있지만 0보다 작아서는 안 된다. 예컨대 샤프 비율 임계값보다 큰 102개의 증권 집합에 대해 checkDeterminant() 함수를 실행한 결과는 다음과 같다.

```
> checkDeterminant(p,r,l)
...
[1] "5 AMT 0.598333107559518 5"
[1] "6 APH 0.474622395065573 6"
[1] "7 APA 0.397021676962657 7"
[1] "8 AAPL 0.337161078457138 8"
[1] "9 ADSK 0.27443047814595 9"
[1] "10 BCR 0.239292456255211 10"
[1] "11 BDX 0.188710588728911 11"
[1] "12 BLK 0.158815524075845 12"
[1] "13 COG 0.0740474709121686 13"
[1] "14 CELG 0.0610460466072146 14"
...
[1] "92 TMO 1.21436172834354e-23 92"
[1] "93 TIE 7.88414772225872e-24 93"
[1] "94 X 2.625367273129e-24 94"
[1] "95 UTX 1.25471016699898e-24 95"
```

```
[1] "96 URBN 8.16720357398256e-25 96"
[1] "97 VLO 2.15801743363234e-25 97"
[1] "98 VTR 1.39297927447807e-25 98"
[1] "99 WAT 1.00881366931402e-25 99"
[1] "100 WMB 6.02194487589944e-26 100"
[1] "101 WYNN 4.5994135402901e-26 101"
[1] "102 YUM 2.77214017997996e-26 102"
```

수치가 0에 매우 가까워지는 것을 볼 수 있다. 수치가 1×10^{-26}으로 향하면서 모든 $D = 102$의 가격을 성공적으로 마쳤다. checkDeterminant() 함수는 일종의 데이터 공학 검사로, 긴 과정이 잘못된 데이터와 함께 계속 진행하지 않도록 하려면 이 검사를 통과해야 한다.

7.4 quantmod 패키지

샤프 비율은 가격만 고려해서는 안 된다는 금융의 중요한 개념을 내포하고 있다. 손익계산서[income statement]를 포함해 기업의 기본적인 보고 수치는 주가 동향과 변동성 측면에서 시장이 어떻게 반응할 것인가를 예측하기 위한 중요한 지표다. 손익계산서는 일정 기간 동안 기업의 수익성을 요약한 지표다. 경영자가 순조롭고 수익성 좋은 손익계산서를 공표했다면 가격 변동성은 낮아지고 주가동향은 투자자들에게 매력적일 것이다. 이러한 기본적인 기업 지표를 얻는 방법을 생각해보고, 가격 시계열 작업과 마찬가지로 단기간의 시계열을 구성해 성장성과 변동성을 측정해보자.

R의 quantmod 패키지를 통해 야후[yahoo], 구글[google], MySQL, FRED, csv, RData, Oanda와 같은 여러 주요 소스로부터 중요한 시장 기반의 데이터집합을 얻을 수 있다. 본 예제에서는 구글 소스(src='google')를 사용한다. 구글 소스를 통해 기업 손익계산서에 기록된 몇 가지 핵심 보고 수치를 확인하고 추세를 계산할 수 있다. 수행 방법은 아래 코드와 같이 간단하다.[3]

```
> library(quantmod)
> symbol='GOOG'
```

---

3 애석하게도 구글 파이낸스(Google Finance)는 2018년 3월 데이터 제공을 중단했다. 이로 인해 더 이상 quantmod의 getFinancials() 함수로 손익계산서 등의 재무 데이터를 추출할 수 없다. 하지만 야후 파이낸스(https://finance.yahoo.com)에서 제공하는 재무 데이터를 사용하면 getFinancials() 함수의 기능을 대체하는 함수를 구현할 수 있다. 대체 함수의 구현 예는 본 도서의 소스 코드와 함께 별도로 제공하겠다. 다운로드 받아 내용을 확인해보기 바란다.

```
> getFinancials(symbol, src="google")
[1] "GOOG.f"
> GOOG.f$IS$A["Diluted Normalized EPS",]
2014-12-31 2013-12-31 2012-12-31 2011-12-31
      20.72       19.77       17.16       15.61
> 20.72/19.77
[1] 1.048053
```

이와 같은 방식으로 수많은 상장기업을 조사할 수 있다. symbol을 'GOOG'로 설정하고 getFinancials() 함수를 호출하면 개발자는 'GOOG.f'라는 핸들을 얻는다. 이 핸들을 손익계산서[Income Statement]를 뜻하는 'IS' 요소, 연간[Annual]을 뜻하는 'A' 요소, 그리고 속성 명인 'Diluted Normalized EPS'와 함께 사용하면 최근 일자 순으로 4개의 주당순이익[EPS, earnings per share] 수치를 얻을 수 있다. 이는 매우 유용하다. EPS 성장률처럼, 두 EPS 수치의 비율을 계산할 수 있기 때문이다. 성장률은 주가를 기반으로 하지 않으므로 EPS 성장률은 단위가 없는 정규화된 수치로 다른 EPS 성장률과 비교할 수 있다. 성장률은 총수익률 수치다. 예컨대 2013년 말에서 2014년 말까지 GOOG의 EPS 성장률은 위 코드에서 보듯이 1.048이다.

가격 캐시 파일로 채워진 MVO4 디렉터리를 준비하려면 다음과 같은 초기 로직이 필요하다. MVO4 디렉터리에 캐시 파일을 채우기 위해 필요한 심볼[lab]의 배열 크기, 시작일[start], 종료일[end]을 설정한다.

```
library(tseries)
library(quantmod)
dir <- 'MVO4'
len <- 1006
isQtrly = FALSE
if(isQtrly) back = 5 else back = 4
if(isQtrly) stmt = 'Q' else stmt = 'A'
res <- readSubDirs(dir)
D1 <- res[[1]]
D2 <- res[[2]]
lab <- res[[3]]
D <- D1 + D2

start <- "2011-02-09"
end <- "2015-02-09"
isPlotInAdjCloses <<- FALSE
```

```
isCacheEnabled <<- TRUE
prices <- matrix(rep(NA,len*D),nrow=len,ncol=D)

library(tseries)
prices <- acquirePrices(prices,lab,len,D,D1,D2,dir,
            start=start,end=end,isSubDir=TRUE)
dir <- 'QMDM'
createDirs(dir,isSubDir=FALSE)
```

다음 코드 블록은 앞서 준비한 분기별 또는 연간 손익계산서를 데이터프레임으로 읽어들이고 R 함수 na.omit()을 호출해 결측 데이터가 존재하는 레코드는 제외시킨다. 그러면 cleanedISDF라는 손익계산서 데이터프레임^{ISDF, Income Statement Data Frame}이 반환된다. 이 작업을 처음 실행하면 파일을 찾지 못해 호출 루틴에서 NA를 반환한다. 해당 파일에 최소 50%의 티커 정보가 포함돼 있지 않으면 루틴은 호출 루틴에서 NA를 반환한다. 어떤 NA 경우든 호출 루틴은 quantmod의 getFinancials() 함수를 사용해 손익계산서 수치를 얻어야 한다.

```
readAndCleanISDF <- function(expectedLab,
                          dir='QMDM',stmt='A') {
  setwd(paste(homeuser,"/FinAnalytics/",dir,"/",sep=""))
  fn <- paste("IncomeStmts",stmt,".csv",sep="")
  if(file.exists(fn)) {
    ISDF <- read.csv(fn,header = TRUE)
    relevantLab <- intersect(expectedLab,ISDF[,1])
    if(length(relevantLab) > .50*expectedD) {
        cleanedISDF <- na.omit(ISDF)
        lab <- as.character(cleanedISDF[,1])
        D <- length(lab)
        cleanedISDF
    } else NA
  } else NA
}
```

quantmod의 getFinancials() 함수를 사용하면 다양한 주식의 3년간 연간 성장률 수치를 구해 비교할 수 있다. 로직은 아래와 같이 단일 중첩의 for 루프가 있는 함수가 된다. for 루프 내부에는 재무 수치와 Net.Income, Total.Revenue, Gross.Profit, Dil.Norm.EPS의 존재 여부를 확인하기 위한 4개의 연속적인 tryCatch 구문이 존재한다.

```
obtainIncomeStmtFigures <- function(lab,dir='QMDM',isQtrly=TRUE) {
  D = length(lab)
  if(isQtrly) back = 5 else back = 4
  if(isQtrly) stmt = 'Q' else stmt = 'A'
  ncol = (2+4*back)
  ISDF <- readAndCleanISDF(lab,
              dir=dir,stmt='A')
  if(!is.null(dim(ISDF))) return(ISDF)
  print("Income stmt file not found: using getFinancials()")
  ISDF <- data.frame(matrix(nrow=D,ncol=ncol))
  #colnams(ISDF) <- c("symbol","netinc",
  #  "totrev3yr","gsprof3yr","dneps3yr")
  for(d in 1:D) {
    symbol = lab[d]
    basedate = NA
    netinc = rep(NA,back); totrev = rep(NA,back)
    gsprof = rep(NA,back); dneps  = rep(NA,back)
    print(symbol)
    isFound <- TRUE
    tryCatch( {
      getFinancials(symbol, src="google")
    }, error = function(e) {
      print(e); isFound <- FALSE
      netinc <- rep(NA,back); totrev <- rep(NA,back)
      gsprof <- rep(NA,back); dneps  <- rep(NA,back)
    } )
    if(isFound) {
      tryCatch( {
        Net.Income<-eval(parse(text=paste(
          symbol,'.f$IS$',stmt,'["Net Income",]',sep='')))
        if(is.numeric(Net.Income[1])) {
          netinc = round(Net.Income,2)
        } else {
          netinc = rep(NA,back)
        }
      }, error = function(e) {
        print(e); netinc <- rep(NA,back)
      } )
      tryCatch( {
        Total.Revenue<-eval(parse(text=paste(
          symbol,'.f$IS$',stmt,'["Revenue",]',sep='')))
        if(is.numeric(Total.Revenue[1])) {
          totrev = round(Total.Revenue,2)
        } else {
```

```
      totrev = rep(NA,back)
    }
  }, error = function(e) {
    print(e); totrev <- rep(NA,back)
  } )
  tryCatch( {
    Gross.Profit<-eval(parse(text=paste(
      symbol,'.f$IS$',stmt,'["Gross Profit",]',sep='')))
    if(is.numeric(Gross.Profit[1])) {
      gsprof = round(Gross.Profit,2)
    } else {
      gsprof = rep(NA,back)
    }
  }, error = function(e) {
    print(e); gsprof <- rep(NA,back)
  } )
  tryCatch( {
    Dil.Norm.EPS<-eval(parse(text=paste(
      symbol,'.f$IS$',stmt,'["Diluted Normalized EPS",]',sep='')))
    if(is.numeric(Dil.Norm.EPS[1])) {
      basedate = names(Dil.Norm.EPS)[1]
      dneps = round(Dil.Norm.EPS,2)
    } else {
      dneps = rep(NA,back)
    }
  }, error = function(e) {
    print(e); dneps <- rep(NA,back)
  } )
  }
  #print(basedate)
  items = c(symbol,basedate,netinc,totrev,gsprof,dneps)
  if(length(items) == ncol)
    ISDF[d,] = items
  }
  ISDF
}
```

getFinancials() 함수는 사용하기 까다로운 유틸리티다. 반환 핸들은 일반적인 R 변수에 대입할 수 없으므로 eval() 함수를 통해 접근한다. 반환 핸들의 예는 다음 절에 소개할 NASDAQ 티커 PBIB를 참고하기 바란다. 그 다음으로 에러는 일반적으로 주식 티커에 대해 요청한 수치가 존재하지 않을 때 발생한다. 따라서 tryCatch() 함수를 사용해 변수에 빈 값을 알맞게 설정한다. 손익계산서 수치를 수집할 수 있는 소스가 생겼다면 재사용을 위해

CSV 파일에 기록한다. obtainIncomeStmtGth() 함수를 이용해 파일이 준비되면 파일에 기록하고 추후 다시 읽을 수 있다.

다음 코드 블록은 두 파일에서 모든 가능한 후보 주식 티커를 찾는다. 조회할 모든 티커 심볼을 찾은 후, 코드 블록은 파일에 결과 ISDF 데이터프레임을 기록하는 ETL[Extract, Translate, Load] 프로그램 역할을 한다.

```
writeISDF <- function(ISDF,dir='QMDM',stmt='A') {
  createDirs(dir)
  labNYSE <- as.character(
    read.csv("NYSE/NYSEclean.txt",
             header=TRUE,sep="\t")[,1])
  labNASQ <- as.character(
    read.csv("NASDAQ/NASDAQclean.txt",
             header=TRUE,sep="\t")[,1])
  lab <- c(labNYSE,labNASQ)

  ISDF <- obtainIncomeStmtFigures(lab,dir,isQtrly)
  savedISDF <- ISDF
  colnames(ISDF) <- c("symbol","basedate",
                      paste("netinc",0:(back-1),sep=""),
                      paste("totrev",0:(back-1),sep=""),
                      paste("gsprof",0:(back-1),sep=""),
                      paste("dneps",0:(back-1),sep=""))
  fileName = paste("IncomeStmts",stmt,".csv",sep="")
  write.csv(ISDF,fileName,row.names=FALSE)
}
if(!file.exists(paste(homeuser,"/FinAnalytics/",dir,"/IncomeStmts",
                      stmt,".csv",sep=""))) {
  writeISDF(ISDF,stmt=stmt)
}
ISDF <- obtainIncomeStmtFigures(lab,dir='QMDM',isQtrly=FALSE)
dim(ISDF)
```

위 obtainIncomeStmtFigures() 함수에서의 tryCatch() 함수와 기타 예외 처리는 결측 데이터 요소의 경우 큰 손익계선서 수치 배열에 NA 결과를 생성한다. 실제로 에러 결과를 알맞게 처리하는 것은 데이터 과학에서 중요한 이슈다. R은 불완전한 데이터집합, 즉 NA, Inf, NaN이 포함된 데이터집합을 예측하므로 데이터 공학에 특히 유용하다.

그림 7.3은 장기 투자에 대해 지나치게 짧은 기간의 일별 가격을 사용했을 때 발생할 수 있는 리스크를 보여준다. 예컨대 역사적 주가를 사용해 주식들의 데이터 마이닝을 수행했

을 때, STRM 주식은 2013년 2월부터 2014년 2월까지 차트에서 다른 주식들 가운데 가장 높은 증가세를 보인다. 즉 STRM 주식이 총수익률을 기준으로 동일한 차트에 252개의 일별 가격을 동시에 비교했을 때 가장 우수해 보인다. 하지만 2011년 2월부터 2015년 2월까지 1,006개의 가격을 다운로드해 차트를 살펴본다면, STRM 투자자들은 급격한 드로우다운으로 인해 차트의 마지막 1/4 부분에 해당하는 최근 1년간의 실적이 만족스럽지 않을 것이다. STRM의 사례는 1년간의 역사적 데이터 사용의 리스크를 보여준다. 추세의 지속성은 1년만으로 단정짓기 어렵다.

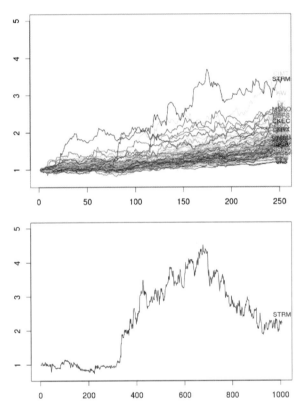

그림 7.3 두 개의 가격 시계열이다. 하나는 1년간의 시계열이고, 다른 하나는 4년간의 시계열이다. 상단의 차트는 2013년 2월부터 2014년 2월까지의 시계열로, 이 차트를 보면 STRM 투자자에게 호재로 보인다. 반면에 하단의 차트는 2011년 2월부터 2015년 2월까지의 시계열로, 이 차트를 보면 STRM의 강세 지속 기간이 갑작스럽게 종료되는 더 큰 추세를 목격할 수 있다. 흥미롭게도 상단 차트에서는 170일경에 '머리어깨(head and shoulders)'[4] 고점(top)도 나타난다. 반면에 하단 차트에서는 이보다 252일 이후인 422일경에 나타난다.

---

4 주가의 전환을 나타내는 각종 유형 중 머리어깨(head and shoulders)란 이름은 차트 곡선에서 가장 높은 봉우리(머리)를 중심으로 양 옆에 봉우리(어깨)가 나타난다고 해서 붙여진 이름이다. 다른 이름으로 삼존형 또는 삼봉형이라고 불리기도 한다. 이 유형은 주가가 상승세에서 하락세로 전환할 때 자주 나타난다. 그 반대의 패턴을 '역 머리어깨(inverted head and shoulder)'라고 부른다.

7.5 손익계산서 증가율 측정

총수익률은 간단히 새로운 값을 초깃값으로 나눈 것이다. 하지만 양수의 총수익률은 초깃 값과 새로운 값이 모두 음수인 경우에도 발생한다. Porter Bancorp, Inc. (NASDAQ: PBIB) 의 연간 순이익은 다음과 같다.

```
> symbol='PBIB'
> getFinancials(symbol, src="google")
[1] "PBIB.f"
> PBIB.f$IS$A["Net Income",]
2014-12-31 2013-12-31 2012-12-31 2011-12-31
    -11.15      -1.59      -32.93     -107.31
```

총수익률 방식으로 위 출력 값을 이용해 1년간의 순이익 증가율을 계산하면 아래와 같이 7.0이라는 '장밋빛' 수치를 얻는다. 이는 실제로 모든 순이익이 음수이기 때문에 투자 후보 로서 전망이 매우 비관적임에도 불구하고 프로그램은 필요한 주식 후보라고 판단하게 된다.

$$netincgth = -11.15/-1.59 = 7.012579 \tag{7.3}$$

둘 중 하나의 값이 음수인 경우에는 총수익률도 음수가 된다. 따라서 이 경우에는 NA를 반 환하도록 총수익률 공식을 수정해 총수익률이 비음수 값이 되도록 한다. 그리고 두 음수 값으로 인해 총수익률도 양수가 될 가능성도 제거한다. 이러한 작업을 신중하게 수행해 음 의 손익계산서와 음의 손익계산서 증가율을 제거한다.

```
calcGth <- function(a,b) {
  if(is.na(a) || is.infinite(a) ||
      is.na(b) || is.infinite(b) || abs(a) < .001)
    return(NA)
  if(sign(a) == -1 && sign(b) == -1)
    return((-abs(b)/abs(a)))
  if(sign(a) == -1 && sign(b) == +1)
    return(NA)#((-a+b)/-a)
  if(sign(a) == +1 && sign(b) == -1)
    return(NA)#(-(a+abs(b))/a)
  return(round(abs(b)/abs(a),2)*sign(b))
}
#단위 테스트
calcGth(1.25,1.75)
calcGth(-1.25,1.75)
```

```
calcGth(1.25,-1.75)
calcGth(-1.25,-1.75)
calcGth(-1.25,NA)
calcGth(1/0,1.75)
calcGth(.0005,1.75)
```

손익계산서 그래프는 잘못된 계산을 파악하는 데 도움을 준다. 0으로 나누기, NA값, 그리고 음수의 증가율을 처리하는 최종 코드는 아래와 같다. ISDF에서 선별한 10개의 연속 행에 대해 plotIncomeStmts() 함수를 실행하면 후보들의 다음과 같은 값을 확인할 수 있다.[5]

- 순이익 증가율net income growth
- 총매출 증가율total revenue growth
- 매출 총이익 증가율gross profit growth
- 희석 주당순이익 증가율diluted net earnings per share growth

plotIncomeStmtGth() 함수는 손익계산서 데이터프레임인 ISDF에 있는 특정 영역의 데이터를 표시하는 테스트 함수다. 다음 코드 블록의 하단에 위치한 단위 테스트 구문은 계열에 있는 위 4가지 속성을 나타낸다.

```
plotIncomeStmtGth <- function(ISDF,back) {
  par(mar=c(4,4,2,1))
  par(mfrow=c(2,2))
  mapToCol <- function(d)
    if(d==7) 1 else if(d==8)
      2 else if(d==15) 3 else if(d==23) 4 else d
  mainVec = c("Net Income Growth","Total Revenue Growth",
              "Gross Profit Growth","Diluted Norm EPS Growth")
  D = dim(ISDF)[1]
  for(initFld in 2+c(1:4*back)) {
    isPlotted = FALSE
    for(d in 1:D) {
      symbol = as.character(ISDF[d,1])
      print(symbol)
      finalFld = initFld - (back-1)
```

---

5 · 매출(revenue, sales) − 매출원가(COGS, cost of goods sold) = 매출 총이익(gross profit)
· 매출 총이익 − 판매 및 일반 관리비(SG&A, sales, general, and administrative expense) = 영업이익(operating income)
· 영업이익 + 영업외수익 − 이자비용(interest expense) = 세전이익(EBT, earnings before tax)
· 세전이익 − 세금(tax) = 순이익(net income)

```
      initAmt = as.double(ISDF[d,initFld])
      finalAmts = as.double(ISDF[d,initFld:finalFld])
      gthAmts = c()
      for(i in 1:back)
        gthAmts = c(gthAmts,calcGth(initAmt,finalAmts[i]))
      print(gthAmts)
      if(initFld == 2+4*back) ylim=c(0.5,3.0) else ylim=c(0.5,3.0)
      if(d == 1 || !isPlotted) {
        if(!is.na(gthAmts[1])) {
            isPlotted = TRUE
            plot(gthAmts,xlab="Years",
              type='o',ylim=ylim,ylab="Gross Return",
              main=mainVec[(initFld-1)/back])
        }
      } else {
        if(!is.na(gthAmts[1]))
          lines(gthAmts,type='o',
            col=mapToCol(d))
      }
      if(!is.na(gthAmts[1]))
        text(back-.05,gthAmts[back]-.01,symbol,cex=.75)
    }
    cols <- sapply(c(1:D),mapToCol)
    print("------------")
  }
}
#단위 테스트
ISDFSlice=ISDF[(match('PCLN',ISDF[,1])-3):
                (match('PCLN',ISDF[,1])+6),]
ISDFSlice
plotIncomeStmtGth(ISDFSlice,back)
```

결과 그래프는 그림 7.4와 같다. PCLN이 이 작은 표본의 데이터프레임에서 10개의 이웃 후보 중 가장 일관된 양의 증가율을 보인다.

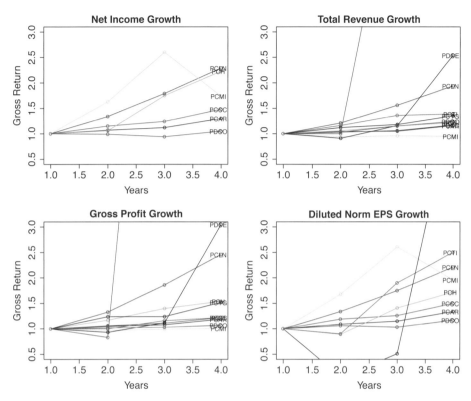

그림 7.4 getFinancials() 함수로 추출한 보통주의 4년간 연간 손익계산서의 총수익으로 계산한 증가율이다. PCLN이 10개의 후보 중 가장 일관된 증가세를 보인다. 증가율이 음수인 경우는 알고리즘에서 예외 처리해 제외시켰다. 아래의 연도 표시는 각 연도의 시작을 나타낸다.

7.6 손익계산서 증가율의 샤프 비율

샤프 비율에 필요한 첫 번째 수치는 수익[return]이다. 이번 경우에는 총수익[gross return]을 사용한다. 수익이 없으면 프로그램은 절대 매출액[absolute revenue] 수치를 비교한다. 하지만 이 수치의 크기는 매우 다르다. 예컨대 quantmod 패키지를 호출해 도출된 ISDF 데이터프레임에서 심볼이 UNP인 Union, Pacific 주식과 가장 인접한 두 개의 이웃을 살펴보자.

```
> ISDFSlice=ISDF[(match('UNP',ISDF[,1])-0):
+                 (match('UNP',ISDF[,1])+2),]
> ISDFSlice
      symbol    basedate netinc0 netinc1 netinc2 netinc3
2087     UNP  2014-12-31 5180.00 4388.00 3943.00 3292.00
```

```
2088    UNS 2014-12-31   50.12   21.33   29.44   53.89
2089    UNT 2014-12-31  136.28  184.75   23.18  225.92
        totrev0  totrev1  totrev2  totrev3  gsprof0  gsprof1
2087 23988.00 21963.00 20926.00 19557.00 17891.00 16114.00
2088  1784.36  1788.09  1797.59  1780.57   533.38   538.19
2089  1572.94  1351.85  1315.12  1207.50   319.99   346.28
        gsprof2  gsprof3 dneps0 dneps1 dneps2 dneps3
2087 15175.00 13971.00   5.69   4.69   4.12   3.34
2088   563.46   543.95   2.28   2.06   1.92   2.54
2089   371.35   368.46   3.62   3.59   3.94   4.72
```

위에서 보듯이 UNP의 총매출액[total revenue] 수치가 UNS와 UNT의 10배에서 20배 정도 된다. 한 가지 더 주목할 점은 손익계산서 보고 날짜가 모두 동일한 것은 아니라는 사실이다. 예컨대 2015년 초라면 연간 수치의 보고 기준일[base date]은 2014년 12월 31일이 되길 바랄 것이다. 하지만 아래 실행 코드와 그림 7.5에서 보듯이 2014년 12월 31일이 가장 일반적인 보고 기준일이지만 기업의 회계와 보고 주기에 따라 기준일이 다를 수 있다.

```
> par(mfrow=c(1,2))
> dvec <- as.Date(ISDF[,2])
> plot(dvec,ylab="basedate",col=4)
> hist(dvec,breaks=100,col=4,ylab="basedate",main="")
> maxd = max(dvec)
> maxd
[1] "2015-02-01"
> sum(dvec=="2014-12-31")/length(dvec)
[1] 0.5526681
> sum(dvec=="2014-09-30")/length(dvec)
[1] 0.04054054
> sum(dvec=="2014-06-30")/length(dvec)
[1] 0.04608455
> sum(dvec=="2014-03-31")/length(dvec)
[1] 0.03915454
> sum(dvec=="2013-12-31")/length(dvec)
[1] 0.1046431
```

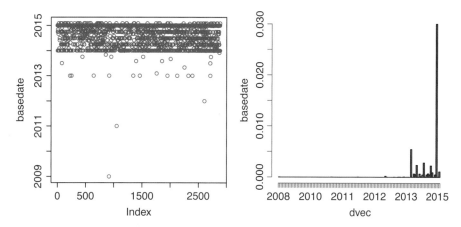

그림 7.5   기업 손익계산서 기준일의 산점도와 히스토그램이다. 우측 히스토그램에서 보듯이 가장 일반적인 기준일은 2014년 12월 31일이다. 이를 분석의 기반으로 삼으며 많은 기준일은 이 일자로부터 1~2개월 내에 있다.

위 결과에 따르면 기준일의 55%만이 기대했던 2014년 12월 31일과 일치한다. 그리고 가장 높은 기준일은 2015년 2월 1일이다. 지금까지 45%는 미확인 상태다. 하지만 히스토그램은 대부분의 기준일이 필요한 범위 내에 있다는 안도감을 준다. 기준일의 78%가 다행히 분기별 경계에 있다. 0.5526681부터 0.10464431까지의 5개 값을 더하면 이 사실을 확인할 수 있다.

손익계산서 수치로 돌아가서 이 수치들을 공통적인 기준에 맞춰 조정할 수 있다. 기업 규모는 발행 주식 수에 따라 주식시장에서 조정되기 때문이다. 만일 UNP의 손익계산서 수치가 작은 기업보다 10배 크다면 투자자들이 보유한 주식 수가 적은 기업보다 10배 정도 많을 가능성이 있다. 이 수치를 총수익으로 변환하면 이는 보통주 가격처럼 움직인다. 모든 조정된 수치는 총수익이 되고 이 수치는 초기 3년 전 수치를 기반으로 하며 1.0에서 시작한다. 이 작업을 아래 findGth() 함수에서 수행한다. 이 함수에서 R의 mapply() 함수를 사용해 calcGth() 함수를 데이터프레임에 열 방향으로 적용한다. 이와 같은 강력한 R의 기능을 사용하면 총수익으로 변환하는 코드 작성을 예상대로 간단하게 작업할 수 있다.

```
findGth <- function(ISDF) {
  ISgthDF <- ISDF[,c(1:14)]
  ISgthDF[,3] <- mapply(calcGth,ISDF[,6],ISDF[,5])
  ISgthDF[,4] <- mapply(calcGth,ISDF[,10],ISDF[,9])
  ISgthDF[,5] <- mapply(calcGth,ISDF[,14],ISDF[,13])
  ISgthDF[,6] <- mapply(calcGth,ISDF[,18],ISDF[,17])
```

```
ISgthDF[,7] <- mapply(calcGth,ISDF[,5],ISDF[,4])
ISgthDF[,8] <- mapply(calcGth,ISDF[,9],ISDF[,8])
ISgthDF[,9] <- mapply(calcGth,ISDF[,13],ISDF[,12])
ISgthDF[,10] <- mapply(calcGth,ISDF[,17],ISDF[,16])

ISgthDF[,11] <- mapply(calcGth,ISDF[,4],ISDF[,3])
ISgthDF[,12] <- mapply(calcGth,ISDF[,8],ISDF[,7])
ISgthDF[,13] <- mapply(calcGth,ISDF[,12],ISDF[,11])
ISgthDF[,14] <- mapply(calcGth,ISDF[,16],ISDF[,15])

ISgthDF[,1] <- as.character(ISDF[,1])
colnames(ISgthDF) <- c("symbol","basedate",
    "netincgth2","totrevgth2","gsprofgth2","dnepsgth2",
    "netincgth1","totrevgth1","gsprofgth1","dnepsgth1",
    "netincgth0","totrevgth0","gsprofgth0","dnepsgth0")
rownames(ISgthDF) <- NULL
ISgthDF
}
```

새로운 ISgthDF 데이터프레임에 계산된 총수익이 생겼다면, R의 colnames() 함수로 손익계산서 증가율 속성 명과 수익이 몇 년 전을 나타내는지를 합쳐서 열 제목을 재정의한다.

이제 다시 UNP와 그 이웃들을 살펴보자. 이번에는 살펴볼 새롭게 구성된 데이터프레임은 ISgthDF다. findGth() 함수를 통해 조정한 후에는 초기 수치와 무관하게 총수익이 UNF, UNP, UNS 세 기업 모두 예상대로 1.0에 가까운 수라는 사실을 알 수 있다.

```
> ISgthDF <- findGth(ISDF)
> cleanedISgthDF <- na.omit(ISgthDF)
> ISgthDF <- cleanedISgthDF
> ISgthDFSlice=ISgthDF[(match('UNP',ISgthDF[,1])-1):
+                     (match('UNP',ISgthDF[,1])+1),]
> ISgthDFSlice
      symbol   basedate netincgth2 totrevgth2 gsprofgth2
1297     UNF 2014-08-30       1.24       1.11       1.09
1298     UNP 2014-12-31       1.20       1.07       1.09
1299     UNS 2014-12-31       0.55       1.01       1.04
    dnepsgth2 netincgth1 totrevgth1 gsprofgth1 dnepsgth1
1297     1.24       1.23       1.08       1.13       1.22
1298     1.23       1.11       1.05       1.06       1.14
1299     0.76       0.72       0.99       0.96       1.07
   netincgth0 totrevgth0 gsprofgth0 dnepsgth0
```

```
1297      1.03      1.03      1.03      1.02
1298      1.18      1.09      1.11      1.21
1299      2.35      1.00      0.99      1.11
```

또한 티커 심볼과 match() 함수를 이용해 ISgthDF에서 4개 기업[6]을 선별해 UNP와 운송업계에서의 경쟁 기업들과 비교할 수도 있다.

```
> ISgthDF[c(match('CNI',ISgthDF[,1]),
+ match('KSU',ISgthDF[,1]),
+ match('NSC',ISgthDF[,1]),
+ match('UNP',ISgthDF[,1])),]
      symbol   basedate netincgth2 totrevgth2 gsprofgth2
275      CNI 2014-12-31       1.09       1.10       1.11
737      KSU 2014-12-31       1.14       1.07       1.09
915      NSC 2014-12-31       0.91       0.99       0.99
1298     UNP 2014-12-31       1.20       1.07       1.09
      dnepsgth2 netincgth1  totrevgth1 gsprofgth1 dnepsgth1
275        1.15       0.97        1.07       1.04      1.09
737        1.07       0.93        1.06       1.07      1.17
915        1.00       1.09        1.02       1.03      1.09
1298       1.23       1.11        1.05       1.06      1.14
      netincgth0 totrevgth0 gsprofgth0 dnepsgth0
275         1.21       1.15       1.17      1.24
737         1.43       1.09       1.12      1.25
915         1.05       1.03       1.08      1.09
1298        1.18       1.09       1.11      1.21
> lab <- as.character(ISgthDF[,1])
> D   <- length(lab)
```

2014년 12월 31일부터 2년간 뒤돌아보면 UNP가 가장 최근의 매출 총이익 증가율[gross profit growth]에서의 CNI를 제외하고(UNP: gsprofgth0=1.11 대 CNI: gsprofgth0=1.17) 여러 범주에서 경쟁 기업들보다 우수하다. 1년 또는 지난 년도를 뒤돌아보면 KSU가 UNP의 가장 좋은 경쟁사였다. 가장 최근 년도에서 KSU의 순이익 증가율[net income growth]은 43%다 (netincgth0=1.43).

이제 총수익이 ISgthDF 데이터프레임에 존재하므로 이번에는 cols 벡터로 선정한 특정 열에 통계 함수 mean()과 sd() 적용을 위해 apply() 함수를 사용해 샤프 비율의 두 핵심 요

---

6 CNI(Canadian National Railway), KSU(Kansas City Southern), NSC(Norfolk Southern Corp.), UNP(Union Pacific Corp.)

소를 구한다. 평균을 표준편차로 나누는 작업을 수행하는 findIncomeStmtSR() 함수를 호출하면 선호하는 4가지 손익계산서 지표의 샤프 비율과 함께 그림 7.6과 같은 4가지 산점도를 구할 수 있다.

```
findIncomeStmtSR <- function(ISgthDF,cols,
                             main="") {
  SRvec <- apply(ISgthDF[,cols],1,mean)/
    apply(ISgthDF[,cols],1,sd)
  plot(SRvec,cex=0,main=main,col=4)
  text(SRvec,ISgthDF[,1],col=4,cex=.5)
  SRvec
}
```

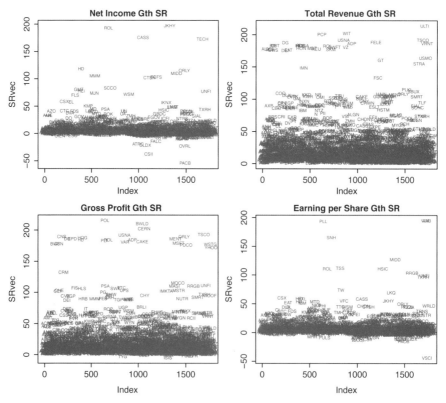

그림 7.6 4가지 증가율은 변동성 대비 수익률을 의미한다. 이들은 주식 티커별 손익계산서 지표의 샤프 비율이다.

4가지 손익계산서 증가율 지표가 존재하며 후보들은 '특정[any]' 범주에서 최고일 수도, '모든[all]' 범주에서 최고일 수도 있다. 가장 엄격한 기준인 '모든'을 택한 경우, findBest AllIncomeStmtSR() 함수는 4가지 손익계산서 수치의 샤프 비율 벡터를 받아 데이터프레임에서 선별한 후보 주식 중에 어떤 후보 주식이 주어진 최소 임계값 thresh를 충족하는지 알아본다. '모든 4개'의 임계값을 충족하는 주식만 함수가 반환하는 indAllSR 불리언[Boolean] 벡터가 TRUE로 표시된다.

```
findBestAllIncomeStmtSR <- function(
  vecSR1, vecSR2, vecSR3, vecSR4, thresh=50) {
  indVec1SR = vecSR1 > thresh
  indVec2SR = vecSR2 > thresh
  indVec3SR = vecSR3 > thresh
  indVec4SR = vecSR4 > thresh
  indAllSR = indVec1SR & indVec2SR &
   indVec3SR & indVec4SR
  indAllSR
}
```

코드들을 통합하면 위 샤프 비율 함수 findIncomeStmtSR()는 각 손익계산서 속성을 한 번 호출된다.

```
par(mfrow=c(2,2))
cols  <- c(3,7,11)
ignSR <- findIncomeStmtSR(ISgthDF,cols,
        main="Net Income Gth SR")

cols  <- c(4,8,12) #totrevgth2, totrevgth1, totrevgth0
trgSR <- findIncomeStmtSR(ISgthDF,cols,
        main="Total Revenue Gth SR")

cols  <- c(5,9,13) #gsprofgth2, gsprofgth1, gsprofgth0
gpgSR <- findIncomeStmtSR(ISgthDF,cols,
        main="Gross Profit Gth SR")

cols  <- c(6,10,14) #dnepsgth2, dnepsgth1, dnepsgth0
esgSR <- findIncomeStmtSR(ISgthDF,cols,
        main="Earning per Share Gth SR")
```

이 코드를 실행해 산출된 4가지 손익계산서 지표의 샤프 비율은 그림 7.6과 같다. 가장 높은 티커는 차트의 상단에 위치한다. 아래 코드와 같이 각 차트에서 상위 2개 티커를 선정해 2010년부터 2015년까지 5년간의 역사적 가격을 그래프로 나타내면 그림 7.7과 같으며, 이 그래프에서 드로우다운의 존재를 확인할 수 있다. `getHistPrices()` 시세 유틸리티 코드는 4.11절을 살펴보기 바란다.

```
topSRlab <- c('ROL','JKHY','WIT','ULTI',
              'POL','BWLD','DHR','WAB')
prices <- getHistPrices(topSRlab,rep(1/8,8),252*5-1,
         start="2010-07-01",end="2015-06-30",
         startBck1="2010-06-30",startFwd1="2010-07-02")
plotMultSeries(prices,topSRlab,rep(1/8,8),8,
               cc="days",ret="",ylim=c(.6,5.5))
```

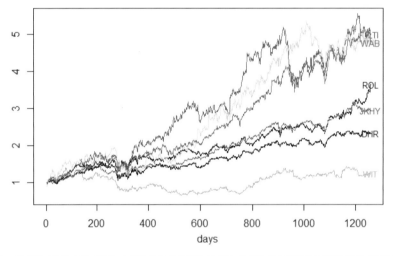

그림 7.7　각각의 4가지 손익계산서 속성에서 상위 2개씩 총 8개 주식의 총수익률로 조정한 가격 이력이다. 이는 다른 가능한 기준보다 약하다. 역사적 표본에서 상당한 드로우다운이 발생했다.

'특정' 속성에서 샤프 비율이 좋은 것만으로 충분치 않다는 사실을 수치에서 분명히 확인할 수 있다. 이것이 필자의 포트폴리오라면 ULTI과 POL에서 큰 드로우다운이 보이므로 기준을 재고할 것이다.

　'모든' 4가지 기준의 가중치가 동일하게 적용되도록 기준을 더 엄격하게 개정하기 위해서 아래 코드와 같이 `ISgthSRDF`라는 새로운 데이터프레임을 생성한다.

```
ISgthSRDF <- data.frame(as.character(ISgthDF[,1]),
                        ignSR,trgSR,gpgSR,esgSR)
colnames(ISgthSRDF) <- c("symbol","ignSR",
                         "trgSR","gpgSR","esgSR")
cleanedISgthSRDF <- na.omit(ISgthSRDF)
ISgthSRDF <- cleanedISgthSRDF
ISgthSRDF[match('UNP',ISgthSRDF[,1]),]
ISgthSRDF[match('INTC',ISgthSRDF[,1]),]
ISgthDF[match('UNP',ISgthDF[,1]),]
ISgthDF[match('INTC',ISgthDF[,1]),]
```

데이터프레임을 합치면 운송업주인 UNP와 기술주인 INTC^{Intel Corporation}의 과거 3년간 손익계산서 증가율을 비교해볼 수도 있다.

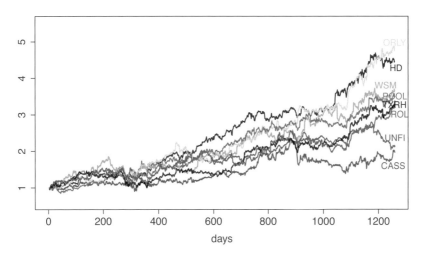

그림 7.8   더 엄격한 기준은 보다 긍정적인 총수익 이력을 생성한다. 합친 손익계산서 샤프 비율 경쟁에서 상위권을 차지한 8개 주식이다.

```
> ISgthSRDF[match('UNP',ISgthSRDF[,1]),]
     symbol   ignSR trgSR   gpgSR     esgSR
1298    UNP 24.61656  53.5 43.17975 25.25137
> ISgthSRDF[match('INTC',ISgthSRDF[,1]),]
     symbol    ignSR   trgSR    gpgSR    esgSR
2073   INTC 4.709579 25.0735 10.57691 5.084924
```

이 시기에 운송업계에서 경쟁 기업들보다 앞서기 위해 매우 높은 유가를 활용하는 UNP와 같은 기업들이 INTC와 같은 기술주를 능가한다는 사실을 알고 있다. 야후 파이낸스

Yahoo Finance를 참고하면 이러한 샤프 비율이 옳다는 사실을 확인할 수 있다. 계산하면 INTC의 희석 정규 주당순이익Diluted Normalized EPS 증가율은 1.43이고 UNP는 1.70이다. INTC의 희석 정규 수치가 2011년보다 2013년에 더 낮다는 사실을 발견한다면, 이 수치가 음의 성장으로 인해 불리하게 작용한다는 사실을 알 수 있다. 그림 7.7과 7.8에서 알 수 있듯이 findBestAllIncomeStmtSR() 함수의 더 엄격한 기준을 적용해 수천 개의 후보에 대해서 광범위하게 사용할 수 있다.

다음 코드 블록은 지금까지 손익계산서의 증가율 관점에서 가장 우수한 후보들로 마무리한다. 그림 7.8의 각 차트에서 상위 8개를 직접 선택하는 대신 다음 코드와 같이 엄격한 함수 findBestAllIncomeStmtSR()에 적절한 임계값을 설정해 '정예' 후보를 선정한다.

```
ind8SR <- findBestAllIncomeStmtSR(
  ignSR,trgSR,gpgSR,esgSR,thresh=40)
sum(ind8SR)
top8SRlab <- as.character(ISgthSRDF[,1])[ind8SR]
top8SRlab

prices <- getHistPrices(top8SRlab,rep(1/8,8),252*5-1,
                        start="2010-07-01",end="2015-06-30",
                        startBck1="2010-06-30",startFwd1="2010-07-02")
plotMultSeries(prices,top8SRlab,rep(1/8,8),8,
               cc="days",ret="",ylim=c(.6,5.5))
```

findBestAllIncomeStmtSR() 함수에 thresh=40으로 설정해 실행한 결과는 티커인 레이블 벡터 ind8SRlab이다.

```
> top8SRlab
[1] "HD" "ROL" "WSM" "CASS" "ORLY" "POOL" "TXRH" "UNFI"
```

일별 가격 시세를 얻기 위해 8개 티커에 대해서 코드의 나머지 부분을 실행한 결과는 그림 7.8과 같다.

이 같은 동일한 과정에 따라 후보 선택을 thresh=25로 확대해 8장, '마코위츠 평균-분산 최적화'에서 소개할 최적화 엔진에게 가중치 부여방식에 있어 ISSRIncome Statement Sharpe Ratio 선택과 가격 이력을 결합할 기회를 제공한다.

```
> indAllSR <- findBestAllIncomeStmtSR(
```

```
+                ignSR,trgSR,gpgSR,esgSR,thresh=25)
> sum(indAllSR)
[1] 33
> topSRlab <- as.character(ISgthSRDF[,1])[indAllSR]
> D = length(topSRlab)
> len = dim(ISgthSRDF)[1]
> topSRlab[9]<-"KMI"; topSRlab[15]<-"BRK_B"; topSRlab
 [1] "AME"    "AZO"   "CSX"   "CTC"   "EL"    "FDS"   "HD"
 [8] "KAMN"   "KMI"   "MD"    "MMM"   "MTD"   "NKE"   "NRT"
[15] "BRK_B"  "PX"    "ROK"   "ROL"   "SNA"   "UA"    "WSM"
[22] "CASS"   "HSIC"  "IKNX"  "JKHY"  "NTRS"  "ORLY"  "PAYX"
[29] "PCLN"   "POOL"  "SIAL"  "TXRH"  "UNFI"
```

그림 7.9는 다음 코드 블록으로 가격 이력을 수집할 때 33개의 후보 중에서 300~400%의 총수익률을 달성한 후보가 있음을 보여준다. 1.0에 있는 수상한 평행선은 CTC의 시세다. CTC는 야후 파이낸스에서 더 이상 시세를 제공하지 않으므로 제외해야 한다. 그러므로 D 는 포트폴리오 최적화 전에 32가 된다.

plotIncomeStmtSRTops() 함수는 4개의 ISSR 벡터 중 하나와 ISSR 벡터에서 가장 높은 샤프 비율을 TRUE로 나타내는 지시자[indicator] 불리언 벡터를 받고, 비율을 티커 명과 함께 그래프로 나타낸다. R의 정규분포 생성함수 rnorm()을 이용해 임의로 티커 명이 가로로 약 간씩 흩어지도록 해 가독성도 높였다. 이 작업으로 어느 정도 티커 명을 구분할 수 있지만 티커 명이 서로 밀집돼 있어 식별이 어려운 경우 세부적인 결과는 R의 데이터 구조에서 확인해야 한다.

```
plotIncomeStmtSRTops <- function(isSRvec,indAllSR,
                                 lab,minSR,maxSR,type=1) {
  set.seed(200)
  par(mar=c(4,4,2,1))
  par(mfrow=c(1,1))
  numPoints = length(isSRvec[indAllSR])
  if(type == 1) {
    plot(rep(type,numPoints),isSRvec[indAllSR],cex=0,
      xlim=c(0,5),main="All Income Stmt Gth SR",
      ylim=c(minSR,maxSR),xlab="Income Stmt Gth Type",ylab="SR")
  } else {
    points(rep(type,numPoints),isSRvec[indAllSR],cex=0)
  }
  text(rep(type,numPoints)+.20*rnorm(numPoints),
```

```
        isSRvec[indAllSR],ylim=c(minSR,maxSR),
        as.character(lab[indAllSR]),cex=.75,col=type)
}
maxSR <- max(ignSR[indAllSR],trgSR[indAllSR],
            gpgSR[indAllSR],esgSR[indAllSR])
minSR <- min(ignSR[indAllSR],trgSR[indAllSR],
            gpgSR[indAllSR],esgSR[indAllSR])
plotIncomeStmtSRTops(ignSR,indAllSR,ISgthSRDF[,1],minSR,maxSR,1)
plotIncomeStmtSRTops(trgSR,indAllSR,ISgthSRDF[,1],minSR,maxSR,2)
plotIncomeStmtSRTops(gpgSR,indAllSR,ISgthSRDF[,1],minSR,maxSR,3)
plotIncomeStmtSRTops(esgSR,indAllSR,ISgthSRDF[,1],minSR,maxSR,4)
```

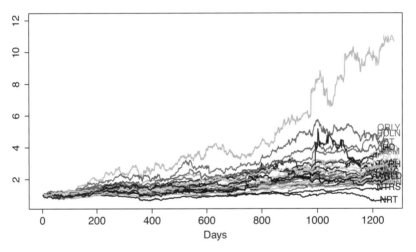

그림 7.9   D=33 후보 주식 티커와 표본 내(in-sample) 실적이다. 분명히 이 기간 동안 UA가 높은 ISSR 주식 집합에서 가장 우수한 표본 내 가격 동향을 보인다. ORLY, PCLN, HD 역시 총수익이 높다.

그림 7.10은 티커 명이 일부 중첩돼 있다. 자동차 부품 공급 업체인 ORLY[O'Reilly Automotive, Inc.]는 4가지 계열 모두에서 확인할 수 있다. 많은 티커 명을 명확히 확인할 수 없지만 코드를 통해 특정 티커를 조회할 수 있다. 예컨대 스포츠 의류 업체인 UA[Under Armour, Inc.]의 실행 결과는 아래와 같다.

```
> UAidx = match('UA',ISgthSRDF[,1])
> ignSR[UAidx]; trgSR[UAidx]; gpgSR[UAidx]; esgSR[UAidx]
    1283
35.77816
    1283
```

```
35.50081
     1283
25.49725
     1283
25.36479
```

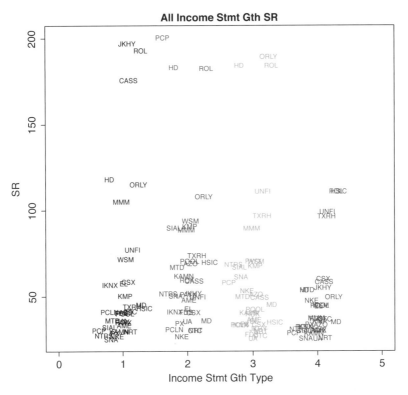

그림 7.10 33개의 후보 주식 티커와 1=순이익 증가율, 2=총매출 증가율, 3=매출 총이익 증가율, 4=희석 정규 주당순이익 증가율의 ISSR

UA 티커는 다른 티커에 가려져 있지만 match() 함수와 배열 인덱스를 활용한 위 코드의 수행 결과를 통해 ISSR이 35.78, 35.50, 25.50, 25.36임을 알 수 있다.

이제 주식 티커별 주가와 손익계산서 데이터집합의 샤프 비율 로직을 개발했으므로 이를 앞으로 다룰 최적화와 학습 알고리즘에 사용하겠다.

7.7 연습 문제

7.1   가장 우수한 샤프 비율 찾기

R로 myPruneBySharpe()라는 다른 버전의 pruneBySharpe() 함수를 작성하라. 여기에 2장에서 다룬 음수첨자 기능을 사용해 lab 벡터에서 티커 심볼을 제외하고, prices 행렬에서 가격을 제외하며, D 스칼라의 값을 조정한다. list() 연산자를 사용해 가격, 티커 심볼, indepSharpes의 세 변수를 반환한다. 필요하다면 pruneBySharpe() 함수의 코드를 사용하라. myPruneBySharpe() 함수 테스트를 위해 7장에서 살펴본 pruneBySharpe() 함수의 단위 테스트를 사용하라. 그리고 myPruneBySharpe() 함수 테스트 결과를 표시하라.

7.2   손익계산서 증가율의 데이터 시각화

findBestAllIncomeStmtSR() 함수를 호출하는 코드를 찾아 실행해 그림 7.10을 그린다. 7.6절처럼 단순히 임의로 배치하는 방법이 아닌, 필요에 따라 목록형[list]이나 사전형[dictionary]에 저장해 티커 심볼을 가로로 분리하는 더 나은 방법을 실험해서 찾아낸다. 그래프에서 서로 겹치지 않도록 적절한 길이의 반지름을 결정하라.

7.3   데이터집합의 에러 처리

4.10, '증권 데이터 정제'에서 살펴본 elimSyms() 함수 코드를 사용해 이 유틸리티의 단위 테스트 함수 ESUT()를 수행한다. 함수는 bad*.txt 형식으로 파일에 기록된 대로 acquirePrices() 함수 과정에서 발생한 내용을 바탕으로 prices 행렬과 lab 벡터를 정제한다. 선택한 20개 이상의 티커를 사용해 단위 테스트를 작성하고 bad*.txt 파일 중 하나를 사용해 해당 티커의 30%를 제외한다. 힌트: APUT() 함수의 처음 세 줄 코드를 사용해 유사한 방법으로 dir, l1, l2를 할당한다. ESUT를 dir 이름으로 선택하는 것이 가장 좋다. prices와 lab에서 제외할 두 개의 심볼 목록을 구성하기 위해 두 하위 디렉터리 NYSE와 NASDAQ 각각에 badsyms.txt 파일을 만든다.

8 마코위츠 평균 – 분산 최적화

8장에서는 수익률, 변동성, 그리고 증권 간의 시계열 상관관계를 기반으로 가장 바람직한 선택을 위해 주식과 가격 추세 데이터 마이닝에 적용되는 통계적 접근법을 중점적으로 살펴본다. 역사적 가격에는 시장에서 발생한 사건에 따른 변동, 강세 또는 약세, 등락, 폭락과 같은 데이터 수집 시기의 상황이 잘 반영돼 있다. 그림 3.3은 차트들의 초반부에서 금융 위기에 따른 대침체기Great Recession 당시 여러 주식들의 가격동향을 보여준다. 증권 중에는 시대의 사건에 매우 민감하게 반응하는 증권도 있고, 시대의 사건에 큰 영향을 받지 않는 증권도 있다. 어떤 경우든 간에 시뮬레이션 시에는 역사적 특성을 분석하여 반영해야 한다.

전통적으로, 바람직한 주식 포트폴리오를 분석할 때 기준으로 삼는 매우 다른 두 가지 방법은 다음과 같다.

- 기업 대차대조표의 펀더멘털fundamental 분석. 여기에는 주식의 장부가-시가 비율book to market ratio 같은 요인도 포함될 수 있다(Fama and French, 1995, 1996).
- 전세계 시장에서 보통주의 가격동향(Markowitz, 1952, 1959; Ruppert, 2011).

8장에서는 많은 시장 참여자가 사용하는 후자의 방법을 이용해 금융 분석 작업을 수행한다. 전자의 방법은 이 책의 후반부에서 살펴본다. 보통주의 원시 가격은 전세계 시장 참여자들이 관찰하고, 기록하며, 얻을 수 있다. 따라서 공개 데이터는 금융 분석 작업에 큰 도움이 된다. 참고로 포트폴리오의 가격 분석을 둘러싼 이론은 1950년대부터 시작됐다.

역사적 가격의 수익률과 변동성, 나머지 증권들에 대한 개별 증권의 공분산에 따라 더 높은 수익률, 더 낮은 변동성, 더 낮은 공분산을 나타내는 증권들을 선택한다.

8.1 두 위험자산의 최적 포트폴리오

포트폴리오 구성의 기본 사상은 투자의 양을 나타내는 가중치^{weight}를 이용해 증권들을 바구니에 담는 것이다. 이때 투자수익률이 확률변수다. 두 투자수익률을 각각 X와 Y라 하고, a와 b가 투자 가중치라면, 포트폴리오의 분산이 어떻게 되는지를 파악해야 한다. 이는 지난 3.6절에서 유도했던 다음 수식을 통해 알 수 있다.

$$Var(aX + bY) = E(aX + bY)^2 - E^2(aX + bY)$$
$$= a^2 Var(X) + b^2 Var(Y) + 2abCov(X, Y)$$

특히 포트폴리오 내에 $Var(X) > 0$ 이고 $Var(Y) > 0$인 두 위험자산이 있는 사례가 최적화 작업을 살펴보는 좋은 예다. 투자자는 항상 리스크 최소화를 위해 노력하는데, 이는 분산 최소화를 의미한다.

만일 첫 번째 가중치 $a = w_d$는 채권^{bond}과 같은 고정금리증권^{fixed income securities}을 보유한 포트폴리오의 부채^{debt} 부분을 나타내고, 두 번째 가중치 $b = w_e$는 주식^{stock}을 보유한 포트폴리오의 자본^{equity} 부분을 나타낸다.[1] 두 가중치로 전체 포트폴리오를 구성해야 하므로 다음과 같은 등식이 성립한다.

$$w_d + w_e = 1$$

사실 a 또는 b가 특정 유형의 투자를 나타낼 필요는 없다. 위에서는 단순히 설명을 위해 예제로서 부채와 자본을 선택했다. $a = w_d$와 $b = w_e = 1 - w_d$로 치환하고 최솟값을 찾기 위해 미분법을 사용하면 최소분산 부채비율^{minimum variance debt proportion}의 수식을 만들 수 있다. 포트폴리오 분산의 새로운 수식은 아래와 같다.

$$\sigma_P^2 = w_d^2 \sigma_d^2 + (1 - w_d)^2 \sigma_e^2 + 2w_d(1 - w_d)\sigma_{de}$$
$$= w_d^2 \sigma_d^2 + \sigma_e^2 - 2w_d \sigma_e^2 + w_d^2 \sigma_e^2 + 2w_d \sigma_{de} - 2w_d^2 \sigma_{de}$$

지금은 부채 부분에 대한 최상의 가중치에 관심 있으므로 w_d에 대해 미분한다. 이번 경우는 두 부분만 있으므로 자본 부분에 대한 최상의 가중치도 구할 수 있다.

---

1 채권(bond)은 장기적으로 자금이 필요한 국가나 기업이 자금을 조달하기 위해 발행하는 증서로 일정 기간 확정된 이자를 지불하고 만기에 채권에 명기한 액면가를 투자자에게 지불하는 방식이다. 따라서 채권을 만기까지 보유하고 있을 경우 채권에 명기된 이자율에 따라 이자를 고정적으로 받을 수 있다는 의미에서 채권을 고정금리증권이라고도 한다. 기업의 경우 대차대조표에 채권은 부채로(debt)로, 주식은 자본(equity)으로 분류한다.

$$\frac{\partial \sigma_P^2}{\partial w_d} = 2w_d\sigma_d^2 - 2\sigma_e^2 + 2w_d\sigma_e^2 + 2\sigma_{de} - 4w_d\sigma_{de} = 0$$

$$w_d(2\sigma_d^2 + 2\sigma_e^2 - 4\sigma_{de}) = 2\sigma_e^2 - 2\sigma_{de}$$

$$w_d = \frac{2\sigma_e^2 - 2\sigma_{de}}{2\sigma_d^2 + 2\sigma_e^2 - 4\sigma_{de}}$$

최소분산포트폴리오^{MVP, minimum variance portfolio} 부채비율은 다음과 같다.

$$w_d = \frac{\sigma_e^2 - \sigma_{de}}{\sigma_d^2 + \sigma_e^2 - 2\sigma_{de}}$$

$$= \frac{\sigma_e^2 - \sigma_d\sigma_e\rho}{\sigma_d^2 + \sigma_e^2 - 2\sigma_{de}}$$

임의의 두 확률변수 X와 Y에 대해 $Cov(X,Y) = \sigma_{XY} = \sigma_X\sigma_Y\rho$이므로, 최소분산포트폴리오 자본비율은 아래와 같다.

$$w_e = 1 - w_d$$

이 관계를 시각화하기 위해 R 프로그램을 통해 그래프로 그려보자.

```
mu_d = .05
mu_e = .12
sigma_e = .30
sigma_d = .20
sigma_de = .003
w_d = seq(0,1,.01)
mu_P = vector(length=length(w_d))
sigma_P = vector(length=length(w_d))
sr_P = vector(length=length(w_d))
```

초기화 코드인 위 부분에서는 다섯 개의 파라미터와 μ_P, σ_P, 그리고 샤프 비율^{Sharpe ratio}인 μ_P/σ_P의 101개 값을 기록할 수 있는 벡터를 설정한다. 아래 코드에서는 반복하며 이러한 벡터에 곡선을 구성하는 for 구문을 주목하기 바란다.

```
for(u in 1:length(w_d)) {
  mu_P[u] = mu_d*w_d[u] + mu_e*(1-w_d[u])
  sigma_P[u] = sqrt(w_d[u]^2*sigma_d^2 +
                    (1 - w_d[u])^2*sigma_e^2 +
                    2*w_d[u]*(1 - w_d[u])*sigma_de)
```

```
  sr_P[u] = mu_P[u] / sigma_P[u]
}
par(mfrow=c(1,2))
plot(sigma_P,w_d,type="l",ylab="w_d",col=6)
ind_min_var_P = sigma_P == min(sigma_P)
w_d[ind_min_var_P]
points(sigma_P[ind_min_var_P],w_d[ind_min_var_P])
text(sigma_P[ind_min_var_P]+.04,w_d[ind_min_var_P],
     paste("<-(",round(sigma_P[ind_min_var_P],4),",",
          w_d[ind_min_var_P],")"),cex=.75)
```

그림 8.1은 곡선과 최적의 w_d를 보여준다. 불리언[Boolean] 배열 ind_min_var_P를 조사하면, $w_d = 0.70$일 때 $\sigma_P = 0.1702(17.02\%)$의 최솟값을 갖는다는 사실을 알 수 있다. 위 코드를 실행하면 그림 8.1의 좌측 그래프가 생성되며, 아래 코드를 실행하면 우측 그래프가 생성된다.

```
plot(sigma_P,mu_P,type="l",ylab="mu_P",col=2)
mu_P[ind_min_var_P]
points(sigma_P[ind_min_var_P],mu_P[ind_min_var_P])
text(sigma_P[ind_min_var_P]+.045,mu_P[ind_min_var_P],
     paste("<-(",round(sigma_P[ind_min_var_P],4),",",
          mu_P[ind_min_var_P],")"),cex=.75)
```

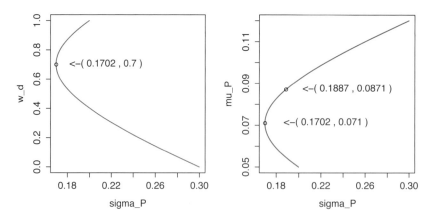

그림 8.1　두 가중치 w_d와 w_e는 포트폴리오를 공유한다. 왼쪽 그래프는 최소분산포트폴리오를 산출하는 w_d값을 나타낸다. 오른쪽 그래프는 최소분산포트폴리오를 산출하는 μ_P값을 나타낸다. 이 값은 최상의 샤프 비율인 접점포트폴리오를 산출하는 μ_P값 아래에 있다. 본 그래프는 $\mu_d = 0.05$, $\mu_e = 0.12$, $\sigma_e = 0.30$, $\sigma_d = 0.20$, $\sigma_{de} = 0.003$, $0 \le w_d \le 1$를 가정했다.

불리언 배열 ind_opt_p를 조사하면 $w_d = 0.47$일 때 $\sigma_P = 0.1887(18.87\%)$의 값을 갖는다는 사실을 알 수 있다.

```
ind_opt_P = sr_P == max(sr_P)
mu_P[ind_opt_P]
points(sigma_P[ind_opt_P],mu_P[ind_opt_P])
text(sigma_P[ind_opt_P]+.045,mu_P[ind_opt_P],
    paste("<-(",round(sigma_P[ind_opt_P],4),
          ",",mu_P[ind_opt_P],")"),cex=.75)
```

그림 8.1은 포트폴리오 이론의 세 가지 중요한 개념을 보여준다.

- **효율적 경계선**efficient frontier은 그림 8.1에 있는 우측 그래프의 전체 곡선이다. 곡선을 따라가면 주어진 수익률 수준에서 최적의 분산이 무엇인지 알 수 있다.
- **최소분산포트폴리오**minimum variance portfolio는 수익률이 있으며, 분산은 그림 8.1에 있는 우측 그래프의 두 선택 지점 중 하단의 지점이다.
- **접점포트폴리오**tangency portfolio는 최상의 샤프 비율을 나타내며, 그림 8.1에 있는 우측 그래프의 두 선택 지점 중 상단의 지점이다.

8.2 이차계획법

포트폴리오 최적화 수식을 파악했다면 이차계획법QP, Quadratic Programming 문제에 부딪힐 수 있다. 다행히도 R에는 1982년과 1983년에 발표된(Goldfarb and Idnani, 1982, 1983) 잘 알려진 고속 알고리즘fast algorithm을 사용해 이차계획법 문제를 해결하는 quadprog 패키지가 있다. R 패키지는 금융에서 평균 분산 문제를 해결하는 데 매우 유용하다. 이차계획법은 수십 년 전에 고안됐지만 통계 계산용 언어에서 사용된 것은 최근에 와서다. R에서는 quadprog 패키지에 있는 solve.QP() 함수를 사용하면 문제를 해결할 수 있으며, 이 함수의 명세는 다음과 같다.

```
Usage
solve.QP(Dmat, dvec, Amat, bvec, meq=0, factorized=FALSE)

Arguments
```

```
Dmat
matrix appearing in the quadratic function to be minimized.

dvec
vector appearing in the quadratic function to be minimized.

Amat
matrix defining the constraints under which we want to
minimize the quadratic function.

bvec
vector holding the values of b_0 (defaults to zero).

meq
the first meq constraints are treated as equality
constraints all further as inequality constraints
(defaults to 0).

factorized
logical flag: if TRUE, then we are passing R^(-1) (where
D = R^T R) instead of the matrix D in the argument Dmat.
```

특히 quadprog 패키지에서 구현한 이차계획법은 다음과 같은 목적함수[objective function][2]를 최소화한다.

$$\underset{b}{\operatorname{argmin}} \left(\frac{1}{2} \mathbf{b}^T \mathbf{D} \mathbf{b} - \mathbf{d}^T \mathbf{b} \right) \ under\ constraint\ \mathbf{A}^T \mathbf{b} \geq \mathbf{b}_0 \tag{8.1}$$

여기서 $\mathbf{D}$는 $p \times p$이고, $\mathbf{A}$는 상수의 행렬로, 부등식 제약[constraints]만 있는 경우는 $p \times p$이고, m 등식과 p 부등식 제약의 k 집합인 경우는 $p \times (m + kp)$이다. 그리고 해 변수[solution variables]의 벡터 $\mathbf{b}_0$는 $p \times 1$ 또는 $(m + kp) \times 1$다. 제약에 대해서는 잠시 후 살펴본다.

포트폴리오 최적화의 비즈니스 문제와 별개로, 당분간 이차계획법에만 집중한다면 수식 8.1의 해를 구하는 핵심 메커니즘을 살펴볼 수 있다. 최적의 $\mathbf{b}$를 찾기 위해 비교적 간단한 수학적 최소화 문제를 풀어보자(Laber and Zhou, 2013).

---

2 수리 계획 문제는 '벡터 변수 x가 어느 영역 R에 속할 때 R상에 정의되는 함수 $f(x)$의 최댓값 또는 최솟값을 주는 x의 값 x_0와 $f(x_0)$를 구한다'라고 하는 형으로 기술되는데, 이때 최댓값 또는 최솟값을 구하려고 하는 함수 f를 가리키는 용어를 목적함수라고 한다(출처: 한국정보통신기술협회).

$$\underset{\mathbf{b}}{\mathrm{argmin}} \left(x_1^2 + 2x_2^2 + 4x_3^2 - x_1 - x_2 + 5x_3 \right) \ u.c. \ x_1 + x_3 \leq 1 \ and \ x_1 \geq 5 \ and \ x_2 \leq 0$$

이 문제를 수식 8.1의 행렬 표기법으로 변환하면 다음과 같다.

$$\mathbf{D} = 2 \begin{bmatrix} 1 & 0 & 0 \\ 0 & 2 & 0 \\ 0 & 0 & 4 \end{bmatrix} and \ \mathbf{b} = [x_1 \ x_2 \ x_3]^T \ and \ \mathbf{d} = [1 \ 1 \ -5]^T \tag{8.2}$$

(등식) 제약 상수는 다음과 같다.

$$\mathbf{A}^T = \begin{bmatrix} -1 & 0 & -1 \\ 1 & 0 & 0 \\ 0 & -1 & 0 \end{bmatrix} and \ \mathbf{b}_0 = [-1 \ 5 \ 0]^T \tag{8.3}$$

다음은 $[x_1 \ x_2 \ x_3]^T$를 계산하는 R 코드와 실행 결과다.

```
> library(quadprog)
> library(tseries)
> P = 2*diag(c(1,2,4))
> d = c(1,1,-5)
> At = matrix(0,nrow=3,ncol=3)
> At[1,] = c(-1,0,-1)
> At[2,] = c(1,0,0)
> At[3,] = c(0,-1,0)
> b0 = c(-1,5,0)
> P
     [,1] [,2] [,3]
[1,]    2    0    0
[2,]    0    4    0
[3,]    0    0    8
> d
[1] 1 1 -5
> At
     [,1] [,2] [,3]
[1,]   -1    0   -1
[2,]    1    0    0
[3,]    0   -1    0
> b0
[1] -1 5 0
> xHat = solve.QP(P, d, t(At), b0)$solution
> xHat
[1] 5 0 -4
```

$\mathbf{b} = [x_1 \ x_2 \ x_3]^T = [5 \ 0 \ -4]^T$는 $x_1 + x_3 \le 1$이고, $x_1 \ge 5$이며, $x_2 \le 0$의 제약을 충족하므로 전체 제약을 충족한다.

solve.QP() 함수의 세 번째 인수는 혼란스러울 수 있다. 수식 8.1은 $\mathbf{A}^T$에 관한 제약을 나타내지만, solve.QP() 함수의 세 번째 인수에는 $\mathbf{A}$ 자체를 지정해야 한다. 따라서 위 R 코드에서는 $\mathbf{A}^T$를 나타내는 행렬 변수 At를 채운 다음 solve.QP() 함수에 전달하기 전에 변수를 전치한다[transpose]. 반드시 유의하기 바란다.

8.3 포트폴리오 최적화를 이용한 데이터 마이닝

지금까지 살펴본 이차계획법에 대한 설명을 금융 데이터에 적용해보자. 1952년 해리 마코위츠[Harry Markowitz]는 주식 포트폴리오 최적화를 위한 분석 기법을 만들었다. 그의 박사 논문 이후로 많은 곳에서 포트폴리오 최적화 기법을 적용하기 시작했다(Markowitz, 1952, 1959). 매우 흥미로운 점은 이 방식이 포트폴리오에서 리스크를 위해 만들어진 계산법이라는 점이다. 예컨대, 주식을 분산 투자해 포트폴리오를 구성하면 분산투자 전보다 리스크를 감소시킬 수 있다는 이론이다. 이 연구는 수많은 논문에서 인용되고 있으며 전 세계 투자 자문가들과 펀드 매니저들도 사용하고 있다. 또 다른 석학인 빌 샤프[Bill Sharpe]는 자본자산가격[capital asset prices]을 논하면서 이 사상을 확장했다(Sharpe, 1964).[3]

이 포트폴리오 이론을 통해 장기적 관점에서 지분증권[equity securities]을 비교[comparing]하고 혼합[blending]하기 위한 공식적인 정당성을 제시할 수 있다. 순매수[long-only] 전략을 사용하며 공개된 데이터인 일별 종가를 활용한다. 마코위츠와 샤프의 포트폴리오 이론(Sharpe, Alexander, and Bailey, 1999)은 포트폴리오 P에서 투자를 분류하는 데 사용할 수 있다.

- $\mathbf{R} = (\mathbf{R}_1,\ldots, \mathbf{R}_p)$인 $N \times P$차원의 로그 수익률 시계열 행렬 $\mathbf{R}$로 시작한다. 여기서 목표는 최적의 $\mathbf{w} = (w_1,\ldots, w_p)^T$를 찾는 것이다. 이 $\mathbf{w}$는 8.2절의 $\mathbf{b}$다. 크기가 N인 포트폴리오 수익률 벡터 $\mathbf{R}_p = \mathbf{Rw}$를 정의한다. 주가에 대한 p 시계열이 있을 때, 시점 i의 지분증권 j는 S_{ij}이며, 로그수익률은 $R_{ij} = ln(S_{ij}/S_{i-1j})$이다. 만일 S_{1j}가 이자율이라면

---

3 마코위츠 효율적 포트폴리오(Markowitz Efficient Portfolio)는 주어진 기대수익에 대해 제거 가능한 리스크를 모두 제거한 포트폴리오다. 다시 말해, 포트폴리오의 리스크 증가 없이는 추가적인 기대수익을 얻을 수 없다는 것이다. 마코위츠 경계선(frontier) 또는 마코위츠의 효율적 투자선이란, 각각의 주어진 리스크 수준에서 최상의 기대수익을 제공하는 모든 포트폴리오의 집합이다. 이러한 효율성의 개념은 자본자산가격결정모형(CAPM, Capital Asset Pricing Model)을 개발하는 데 필수적인 역할을 했다.

$S_{i,j}$가 정규분포라 가정하기 때문에 모든 i와 j에 대해 $R_{i,j}=S_{i,j}$로 간단히 설정한다는 점을 주목한다. 수익률의 전체 행렬은 다음과 같다.

$$\mathbf{R} = \begin{bmatrix} R_{11} & R_{12} & \dots & R_{1p} \\ R_{21} & R_{22} & \dots & R_{2p} \\ \vdots & \vdots & \ddots & \vdots \\ R_{N1} & R_{N2} & \dots & R_{Np} \end{bmatrix} \tag{8.4}$$

이때, 다음과 같은 사항을 알 수 있다.

$$E\{\mathbf{R}\} = \mu = \begin{bmatrix} \mu_1 \\ \vdots \\ \mu_p \end{bmatrix} \tag{8.5}$$

$cov(\mathbf{R})=\Sigma$이며, $p \times p$ 형태다. 이러한 행렬을 찾는 것이 마코위츠 방식의 평균 분산 최적화의 시작이다.

- $E\{\mathbf{R}_P\} = \mu_P = (\mu_1,\dots,\mu_p)^T\mathbf{w} = (E\{\mathbf{R}_1\},\dots,E\{\mathbf{R}_p\})^T\mathbf{w}$를 정의한다. 이때 $\mu_j = \frac{1}{N}\sum_{i=1}^{N}R_{i,j}$다.
- 투자 선택 순위를 매기고 높은 수익률과 낮은 변동성의 원칙 및 샤프 비율에 따라 일부를 제외한다.

$$\frac{E\{\mathbf{R}_P\} - \mu_f}{\sigma_P}$$

여기서 $E\{\mathbf{R}_P\}=\mathbf{w}^T\mu$이며, $\sigma_P = \sqrt{\mathbf{w}^T\Sigma\mathbf{w}}$ 다.

solve.QP() 함수의 요구사항은 Σ이 양의 준정부호[PSD, positive semidefinite]여야 한다는 것이다. 이 조건을 유지하기 위해 약세 후보들과 그 수익률을 제거해 크기를 줄이면 Σ가 양의 준정부호일 가능성이 증가한다.

포트폴리오 최적화를 위해 이차계획법인 QP를 사용하는 것은 다음과 같은 목적함수를 사용해 평균이 주어진 최적 분산 포트폴리오[optimal variance portfolio]를 찾는 것을 수반한다.

$$\mathbf{w}^T\Sigma\mathbf{w} \tag{8.6}$$

여기서 Σ는 등식과 부등식 제약 모두에서 $p \times p$다(Karoui, 2009; Ruppert, 2011). 위 8.2절과는 달리, 등식과 부등식 제약이 모두 존재하며, 각각 eq와 neq로 표기한다. 벡터 $\mathbf{b}$를 고려하면 수식 8.1로부터 등식 제약은 먼저 다음과 같이 나타낼 수 있다.

$$\mathbf{A}_{eq}^T \mathbf{b} = \mathbf{b}_{eq} \tag{8.7}$$

이때 아래와 같다.

$$\mathbf{A}_{eq}^T = \begin{bmatrix} \mathbf{e}^T \\ \mu^T \end{bmatrix} \tag{8.8}$$

여기서 $\mathbf{e}^T = (1,\dots,\ 1)$는 1이 p개인 벡터이고, $\mu^T = (\mu_1,\dots,\ \mu_p)$다.
또한 아래와 같다.

$$\mathbf{b}_{eq} = \begin{bmatrix} 1 \\ \mu_P \end{bmatrix} \tag{8.9}$$

수식 8.1을 적용할 때, $\mathbf{D} = 2\Sigma$, $d = 0$, $\mathbf{b} = \mathbf{w}$라고 하면 다음과 같다.

$$\mu^T \mathbf{w} = \mu_P = \mu_P^T = (\mu^T \mathbf{w})^T = \mathbf{w}^T \mu \tag{8.10}$$

또한 아래와 같다.

$$\mathbf{e}^T \mathbf{w} = 1 = 1^T = (\mathbf{e}^T \mathbf{w})^T = \mathbf{w}^T \mathbf{e} \tag{8.11}$$

수식 8.7은 다음과 같이 재정리할 수 있다.

$$A_{eq}^T \mathbf{b} = \begin{bmatrix} \mathbf{e}^T \\ \mu^T \end{bmatrix} \mathbf{w} = \begin{bmatrix} \mathbf{e}^T \mathbf{w} \\ \mu^T \mathbf{w} \end{bmatrix} = \begin{bmatrix} 1 \\ \mu_P \end{bmatrix} = \mathbf{b}_{eq} \tag{8.12}$$

부등식 제약은 다음과 같다.

$$\mathbf{A}_{neq} \mathbf{b} \geq \mathbf{b}_{neq} \tag{8.13}$$

여기서, $\mathbf{A}_{neq}$는 $p \times p$이고(일반적으로 $p \times kp$일 수 있지만), b_{neq}는 $p \times 1$다.

이제 공매도 금지$^{no\ short\ sales}$에 해당하는 특정한 부등식 제약, 단일 등식 제약을 고려한다. 간단히 나타내면 다음과 같다.

$$\text{for all } i, 1 \leq i \leq p, w_i \geq 0 \tag{8.14}$$

하지만 더 공식적으로는 다음과 같이 나타낸다.

$$\mathbf{A}_{neq}^T = \mathbf{diag}(\mathbf{p}) \ and \ \mathbf{b}_{neq} = \begin{bmatrix} 0 \\ . \\ . \\ . \\ 0 \end{bmatrix} \tag{8.15}$$

여기서 `diag()` 함수는 대각선에 1을, 그 외 모든 곳에 0을 갖는 크기 $p \times p$의 대각행렬diagonal matrix이며, $\mathbf{b}_{neq}$는 크기 p의 0 벡터와 동일하므로, 수식 8.13은 이제 수식 8.14의 특성을 사용해 수식 8.12의 형태로 나타낼 수 있다.

$\mathbf{A}$와 $\mathbf{B}$를 구성하기 위한 등식과 '공매도 금지' 조건인 부등식 요소가 있다. 따라서 이제 다음과 같다.

$$\mathbf{A}_{mat} = [\ \mathbf{A}_{eq} \mid \mathbf{A}_{neq}\ ]$$

여기서 $\mathbf{A}$는 $p \times (p+2)$이고, $\mathbf{b}_{vec} = [\ \mathbf{b}_{eq}{}^T \mid \mathbf{b}_{neq}{}^T\ ]^T$다.

8.5절에서 구체적인 예를 살펴보겠다.

8.4 제약, 페널티 부여, 라쏘

포트폴리오 최적화는 비선형non-linear 최적화 기법의 매우 흥미로운 응용이다. 포트폴리오 최적화 상황context에서 등식과 부등식 제약은 이미 논의했으므로, 이차계획법 방식으로 작성된 최적화 알고리즘 `solve.QP()` 함수로 어떻게 진행하는지 심도 깊은 이해를 위해 일반적인 최적화를 간단히 살펴보겠다. 일반적으로 p차원의 정의역domain이 있을 때, 최적화 함수 f는 $(p+1)$차원 표면surface이다. 예컨대 곧 살펴볼 예제처럼 $p=2$이면, 함수 f는 3차원 표면이다. 최적화는 정의역 점domain point인 $\mathbf{x} \in \mathbb{R}^p$찾기로 구성된다. 이때 정의역 점은 f의 값 관점에서 최소 또는 최대점이다. 마코위츠와 샤프의 방식에서는 일반적으로 평균 수익률을 요구하며 이 수익률의 공분산이 가장 낮은 포트폴리오를 원한다. 따라서 포트폴리오의 분산이나 표준편차의 최소점을 찾는다.

제약은 f에 대한 조건으로, 최적화가 유용하고 타당하기 위해 충족해야 한다. 포트폴리오 최적화 제약은 이미 논의를 시작했으므로 여기서는 제약의 일반적인 내용을 설명하겠다. 앞 절에서 봤듯이 제약은 등식과 부등식으로 지정한다. 제약이 행렬 형태가 되기 앞서, 조건은 카루시-쿤-터커KKT, Karush-Kuhn-Tucker 조건으로 알려진 가장 일반적인 형태로 간주할 수 있으며, 다음과 같은 등식과 부등식 제약을 수반하는 주요main 함수로 나타낼 수 있다.

$$minimize\ f(\mathbf{x})\ subject\ to\ g_i(\mathbf{x}) \leq 0\ and\ h_j(\mathbf{x}) = 0$$
$$where\ i \in \{1, \ldots, l\}\ and\ j \in \{1, \ldots, m\}$$

여기서 l개의 부등식과 m개의 등식이 있다. 카루시−쿤−터커 방식인 KKT 방식의 전체 방정식은 다음과 같이 나타낼 수 있다.

$$\mathbf{x}^* = \underset{\mathbf{x}}{\operatorname{argmin}} f(\mathbf{x})$$
$$= \underset{\mathbf{x}}{\operatorname{argmin}} \mathcal{L}(\mathbf{x}, \lambda, \mu)$$
$$= \underset{\mathbf{x}}{\operatorname{argmin}} f(\mathbf{x}) + \sum_{i=1}^{l} g_i(\mathbf{x}) + \sum_{j=1}^{m} h_j(\mathbf{x})$$

여기서 $\mathcal{L}(\mathbf{x}, \lambda, \mu)$는 **라그랑지안**^{Lagrangian}으로 알려져 있으며, **라그랑주 승수**^{Lagrange multipliers}의 벡터인 λ와 μ에도 의존한다. 최소화를 위해, 위 수식은 x가 p차원일 때 $p+l+m$차원의 연립방정식^{system of equations}을 계산하면 풀 수 있다.

$$\nabla f(\mathbf{x}) + \sum_{i=1}^{l} \nabla g_i(\mathbf{x}) + \sum_{j=1}^{m} \nabla h_j(\mathbf{x}) = 0 \tag{8.16}$$

여기서 ∇f는 **기울기**^{gradient}로, 편미분^{partial derivatives}의 p차원 벡터다. 아래에서 최적화를 위한 KKT 조건의 예를 살펴본다.

등식 제약만 고려한다면 최적화 상황의 라그랑지안 방정식을 구하는 약간 덜 일반적이지만 매우 유용한 기법을 적용할 수도 있다. 여기에 간단한 예가 있다. 다음과 같이 수식을 최소화해야 한다.

$$minimize\ \mathbf{x}^T \mathbf{x}\ subject\ to\ \mathbf{A}\,\mathbf{x} = \mathbf{b}$$

이번 예제에서는 $p=2$, 즉 2차원으로 제한한다. 따라서 $\mathbf{x}=(x, y)$를 생각해 볼 수 있다. 3차원을 함수 값이라 간주하면, $f(\mathbf{x})=z=x^2+y^2$이 있는 3차원 포물선형 표면^{parabolic surface}을 갖는다. 이제 제약이 없다면, $z=0$일 때 함수의 최솟값이 정의역 점$(0, 0)$이 된다는 사실을 알 수 있다. 하지만 평면 $\mathbf{Ax}=\mathbf{b}$와 교차하는 전체 표면 x^2+y^2을 고려해야 한다는 등식 제약이 있다. $x+y=2$인 간단한 평면이라면 $h(x)=x+y-2=0$와 같은 KKT 형태 또는 다음과 같은 행렬 형태로 나타낼 수 있다.

$$\mathbf{Ax} = \begin{bmatrix} 1 & 1 \\ 1 & 1 \end{bmatrix} \begin{bmatrix} x \\ y \end{bmatrix} = \begin{bmatrix} 2 \\ 2 \end{bmatrix} = \mathbf{b}$$

그림 8.2는 등식 제약이 있는 $f(\mathbf{x}) = z$의 등고선^{contour}을 보여준다.

동일한 함수의 최솟값을 찾는 또 다른 방법은 라그랑주 승수를 사용하는 것이다. 라그랑지안 방법은 순수 등식 제약의 한계 때문에 **KKT** 방법만큼 일반적이지 않다. 그럼에도 불구하고 본 예제 함수와 제약에 적용할 수 있다. 라그랑지안 형태를 얻기위해 함수의 표현식으로 시작하고 제약 방정식 최소화를 위해 수식에 추가한다.

$$minimize\ f(\mathbf{x})\ subject\ to\ g_i(\mathbf{x}) = 0\ where\ i \in \{1, \dots, m\}$$

라그랑지안으로 각 등식 제약은 하나의 λ 승수를 사용한다. 이번 예제에는 하나의 제약이 있다. 행렬 방정식 $\mathbf{Ax} = \mathbf{b}$를 $x + y = 2$로 재작성하면 라그랑지안은 다음과 같이 나타낼 수 있다.

$$\mathcal{L}(x, y, \lambda) = \underset{(\mathbf{x}, \mathbf{y})}{argmin} \left\{ x^2 + y^2 + \lambda(x + y - 2) \right\}$$

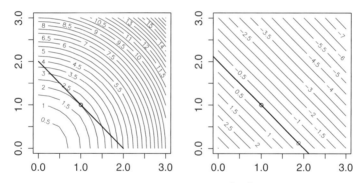

그림 8.2 좌측은 $x + y = 2$ 제약이 있는 포물선형 표면 $f(x, y) = x^2 + y^2$의 등고선 그래프와 해(solution) $(x, y) = (1, 1)$이다. 우측은 평면 $z = -2x - 2y + 4$ 그래프로, 제약은 $\lambda = -2$일 때다.

$\mathcal{L}$을 각 x, y, λ에 대해 미분하고 이를 0으로 설정한 다음 방정식을 계산한다.

$$\frac{\partial \mathcal{L}}{\partial x} = 2x + \lambda = 0 \tag{8.17}$$

$$\frac{\partial \mathcal{L}}{\partial y} = 2y + \lambda = 0 \tag{8.18}$$

$$\frac{\partial \mathcal{L}}{\partial \lambda} = x + y - 2 = 0 \tag{8.19}$$

방정식 8.17에서 8.18을 빼고 각 변을 2로 나누면 다음과 같다.

$$x - y = 0$$

방정식 8.19로부터 다음을 알 수 있다.

$$x + y = 2$$

이 두 나머지 방정식을 더하면 $x = 1$과 $y = 1$을 구할 수 있다. 최솟값을 위한 정의역 점은 $z = x^2 + y^2 = 2$인 값 $\mathbf{x} = (x, y) = (1, 1)$에 있다. 그림 8.2에서 해 위치를 볼 수 있다. 또한 방정식 8.18을 이용해 세 연립방정식에서 $\lambda = -2$를 구할 수 있다. 라그랑주 승수 $\lambda(x + y - 2)$로 작성할 수 있는 등식 제약 $\mathbf{Ax} = \mathbf{b}$는 평면 $z = -2x - 2y + 4$다. 이 평면은 그림 8.2의 우측 그래프와 같다.

제약을 논의하는 동안이 머신 러닝[machine learning] 커뮤니티를 사로잡은 주제를 소개할 좋은 시점이다. 수십 년 동안 통계에서는 중요한 **축소 성질**[shrinkage property]의 개념이 발전해 왔다. 따라서 이제는 기본적으로 모형의 축소 성질이 우수하리라 기대한다. 축소란, 주어진 해법이 더 적고 더 작은 파라미터 값을 포함할 때 더 유익하다는 사상이다. 예컨대 회귀분석[regression]에서는 검토하는 특정 데이터집합에 모형이 **과적합**[overfit]되지 않도록 한다. 초기 훈련[training] 데이터집합을 사용해 훈련 데이터집합과 다른 미래의 테스트[test] 데이터집합을 처리하는 모형을 구축하고자 한다. 이렇게 하면 원시 테스트 데이터집합으로부터 더 큰 분산의 모형이 생긴다.

축소는 다양한 방법으로 구현할 수 있다. 가장 많이 사용하는 방법 중 하나는 해 벡터의 노름[norm][4] 크기 제한으로 페널티 제약[penalizing constraint]을 추가하는 것이다. 상한선 제약은 결과를 줄이거나 가두는[lassoing] 효과가 있으므로 라쏘[LASSO]라 부른다. LASSO는 Least Absolute Selection and Shrinkage Operator의 약어다. 수학적으로는 비교적 간단한 개념이다.

벡터 공간에서 ℓ_1 거리 측정값은 각 구성 요소의 절댓값 또는 크기의 합이다. 따라서 p차원에서 벡터 x는 $\sum_{i=1}^{p} |x_i|$의 ℓ_1 노름을 갖는다. 이는 맨해튼 거리[Manhattan distance][5]로 알

---

4 수의 크기를 의미하는 절댓값을 벡터 공간으로 추상화한 개념을 노름(norm)이라고 한다. 두 점 사이의 거리를 절댓값을 이용해 정의할 수 있듯이, 두 점 사이의 거리의 추상화한 개념인 거리(metric) 함수를 노름을 이용해 정의할 수 있다. 선형 대수학 및 함수해석학에서, 노름 공간(normed space)은 원소들에 일종의 '길이' 또는 '크기'가 부여된 벡터 공간이다. 이러한 크기를 노름이라고 하며, 삼각 부등식을 따라 거리 함수를 정의한다.

5 맨해튼 거리(Manhattan distance, 혹은 택시 거리, L1 거리, 시가 거리, Taxicab geometry)는 19세기의 수학자 헤르만 민코프스키가 고안한 용어로, 보통 유클리드 기하학의 거리 공간을 좌표에 표시된 두 점 사이의 거리(절댓값) 차이에 따른 새로운 거리 공간으로 대신하기도 한다.

려져 있다. 도시에서 건물을 가로질러 갈 수 없어 도로를 따라 걷는 보행자를 연상시키기 때문이다. ℓ_2 거리 측정값은 제곱한 구성 요소 합의 제곱근이다. 따라서 P차원에서 벡터 x는 $\sqrt{\sum_{i=1}^{p} x_i^2}$ ℓ_2 노름을 갖는다. 이는 각 구성 요소의 크기를 합산한 후 제곱근을 통해 다시 크기를 조정하는 효과가 있으며, 직선 거리$^{\text{distance as the crow flies}}$[6]로 알려져 있다.

이러한 두 가지 가장 일반적인 거리 측정법 가운데 라쏘의 경우 더 나은 축소 성질을 제공하는 ℓ_1 제약을 선택한다. 기하학적으로, $p=2$차원에서 ℓ_1 거리 측정은 두 구성 요소 중 하나가 주도해 다른 구성 요소는 0이 된다. 이는 그림 8.3의 좌측 그래프에서 볼 수 있다. 등고선 그래프로 표시한 최소화되는 함수가 있다. 다이아몬드^{diamond}는 ℓ_1 제약인 $\sum_{i=1}^{2} |x_i|$ ≤ 1이며, 함수의 기울기 내에 나타난다. 다이아몬드 모양의 제약으로 인해 최적화 알고리즘은 제약 다이아몬드의 모서리$^{\text{corner point}}$ 중 하나를 선택해야 하되, x 또는 y 구성 요소만 포함한다. 이 점들이 최소화되는 함수의 최솟값을 가질 가능성이 가장 높은 점이기 때문이다. 따라서 축소를 얻는다.

반면에 제약이 ℓ_2일 경우에는 다이아몬드 모양은 원^{circle}이 되고, $f(x, y)$에 대해 최소가 되는 원 위의 점은 x와 y의 구성 요소를 포함하며, 축소 성질을 잃는다. 그림 8.3의 경우, 중심 또는 $(0, 1)$에서 가장 낮은 z 값 점으로 $f(x, y)$의 등고선을 따라, 라쏘 다이아몬드는 축소와 함께 명확한 제약을 제공한다.

수식으로 표현하면 다음 함수를 최소화하는 것이다.

$$f(x,y) = (x - \frac{1}{2})^2 + (y - 2)^2 \; subject \; to \; |x| + |y| \leq 1 \tag{8.20}$$

KKT 조건을 적용하면 위 수식 8.20은 다음과 같이 재작성할 수 있다.

$$\begin{aligned} f(x,y) &= (x - \frac{1}{2})^2 + (y - 2)^2 \; subject \; to \\ g_1(x,y) &= x + y - 1 \leq 0 \\ g_2(x,y) &= x - y - 1 \leq 0 \\ g_3(x,y) &= -x + y - 1 \leq 0 \end{aligned} \tag{8.20}$$

---

6 까마귀 날 때의 거리(distance as the crow flies)란, 까마귀가 한 지점에서 다른 지점까지 일직선으로 날아갈 수 있다고 해서 유래된 말로 직선 거리를 뜻하는 영어의 관용 표현이다.

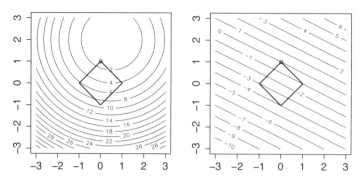

그림 8.3   좌측은 $|x| + |y| = 1$의 라쏘 방식 제약이 있는 포물선형 표면의 등고선 그래프 $f(x, y) = (x - \frac{1}{2})^2 + (y-2)$
와 해 $(x, y) = (0, 1)$다. 우측은 제약 평면의 등고선 그래프다. 여기에는 $z = x + 2y - 2$라는 또 다른 형태
의 라쏘 제약이 있다. 비교를 위해 두 그래프에는 $|x| + |y| = 1$에 대한 라쏘 형식의 제약 다이아몬드가
있다.

이제 기하학적으로, 그림 8.3에서 g_2와 g_4는 값이 더 높은 f의 영역에 있으므로 g_1과 g_3만
중요하다는 사실을 알 수 있다. 그리고 g_1과 g_3에 해당하는 두 개의 KKT 승수 λ_1과 λ_3가 있
다. 수식 8.16의 KKT 수식을 사용하면 KKT 기울기는 다음과 같다.

$$\nabla f(x, y) = (2x - 1, 2y - 4)$$
$$\nabla g_1(x, y) = (1, 1)$$
$$\nabla g_3(x, y) = (-1, 1)$$

따라서 다음과 같이 $l = 2$ 부등식 제약이 있는 제약 해$^{constraint\ solution}$ 수식을 작성할 수 있다.

$$\frac{\partial f}{\partial x} + \lambda_1 \frac{\partial g_1}{\partial x} + \lambda_3 \frac{\partial g_3}{\partial x} = 0$$

그리고 다음과 같다.

$$\frac{\partial f}{\partial y} + \lambda_1 \frac{\partial g_1}{\partial y} + \lambda_3 \frac{\partial g_3}{\partial y} = 0$$

이는 다음과 같이 계산할 수 있다.

$$2x - 1 + \lambda_1 - \lambda_3 = 0$$
$$2y - 4 + \lambda_1 + \lambda_3 = 0$$

따라서 $p + l = 4$ 방정식을 얻기 위해 모든 수식을 결합하면 다음과 같다.

$$2x - 1 + \lambda_1 - \lambda_3 = 0$$
$$2y - 4 + \lambda_1 + \lambda_3 = 0$$
$$x + y = 1$$
$$-x + y = 1$$

이는 다음과 같은 행렬 형태로 작성할 수 있다.

$$\mathbf{Au} = \begin{bmatrix} 2 & 0 & 1 & -1 \\ 0 & 2 & 1 & 1 \\ 1 & 1 & 0 & 0 \\ -1 & 1 & 0 & 0 \end{bmatrix} \begin{bmatrix} x \\ y \\ \lambda_1 \\ \lambda_3 \end{bmatrix} = \begin{bmatrix} 1 \\ 4 \\ 1 \\ 1 \end{bmatrix} = \mathbf{b}$$

그리고 $\mathbf{u} = \mathbf{A}^{-1}\mathbf{b}$로 풀 수 있으며, 다음과 같이 간단한 R 코드를 이용해 계산하면 $(x, y, \lambda_1, \lambda_3) = (0, 1, \frac{3}{2}, \frac{1}{2})$ 결괏값을 확인할 수 있다.

```
> A = matrix(c(2,0,1,-1,
+              0,2,1,1,
+              1,1,0,0,
+              -1,1,0,0),nrow=4,ncol=4)
> b = c(1,4,1,1)
> u = solve(A) %*% b
> u
     [,1]
[1,]  0.0
[2,]  1.0
[3,]  1.5
[4,]  0.5
```

이를 통해 다음과 같은 KKT 형태의 수식을 작성할 수 있다.

$$\mathbf{x}^* = \underset{\mathbf{x}}{\operatorname{argmin}} f(\mathbf{x}) = \underset{\mathbf{x}}{\operatorname{argmin}} \mathcal{L}(\mathbf{x}, \lambda, \mu) = \underset{\mathbf{x}}{\operatorname{argmin}} \mathcal{L}((x, y), (\lambda_1, \lambda_3))$$
$$= \underset{\mathbf{x}}{\operatorname{argmin}}\{(x - \frac{1}{2})^2 + (y - 2)^2 + \lambda_1(x + y - 1) + \lambda_3(-x + y - 1)\}$$

이는 $x^* = (0, 1)$와 $\lambda = (\frac{3}{2}, \frac{1}{2})$로 풀 수 있다. 두 λ항은 최소화 문제에 페널티penalty를 부여한다. λ들이 양수면 최소화되는 전체 수식의 값을 증가시키기 때문이다. $\lambda = (\frac{3}{2}, \frac{1}{2})$를 이용해 두 λ항이 (x, y, z) 공간에서 평면을 형성하는 $x + 2y - 2$이 된다는 사실을 알아냈다. 그림 8.3에서 좌측은 라쏘 제약이 있는 함수 $f(x, y)$를 보여준다. 우측은 평면의 등고선에 대한 라쏘 제약을 다시 한번 보여준다. 여기서 $x + 2y - 2$는 $\lambda_1 = \frac{3}{2}$와 $\lambda_3 = \frac{1}{2}$일 때의 관심 평면이다. 우측 등고선에서 평면이 $x + 2y - 2 = z = 0$인 평면과 교차할 때 $(x, y) = (0, 1)$의 해 지점이 있음을 알 수 있다.

문헌에 나타난 대부분의 마코위츠 시뮬레이션에는 소수의 증권이 포함돼 있다. 이러한 저차원lower-dimensional 시뮬레이션은 기술의 신뢰도를 나타내며, 투자회사에서 실제로 수백 개의 증권을 조사할 경우에는 알고리즘이 어떻게 동작하는지 호기심을 자극한다. 포트폴리오 관리자나 개인 투자자들의 목표는 시뮬레이션에 대량의 후보 증권들을 제공하고, 이들 후보 중에 전체 포트폴리오에서 우수한 수익률-리스크 비율을 나타내는 증권들을 찾는 것이다. 이러한 시나리오에서 R언어 자동화가 진가를 발휘한다. 드물지만 고차원high-dimensional 마코위츠 포트폴리오 작업도 있다(Karoui, 2009).

수익률 외에도 나머지 증권의 분산과 공분산을 포함한 리스크 측정이 중요하다. 이들의 분산 기여diversification contribution로 인해 공분산이 낮거나 음수인 증권을 샤프 비율이 높은 증권보다 선호한다. 예컨대 그림 3.3의 9차원 사례에서는 여러 주식들 중 아메리소스버진ABC, AmerisourceBergen을 매우 선호할 것이다. 그림 3.4의 상관 행렬 그래프에서 보듯이 세 번째 행과 열의 골trough이 명확하며, 이는 **ABC**가 다른 주식들보다 상관관계가 낮다는 의미다.

마코위츠 알고리즘의 자연스러운 발전은 많은 증권들로, 즉 차원들로 확장하는 것이다. 이를 통해 다수의 증권을 데이터 마이닝하여 좋은 가치가 존재하는지 확인할 수 있다. 투자자들은 포트폴리오 시뮬레이션으로 도출된 후보들을 보기 전까지 가격 특성을 인식하지 못할 수 있다.

이번 연구에서 데이터 마이닝을 위해 사용한 단계의 개요는 다음과 같다. 코드 모듈과 관련된 구체적인 내용은 그림 8.5를 참고하기 바란다.

- 데이터 수집data collection
- 데이터 전처리data pre-processing: 데이터 시각화, 분할 조정
- 로그 수익률 계산compute log returns
- 공분산 행렬 계산compute covariance matrix
- 시뮬레이션과 최적화simulation and optimization
- 결과의 시각화와 저장visualization and storing of results

자동화 단계 이전의 데이터 전처리 단계는 결과를 밝힐 때 지식 검색 과정에 중요하다. 데이터 전처리 단계가 없으면 부정확한 데이터로 인해 부정확한 결과가 도출된다. 데이터 시각화를 이용해 세부적인 데이터 패턴을 검토하고 주의를 기울임으로써 자동화 단계를 올바르게 진행할 수 있다. 그리고 자동화 코드를 개발해 과정을 반복할 수 있다. 이 경우에는 4.5절에서 소개했듯이 검사[inspection]를 통해 데이터 유효성에 대한 신뢰도를 확보할 수 있도록 수백 개의 차트를 그려봐야 한다.

8.5 고차원으로의 확장

R 프로그램에서 핵심 통계 측정을 위해 인터넷 기반의 역사적 가격을 사용할 때 발생하는 실질적인 구현 문제는 무엇인가? 데이터 정제[data cleaning]가 없으면 부정확한 수익률, 변동성, 공분산이 계산된다(Bennett, 2014). 대량의 데이터집합을 다룰 때 데이터 정제의 양은 데이터집합 크기에 비례한다.

huge 패키지의 stockdata 데이터집합(Zhao, Liu, Roeder, Lafferty, and Wasserman, 2012)으로 돌아가보자. 정의역[domain]은 452개의 S&P 500 지수 주식이 2003년에서 2008년까지 지수에 계속 유지됐기 때문에 $\mathbb{R}^{452}$의 공간에서 시작한다. 잠시 후 $\mathbb{R}^{452}$에서 1,200개가 넘는 크기의 표본[sample]을 보게 될 것이다. huge의 목적은 8장의 목적과 다소 상이하지만 9장에서와 같이 원래 그래프 모형 구조 학습 실험[graphical model structure learning experiments]에 사용된 데이터집합을 고려한다면, 다수의 증권은 포트폴리오 최적화에 고차원에서 견고한[robust] 테스트를 제공할 것이다. 흔히 그렇듯 R 패키지는 이전 데이터 수집 작업, 데이터의 전처리 이후, 테스트에 사용된다.

solve.QP() 옵티마이저[optimizer]의 첫 사용을 위해 각 단계를 하나씩 살펴보자. 데이터 수집 코드와 결과는 아래와 같다. huge 패키지의 stockdata 데이터집합 활용은 다음과 같이 여섯 줄의 코드로 수행할 수 있다.

```
> library(huge)
> data(stockdata)
> len = length(stockdata$data[,1])
> D = dim(stockdata$data)[2]
> prices = stockdata$data[,1:D]
> lab = stockdata$info[1:D,1]
```

데이터의 시각화와 분할 조정, 코드, 그리고 결과를 포함한 데이터 전처리는 아래와 같다. findR() 함수에는 splitAdjust() 함수를 호출하는 옵션이 있다. isSplitAdjusted = FALSE로 설정하면 호출할 수 있다. 로그 수익률을 계산하기 전에 stockdata$prices를 조정해야 한다.

```
> isSplitAdjusted=FALSE
> daysPerYr=252; mufree = 0
> for(i in 1:D)
+   prices[,i] <- splitAdjust(prices[,i],lab[i])
[1] "split adjusting MMM 2 188 140.54 69.07"
...
[1] "split adjusting ABC 2 755 83.77 41.48"
...
[1] "split adjusting AAPL 2 543 88.99 44.86"
...
[1] "split adjusting EBAY 2 167 109.52 55.41"
[1] "split adjusting EBAY 2 537 172.18 85.44"
...
[1] "reverse split adjusting 125 ISRG 125 -2 7.49 14.64"
...
[1] "split adjusting QCOM 2 408 69.17 34.92"
[1] "split adjusting HSY 2 366 92.03 45.74"
...
[1] "reverse split adjusting 32 TIE 32 -10 1.9 18.77"
...
> R <- findR(prices)
> displayCharts(prices,lab,nrow=6,ncol=4,sleepSecs=5)
...
[1] "451 ZMH"
[1] "452 ZION"
> dim(R)
[1] 1257 452
```

다음은 공분산 행렬을 찾는 코드다. 공분산 행렬의 좌측 상단 모서리를 살펴본다. 이후에 사프 비율도 계산한다.

```
> res <- findCovMat(R)
> meanv <- res[[1]]
> cov_mat <- res[[2]]
> diag_cov_mat <- res[[3]]
> sdevv <- res[[4]]
```

```
> round(cov_mat[1:8,1:8],4)
       [,1]   [,2]   [,3]   [,4]   [,5]   [,6]   [,7]   [,8]
[1,] 1.3468 0.5412 0.3982 0.6838 0.7282 0.7022 0.5529 0.4677
[2,] 0.5412 2.4249 0.6008 0.9901 0.7854 0.8716 0.7769 0.8051
[3,] 0.3982 0.6008 1.5557 0.5182 0.4763 0.6424 0.5477 0.3988
[4,] 0.6838 0.9901 0.5182 5.0619 1.0390 1.4370 0.7675 0.8284
[5,] 0.7282 0.7854 0.4763 1.0390 4.1918 2.0683 0.9356 0.7662
[6,] 0.7022 0.8716 0.6424 1.4370 2.0683 9.0457 1.1346 0.6656
[7,] 0.5529 0.7769 0.5477 0.7675 0.9356 1.1346 5.7810 0.6727
[8,] 0.4677 0.8051 0.3988 0.8284 0.7662 0.6656 0.6727 3.6067
> Sharpe <- (meanv-mufree)/sdevv
> isSplitAdjusted <- TRUE
> isPlot <- TRUE
```

시뮬레이션과 최적화 준비 코드 그리고 결과는 아래와 같다. 옵티마이저 solve.QP() 함수는 m이라는 등식 제약equality constraints 전용 $Amat$ 행렬의 열 수인 meq를 알아야 한다. 옵티마이저 solve.QP() 함수의 제약 행렬을 살펴보면 수식 8.14와 수식 8.12의 상단에 따라 본질적으로 ℓ_1 또는 라쏘 제약으로Lasso-constrained 실행된다는 사실을 알 수 있다. 이러한 조건을 조합하면 다음과 같은 결론을 얻을 수 있다.

$$\sum_{i=1}^{p} |w_i| = 1$$

이는 $s=1$인 전통적 라쏘 제약 $\sum_{i=1}^{p} |w_i| \leq s$의 더 엄격한 버전이다(Bruder, Gaussel, Richard, and Roncalli, 2013). 아래 $Amat$의 첫 번째 열 아래에 있는 것은 수식 8.12의 상단을 적용하며, $Amat$의 대각선 아래에 있는 것과 $bvec$의 마지막 p 위치에 있는 0은 수식 8.13을 적용한다. 좋은 소식은 공매도short sales가 없다고 가정함으로써, 공분산 행렬을 정규화regularization[7]하고, 권장 가중치의 축소shrinkage를 기대할 수 있다.

```
> isShorting <- FALSE
> Amat <- cbind(rep(1,D),meanv,diag(1,nrow=D))
> Amat[1:8,1:10]
                  meanv
[1,] 1 -0.03242621779461 1 0 0 0 0 0 0 0
[2,] 1  0.05612769998105 0 1 0 0 0 0 0 0
```

---

7 정규화(regularization)는 모형 복잡도(complexity)에 대한 페널티(penalty)로, 모형의 일반화 에러를 줄여 과적합을 방지하는 기법을 총칭한다.

```
[3,] 1  0.02688130530390 0 0 1 0 0 0 0 0
[4,] 1  0.10358295996890 0 0 0 1 0 0 0 0
[5,] 1  0.04075647559033 0 0 0 0 1 0 0 0
[6,] 1  0.00537512486044 0 0 0 0 0 1 0 0
[7,] 1  0.15014719119253 0 0 0 0 0 0 1 0
[8,] 1  0.02523113946413 0 0 0 0 0 0 0 1
```

시뮬레이션과 최적화와 시각화 단계는 findWeights() 함수에 통합한다. 함수의 코드는 다음과 같다.

```
findWeights <- function(muP,cov_mat,Amat) {
  bvec = c(1,muP,rep(0,D))
  D <- dim(cov_mat)[1]
  result = solve.QP(Dmat=2*cov_mat,dvec=rep(0,D),
                    Amat=Amat,bvec=bvec,meq=2)
  result
}
```

연속적으로 더 낮은 포트폴리오 수익률 목표를 갖는 반복문에서 findWeights() 함수를 호출하면 solve.QP() 함수가 포트폴리오 다양화를 위해 더 많은 후보를 0이 아닌 가중치[nonzero-weighted] 주식 집합으로 가져오는 방법을 확인할 수 있다. 그림 8.4는 sort(meanv) 출력에 있듯이 가능한 가장 높은 수익률을 찾는 것으로 시작하며, 이후 높은 수익률에서 낮은 수익률로, 즉 로그 수익률 기준으로 33.66% 수익률이 3% 수익률로 내려가는 11개의 출력 그래프가 연속적으로 나타난다. 첫 번째 차트에서 최상의 개별 주식 수익률이 33.66%라는 사실을 알 수 있다. 이 수치를 첫 번째 실행의 초기 목표로 삼는다. 포트폴리오에서 감내하는 리스크에 대해 최상의 수익률을 갖도록 선택함으로써, 어떻게 $p = 452$ 주식들이 서서히 추가되는지 살펴본다.

```
par(mfrow=c(4,3))
maxMeanV <- max(meanv)
plot(sort(meanv),col=4)
abline(h=maxMeanV,col=2)
text(D/2,maxMeanV,round(maxMeanV,4),col=4)
maxMeanV
for(muP in c(maxMeanV,.27,.24,.21,
             .18,.15,.12,.09,.06,.03)) {
  result <- findWeights(muP,cov_mat,Amat)
```

```
if(length(result[[1]])>0 && !is.na(result[[1]][1])) {
  summary(result)
  w = result$solution
  sum(w)
  round(w,4)
  plot(1:length(w),w,cex=.01,
      xlab=paste("muP =",round(muP,4)))
  text(1:length(w),w,lab,col=4,cex=.75)
} else {
  stop("NA result")
}
}
lab[w > 0.00001]
round(w[w > 0.00001],4)
t(w) %*% meanv
```

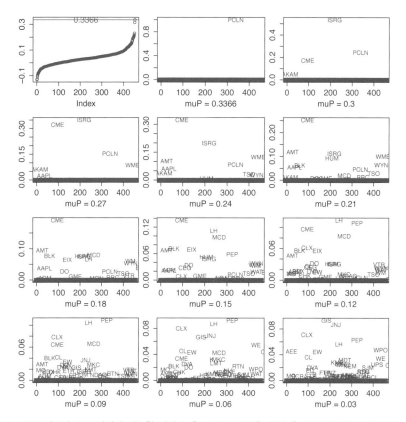

그림 8.4 2003년부터 2008년까지 가능한 가장 높은 수익률 달성을 위해 총 452개의 S&P 500 지수 주식을 huge 패키지의 stockdata를 이용해 solve.QP() 함수로 처음 실행한 결과다. 첫 번째 차트는 정렬된 주식 수익률을 보여준다. 따라서 분산이나 공분산과 무관하게 최상의 가능한 순수익률을 결정할 수 있다. 이 다음은 11개의 실행 결과 그래프로, 수직 축은 주식 i의 가중치 w_i다.

```
library(quadprog)
opt <- function(lab,meanv,cov_mat,isShorting,Nruns=100) {
  if(isShorting) {
    Amat = cbind(rep(1,D),meanv)
  } else {
    Amat = cbind(rep(1,D),meanv,diag(1,nrow=D))
  }
```

위 코드에서 isShorting＝FALSE이고, $D=4$일 때 A_{mat}은 다음과 같다.

$$\mathbf{A}_{mat} = \begin{bmatrix} 1 & \mu_1 & 1 & 0 & 0 & 0 \\ 1 & \mu_2 & 0 & 1 & 0 & 0 \\ 1 & \mu_3 & 0 & 0 & 1 & 0 \\ 1 & \mu_4 & 0 & 0 & 0 & 1 \end{bmatrix}$$

이 행렬의 크기는 4×6이며, μ_i는 증권 i의 평균 주식 수익률이다. A_{mat}의 처음 두 열은 제약 수식 8.8의 우변이다.

```
  if(isShorting) {
    muP = seq(.05,.60,length=Nruns)
  } else {
    muP = seq(min(meanv)+.0001,max(meanv)-.0001,
             length=Nruns)
  }
  muP
  sdP = muP
  weights = matrix(0,nrow=Nruns,ncol=D)
  W <- 4
  u <- 1/2
  for (i in 1:length(muP))
  {
    if(isShorting) {
      bvec = c(1,muP[i])
    } else {
      bvec = c(1,muP[i],rep(0,D))
    }
    #print(paste(2*cov_mat,rep(0,D),Amat,bvec))
```

제약 벡터 $bvec$를 살펴보자. 길이는 $p+2$ 혹은 $D+meq$이며, 처음 두 위치는 수식 8.8에서 8.11까지의 등식에 해당한다. 나머지 $p=D$ 위치는 수식 8.13과 8.14의 부등식에 해당한다. $D=4$ 일 때, *bvec*는 다음과 같다.

$$\mathbf{b}_{vec} = [\,1\ \mu_P\ 0\ 0\ 0\ 0\,]$$

$\mathbf{b}_{vec}$ 벡터의 처음 두 열은 수식 8.9의 우변이다. 행렬 $\mathbf{A}_{mat}$와 $\mathbf{b}_{vec}$는 다음과 같이 solve.QP()
함수의 파라미터가 된다.

```
isPlot = TRUE
result = solve.QP(Dmat=2*cov_mat,dvec=rep(0,D),
                  Amat=Amat,bvec=bvec,meq=2)
```

8.2절의 solve.QP() 함수 사용법 설명에서 언급했듯이 solve.QP() 함수의 *meq* 파라미터는
Amat 행렬의 등식 제약 열의 개수를 의미한다. 따라서 위 코드에서는 solve.QP() 함수 호
출 시 *meq*=2로 설정한다.

```
  sdP[i] = sqrt(result$value)
  weights[i,] = result$solution

  mufree = 1.3/daysPerYr
  sharpe =(muP-mufree)/sdP
  ind = (sharpe == max(sharpe))

  if(isPlot && (i%%10)==0) {
    print(i)
    par(mar=c(3.82,2.82,2.82,0.82))
    par(mfrow=c(ceiling((min(10,D+3))/W),W))
    for(d in 1:min(49,D)) {
      plot(round(weights[,d],3),xlab=lab[d])
    }
    plot(weights[i,],xlab=paste("weights,i =",i))
    plot(sharpe[1:i],xlab="sharpe",xlim=c(1,Nruns))
    plot(muP[1:i],xlab="mu",xlim=c(1,Nruns))
    Sys.sleep(5*u)
  }
}
Sys.sleep(15*u)
round(weights[ind,],6)

for (i in 1:length(muP))
  w = vector(length=D)
```

코드의 상단에서는 각 i에 대해 하나씩, 포트폴리오 P에 대해서 로그 수익률의 평균과 표준편차인 muP와 sdP의 모든 수준의 샤프 비율을 계산한다. 그런 다음 그림 8.6에서 보듯이 반복문에서 10번째 반복마다 현재 가중치[weights]의 내용을 표시한다.

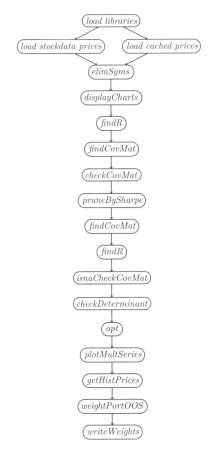

그림 8.5 전처리 단계를 포함한 포트폴리오 옵티마이저(opt)의 순서도. 순서도 속 함수들은 앞서 배운 내용에서 확인할 수 있다.

opt() 함수 처리 작업의 나머지 부분에서는 주요[main] 반복문 완료 후 0.001보다 큰 가중치를 출력한다. 그림 8.5는 내부 단계를 이해하는 데 도움이 될 것이다. 그림 8.6과 8.7은 시간 단계에 걸친 개별 가중치, 그리고 변동성과 평균 수익률에 대해 주식들의 군집[cluster]이 어떻게 변하는지 보여준다. 그림 8.8은 최종 가중치를 보여준다.

```
  w[] = 0
  for(d in (1:D)){
    weight = round(weights[ind,d],3)
    if(weight > .001)
      w[d] = weight
    print(paste(lab[d],weight*100,"%"))
  }
  for(i in 1:Nruns) if(ind[i]) print(i)
  return(w)
}
```

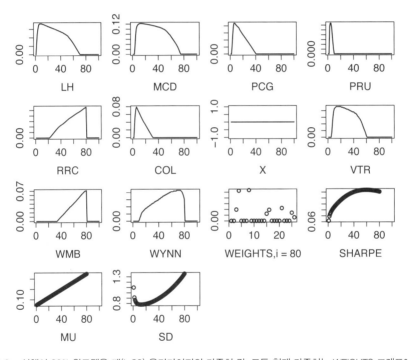

그림 8.6 실행이 80% 완료됐을 때(i=80) 옵티마이저의 가중치 값. 모든 현재 가중치는 WEIGHTS 그래프에 표시된다. SHARPE 차트에서 i=60일 때 최고치라는 사실을 알 수 있다.

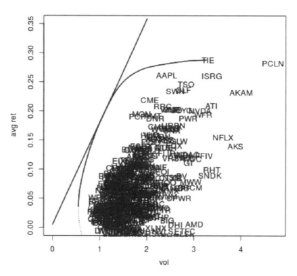

그림 8.7 huge 패키지의 stockdata 집합에 있는 전체 티커 심볼의 변동성 대 평균 수익률. 이 중 24개가 샤프 비율 임계값보다 높다.

8.6 사례 분석: 2003년부터 2008년까지 S&P 500 지수에 생존한 주식

그림 3.3에서 보듯이 9차원 사례가 차트 작업과 상관관계를 설명하기 위해 사용됐다. 하지만 huge 패키지의 stockdata 데이터집합 사용으로 이제 연구의 차원을 각 1,258개 가격 시계열의 p차원에서 $p = 452$ 로그 정규확률변수로 증가시킬 수 있다.

다음 코드 부분은 잘못된 가격을 정제하고, 샤프 비율로 후보를 선별하며, NA와 잘못된 행렬식^{determinant}의 행렬을 재검토한다. 그리고 huge 패키지의 stockdata 데이터집합에 대한 옵티마이저를 실행한다.

```
res <- elimSyms(prices,lab,dir,isSubDir=FALSE)
prices <- res[[1]]
lab    <- res[[2]]
R <- findR(prices)
D <- dim(prices)[2]
res <- findCovMat(R)
meanv    <- res[[1]]
cov_mat  <- res[[2]]
diag_cov_mat <- res[[3]]
sdevv <- res[[4]]
checkCovMat(cov_mat)
```

```
mufree <- 0
res    <- pruneBySharpe(prices,lab,meanv,sdevv,.075)
prices <- res[[1]]
lab    <- res[[2]]
R   <- findR(prices)
res <- findCovMat(R)
meanv   <- res[[1]]
cov_mat <- res[[2]]
diag_cov_mat <- res[[3]]
sdevv <- res[[4]]
sdevv <- isnaCheckCovMat(R)
checkDeterminant(prices,R,lab)
isShorting <- FALSE
daysPerYr <- 252
library(quadprog)
w <-opt(lab,meanv,cov_mat,isShorting)
t(cbind(lab[w > 0],w[w > 0]))
```

이러한 후보 주식들을 이용해 S&P 500 지수의 생존 후보들과 이 후보들의 분할 조정 시계열, 시뮬레이션은 문제없이 실행되며, 전체 포트폴리오에서 양의 백분율positive percentage에 기여하는 소수의 엘리트 주식을 선정한다. 시뮬레이션 완료 시간은 램RAM이 2GB이고, CPU는 AMD V140 프로세서이며, 운영체제는 32비트 우분투 리눅스Ubuntu Linux 11.10 구성인 경우, RKWard 환경[8]에서 R 코드를 실행하면 22분 소요된다. 혹은 램이 2GB이고, CPU는 Celeron 2995U 프로세서이며, 운영체제는 구글 크롬OS이고 크루통Crouton[9]을 이용해 설치한 우분투 리눅스 구성인 경우, RStudio 환경에서 R 코드를 실행하면 시뮬레이션 완료 시간은 1분 미만이다.

---

8 RKWard는 GUI를 지원하는 무료 통계 프로그램 중 하나다. https://rkward.kde.org/에서 다운로드할 수 있다.

9 크루통(Crouton)은 크롬OS에서 리눅스를 설치하는 데 필요한 파일이다. 데비안, 우분투, 칼리 리눅스 세 가지를 설치할 수 있다.

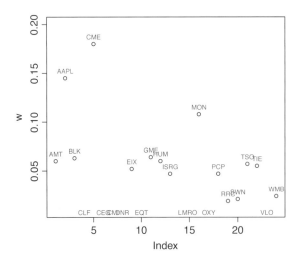

그림 8.8   24개의 huge 패키지의 stockdata 후보에 대한 0과 0이 아닌 가중치 값. TIE와 CVH는 4.7절에서 설명
했듯이 데이터집합 표본 추출 후 발생한 합병으로 인해 제외할 수 있다.

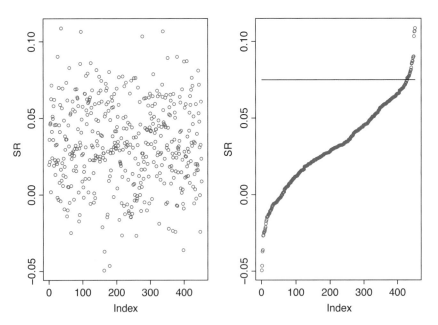

그림 8.9   2003년 1월부터 2008년 1월까지 S&P 500 지수에 생존한 주식의 샤프 비율

그림 8.9는 주식 집합에 대한 샤프 비율의 개요[profile]를 보여준다. huge 패키지의 stockdata
후보 주식의 포트폴리오 가중치는 다음과 같다.

```
> t(cbind(lab[w > 0],w[w > 0]))
      [,1]     [,2]     [,3]     [,4]     [,5]
[1,] "AMT"    "AAPL"   "BLK"    "CME"    "EIX"
[2,] "0.06"   "0.145"  "0.063"  "0.18"   "0.052"
      [,6]     [,7]     [,8]     [,9]     [,10]
[1,] "GME"    "HUM"    "ISRG"   "MON"    "PCP"
[2,] "0.064"  "0.06"   "0.047"  "0.108"  "0.047"
      [,11]    [,12]    [,13]    [,14]    [,15]
[1,] "RRC"    "SWN"    "TSO"    "TIE"    "WMB"
[2,] "0.019"  "0.021"  "0.057"  "0.055"  "0.024"
```

옵티마이저를 통해, 26개의 후보에서 15개의 가중 주식^{weighted stocks}으로 줄어들었다.

목적은 본 연구를 금융 분석에 입각해 수행하고, 수백 개의 후보 주식으로 구성된 이 첫 번째 대규모 그룹의 과정, 경험, 결과를 제시하는 것이다. 결론적으로 CME 그룹^{CME}이 시뮬레이션한 최적 포트폴리오에서 가장 높은 가중 주식이며, 그 뒤를 Apple Inc.^{AAPL}이 따른다. 주식 중 94%(452개 중 428개)는 가중치가 0이며, 포트폴리오에서 사용하지 않는다. 사용한 24개 주식이 데이터집합의 기간 중 가장 바람직한 주식이다. 후보 티커는 모두 5년 표본 기간의 표준편차인 변동성 σ과 평균 수익률 μ로 그림 8.7에 표시했으며, 가중치는 그림 8.8과 같다.

옵티마이저 opt() 함수는 고정된 역사적 가격으로 작업한다. 작업을 완료하면 당연히 애널리스트는 시간이 경과하면서 실제 시장에서 새로운 가격이 등장함에 따라 포트폴리오가 수익을 얼마나 잘 창출하는지에 관심을 집중한다. 옵티마이저를 실행해 주어진 심볼 집합 lab의 권장 가중치 벡터 w를 구한 후에는 tseries 패키지의 get.hist.quote() 유틸리티로 야후 데이터베이스를 호출해 가격 시세^{price quotes}를 얻는다. 연간 시세 일자 수가 조금 다를 수 있으므로 시세를 얻기 위한 시도가 세 번 있다. 특정 일자의 수는 start와 end 파라미터로 결정하여 요청할 수 있다. 시작일과 인접한 일자인 startBck1와 startFwd1은 getHistPrices() 함수에서처럼 사용해야 한다.

유틸리티 함수 weightPortOOS()는 제공한 lab, len, D, w, prices를 이용해 1.0에서 시작하는 총수익률로 구성한 표본 외^{out-of-sample} 포트폴리오 벡터 portv를 반환한다. prices 행렬을 제공하지 않으면 getHistPrices() 함수를 이용해 찾는다. 대게는 가중치 벡터 w를 사용하지만, 단순히 동일한 가중치 벡터 $(1/D,...,1/D)$를 적용할 수도 있다.

```
weightPortOOS <- function(lab,len,D,w,prices=NA,
```

```
                          start="2013-11-29",end="2014-11-28",
                          startBck1="2013-11-28",startFwd1="2013-11-27",
                          isNaive=FALSE,cached=NA) {
    if(length(prices) == 1 && is.na(prices)) {
      obtainedPrices = getHistPrices(lab,w,len,start=start,end=end,
                    startBck1=startBck1,startFwd1=startFwd1,cached=cached)
      existLen = dim(obtainedPrices)[1]
      prices = as.matrix(obtainedPrices[(existLen-len+1):existLen,])
    }
    numNonZeroWs = sum(ceiling(w))
    portv = as.vector(rep(0,len))
    D = length(w)
    for(i in 1:len) {
      for(d in 1:D) {
        if(w[d] > 0)
          if(!isNaive) {
            portv[i] = portv[i] +
              w[d]*prices[i,d]/prices[1,d]
          } else {
            portv[i] <- portv[i] +
              (1/numNonZeroWs)*prices[i,d]/prices[1,d]
          }
      }
    }
    return(portv)
}
#단위 테스트
weightPortOOS(c('^GSPC'),251,1,c(1.0))
weightPortOOS(c('BKNG'),251,1,c(1.0))
weightPortOOS(c('^GSPC','BKNG'),251,2,c(.1,.9))
```

8.7 사례 분석: 2008년부터 2014년까지의 수천 개 후보 주식

tseries 패키지의 get.hist.quote() 함수를 이용하면 분할 조정된[split-adjusted] 최근 일별 가격을 얻을 수 있다. 티커, 시세 유형('Adj'), 그리고 요청한 계열의 시작일과 종료일만 있으면 된다. 4.9, '증권 데이터 획득'에서 저장한 파일에 있는 시계열을 이용해 작업할 수도 있다. 4.9 절에서 설명했듯이 두 개의 디렉터리 NYSE와 NASDAQ가 있으며, 여기에는 티커와 cached〈티커〉.csv 이름으로 저장된 가격이 있다.

포트폴리오 옵티마이저에 4천 개가 넘는 주식 시계열의 평균 수익률 벡터와 공분산 행렬로 부하를 주는 대신, 원하는 샤프 비율을 갖지 않는 것을 제거한다. 샤프 비율은 7장, '샤프 비율'에서 폭넓게 다뤘다. 7.3, '투자 후보 순위 결정'에서는 pruneBySharpe(), findCovMat(), findR(), isnaCheckCovMat(), checkDeterminant() 함수가 어떻게 옵티마이저 opt() 함수를 위해 최종 후보 주식 집합에 초점을 맞출 수 있도록 기여하는지 살펴봤다.

```
dir   <- "MVO6"
start <- "2008-02-14"
end   <- "2014-02-14"
isPlotInAdjCloses <- FALSE
isCacheEnabled <- TRUE
createDirs(dir)
res <- readSubDirs(dir)
D1  <- res[[1]]
D2  <- res[[2]]
lab <- res[[3]]
len <- 1512
D <- D1 + D2
prices <- matrix(rep(NA,len*D),nrow=len,ncol=D)
library(tseries)
prices <- acquirePrices(prices,lab,len,D,D1,D2,dir,
                        start=start,end=end,isSubDir=TRUE)
```

위와 같이 가격 벡터를 얻는다. prices를 사용할 수 있게 됐다면 NA 가격을 제거하고 lab 심볼 목록에 있는 모든 증권의 샤프 비율을 찾을 수 있도록 공분산 행렬을 구한다. 행렬의 이상 여부를 확인한 후 샤프 비율 필터인 pruneBySharpe() 함수를 통해 심볼 목록을 선별해 나열할 수 있다. NA와 부분 행렬에서 잘못된 행렬식의 검사를 성공적으로 마쳤다면 옵티마이저 단계인 opt() 함수를 실행한다.

```
res <- elimSyms(prices,lab,dir,isSubDir=TRUE)
prices <- res[[1]]
lab    <- res[[2]]
R <- findR(prices)
D <- dim(prices)[2]
res <- findCovMat(R)
meanv     <- res[[1]]
cov_mat   <- res[[2]]
diag_cov_mat <- res[[3]]
sdevv <- res[[4]]
checkCovMat(cov_mat)
```

```
mufree <- 0
res     <- pruneBySharpe(prices,lab,meanv,sdevv,.0400)
prices <- res[[1]]
lab     <- res[[2]]
R   <- findR(prices)
res <- findCovMat(R)
meanv    <- res[[1]]
cov_mat  <- res[[2]]
diag_cov_mat <- res[[3]]
sdevv <- res[[4]]

sdevv <- isnaCheckCovMat(R)
checkDeterminant(prices,R,lab)
isShorting <- FALSE
daysPerYr <- 252

library(quadprog)
w <-opt(lab,meanv,cov_mat,isShorting)
par(mfrow=c(1,1))
maxw = max(w+.02)
plot(w,ylim=c(0.01,maxw))
text(w,lab,cex=.55,pos=3,col=4)
t(cbind(lab[w > 0],w[w > 0]))
```

다음 과정은 writeWeights() 함수로, 가중치가 0이 아닌 증권의 수를 찾고 가중치를 기준
으로 내림차순으로 정렬해 CSV 파일에 기록한다.

```
library(quadprog)
w <-opt(lab,meanv,cov_mat,isShorting)
par(mfrow=c(1,1))
maxw = max(w+.02)
plot(w,ylim=c(0.01,maxw))
text(w,lab,cex=.55,pos=3,col=4)
t(cbind(lab[w > 0],w[w > 0]))

writeWeights <- function() {
  numNonZeroWs = sum(ceiling(w))
  QPtype <- 1
  setwd(paste(homeuser,"/FinAnalytics/",dir,"/",sep=""))
  fileName = paste("resD",numNonZeroWs,"QP",toString(QPtype),
                   "Days",len,".csv",sep="")
  if(file.exists(fileName))
```

```
    stop(paste(getwd(),fileName,"already exists"))
  contents = cbind(lab,w)
  o <- order(-w)
  write.csv(contents[o,][1:numNonZeroWs,],file=fileName)
}
writeWeights()
```

최종 가중치는 엄격한 샤프 비율 필터를 대량의 후보 집합에 적용한 후 옵티마이저로 결정한다. 그림 8.10은 pruneBySharpe() 함수 호출 후의 모습이다. 이 단계 후 44개의 주식이 후보로 남는다. 최종 13개의 가중치가 0이 아닌 주식은 그림 8.11과 같다. 그림 8.12는 2014년 3월 6일부터 2015년 3월 5일까지 1년간 시장에서의 실적performance을 보여준다. 옵티마이저에는 작업할 최상의 샤프 비율 주식으로 '엄선된cherry-picked' 집합이 제공됐다. TARO 같은 생명공학주와 DLTR 같은 성장주는 단지 2008년 2월 14일부터 2014년 2월 14일까지 6년간의 실적을 기준으로 샤프 비율 필터로 선정했다. 옵티마이저는 8.5, '고차원으로의 확장'에서 논의했듯이 제약 집합으로 가중치를 선택한다.

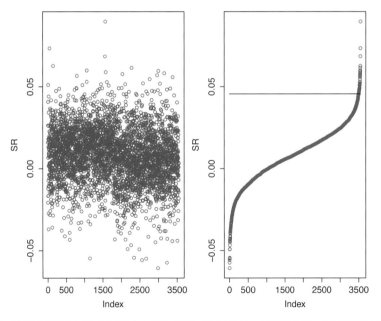

그림 8.10 2008년 2월부터 2014년 2월까지 모든 4천여 후보들의 샤프 비율이다. 몇 가지 간단한 분석을 통해 TARO가 이 기간 동안 1718 지수에서 선두를 달린다는 사실을 알 수 있다. 정렬한 샤프 비율은 우측 그래프와 같으며, 수평선은 0.0456의 최소 임계값을 나타낸다.

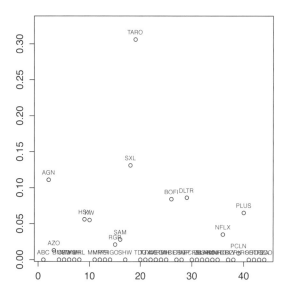

그림 8.11 MVO6 디렉터리에 저장된 파일을 이용한 4천여 후보의 가중치 값이다. 0과 0이 아닌 경우가 존재한다. 가중치가 0이 아닌 13개 후보를 가중치가 0인 후보로부터 분리한다.

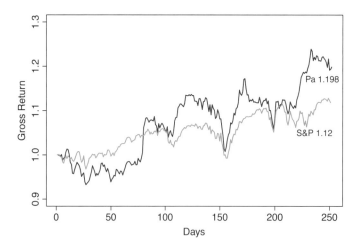

그림 8.12 2014년 2월부터 2015년 2월까지 1년간 옵티마이저로 가중치를 부여한 13개 주식 포트폴리오의 총수익률을 실제 시장과 표본 외에 대해 표시했다. 생명공학 기업인 TARO가 가중치가 가장 높은 증권이며, 가격 급등이 포트폴리오의 수익률을 견인해 처음 100일 동안의 S&P 500 지수 가격을 극복한다.

```
> t(cbind(lab[w > 0],w[w > 0]))
       [,1]     [,2]     [,3]     [,4]     [,5]     [,6]     [,7]
[1,] "AGN"    "AZO"    "HSY"    "KW"     "RGR"    "SAM"    "SXL"
[2,] "0.111"  "0.013"  "0.056"  "0.055"  "0.021"  "0.028"  "0.131"
```

```
        [,8]     [,9]    [,10]    [,11]    [,12]    [,13]
[1,] "TARO"   "BOFI"   "DLTR"   "NFLX"   "PCLN"   "PLUS"
[2,] "0.306"  "0.084"  "0.086"  "0.035"  "0.009"  "0.065"
```

8.8 사례 분석: ETF

뮤추얼 펀드^{mutual funds}와 같이 ETF^{Exchange-Traded Funds10}는 다양한 시장 영역^{market segment}에 투자자를 노출시킨다. 투자자는 주식 포트폴리오인 각 펀드의 구성을 직접 조사할 수 있다. ETF는 동일한 시장 영역에서 일반적으로 뮤추얼 펀드보다 수수료가 적기 때문에 인기가 많다. ETF의 가격은 주식처럼 하루 동안 시장 수요가 변함에 따라 달라진다.

ETF 티커의 소스를 얻어 R의 유틸리티 get.hist.quote() 함수를 사용해 가격을 획득한다면, 해당 가격을 저장해 그림 8.5의 단계에 따라 샤프 비율 필터와 옵티마이저를 반복 실행할 수 있다. ETF 실적을 NYSE와 NASDAQ 거래소로부터 개별 이름의 이전 사례 연구와 비교하는 것은 흥미로운 일이다. 살펴볼 ETF 기간은 2015년 중반부터 3년 전이다. 많은 흥미로운 ETF가 이제 막 시작됐고 오랜 역사를 보유하고 있지 않기 때문이다.

본 사례 연구의 제어 코드는 앞서 모든 유틸리티 함수가 정의돼 있으므로 다소 추상적이다. 유틸리티 함수 acquirePrices()는 티커 심볼의 가격을 인터넷에서 찾아 저장했는지 여부를 확인한다. 찾아서 저장했다면 단순히 .csv로 저장된 파일을 읽는다. get.hist.quote() 함수를 통해 얻은 데이터집합은 ETF 디렉터리 아래에 파일로 저장된다. ETFdb.com으로부터 얻은 ETF 이름에 대한 1,649개 파일의 총 행의 개수는 125만 개이지만, 사용 불가한 이름의 시세 이력이나 에러로 인해 행의 약 27%는 NA다. 초기 코드 부분은 가격 이력의 날짜 범위인 길이 len을 설정한다. 또한 저장된 가격을 찾기 위해 dir 변수를 설정하며, ETFclean.txt 파일에 있는 티커에 대한 레이블의 lab 벡터를 설정한다.

```
#ETFs:
dir   <- "ETF"
start <- "2012-05-02"
end   <- "2015-05-01"
len <- length(get.hist.quote("QQQ",quote="Adj",start=start,end=end))
```

---

10 ETF(Exchange-Traded Funds)는 상장지수펀드라고도 한다. KOSPI, KOSDAQ과 같은 특정 지수나 금, 채권, 원유와 같이 특정 자산 가격의 움직임에 따라 수익률이 연동되도록 설계한 상품으로, 거래소에 상장돼 주식처럼 거래되는 펀드를 말한다. 간단히 말하면 KOSPI 지수를 주식처럼 매매한다고 생각하면 된다.

```
daysPerYr = 252
isPlotInAdjCloses <- FALSE
isCacheEnabled    <- TRUE
createDirs(dir,isSubDir=FALSE)
res <- readSubDirs(dir,isSubDir=FALSE)
D   <- res[[1]]
lab <- res[[2]]
prices <- matrix(rep(NA,len*D),nrow=len,ncol=D)
library(tseries)
prices <- acquirePrices(prices,lab,len,D,D1,D2,
                        start=start,end=end,dir,isSubDir=FALSE)
sum(is.na(prices[1,]))
price1v <- ifelse(is.na(prices[1,]),-1000,prices[1,])
plot(price1v,col=4)
```

아래 코드를 실행하면 3년치의 가격을 얻고 결측 가격$^{missing\ prices}$을 확인할 수 있다. 아래 실형 결과에서 보듯이 ETF 티커의 1/3에서 1/4 정도의 가격이 결측값이다.

```
> sum(is.na(prices[1,]))
[1] 460
> price1v <- ifelse(is.na(prices[1,]),-1000,prices[1,])
> plot(price1v)
```

위 코드를 통해 그래프로 나타내면 그림 8.13과 같다. 이때 prices[1,]의 첫 번째 가격이 NA인 티커는 임의로 −1000을 할당한다. 아래 코드에서 호출한 elimSyms() 유틸리티 함수는 NA 가격이 포함된 티커를 제외한다. 그런 다음 로그 수익률 행렬 R 및 findCovMat()와 checkCovMat() 함수에서 공분산 행렬을 찾고 확인하는 단계를 설정한다. 마지막으로 샤프 비율로 후보를 선별한다. pruneBySharpe() 함수의 실행 결과는 그림 8.14 및 8.15와 같다.

```
res <- elimSyms(prices,lab,dir,isSubDir=FALSE)
prices <- res[[1]]
lab    <- res[[2]]
sum(is.na(prices[1,]))==0
isSplitAdjusted <- TRUE
R <- findR(prices)
res <- findCovMat(R)
meanv     <- res[[1]]
cov_mat   <- res[[2]]
diag_cov_mat <- res[[3]]
```

```
sdevv <- res[[4]]
checkCovMat(cov_mat)
mufree <- 0
res    <- pruneBySharpe(prices,lab,meanv,sdevv,.0827)
prices <- res[[1]]
lab    <- res[[2]]
sum(is.na(prices[1,]))
```

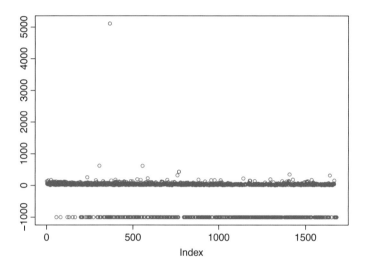

그림 8.13 고밀도의 결측 데이터를 나타내기 위해 결측(NA) 가격이 있는 ETF 시세에 −1000을 할당했다.

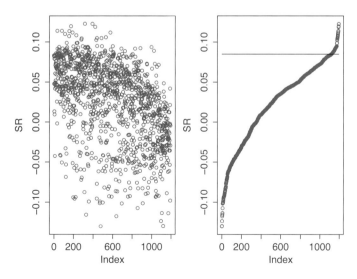

그림 8.14 좌측은 유효한 가격 시세가 있는 1,193개 ETF의 샤프 비율이다. 우측은 정렬한 샤프 비율 그래프로 수평선은 0.085의 최소 임계값을 나타낸다.

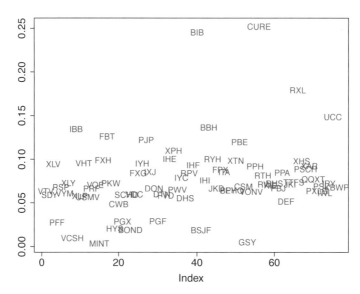

그림 8.15 샤프 비율 필터에서 살아남은 ETF 후보의 평균 로그 수익률로, 76개가 있다.

옵티마이저 실행의 나머지 단계는 다음 코드와 같다. 새로운 R 로그 수익률 행렬과 마찬가지로 선별한 후보 목록을 기반으로 한 새로운 공분산 행렬이 필요하다.

```
R <- findR(prices)
res <- findCovMat(R)
meanv <- res[[1]]
cov_mat <- res[[2]]
diag_cov_mat <- res[[3]]
sdevv <- res[[4]]
R <- findR(prices)
sdevv <- isnaCheckCovMat(R)
checkDeterminant(prices,R,lab,isSubDir=FALSE)
isShorting <- FALSE
library(quadprog)
w <- opt(lab,meanv,cov_mat,isShorting)
```

NA 가격과 8.3절에서 설명한 양의 준정부호^{PSD} 문제를 탐지하는 행렬식의 공분산 행렬을 검사해야 한다. 마지막으로 opt() 옵티마이저 함수를 호출한다. 그림 8.16의 그래프는 범위가 1에서 100사이인 반복 지수$^{iteration\ index}$ i가 21일 때 최적의 샤프 비율이 달성됨을 보여준다. 이 이후 코드는 옵티마이저 실행 결과를 그래프로 나타내며 출력은 그림 8.17과 같다.

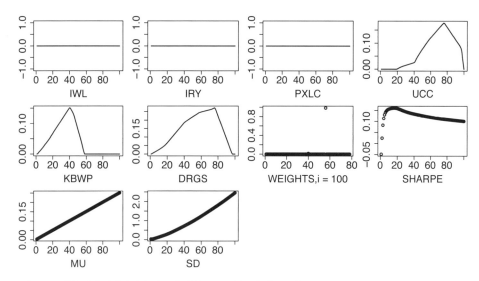

그림 8.16 실행 시 옵티마이저의 가중치 값은 100% 완료된다($i = 100$). 모든 현재 가중치는 왼쪽 하단 모서리에 표시된다. opt() 함수에서 ind 불리언 벡터로 결정된 바와 같이 SHARPE 차트에서 $i = 21$일 때 최고치임을 알 수 있다.

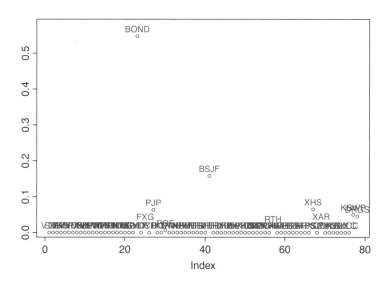

그림 8.17 1,681개의 ETFdb.com 후보 중 살아남은 78개 티커의 가중치다. 우측 하단 모서리에 겹쳐있는 0이 아닌 티커는 KBWP와 DRGS다.

```
portv <- weightPortOOS(lab,len,D,w,prices=prices,
                      start=start,end=end,cached=c("BSJF"))
sp <- weightPortOOS(c('^GSPC'),len=len,1,c(1.0),
```

```
                        prices=NA,start=start,end=end)
par(mfrow=c(1,1))
plot(meanv,col=4,cex=0)
text(meanv,lab,cex=1,col=4)

plot(portv,type="l",ylim=c(.5,1.9),
     main="",xlab="days")
lines(sp,type="l",col="green")
par(mfrow=c(1,1))
maxw = max(w+.025)
plot(w,ylim=c(0.01,maxw),col=4)
text(w,lab,cex=1,pos=3,col=4)
writeWeights("ETF",lab,w)
```

다음의 간단한 R 코드를 통해 옵티마이저가 추천하는 티커와 가중치를 볼 수 있다.

```
> t(cbind(lab[w > 0],w[w > 0]))
      [,1]    [,2]    [,3]    [,4]    [,5]    [,6]
[1,] "BOND"  "FXG"   "PJP"   "PGF"   "BSJF"  "PPH"
[2,] "0.565" "0.026" "0.079" "0.005" "0.141" "0.006"
      [,7]    [,8]    [,9]    [,10]   [,11]
[1,] "RTH"   "XHS"   "XAR"   "UCC"   "KBWP"
[2,] "0.018" "0.069" "0.029" "0.003" "0.058"
```

BOND 티커가 56.5%로 대부분 차지하고 있다. 따라서 옵티마이저가 데이터로 인해 모든 계란을 이 바구니에 담으라는 유혹에 빠졌을 수도 있다고 의심해 본다. 현재 상황을 파악하는 가장 좋은 방법은 그림 4.9와 4.8절에 설명한 시각화 함수 plotMultSeries()를 이용하는 것이다. 간단한 탐색 코드와 함께 작성하면 다음과 같다.

```
displayCharts(prices,lab,nrow=3,ncol=4,sleepSecs=2)
interestingIdxs <- c(1,2,11,23,27,41)
p <- length(interestingIdxs)
lab[interestingIdxs]
meanv[interestingIdxs]
sdevv[interestingIdxs]
justLab <- c(lab[interestingIdxs],'^GSPC')
sAndPprices <- getHistPrices(c('^GSPC'),c(1.0),len,
                             start=start,end=end)
justPrices <- cbind(prices[,interestingIdxs],sAndPprices)
p <- p + 1
```

```
plotMultSeries(justPrices,justLab,rep(1/p,p),p,ylim=c(.9,2.8))
```

실행 결과는 그림 8.18과 같으며, 값은 코드 아래에 출력된다. 그림에서 BOND와 BSJF는 하단에 있으며 R 출력에서 샤프 비율의 구성 요소인 평균과 표준편차의 수치를 분리해서 보면 BOND와 BSJF의 평균 수익률은 보편적으로 후보의 자격을 박탈하는 수준인 3년간 2% 미만으로 매우 낮다는 사실을 알 수 있다. 그림 8.18을 통해 후보들은 약한 '공격^{offense}' 보다는 좋은 '방어^{defense}'와 낮은 변동성때문에 추천 포트폴리오에 추가됐다고 생각할 수 있다.

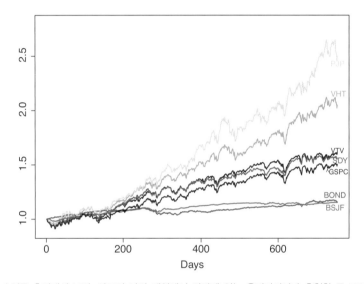

그림 8.18 수익률 측면에서 보면, 차트의 가격 계열에서 하단에 있는 옵티마이저가 추천한 두 ETF인 BOND와 BSJF보다 완만하지 않고 상승세에 있는 상위 4개 가격 계열을 선호할 것이다. 기간은 2012년 5월에서 2015년 5월까지다.

```
> lab[interestingIdxs]
[1] "VTV"  "SDY"  "VHT"  "BOND"  "PJP"  "BSJF"
> meanv[interestingIdxs]
[1] 0.06314663 0.05890903 0.09524277 0.01882325 0.12179788 0.01863257
> sdevv[interestingIdxs]
[1] 0.7362232 0.6921851 0.8373464 0.2192034 1.0193671 0.1786221
```

그림 8.19는 '최적화된' 포트폴리오 실적이 표본의 벤치마크를 능가하지 못한다는 사실을 보여준다. BOND가 포트폴리오의 50%이상을 차지하고 수익률이 매우 낮기 때문에 S&P 500 지수를 능가하지 못할 것이다. 이 분석은 데이터에 얼마나 많은 주의를 기울여야 하는

지 보여준다. 새로운 유형의 데이터집합인 ETF로 전환할 때 단순히 알고리즘 사상을 적용해서는 기대하는 최적화된 포트폴리오를 얻을 수 없다. ETF의 역사적 시계열은 주식과 다르다.

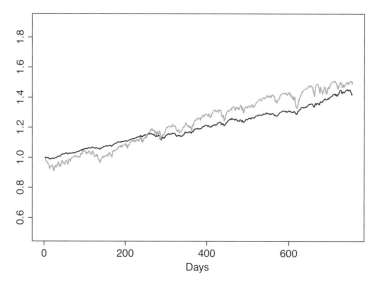

그림 8.19 BOND와 BSJF가 포함된 ETF 포트폴리오의 총수익률과 S&P 500 지수를 비교한 그래프다. 짙은 색으로 표시한 ETF 포트폴리오의 총수익률이 더 낮음을 알 수 있다. 기간은 2012년 5월에서 2015년 5월까지다.

이러한 이름은 `badsyms.txt` 파일에 추가해 후보에서 제외시킬 수 있다. VCSH 역시 옵티마이저가 추천한 수익률과 변동성이 모두 낮은 부류에 있으므로 파일에 추가한다.

주식의 경우 가격은 실제 주식시장에서 잡음이 많고 독자적인 경향이 있다. 포트폴리오인 ETF의 가격 계열은 더 완만할 수 있다. 현 접근법은 임계값 필터링 단계와 최적화 단계 기준^{criterion} 모두 샤프 비율을 기반으로 한다. 따라서 변동성이 매우 낮은 ETF는 상응하는 낮은 평균 수익률로 인해 제외될 수 있는데, 이를 상승세 전략에서 꼭 바라는 것은 아니다. `elimSyms()` 함수를 사용해 BOND, BSJF, VCSH를 제외하면 그림 8.20과 같이 가중치가 수정된다. 이제 샤프 비율이 높은 73개의 후보 중 10개를 0이 아닌 가중치로 추천했다. 결과는 균형을 잘 이루고 있다. 그림 8.21은 동일 기간 동안 10개의 ETF 포트폴리오 실적과 S&P 500 지수를 비교한 것이다. 티커별 새로운 포트폴리오 가중치 수치는 아래와 같다.

```
> t(cbind(lab[w > 0],w[w > 0]))
     [,1]    [,2]    [,3]    [,4]    [,5]
```

```
[1,] "PGX"   "FXG"   "PJP"   "PGF"   "PPH"
[2,] "0.258" "0.004" "0.163" "0.155" "0.033"
     [,6]    [,7]    [,8]    [,9]    [,10]
[1,] "RTH"   "RHS"   "XHS"   "XAR"   "KBWP"
[2,] "0.009" "0.063" "0.114" "0.046" "0.154"
```

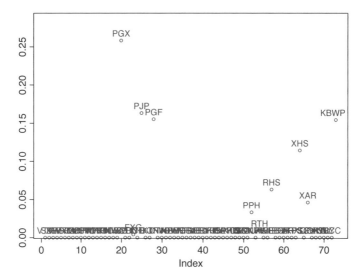

그림 8.20 세 개의 완만하고, 수익률과 변동성이 모두 낮은 ETF 티커를 제외한 후의 가중치 값이다. 수정한 포트폴리오가 더 균형적이다.

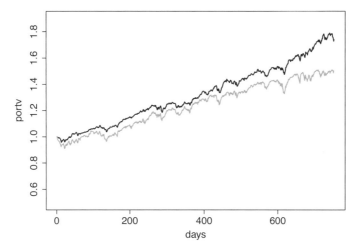

그림 8.21 수정한 ETF 포트폴리오와 S&P 500 지수를 비교한 그래프다. 위에 있는 선이 ETF 포트폴리오다. 기간은 2012년 5월에서 2015년 5월까지다.

  그림 8.21로부터 수정한 ETF 포트폴리오가 S&P 500 지수보다 높다는 사실을 알 수 있다. 많은 ETF의 역사적 가격이 부족하기 때문에 표본의 실적만 측정한다.

```
> portv[len]
[1] 1.704891
> sp[len]
[1] 1.503441
> portv[len]-sp[len]
[1] 0.2014501
```

3년 동안의 수익률 차이를 측정하면 수정한 ETF 포트폴리오 수익률이 벤치마크보다 약 20.1% 더 높다.

  실적이 저조한 증권인 BOND, BSJF, VCSH의 제외를 과적합^{overfitting} 혹은 규칙의 조작이라고 생각할 수 있다. 하지만 바람직하지 않은 결과가 나올 때마다 규칙이 여전히 합리적인지 확인해야 한다. ETF는 이전의 개별 주식과는 '다른 존재'다. pruneBySharpe() 함수에서 구현한 샤프 비율 필터는 분명히 ETF 후보와 원활히 작업을 진행하는 데 부족하다. 후보의 평균 로그 수익률은 조사하지 않았다. 따라서 연습 문제에서 새로운 유틸리티 함수 pruneByMean() 함수 작성을 제안했다.

  요약하면 가격 데이터의 전처리를 올바로 수행할 때, QP 알고리즘을 포함한 지금까지 설명한 반복적 개발 과정이 효과적인 데이터 마이닝 접근법이 된다. 많은 데이터 마이닝 알고리즘을 생각해보면, 예컨대 세르게이 브린^{Sergey Brin}과 래리 페이지^{Larry Page}가 만든 페이지랭크^{PageRank}와 CART^{Classification and Regression Trees}를 포함한 지도 학습 머신 러닝^{supervised learning machine learning}이 최적화 알고리즘이었다. CART와 관련 기법의 목표는 예측한 응답변수의 값과 실제 응답변수의 값 간의 차이를 최소화하는 것이다. QP도 최적화 알고리즘이다. 따라서 그 유사성으로 인해 데이터 마이닝의 한 형태로 간주할 수도 있다. 이는 데이터집합이 있는 수백 개의 후보 주식에 적용할 수 있으며, 마코위츠 선정 규칙을 사용하면 결과는 선택된 소수의 우수한 실적을 보인 후보들이다. 과거 기술로는 452개의 주식 차트와 568,616개의 조정 종가를 검토하고 포트폴리오 항목에 최적의 가중치를 부여하는 방법을 예측하는 것은 거의 불가능 하다. 하지만 R 패키지와 알맞게 작성한 R 코드로 구현한 고차원 최적화 알고리즘으로 분석이 가능하게 됐다. 8장과 관련된 작업에서 흥미로운 결과들은 초기 샤프 비율 자격 단계의 변형과 옵티마이저 가중치에 개별적인 제한이 있는 프로젝트에서 유래됐다(Benedict, Brewer, and Haddad, 2015).

8.9 연습 문제

8.1 8.1절의 코드를 살펴보라. (w_d, w_e) 포트폴리오의 최상의 샤프 비율을 위해 w_d값을 평가하는 한 줄의 R 코드를 작성하라.

다음 각 경우의 목표는 그림 8.5의 코드 흐름을 연결하고 완료까지 실행해 res라는 접두어가 붙은 결과 가중치 파일을 얻는 것이다. 이때 옵티마이저 opt() 함수가 과정의 핵심 단계다.

8.2 S&P 500 지수에 생존한 주식의 최적화

FinAnaytics 디렉터리 아래에 huge라는 하위 디렉터리가 없는 경우 huge 이름으로 하위 디렉터리를 생성한다. 이 디렉터리는 결과 가중치 파일을 출력해야 할 때 사용한다. R의 huge 패키지를 사용하면, library(huge)를 이용해 패키지를 로딩할 때 모든 티커 심볼과 가격도 로드된다. stockdata는 D, len을 계산하고 필요한 벡터 prices와 lab를 포함하기 위한 데이터프레임이다. isHugeData = TRUE로 가정해 이러한 요소를 로드하는 코드를 책에서 찾아라. 하위 디렉터리나 파일을 저장할 필요는 없다. 하지만 가격은 주식분할의 경우 미조정 상태로 제공된다. findR() 함수의 호출을 통해 splitAdjust() 함수를 호출하는 코드를 사용하라. 이때 로그 수익률을 계산한다. 미리 isSplitAdjusted를 FALSE로 설정했는지 확인하고, 가격을 조정한다.

8.3 2008년부터 2014년까지의 수천 개 후보 주식의 최적화

FinAnaytics 디렉터리 아래에 MVO6라는 하위 디렉터리가 없는 경우 MVO6 이름으로 하위 디렉터리를 생성한다. huge 디렉터리 아래에 NYSE와 NASDAQ 하위 디렉터리를 생성한다. 이 책에 있는 NYSEclean.txt와 NASDAQclean.txt 파일을 찾아 각각 NYSE와 NASDAQ 하위 디렉터리에 둔다. 8장의 코드를 사용해 인터넷에서 다운로드하고 저장 파일을 생성한다. 완료했다면 저장 파일에서 읽어 NYSEclean.txt와 NASDAQclean.txt 파일에 있는 증권의 가격을 얻는다. 각 파일에 약 2,200개의 심볼이 있을 것이다. start <- "2008-02-14"와 end <- "2014-02-14"를 사용한다.

8.4 ETF의 최적화

FinAnaytics 디렉터리 아래에 ETF라는 하위 디렉터리가 없는 경우 ETF 이름으로 하위 디렉터리를 생성한다. ETF의 경우에는 ETF 디렉터리 아래에 하위 디렉터리가 필요하지 않다. 책의 웹사이트에서 ETFclean.txt 티커 심볼 파일을 얻는다. 파일에는 1,681개의 심볼이 있을 것이다. ETFclean.txt 파일을 ETF 디렉터리에 둔다. start <-

"2012-05-02"와 end <- "2015-05-01"를 사용한다.

(a) 8.8절의 #ETFs: 주석 뒤에 나오는 모든 내용으로 구성한 초기화 코드를 실행한다. 옵티마이저를 실행하고 결과 가중 포트폴리오weighted portfolio에 각 티커의 가중치를 표시한다.

(b) 8.8절에서 설명했듯이 샤프 비율로 선별하기 전에 평균 로그 수익률 임계값을 기반으로 증권 후보 목록을 선별하는 pruneByMean(prices, lab, meanv, threshMean) 함수를 작성하라. pruneBySharpe() 함수가 자체적인 임계값을 선택해 적절한 수의 후보를 선별하기 전에 조사 과정에 pruneByMean() 함수를 포함시킨다. ETF 디렉터리에서 또 다른 옵티마이저 실행을 수행한다. 결과 포트폴리오에 있는 각 티커의 가중치를 작성하라.

8.5   최상의 손익계산서 샤프 비율 주식을 위한 최적화(난이도 상)

7장의 4가지 범주인 순이익 증가율net income growth, 총매출 증가율total revenue growth, 매출 총이익 증가율gross profit growth, 희석 정규 주당순이익 증가율diluted normalized earnings per share growth을 참고해 하위 디렉터리로 NYSE와 NASDAQ가 있는 TopISSR이라는 두 단계 디렉터리를 설정한 후 옵티마이저를 실행한다. 이는 옵티마이저의 완전히 새로운 유형의 실행이므로 근본적으로 새로운 코드가 필요하다. 동일한 과정을 기반으로 해야 하지만 pruneBySharpe() 함수보다는 손익계산서 샤프 비율ISSR, Income Statement Sharpe Ratio을 사용하라. 새로운 선택 함수 명은 pruneByISSR()라 하자. pruneByISSR() 함수에 필요한 인수는 무엇인가? 표본 내in-sample와 표본 외out-of-sample 포트폴리오의 기대 수익률을 작성하라. 8장에는 이 질문에 답하는 데 도움이 되는 유용한 함수 weightPortOOS()가 있다. 이 함수를 사용해 표본 외 실행의 가격을 얻는다. start <- "2011-02-09"와 end <- "2015-02-09"를 사용하라.

9 군집 분석

연관성^{associations}은 유사한 개체들이 군집^{cluster}을 이룰 때 생성된다. 예컨대 고등학생 시절에는 친구들을 성격^{personality}에 따라 '학구파', '활동파', '예술파' 등으로 나눴다. 이러한 성격 모형을 통해 제한적이지만 간단하고 쉽게 특징을 파악할 수 있었다. 하지만 고등학교를 졸업하고 시간이 흐른 후에는 이러한 분류가 얼마나 단순했는지 깨닫는다.

군집화^{clustering}는 컴퓨터 프로그램에도 유용하며 머신 러닝 분야에서도 널리 사용된다. 시장 방향을 결정하기 위해 SVM^{Support Vector Machines}을 사용해 가격과 거래량 패턴을 분석하고, 동조화^{co-movement}를 기반으로 수백 개 주식 증권(확률변수)의 의존성과 군집화를 나타내기 위해 무방향 그래프^{undirected graph}를 사용하는 연구들이 진행되고 있다(Ullrich, Seese, and Chalup, 2007; Fletcher, 2012; Fletcher, Hussain, and Shawe-Taylor, 2010).

데이터로부터 거래 신호를 학습하는 SVM 연구와 달리, 무방향 그래프 연구는 덜 야심찬 목표와 관련 있다. 서로 확률적으로 의존적인 시장 확률변수의 무방향 그래프는 동일한 거래 기간에 포착한 각 증권의 시계열 훈련 데이터로 학습한다. 그래프는 충분한 동조화가 존재할 때 증권을 나타내는 꼭지점^{vertex}에서 다른 간선^{edge}까지의 간선을 포함한다.[1]

머신 러닝 구조를 무방향 그래프로 보면 꼭지점 사이의 간선은 같은 분야 주식이 대체로 유사하게 움직인다는 점에서 놀랍게도 시장 직관력과 가깝게 나타난다.

9.1 K-평균 군집 분석

K-평균은 각 관측치^{observation}가 p차원 실수 벡터인 n개 관측치 $(x_1,...,x_n)$를 평균이 $\{\bar{\mathbf{m}}_1,...,\bar{\mathbf{m}}_k\}$인 $k \leq p$ 군집집합 $\{\mathbf{C}_1,...,\mathbf{C}_k\}$로 분할하는 것을 목표로 한다. 수식으로 나타내면 다음과 같다.

---

1 그래프는 꼭지점(vertex, node)과 간선(edge, link, line)으로 이뤄져 있다. 꼭지점의 차수(degree)는 그 꼭지점에 연결돼 있는 간선의 수이며, 두 개의 꼭지점 사이에 간선이 존재한다면 이 두 꼭지점이 '인접(adjacent)한다'고 한다. 입력 차수(in-degree)는 한 꼭지점으로 들어오는 간선의 수이며, 출력 차수(out-degree)는 한 꼭지점에서 나가는 간선의 수다.

$$\underset{\mathbf{C}}{\operatorname{argmin}} \sum_{i=1}^{k} \sum_{\mathbf{x} \in \mathbf{C}_i} ||\mathbf{x} - \bar{\mathbf{m}}_i||^2 \tag{9.1}$$

여기서 $\bar{\mathbf{m}}_i$는 $\mathbf{C}_i$에 있는 점들의 평균이다(MacQueen, 1967; Ledolter, 2013).

8.5, '고차원으로의 확장' 포트폴리오의 경우, 길이가 N인 관측치의 p개 증권 가격 시계열, 즉 $N \times p$ 크기의 S가 있다. 여기서 $N = d \times y$이며, $y = 6$으로 관측 년 수이고 d는 통상적인 연간 거래일 수인 252이다. y년 시계열을 로그 수익률의 연간 표본평균 $\bar{M}_{i,j}$로 분할해 $6 \times p$ 행렬 $\bar{\mathbf{M}}$에 추가한다.

$$\bar{\mathbf{M}} = \begin{bmatrix} \bar{M}_{1,1} & \bar{M}_{1,2} & \dots & \bar{M}_{1,p} \\ \bar{M}_{2,1} & \bar{M}_{2,2} & \dots & \bar{M}_{2,p} \\ \bar{M}_{3,1} & \bar{M}_{3,2} & \dots & \bar{M}_{3,p} \\ \bar{M}_{4,1} & \bar{M}_{4,2} & \dots & \bar{M}_{4,p} \\ \bar{M}_{5,1} & \bar{M}_{5,2} & \dots & \bar{M}_{5,p} \\ \bar{M}_{6,1} & \bar{M}_{6,2} & \dots & \bar{M}_{6,p} \end{bmatrix} \tag{9.2}$$

$\bar{\mathbf{M}}$은 행렬 R을 요약한다. 여기서 다시 한번 R이 가격 계열의 로그 수익률 $R_{i,j} = ln(S_{i,j}/S_{i-1,j})$을 포함한다고 가정한다. $y \times p$ 행렬 $\bar{\mathbf{M}} = (\bar{\mathbf{M}}_1, \dots, \bar{\mathbf{M}}_p)$이며 다음과 같은 수식이 성립한다.

$$\bar{M}_{l,j} = \frac{1}{d-1} \sum_{i=2+(l-1) \times d}^{l \times d} ln(S_{i,j}/S_{i-1,j}) = \frac{1}{d-1} \sum_{i=2+(l-1) \times d}^{l \times d} R_{i,j} \tag{9.3}$$

2003년부터 2008년까지의 역사적 가격을 이용해 26개 주식을 선정했다. 2008년에서 2014년 시장으로 진행하면서 표본 외 이동 시간을 어떻게 수행하는지 살펴보자. 아래의 findRecentHugePrices() 함수는 8장, '마코위츠 평균-분산 최적화'의 opt() 함수를 이용한 표본 내 시뮬레이션의 결과 파일에서 포트폴리오 티커 심볼과 각 가중치를 읽은 다음, 사용자 파일 시스템에 있는 FinAnalytics/MVO6 디렉터리에서 더 최근의 표본 외 가격을 검색한다.

```
daysPerYr = 252
D <- NA

findRecentHugePrices <- function(dir,portFile) {
  setwd(paste(homeuser,"/FinAnalytics/",dir,"/",sep=""))
  df    <- read.csv(portFile)
```

```
lab  <<- df[,2]
w    <<- df[,3]
indw <- (w > 0)
lab  <- lab[indw]
w    <- w[indw]
D    <<- length(lab)
len  <<- daysPerYr*6
prices = matrix(rep(NA,len*D),nrow=len,ncol=D)
dir = 'MVO6'
d = 1
for(l in lab) {
  fileName = paste('cached',l,'.csv',sep='')
  for(subdir in c('NYSE','NASDAQ')) {
    setwd(paste(homeuser,"/FinAnalytics/",dir,'/',
               subdir,sep=''))
    if(file.exists(fileName))
      break
  }
  print(fileName)
  prices[,d] = read.csv(fileName,header=TRUE,
                        sep='')[,1]
  d = d + 1
}
for(d in 1:D)
  if(is.na(prices[1,d]))
    stop(lab[d])
plotMultSeries(prices,lab,w,D,ylim=c(.7,13))
return(prices)
}
#실패
prices <- findRecentHugePrices('huge','resD26QP1Days1258.csv')
#실패
prices <- findRecentHugePrices('huge','resD25Days1258woTIE.csv')
#성공
prices <- findRecentHugePrices('huge','rebalresD24Days1258.csv')
```

이 함수는 2008년부터 2014년까지 가격이 저장돼 있는 두 하위 디렉터리로 이동해 포트폴리오 증권의 가격을 검색한다. 마지막 세 줄이 함수의 실행 부분이다. 하지만 첫 번째 시도에서 문제가 발생한다.

```
...
[1] "cachedTSO.csv"
```

```
[1] "cachedGME.csv"
[1] "cachedTIE.csv"
 Error in file(file, "rt") :...
   cannot open file 'cachedTIE.csv':...
>
```

인터넷 검색 후 2013년에 프리시전 캐스트파츠^{Precision Castparts Corp, NYSE: PCP}가 티타늄 메탈^{Titanium Metals Corp, NYSE: TIE}을 인수했다는 사실을 발견했다. 따라서 파일을 수정해 TIE를 제외하고 findRecentHugePrices() 함수를 resD25Days1258woTIE.csv라는 새로운 파일을 이용해 다시 시도해 수행되는지 확인한다. 하지만 수행되지 않는다.

```
> prices <- findRecentHugePrices('resD25Days1258woTIE.csv')
...
[1] "cachedRAI.csv"
[1] "cachedWYNN.csv"
[1] "cachedCVH.csv"
 Error in file(file, "rt") :...
   cannot open file 'cachedCVH.csv':...
>
```

CVH가 포트폴리오에는 있지만 저장돼 있는 파일에는 존재하지 않는다. TIE와 CVH의 경우 해당 기간 동안의 가격이 모두 존재하는 것은 아니다. 합병 사건에 대한 더 자세한 내용은 4.7, '인수합병 조정'을 참조하기 바란다. 하지만 이들이 포트폴리오에서 차지하는 비중이 낮으므로, TIE와 CVH를 제외하여 이제 $p = 24$개 주식 중에서 4장에서 살펴본 adjustForMergers() 유틸리티 함수를 이용해 포트폴리오를 재조정^{rebalance}한다. 따라서 rebalresD24Days1258.csv를 이용한 세 번째 시도는 수행된다. 핵심 시장 데이터 행렬의 차원은 다음과 같다.

```
> dim(prices)
[1] 1512 24
```

findRecentHugePrices() 함수가 plotMultSeries() 함수를 호출하므로 그림 9.1과 같은 결과가 생성된다. 이 기간 동안에 PCLN 차트가 가장 뛰어나다. 그리고 AAPL, CERN, WYNN의 가격 상승^{price appreciation} 역시 좋다.

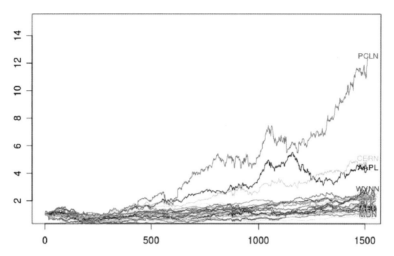

그림 9.1 TIE와 CVH를 제외해 $p = 24$로 업데이트한 포트폴리오의 표본 외인 2008년부터 2014년까지 6년간 가격 그래프

첫회 k-평균 군집화에서는 별도로 로그 수익률의 연간 평균을 살펴본다. k-평균 방식을 적합[fit]하기 위해 M̄의 전치행렬, 즉 24×6 행렬 M̄^{T}을 구한다. 이는 k-평균 알고리즘의 $m = 6$ 벡터 $(x_1, x_2, x_3, x_4, x_5, x_6)$를 제공한다. 그리고 $k = 2, 3, 4, 5$ 경우를 고려한다. 다음 두 코드 부분은 $m = 6$ 년치의 $p = 24$ 주가, 즉 1512×24 크기의 prices[] 행렬이 있다고 가정한다. 먼저 수식 9.3에 따라 로그 수익률을 합치는 findMeanForYrs() 함수를 작성한다.

```
library(stats)
findMeanForYrs <- function(prices) {
  D <- dim(prices)[2]
  R <- findR(prices)
  meanLogRet = matrix(nrow=6,ncol=D)
  for(j in 1:D) {
    R[,j] = 100*diff(log(prices[,j]))
    for(l in 1:6) {
      meanLogRet[l,j] = 1/(daysPerYr-1)*
        sum(R[(2+(l-1)*daysPerYr-1):(l*daysPerYr-1),j])
    }
  }
  meanLogRet
}
meanLogRet <- findMeanForYrs(prices)
```

다음 일련의 코드는 알맞은 열과 행 이름으로 meanLogRet 행렬을 보강하고 R의 stats 패키지에 있는 kmeans() 함수를 네 번 실행한다.

```
meanLogRet <- findMeanForYrs(prices)
colnames(meanLogRet) <- lab
rownames(meanLogRet) <- c(2008,2009,2010,
                          2011,2012,2013)
round(meanLogRet[,1:4],4)
meanLogRetT = t(meanLogRet)
round(meanLogRetT[1:4,],2)
```

다음 출력들에서 $\bar{M}^T$행렬의 첫 네 행과 R 함수 kmeans() 실행 결과를 확인할 수 있다.

```
> round(meanLogRetT[1:4,],2)
      2008  2009 2010  2011  2012 2013
CME  -0.39  0.18 0.02 -0.01  0.03 0.13
AAPL -0.10  0.28 0.22  0.13 -0.03 0.08
MON  -0.14 -0.01 0.00  0.02  0.12 0.03
MCD   0.02  0.06 0.08  0.12 -0.01 0.02
```

위 첫 번째 열에서 첫 세 주식의 경우 로그 수익률이 낮다는 사실을 명확히 알 수 있다. 향후 코드에서는 $k = 2$에서 $k = 5$로 변경하며, 결과를 군집 번호로 정렬한다.

```
> set.seed(1)
> grpMeanLogRet2 <- kmeans(meanLogRetT, centers=2, nstart=10)
> sort(grpMeanLogRet2$cluster)
 CME AAPL  PCP  BLK ISRG  WMB WYNN CERN PCLN  MON  MCD  TSO  GME
   1    1    1    1    1    1    1    1    1    2    2    2    2
  LH  BCR  AMT  HUM  EIX  SWN ESRX  RRC  DVA  RAI  AET
   2    2    2    2    2    2    2    2    2    2    2
> grpMeanLogRet3 <- kmeans(meanLogRetT, centers=3, nstart=10)
> sort(grpMeanLogRet3$cluster)
 CME ISRG  WMB WYNN  MON  MCD  TSO  GME   LH  BCR  HUM  EIX  SWN
   1    1    1    1    2    2    2    2    2    2    2    2    2
 RRC  DVA  AET AAPL  PCP  AMT  BLK ESRX  RAI CERN PCLN
   2    2    2    3    3    3    3    3    3    3    3
> grpMeanLogRet4 <- kmeans(meanLogRetT, centers=4, nstart=10)
> sort(grpMeanLogRet4$cluster)
 MON  MCD  GME   LH  BCR  AMT  HUM  EIX  SWN ESRX  RRC  DVA  RAI
   1    1    1    1    1    1    1    1    1    1    1    1    1
```

```
AET  CME  PCP  BLK ISRG  WMB WYNN  TSO AAPL CERN PCLN
  1    2    2    2    2    2    2    3    4    4    4
```

아래는 AAPL과 PCLN의 누적 로그 수익률이다. AAPL과 PCLN의 5년간 누적 로그 수익률이 각각 59%와 99%로 주식시장 표준 대비 매우 높다는 사실을 통해 위에서 숫자 4의 동일한 군집에 존재하는 이유를 이해할 수 있다.

```
> round(meanLogRetT[match('AAPL',lab),],2)
 2008  2009  2010  2011  2012  2013
-0.10  0.28  0.22  0.13 -0.03  0.08
> sum(meanLogRetT[match('AAPL',lab),])
[1] 0.5860594
> round(meanLogRetT[match('PCLN',lab),],2)
 2008  2009  2010  2011  2012  2013
-0.14  0.42  0.31  0.09  0.08  0.24
> sum(meanLogRetT[match('PCLN',lab),])
[1] 0.9943923
```

아래는 5개 평균으로 결과를 그룹화했다.

```
> grpMeanLogRet5 <- kmeans(meanLogRetT, centers=5, nstart=10)
> sort(grpMeanLogRet5$cluster)
ISRG  CME  WMB WYNN  TSO AAPL  PCP  AMT  BLK ESRX  RAI CERN PCLN
  1    2    2    2    3    4    4    4    4    4    4    4    4
MON  MCD  GME   LH  BCR  HUM  EIX  SWN  RRC  DVA  AET
  5    5    5    5    5    5    5    5    5    5    5
```

이제 평균과 표준편차 관점에서 전체 시계열의 로그 수익률을 고려해보자. 표준편차는 공분산 행렬의 대각선 항목으로부터 구할 수 있다. 데이터프레임을 합치면 plot()과 text() 함수로 그림 9.2와 같이 5개 군집을 표시할 수 있다. 이때, 왼쪽 상단 모서리와 가까운 증권이 샤프 비율이 더 좋다. 모든 증권은 표본의 샤프 비율이 1 미만이다.

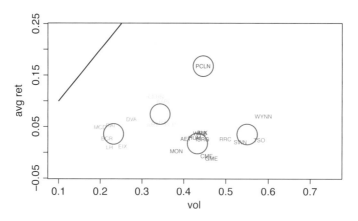

그림 9.2 6년간 로그 수익률의 평균과 표준편차에 기반한 5개 군집

```
R <- findR(prices)
cov_mat = cov(R/100)
mean_vect = apply(R,2,mean)
diag_cov_mat = diag(cov_mat)
sd_vect = sqrt(diag_cov_mat)*sqrt(daysPerYr)

meanLogRetVolByStockDF <-
  data.frame(ticker=colnames(meanLogRet),
             mean=mean_vect, sdev=sd_vect)

meanLogRetVolByStockDF[1:5,]
set.seed(1)
grpMeanLogRetVol <-
  kmeans(meanLogRetVolByStockDF[,c("mean","sdev")],
         centers=5, nstart=10)
o = order(grpMeanLogRetVol$cluster)
data.frame(meanLogRetVolByStockDF$ticker[o],
           grpMeanLogRetVol$cluster[o])
```

위치를 확인하고, 텍스트를 배치하고, 평균 주위에 원을 표시하려면 세 개의 그래프 관련 구문이 필요하다.

```
par(mfrow=c(1,1))
plotMeans <- function(x,y,tickers,cluster,
                      centers) {
  par(mar=c(4,4,2.82,2.82))
  plot(x,y,type='n',
```

```
     xlim=c(0.1,.75),ylim=c(-.04,.24),
     ylab="avg ret",xlab="vol")
  text(x,y,labels=tickers,
     col=(cluster+1),cex=.55)
  points(centers[,2],centers[,1],cex=6.0,col=4)
  lines(x=c(.1,.25),y=c(.1,.25))
}
plotMeans(meanLogRetVolByStockDF$sdev,
        meanLogRetVolByStockDF$mean,
        meanLogRetVolByStockDF$ticker,
        grpMeanLogRetVol$cluster,
        grpMeanLogRetVol$centers)
```

그림 9.2는 8장처럼 평균-분산 분석을 토대로 구성했다. 그래프에서 가장 이상적인 위치는 수익률이 높고 리스크가 낮은 왼쪽 상단 모서리다. 물론 이는 이상적인 주식 특성이다. 하지만 해당 사분면quadrant에 속한 증권은 없다. 다만 티커 MCD가 45도 선에 가장 가까워 보인다.

k-평균을 통한 군집화는 수익률과 변동성을 기반으로 유사한 증권들을 그룹화한다. 포트폴리오가 제시되면 이미 존재하는 포지션이거나 컴플라이언스compliance의 이유로 특정 증권은 매수해서는 안 되는 경우가 있다. 이 경우에는 원래 후보의 가격 추이movement와 유사한 대체 증권을 찾는다.

9.2 K-평균 알고리즘 분석

k-평균 알고리즘으로 유사한 항목을 군집화하는 작업은 최적화의 한 형태로, 군집화한 항목과 평균 사이의 총 거리가 최소가되도록 평균의 위치를 찾는다. 알고리즘은 원래 하티건 Hartigan과 윙Wong이 1979년에 포트란FORTRAN 프로그램으로 발표했다. 이후 k-평균 알고리즘 이면의 숨겨진 비밀은 2013년 레돌터Ledolter의 상세한 설명으로 밝혀졌다.

먼저 거리 측정을 살펴보자. ℓ_2 거리는 직각삼각형의 빗변 계산과 같은 직선 경로다. 이 절에서는 항목이 2차원으로, 한 차원은 평균이고 다른 차원은 표준편차다. 피타고라스 정리Pythagorean Theorem에 의해 다음과 같은 사실을 알고 있다.

$$d(x_1, x_2) = \sqrt{x_1^2 + x_2^2}$$

이를 코드로 작성하면 다음과 같다.

```
l2dist <- function(x,y) {
  sqrt((x[1]-y[1])^2 + (x[2]-y[2])^ 2)
}
#단위 테스트
l2dist(c(3,4),c(0,0)) == 5
```

위 코드에는 l2dist() 함수 다음에 3, 4, 5 직각삼각형의 간단한 단위 테스트 사례가 있으며, TRUE로 평가될 것이다.

알고리즘에는 세 가지 기본 단계가 있다. 반복 시간 단계$^{\text{iteration time step}}$는 t다.

- 초기화^{initialization}: 임의로 k 항목을 군집 평균으로 선택한 다음, 첫 번째 반복의 업데이트 단계를 진행한다.

- 할당^{assignment}: 각 항목 x_i를 반복하면서 가장 근사한 평균 $\bar{\mathbf{m}}_j$를 가진 군집 $\mathbf{C}_j(t)$에 할당하여 거리가 최소가 되게 한다.

$$\mathbf{C}_j(t) = \left\{ \mathbf{x}_i : |\mathbf{x}_i - \bar{\mathbf{m}}_j(t)| \leq |\mathbf{x}_i - \bar{\mathbf{m}}_{j*}(t)| \ for \ all \ j* \in \{1, \ldots, k\} \right\} \tag{9.4}$$

- 업데이트^{update}: 할당 단계에서 생성한 군집으로부터 새로운 평균 k를 계산해 각 군집에서 항목의 중심값으로 삼는다. 합계^{summation}와 제수^{divisor}는 단순히 산술평균이다.

$$\bar{\mathbf{m}}_j(t+1) = \frac{\sum_{\mathbf{x}_j \in \mathbf{C}_j(t)} \mathbf{x}_i}{|\mathbf{C}_j(t)|} \tag{9.5}$$

이제 증권 수 p와 군집 수 k의 초기 설정, 평균과 표준편차가 포함된 데이터프레임으로 세 주요 단계에 관한 R 코드를 살펴보자.

```
p = dim(meanLogRetVolByStockDF)[1]
k = 5
logRetVolWMeanDistDF <- data.frame(
  as.character(meanLogRetVolByStockDF[,1]),
  meanLogRetVolByStockDF[,2],
  meanLogRetVolByStockDF[,3],
  rep(0,p))
colnames(logRetVolWMeanDistDF) <-
  c("ticker","mean","sdev","jthMeanIdx")
logRetVolWMeanDistDF
```

아래에서 보듯이 가장 먼저 초기화를 수행한다. 초기 군집 평균은 sample() 함수를 이용해 p개 항목의 집합 $x_1,...,x_p$에서 임으로 선택한 k개 항목이다.

```
#초기화 단계
set.seed(46510)
idxs <- sample(1:p, k)
clusterMeans <- matrix(
  c(meanLogRetVolByStockDF[idxs,2],
    meanLogRetVolByStockDF[idxs,3],
    idxs),nrow=5,ncol=3)
clusterMeans
newStepClusterMeans <- matrix(clusterMeans,
                              nrow=5,ncol=3)
par(mfrow=c(2,2))
```

다음은 kmeansSteps() 함수다. 이 함수에는 반복 단계가 포함돼 있다. 현재 주식 예제의 경우에는 네 번의 반복만으로도 충분하지만 일반적으로는 수렴^{convergence}이 감지될 때까지 반복하는 것이 가장 좋다. 지금 같은 소개 수준의 코드에서는 단순화를 위해 초기화가 k 군집 중 하나에 항목을 할당하지 않을 경우 stop을 통해 제외한다.

```
kmeansSteps <- function() {
  for(t in 1:4) {
    if(sum(is.na(clusterMeans)) > 1) stop
```

아래는 앞서 수식 9.4에서 설명한 할당 단계다. 모든 p개 증권을 반복하면서 k 평균과의 거리를 계산하고 비교하며, 추후 clusterMeans에 거리를 기록한다. $t=1$인 경우를 제외하고 모든 단계에서 이 작업을 수행한다.

```
#할당 단계
if(t > 1)
  for(i in 1:p) {
    min_l2dist <- 1e6
    for(j in 1:k) {
      x1 <- logRetVolWMeanDistDF[i,2]
      x2 <- logRetVolWMeanDistDF[i,3]
      x <- c(x1,x2)
      m <- clusterMeans[j,1:2]
      l2dist_x_m <- l2dist(x,m)
      if(l2dist_x_m <= min_l2dist) {
```

```
      min_l2dist <- l2dist_x_m
      best_j <- j
    }
   }
  }
   logRetVolWMeanDistDF[i,4] <- best_j
 }
else
  logRetVolWMeanDistDF[,4] <- sample(1:k, p, replace=TRUE)
print(t(logRetVolWMeanDistDF[,c(1,4)]))
```

다음은 업데이트 단계다.

모든 $j \le k$ 군집에 대해 x_1과 x_2 좌표 군집 평균을 구하고 적절한 행렬에 배치한다.

```
#업데이트 단계
for(j in 1:k) {
  print(paste("update step j =",j))
  x1ClusterMean <- mean(
    logRetVolWMeanDistDF[logRetVolWMeanDistDF$jthMeanIdx==j,2])
  x2ClusterMean <- mean(
    logRetVolWMeanDistDF[logRetVolWMeanDistDF$jthMeanIdx==j,3])
  newStepClusterMeans[j,1:2] <-
    c(x1ClusterMean,x2ClusterMean)
  newStepClusterMeans[j,3] <- TRUE
}
```

다음 명령어 부분은 사용자에게 반복 상태에 관한 정보를 제공한다. 세 번째와 네 번째 구문은 이전과 새로운 군집 평균을 표시한다. 이때 이전 군집 평균은 옅은 회색(col=8)으로 표시한다. 마지막으로 clusterMeans와 newStepClusterMeans 두 행렬에서 작은 임계값과 비교해 수렴이 발생했는지 여부를 확인할 수 있다.

```
print(newStepClusterMeans)
plotMeans(logRetVolWMeanDistDF$sdev,
          logRetVolWMeanDistDF$mean,
          logRetVolWMeanDistDF$ticker,
          logRetVolWMeanDistDF$jthMeanIdx,
          newStepClusterMeans)
points(clusterMeans[,1]~
          clusterMeans[,2],cex=9,col=8)
points(newStepClusterMeans[,1]~
          newStepClusterMeans[,2],cex=9,col=9)
clusterMeans <- newStepClusterMeans
```

```
    }
}
kmeansSteps()
```

　그림 9.3은 알고리즘의 정제에 따른 군집의 변화 모습을 시간 순으로 보여준다. 그림 9.2
에서는 군집을 원으로 표시했다. 그림 9.3에서도 군집을 원으로 표시한다. 하지만 위 코드
에서는 초기 구성에서 최종 구성으로 확장하는 모습을 강조하고자 해당 원을 더 큰 원으로
둘러싼다. k 군집 평균 $\bar{\mathbf{m}}_j(t)$와 k 신규 군집 평균 $\bar{\mathbf{m}}_j(t+1)$가 근접해 변경을 중단하기 전까
지 필요한 반복 횟수는 k와 p에 따라 다르다.

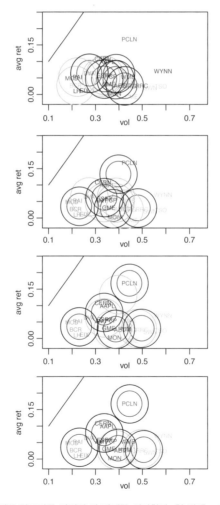

그림 9.3　군집의 추이는 k-평균 알고리즘 버전의 각 단계를 의미한다. 첫 번째 그래프는 초기 무작위 할당과 혼
란을 보여준다. 이 이후 연속적으로 세 단계가 있다. 밝은 색 원은 이전 위치를 보여준다.

변동성과 평균 수익률 차원에서의 군집화는 시장 추이가 유사한 증권들을 그룹화한다. 투자 선호도는 개인적인 선택일 수 있다. MON 주식의 시장 추이를 좋아한다면 k-평균 군집에서 유사한 추이의 주식에 관심이 있을 수 있다. k-평균 군집은 추천 시스템^{recommender} ^{system}과 같은 대체 증권의 추천을 제공한다(Bystrom, 2013).

x축이 변동성이고 y축이 평균 수익률인 평균 수익률과 변동성에 대한 p차원의 군집화 사례에 초점을 맞춰, 이제 p차원에서의 공분산에 대한 군집화를 살펴보자. 이때 무방향 그래프$^{undirected\ graph}$라는 이산 구조$^{discrete\ structure}$를 사용한다.

9.3 무방향 그래프의 희소성과 연결성

지금까지는 군집화를 위해 평균 수익률과 변동성만 고려했다. 이제 공분산을 살펴보자. 가우스 그래프 모형$^{Gaussian\ Graphical\ Model}$인 GGM은 부록에 있는 다변량 정규분포^{multivariate} $^{normal\ distribution}$를 기반으로 한다. 연구된 핵심 파라미터는 공분산 행렬인 Σ다.

동조화$^{co\text{-}movement}$ 관점에서 포트폴리오를 조사하는 경우 무방향 그래프가 매우 유용하다. 이는 개별 주가 시계열의 로그 수익률에 해당하는 확률변수의 관계를 구성하는 방법이다. 예컨대 티커 심볼이 W, X, Y, Z인 네 개의 가상 주식이 있다고 하자. 이들은 함께 움직일 수도 그렇지 않을 수도 있다. 그리고 네 꼭지점 그래프를 이용해 관계를 시각화할 수 있다. 이것은 작은 그래프지만 이러한 유형의 작거나 큰 그래프 내의 군집은 동일한 시장 조건에서 유사하게 움직이는 주식 간의 동조화를 찾는 데 사용할 수 있다.

무방향 그래프는 인접 행렬$^{adjacency\ matrix}$로 나타낼 수 있다. 그래프에서 노드^{node} i와 j 사이에 간선^{edge}이 있다면 그래프의 인접 행렬 A에 0이 아닌 항목 $A_{i,j}$가 존재한다. 그림 9.4는 행과 열이 노드 W, X, Y, Z를 나타내는 간단한 무방향 그래프다. 하나의 가능한 인접 행렬은 다음과 같다. 이때 0이 아닌 항목이 1이다.

$$\mathbf{A} = \begin{pmatrix} 0 & 1 & 1 & 0 \\ 1 & 0 & 1 & 1 \\ 1 & 1 & 0 & 1 \\ 0 & 1 & 1 & 0 \end{pmatrix} \tag{9.6}$$

자기 자신과 인접한 노드 i는 일반적으로 고려하지 않으므로 대각선은 0으로 표시한다. 그래프의 **밀도**^{density} δ는 간선의 총 수를 합산하고 가능한 간선의 수로 나눠서 인접 행렬로부터 구할 수 있다. p개의 꼭지점^{vertex}이 있는 그래프에서 가능한 간선의 개수는 $p(p-1)/2$다.

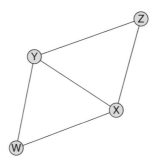

그림 9.4 4차원 인접 행렬 A의 간단한 무방향 그래프

포트폴리오 이론에 따르면 투자자들은 증권 간 동조화가 낮은 포트폴리오에 관심을 갖는다. 따라서 꼭지점당 간선의 수 측면에서 희소성^{sparsity2}이 높고, 연결성^{connectedness}이 낮고, 밀도도 낮은 그래프를 선호한다. 이들은 더 적은 군집이 있는 그래프가 될 것이다. 이는 $p \times p$차원인 인접 행렬 A로부터 쉽게 구할 수 있다.

$$\delta = \frac{\#actual\ edges}{\#possible\ edges} = \frac{\sum_{i=1}^{p} \sum_{j=1}^{j<i} A_{i,j}}{p(p-1)/2} \text{ and } \psi = 1 - \delta \qquad (9.7)$$

위 식에서의 비율이 밀도다. **희소성** ψ는 1에서 밀도를 뺀 값이다. 예컨대 그림 9.4의 간단한 그래프에서 희소성 $\psi = 1 - 5/6 = 1/6$이다. 평균-분산 최적화$^{\text{Mean-Variance Optimization}}$인 MVO 알고리즘이 찾으려는 이상적인 독립 추이 시장 그래프 밀도는 0이고 희소성은 1이다. 이는 간선이 없고 각 노드에서 시장 확률변수에 해당하는 수익률이 완전히 독립적인 그래프다. 최악의 그래프는 MVO 관점에서 밀도는 1이고 희소성은 0인 경우다. 이러한 기준 하에서 희소성이 $\frac{1}{6}$인 W, X, Y, Z의 인접 행렬은 최악인 0보다 희소성이 약간 높은 경우다.

그래프의 인접 행렬을 이용해 희소성을 계산하는 R 코드는 다음과 같다.

```
computeSparsity <- function(A) {
  dimA = dim(A)
  if(dimA[1] == dimA[2]) {
    sumedges = 0
    p = dimA[1]
    for(i in 1:p)
```

---

2 수학에서 벡터나 행렬의 원소에 0이 많을 때 희소성(sparsity)이 높다고 한다. 예컨대 희소성이 90%이라면 0인 항이 90%라는 의미다. 따라서 희소 행렬(sparse matrix)은 행렬의 값이 대부분 0인 경우를 가리키는 표현이다.

```
      if(i > 1)
         for(j in 1:(i-1))
             sumedges = sumedges + A[i,j]
   } else return(NA)
   return(1-sumedges/((p*(p-1)/2)))
}
cells = c(0,0,1,1,
          0,0,1,1,
          1,1,0,1,
          1,1,1,0)
A = matrix(cells,nrow=4,ncol=4)
computeSparsity(A)
1-computeSparsity(A)
...
> computeSparsity(A)
[1] 0.1666667
> 1-computeSparsity(A) #밀도
[1] 0.8333333
```

잘 알려진 지표인 **지역 군집 계수**local clustering coefficient는 그래프의 **연결성**connectedness의 차
수degree를 측정하는 데 많이 사용한다. 예컨대 그림 9.4가 소셜 네트워크라고 가정했을 때
X 노드는 Y 및 Z와 친구이고, 대부분 경우처럼 Y와 Z도 친구라면 그래프에 삼각형이 형성
된다. 기본적으로 지역 군집 계수는 존재 가능한 잠재적 삼각형triangle 수와 비교한 완성된
삼각형의 수를 계산한다(Fairchild and Fries, 2012). $p \times p$ 인접 행렬 A가 있는 꼭지점 v_i에 대
한 지역 군집 계수 $c(v_i)$의 수식은 다음과 같다.

$$c(v_i) = \frac{\#connected\ triangles}{\#possible\ triangles} = \frac{\sum_{j=1}^{p} \sum_{k=1}^{p} A_{i,j} A_{j,k} A_{k,i}}{\binom{outdegree(v_i)}{2}} if\ outdegree(v_i) > 1\ else\ 1 \quad (9.8)$$

그리고 전체 그래프($G = (V, E)$, 여기서 $E \subseteq V \times V$)의 지역 군집 계수는 각 꼭지점 $v_i \in V$의 c를
평균해 구할 수 있다.

$$C(G) = \frac{1}{|V|} \sum_{v_i \in V} c(v_i) \quad (9.9)$$

즉, 꼭지점 집합 V에서 각 꼭지점을 조사해 각 c를 찾는다.

다시 그림 9.4를 생각해보자. $outdegree(W) = 2$이고, 삼각형의 수가 $\binom{2}{2} = 1$이며, X와 Y를
포함한 가능한 삼각형의 수가 1이므로 $c(W) = 1$이다. Z의 경우도 마찬가지로 $c(Z) = 1$이다.

$outdegree(X) = 3$이고, 따라서 $\binom{outdegree(v_i)}{2} = 3$이며, 연결된 삼각형의 수는 가능한 삼각형의 수인 3개 중에 2개이므로 꼭지점 X와 Y의 경우에는 $c(X) = \frac{2}{3} = c(Y)$다. 그러므로 모든 네 꼭지점의 평균을 구하면 $C(\mathbf{G}) = (1 + 1 + \frac{2}{3} + \frac{2}{3})/4 = \frac{5}{6}$이다.

그래프의 인접 행렬을 사용해 지역 군집 계수를 계산하는 R 코드는 다음과 같다.

```
computeClusterCoeff <- function(A, isVerbose=FALSE) {
  N = dim(A)[1]
  degree = vector(length=dim(A)[1])
  avgdegree = vector(length=dim(A)[1])
  sumCC = 0
  for (i in 1:N) {
    sum = 0
    degree[i] = sum(A[i,])
    avgdegree[i] = degree[i]*(degree[i]-1)/2
    if(degree[i] < 2) {
      avgdegree[i] = 1; sum = 1
    } else {
      avgdegree[i] = dim(combn(degree[i],2))[2]
      for(j in 1:N) {
        for(k in j:N) {
          fact = A[i,j]*A[j,k]*A[k,i]
          if(fact > 0) {
            sum = sum + fact
            #print(paste(i,j,k,fact))
          }
        }
      }
    }
    if(isVerbose) print(paste(i,"===> cc num =",sum))
    if(avgdegree[i] != 0) {
      if(isVerbose) print(paste(i,
                              "===> clst coeff =",sum/avgdegree[i]))
      sumCC = sumCC + sum/avgdegree[i]
    }
  }
  sumCC/N
}
#단위 테스트
cells = c(0,0,1,1,
          0,0,1,1,
          1,1,0,1,
          1,1,1,0)
```

```
A = matrix(cells,nrow=4,ncol=4)
computeClusterCoeff(A,isVerbose=TRUE)
```

 이번 경우는 우연히 지역 군집 계수가 computeClusterCoeff() 함수의 출력에서 보듯이 밀도와 동일하게 산출된다.

```
> computeClusterCoeff(A,isVerbose=TRUE)
[1] "1 ===> cc num = 1"
[1] "1 ===> clst coeff = 1"
[1] "2 ===> cc num = 1"
[1] "2 ===> clst coeff = 1"
[1] "3 ===> cc num = 2"
[1] "3 ===> clst coeff = 0.666666666666667"
[1] "4 ===> cc num = 2"
[1] "4 ===> clst coeff = 0.666666666666667"
[1] 0.8333333
```

하지만 이는 일반적인 경우는 아니다.

9.4 공분산과 정밀 행렬

5장에서는 정규분포가 주식 로그 수익률의 규칙이라기보다는 예외일 수 있다고 했지만, 정규분포를 근사화해 GGM 이론의 최근 발전 내용을 바탕으로 포트폴리오 상호작용을 모형화할 수 있다. 포트폴리오에 대한 다차원 정규분포 로그 수익률의 공분산 행렬은 일반적으로 $p \times p$ 크기의 Σ라 한다. 다음과 같은 공분산 행렬의 역행렬인 정밀 행렬precision matrix은 다변량 정규 확률변수들의 쌍pair들 간에 동조화가 존재하는지 확인하는 데 사용할 수 있다는 중요한 결론이 존재한다(Whittaker, 1990).

$$\Omega = \Sigma^{-1} \tag{9.10}$$

로그 수익률은 정규분포를 이룬다고 간주하므로 여기서 이를 적용할 수 있다.

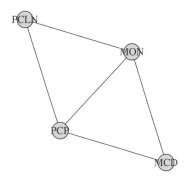

그림 9.5　2003년부터 2008년까지 지난 252일 간(1년)의 가격을 기반으로 표본 내 huge 패키지의 stockdata에서 선택한 네 주식의 무방향 그래프

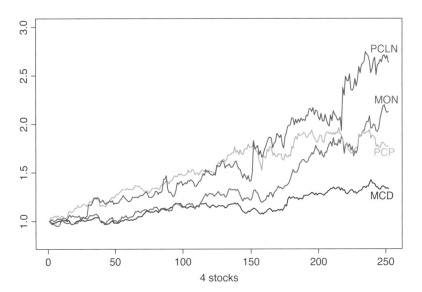

그림 9.6　표본 내 huge 패키지의 stockdata에서 선택한 네 주식의 2007년 한 해에 대한 가격 계열. PCLN과 MCD는 수식 9.10의 정밀 행렬과 그림 9.5에 의해 동조화가 없다고 간주한다. 가로축은 1년간의 거래일이며, 세로축은 크기를 1로 조정한 가격이다.

　무방향 그래프를 작성하는 유틸리티가 필요하다. 다음 R 코드는 공분산 행렬 Σ에서 정밀 행렬 Ω를 구하고 그래프 인접 행렬로 변환한 다음 그림 9.5의 그래프와 그림 9.6의 주식 총수익률 차트를 그린다. 가격을 가져오고 주식의 로그 수익률을 계산했다면 plotGraph() 유틸리티를 호출할 수 있다.

```
library(igraph)
library(tseries)
plotGraph <- function(lab,w,A) {
  D = dim(A)[1]
  indw = (w > .001)
  g <- graph.empty() + vertices(toupper(lab[indw]))
  threshold = .6
  for(i in 1:D) {
    if(w[i] > 0.0) {
      for(j in 1:max(1,(i-1))) {
        if(i != j && w[j] > .001 && A[i,j] != 0) {
          #print(toupper(lab[j]))
          g <- g + path(toupper(lab[i]),toupper(lab[j]))
        }
      }
    }
  }
  ug <- as.undirected(g)
  V(ug)$color <- "gold"
  V(ug)$label.cex = 1.1
  plot(ug,vertex.size=22.05)
}
plotGraph(c('W','X','Y','Z'),c(1/4,1/4,1/4,1/4),A)
```

다시 huge 패키지의 stockdata 데이터집합으로 시작한다. 지금까지 프로그램에는 2003년부터 2008년까지 1,258개의 분할 조정 가격$^{\text{split-adjusted prices}}$을 보유한 prices 행렬이 있다. 452개 중에서 네 주식을 살펴보자. R 함수 match()를 이용해 데이터집합의 lab 벡터에서 원하는 티커를 찾아 matchIdx 벡터를 만든다. 제안한 포트폴리오에 MCD, MON, PCP, PCLN 주식이 있다면 다음과 같은 코드를 이용해 1년간 로그 수익률의 100배에 대한 공분산 행렬을 찾을 수 있다.

```
library(huge)
data(stockdata)
D = length(stockdata$data[1,])
len = length(stockdata$data[,1])
prices = stockdata$data[,1:D]
lab = stockdata$info[1:D,1]
isSplitAdjusted = FALSE
R <- findR(prices,isSplitAdjusted=FALSE)
dim(prices)
ticker = c('MCD','MON','PCP','PCLN')
```

```
matchIdx = vector(length=4)
for(i in 1:4)
  matchIdx[i] = match(ticker[i],lab)
p = matrix(rep(0,252*4),nrow=252,ncol=4)
oneYr = (1258-251):1258
p[,1] = prices[oneYr,matchIdx[1]]
p[,2] = prices[oneYr,matchIdx[2]]
p[,3] = prices[oneYr,matchIdx[3]]
p[,4] = prices[oneYr,matchIdx[4]]
```

다음은 계산된 로그 수익률 r의 네 벡터다.

```
r = matrix(rep(0,251*4),nrow=251,ncol=4)
r[,1] = diff(log(p[,1]))
r[,2] = diff(log(p[,2]))
r[,3] = diff(log(p[,3]))
r[,4] = diff(log(p[,4]))
r100 = 100*r  #100 * 로그 수익률
Sigma = cov(r100)
round(Sigma,2)
Omega = solve(Sigma)
round(Omega,2)
A = ifelse(round(Omega,2)!=0.00, 1, 0)
w = c(.25,.25,.25,.25)
plotGraph(ticker,w,A)
plotMultSeries(p,ticker,w,4,
               cc=paste(sum(w>0),"stocks"),
               ret="",ylim=c(.8,3))
```

위 코드에서 산출된 공분한 행렬은 다음과 같다.

$$\boldsymbol{\Sigma} = \begin{pmatrix} 1.38 & 0.92 & 0.69 & 0.51 \\ 0.92 & 4.33 & 2.12 & 2.20 \\ 0.69 & 2.12 & 4.08 & 2.14 \\ 0.51 & 2.20 & 2.14 & 9.70 \end{pmatrix} \tag{9.11}$$

그 다음 R 함수 solve()와 round()를 이용해 정밀 행렬을 구한다.

$$\boldsymbol{\Omega} = \begin{pmatrix} 0.86 & -0.15 & -0.07 & 0.00 \\ -0.15 & 0.35 & -0.13 & -0.04 \\ -0.07 & -0.13 & 0.35 & -0.04 \\ 0.00 & -0.04 & -0.04 & 0.12 \end{pmatrix} \tag{9.12}$$

정밀 행렬 Ω는 $\omega_{i,j}=0$일 때, $k\neq i$이고 $k\neq j$인 다른 증권 k의 나머지 확률변수가 주어지면, 증권 i의 로그 수익률 계열은 증권 j의 로그 수익률 계열과 조건부 독립이라는 매우 좋은 속성이 존재한다. 이 행렬은 대각선 요소를 무시하고 0으로 설정하며, 다른 요소가 0.00과 같은지 여부를 고려할 때 인접 행렬처럼 동작한다. 0.00과 같지 않은 요소는 해당 인접 행렬에서 1과 같다고 간주한다. $\omega_{1,4}=\omega_{4,1}=0$이므로, 정밀 행렬에 따라 첫 번째와 네 번째 주식인 MCD$^{McDonald's}$와 PCLN^{Priceline}은 상관관계가 없다고 결론 내릴 수 있다. 그림 9.5를 보면 Ω에 해당하는 무방향 그래프는 포트폴리오에서 각 가중 주식의 동조화를 보여준다. 빈 그래프 (**V**, {})로부터 그래프를 구성하는 알고리즘은 다음과 같다.

- 먼저 공분산 행렬에서 정밀 행렬을 구한다.
- R의 ifelse() 함수를 이용해 그래프의 인접 행렬 A를 결정한다. 정밀 행렬 요소가 반올림해 0.00이 되는지 검사하고 i행과 j열에서 정밀 행렬 값이 반올림해 0.00이 되지 않는 경우 $A[i, j]$를 1로 설정한다.
- 인접 행렬 A의 하단 삼각형을 반복하고 i행, j열이 1이면 간선^{edge} 집합 **E**에 간선 (v_i, v_j)를 추가한다.

마지막 단계는 위의 plotGraph() 함수가 수행하는 작업이다.

9.5 공분산 시각화

GGM과 작업하면서 무방향 그래프에서 간선이 존재해야 하는지 여부는 주관적이고 조정할 필요가 있음이 분명해진다. 예컨대 p 로그 수익률 데이터 계열이 상호 간 공분산이 높은 경우, 결국 높은 밀도와 낮은 희소성 그리고 마디 많은 공$^{gnarled ball}$처럼 표시되는, 촘촘하게 군집을 이루면서 강력하게 연결된 무방향 그래프가 된다. 마디 많은 공은 투자자가 주식 간 공분산을 이해하는 데 도움이 되지 않는다. Σ와 Ω에 대한 앞 절의 예제 행렬은 하나의 예이지만, $p>4$일 때 대규모 주식 표본의 전형은 아니다. 실제 Ω 행렬이 0을 포함하는 것은 다소 드문 경우다. $p=452$인 huge 패키지의 stockdata 주식의 경우 작은 표본은 EBAY 같은 노드의 가능한 간선 중 적어도 절반은 존재하는 정밀 행렬 Ω로 얻을 수 있다는 사실을 알려준다. 즉 EBAY에 해당하는 139개의 행인 139개 주식 지수^{index}의 경우 로직을 통해 정밀 행렬로부터 구한 인접 행렬에 있는 열의 약 절반이 1로 표시된다.

```
A = ifelse(Omega!=0.00, 1, 0)
```

이와 같은 그래프는 그다지 유용하지 않으므로 밀도를 줄이거나 마찬가지로 좋은 시각화 도구가 되도록 획득한 그래프의 희소성을 높이는 메커니즘이 필요하다. 유사^{pseudo} 인접 행렬 Ω의 알고리즘으로 단순히 공분산 행렬의 역행렬을 구하는 것만으로는 한계가 있다. 노드 쌍들의 상대적 의존성을 묘사하는 것이 그래프의 목적이며 참이냐 거짓이냐의 상황이다. 간선은 존재할 수도 존재하지 않을 수도 있다. 먼저 24개 후보의 샤프 비율을 구한 다음 편의를 위해 레이블을 개선한다.

```
findSixYrSR <- function(dir='huge',csvFile = 'rebalresD24Days1258.csv') {
  setwd(paste(homeuser,"/FinAnalytics/",dir,"/",sep=""))
  df <- read.csv(csvFile)
  lab <- df[,2]
  w <- df[,3]
  indw = (w > 0)
  lab <- lab[indw]
  isEnhanced <- FALSE
  w <- w[indw]
  D <- length(lab)
  daysPerYr = 252; mufree = 0
  recentPrices <- findRecentHugePrices('huge',
                                       'rebalresD24Days1258.csv')
  R <- findR(recentPrices)
  cov_mat <- cov(R)
  meanv <- apply(R,2,mean)
  diag_cov_mat <- diag(cov_mat)
  sdevv <- sqrt(diag_cov_mat)
  Sharpe <- (meanv-mufree)/sdevv*sqrt(daysPerYr)
  Omega <- solve(cov_mat)
  prices <- recentPrices
  list(prices,R,cov_mat,meanv,sdevv,Sharpe,Omega,isEnhanced)
}
res <- findSixYrSR()
prices      <- res[[1]]
R           <- res[[2]]
cov_mat     <- res[[3]]
meanv       <- res[[4]]
sdevv       <- res[[5]]
Sharpe      <- res[[6]]
Omega       <- res[[7]]
isEnhanced  <- res[[8]]
```

개별 증권을 의미 있는 방식으로 표현하기 위해 enhanceLab() 함수를 작성한다. 이 함수에 서는 6년간의 샤프 비율과 반올림한 가중치를 합쳐서 노드 레이블을 개선한다. 작은 가중 치는 반올림해 0%가 된다. 위 루틴은 증권을 비교하기 위해 6년간의 샤프 비율을 구한다. findSixYrSR() 함수로 계산된 샤프 벡터를 이용해 레이블을 개선할 수 있다.

```
enhanceLab <- function(lab,Sharpe,w) {
  D <- length(lab)
  shplab = vector(length=D)
  for(d in 1:D) {
    shplab[d] = paste(lab[d],
                      paste(round(Sharpe[d],2),
                            paste(round(100*w[d],0),'%',sep='')),sep='\n')
  }
  return(shplab)
}
shplab <- enhanceLab(lab,Sharpe,w)
```

개선된 레이블인 shplab은 아래와 같다. 8장에서 이미 CME와 AAPL의 가중치는 각각 16%와 12%로 452개 후보 중 가중치가 가장 높다는 사실을 확인했다. 그 뒤를 이어 PCP와 MON의 가중치가 8%이며, MCD, TSO, LH, GME, BCR의 가중치는 5%다.

```
> shplab
 [1] "CME\n-0.04 16%"  "AAPL\n0.71 12%"  "MON\n0.01 8%"
 [4] "MCD\n0.61 5%"    "TSO\n0.1 5%"     "GME\n-0.07 5%"
 [7] "PCP\n0.37 8%"    "LH\n0.11 5%"     "BCR\n0.31 5%"
[10] "AMT\n0.41 5%"    "BLK\n0.21 5%"    "ISRG\n0.14 4%"
[13] "HUM\n0.17 3%"    "EIX\n0.11 3%"    "SWN\n0.09 2%"
[16] "ESRX\n0.42 2%"   "WMB\n0.21 2%"    "RRC\n0.13 1%"
[19] "DVA\n0.59 1%"    "RAI\n0.59 1%"    "WYNN\n0.3 1%"
[22] "CERN\n0.82 0%"   "PCLN\n0.95 0%"   "AET\n0.16 0%"
```

다음은 runGlassoAndDisplay() 함수의 코드다. 지금은 함수를 제시하고 포트폴리오 증권 간의 공분산을 시각화할 수 있는 방법을 보여주기 위해 단지 네 꼭지점이 있는 매우 기초 적인 사례에 대해 함수를 실행한다. 그래프 라쏘^Glasso, graphical lasso 알고리즘[3]의 기본 원리

---

3 그래프 모형(graphical model)은 확률변수들간의 조건부 독립성을 시각적인 네트워크 형태로 표현할 수 있기 때문에, 정보학 이나 사회관계망 등 수많은 변수들이 서로 연결돼 있는 복잡한 확률 시스템에 대한 직관적인 도구로 활용될 수 있다. 그래프 라쏘는 고차원의 자료에 대한 가우스 그래프 모형의 추정에서 과적합을 방지하는 데 효과적인 것으로 알려진 방법이다.

에 대한 더 자세한 내용은 향후 세 절에 걸쳐 다룬다.

```
runGlassoAndDisplay <- function(prices,lab,w,D,Sharpe,
                                isEnhanced=FALSE,lmratio=0.33,trackIdx=9) {
  len = length(prices[,1])
  Y = log(prices[2:len,1:D]/prices[1:(len-1),1:D])
  x.npn = huge.npn(Y, npn.func="truncation")
  out.npn = huge(x.npn,method = "glasso",
                 cov.output = TRUE, nlambda=D,
                 lambda.min.ratio = lmratio)
  out.npn
  indw = (w > .001)
  if(!isEnhanced && D > 4) {
    shplab <- enhanceLab(lab,Sharpe,w)
    isEnhanced <- TRUE
  }
  g <- graph.empty() + vertices(toupper(shplab[indw]))
  trackIdxEdges <- 0
  for(d in D:D) {
    for(i in 1:D) {
      if(w[i] > .001) {
        for(j in 1:i) {
          if(w[j] > .001 && out.npn$path[[d]][i,j] == 1) {
            #print(paste(i,j))
            #print(toupper(lab[i]))
```

아래 핵심 줄을 실행해 그래프 g를 증가시킨다. 즉 가중치가 0이 아닌 주식에 대해 huge() 함수를 호출해 생성된 인접 행렬 out.npn의 마지막(*d*번째 버전)에 1이 있는 경우 꼭지점 *i*에서 *j*까지 간선을 추가한다.

```
            g <- g + path(toupper(shplab[i]),toupper(shplab[j]))
            if(j == trackIdx || i == trackIdx)
              trackIdxEdges <- trackIdxEdges + 1
          }
        }
      }
    }
  }
  ug <- as.undirected(g)
  V(ug)$color <- "gold"
  #V(ug)$offset <- 1.2
  V(ug)$label.cex = 0.8
  plot(ug,vertex.size=sqrt(500*w),ylab=
```

```
        paste("lmratio=",lmratio))
  }
  print(paste("tracked outdegree:",trackIdxEdges))
  list(out.npn$path[[D]],shplab,isEnhanced)
}
```

runGlassoAndDisplay() 함수를 정의했으므로 이 함수를 이용해 lmratio 파라미터의 설정에 따른 밀도나 희소성의 차이를 보여주는 네 개의 간단한 그래프를 나타낼 수 있다.

```
A = ifelse(Omega!=0.00, 1, 0)
lab4 <- c('MCD','MON','PCP','PCLN')
labIdxs <- sapply(lab4,function(x) match(x,lab))
prices4 <- prices[,labIdxs]
w = rep(1/4,4)
shplab <- lab[labIdxs]
par(mfrow=c(2,2))
res <- runGlassoAndDisplay(prices4,lab4,w,4,Sharpe,
                           lmratio=1.20,trackIdx=1)
A   <- res[[1]]
shplab <- res[[2]]
isEnhanced <- res[[3]]
res <-runGlassoAndDisplay(prices4,lab4,w,4,Sharpe,
                          lmratio=.95,trackIdx=1)
A   <- res[[1]]
shplab <- res[[2]]
isEnhanced <- res[[3]]
res <- runGlassoAndDisplay(prices4,lab4,w,4,Sharpe,
                           lmratio=.70,trackIdx=1)
A   <- res[[1]]
shplab <- res[[2]]
isEnhanced <- res[[3]]
res <- runGlassoAndDisplay(prices4,lab4,w,4,Sharpe,
                           lmratio=.45,trackIdx=1)
A   <- res[[1]]
shplab <- res[[2]]
isEnhanced <- res[[3]]
```

위 코드의 실행 결과는 그림 9.7과 같다. 서로 다른 네 가지 lmratio 파라미터로 그래프 라쏘를 살펴봤다. 좌측 상단 그래프의 희소성은 1이며 전혀 연결되지 않았다. 반면에 우측 상단 그래프는 MON와 PCP 사이 그리고 PCLN와 PCP 사이에 간선이 추가됐다. lmratio=0.7인

좌측 하단 그래프에서는 희소성이 $\frac{1}{2}$이며, 마지막으로 lmratio=0.45일 때 완전히 연결되고 희소성은 0이다. lmratio를 설정함으로써 그래프의 희소성 수준을 제어해 용도에 적합하게 만들 수 있다. 이는 라디오의 볼륨조정과 다르지 않다. 가장 유용한 값으로 설정한다.

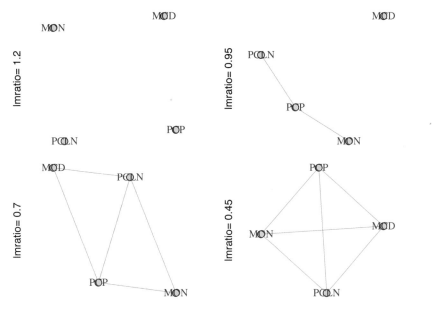

그림 9.7 페널티 부여 수준은 간선이 공분산 수준을 나타내는 데 사용되는지 여부를 결정한다. 희소성은 lmratio=1.20에서 0.45로 낮아짐에 따라 1에서 0까지 변한다. 가격은 2008년부터 2014년까지 1512일 간(6년)이다.

그림 9.8은 452개 주식 그래프를 전체적으로 보여준다. 하위 그룹 간에 발생하는 군집화를 볼 수 있다. 흥미롭게도 큰 군집에서 외곽[fringe4]으로 이동하는 몇 가지 이상치[outliers]도 볼 수 있다. 이들은 비교적 독립적으로 움직이는 주식이다. 아래 코드는 runGlassoAndDisplay() 함수에 필요한 공분산을 계산한다.

```
w = rep(1/D,D)
Omega = round(solve(cov_mat),2)
Omega[1:8,1:8]
Aomega = ifelse(Omega!=0.00, 1, 0)
res <- runGlassoAndDisplay(prices,lab,w,D,Sharpe,
                           lmratio=.45,trackIdx=4)
A   <- res[[1]]
shplab <- res[[2]]
```

---

4 외곽 객체(fringe object)란 이상치는 아니지만 정상 군집의 간선에 아슬아슬하게 포함된 객체를 말한다.

```
isEnhanced <- res[[3]]
Aomega[1:8,1:8]
huge.plot(A)
```

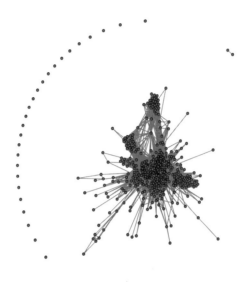

그림 9.8 huge.plot()를 이용해 나타낸 2003년부터 2008년까지 S&P 500 지수에 생존한 452개 주식의 레이블이 없는 무방향 그래프 노드

대규모 집합에서 주식의 평균 공분산을 비교하면 주식이 다른 주식에 비해 어떻게 군집화돼 있는지 알 수 있다. 개별 주식 기준으로 샤프 비율을 구하는 것이 7장, '샤프 비율'의 관심사였듯이 다른 주식과의 공분산 정도를 결정하는 것이 지금의 관심사다. 낮은 공분산은 낮은 상관관계에 해당하고 주식은 포트폴리오에서 좋은 후보가 된다. 그림 9.9에서 보듯이 소비재 주식인 **JNJ, PEP, HSY, KFT**는 모집단에서 평균 공분산이 가장 낮은 축에 속한다. 아래 코드는 평균 공분산 계산인 sumcovv/D을 수행하고 티커 심볼로 그래프에 나타낸다.

```
saveList <- list(D,lab,prices)
library(huge)
data(stockdata)
D = length(stockdata$data[1,])
len = length(stockdata$data[,1])
prices = stockdata$data[,1:D]
lab = stockdata$info[1:D,1]
```

```
isSplitAdjusted = FALSE
R <- findR(prices,isSplitAdjusted=FALSE)
dim(prices)
cov_mat <- cov(R)
sumcovv=vector(length=D)
for(i in 1:D)
  sumcovv[i]=sum(cov_mat[i,])-cov_mat[i,i]
plot(sumcovv/D,type="p",cex=.1)
text(1:D,sumcovv/D,lab,col=4,cex=.55)
```

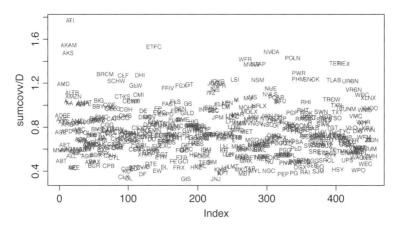

그림 9.9   그림 9.8에 있는 주식의 평균 공분산 비교. 주식의 평균 공분산이 낮으면 로그 수익률 추이에서 다른 주식과의 독립성이 높다는 의미다.

그림 9.8 그래프의 간선을 두 열의 CSV 파일로 내보내 오픈 소스 그래프 그리기 도구인 게피Gephi로 가져오면 그림 9.10과 같은 게피의 이판 후 비례Yifan Hu Proportional 레이아웃 알고리즘을 이용해 배치한 그래프를 볼 수 있다. 향후 runGlassoAndDisplay() 함수는 세 번째 중첩 for 루프에서 write() 구문으로 간선 파일 레코드를 내보낸다. 그림 9.10에서 EBAY는 AMZN, QCOM, YHOO의 세 노드와 연결돼 있음을 볼 수 있다. 반면에 EMC는 게피로 표시한 그래프에서 23개의 노드와 연결돼 있다.

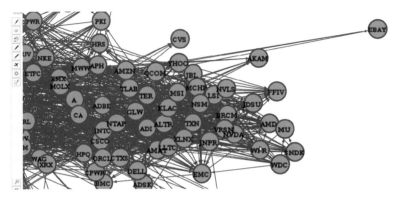

그림 9.10 게피 도구를 이용해 두 기술주인 EBAY와 EMC를 확대한 모습. 우측 상단에 있는 EBAY는 3개의 주식과 연관돼 있으며, 중앙 하단에 있는 EMC는 23개의 주식과 연관돼 있다.

```
lab4 <- c('EBAY','EMC','PCLN','UPS')
labIdxs <- sapply(lab4,function(x) match(x,lab))
plot(sort(cov_mat[139,-139]),ylim=c(-.1,4),
     xlab="Sorted Index",ylab="Cov to other stocks")
points(sort(cov_mat[145,-145]),col=2)
points(sort(cov_mat[338,-338]),col=4)
points(sort(cov_mat[417,-417]),col=3)
text(rep(400,4),c(1.1,1.75,2.5,.5),lab4,cex=.75)
D <- saveList[[1]]; lab <- saveList[[2]]; prices <- saveList[[3]]
```

그림 9.11을 보면 대체로 EBAY가 EMC보다 다른 주식과의 공분산이 더 낮다. 특히 차트의 꼬리 끝 부분에서는 더욱 그러하다. 그림 9.11 차트의 코드는 위와 같다.

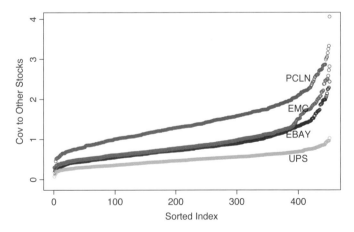

그림 9.11 후보 집합에 있는 다른 모든 주식에 대해 정렬한 네 가지 전형적인 주식의 공분산 비교. EBAY와 EMC는 그림 9.10에서 볼 수 있으며, PCLN과 UPS 역시 비교할 만한 전형적인 주식이다. UPS의 동조화가 가장 낮고 그 다음은 EBAY다.

9.6 위샤트분포

표본 공분산 행렬 Σ는 MVN^{multivariate normal} 분포[5]의 표본에서 추출된다. 하지만 GGM의 문헌에서 지적했듯이 표본 공분산 행렬 자체는 파라미터이며 위샤트^{Wishart} 분포를 따른다 (Hastie, Tibshirani, and Friedman, 2009). 위샤트분포는 MVN 분포에서 추출한 n의 제곱과 외적^{cross-product}의 합을 나타낸다. 위샤트분포의 확률밀도함수는 매우 복잡한 수식으로 차원^{dimensionality} 때문에 시각화하기 어렵다. MVN 분포를 비롯해 다양한 확률밀도함수는 부록을 참조하기 바란다. $\mathbf{X}$는 $n \times p$ 행렬로, 여기서 $x_i = (x_{i,1},\ldots, x_{i,p})$는 p차원의 MVN$(0, \Sigma)$ 분포에서 추출된다. 그리고 $\mathbf{S}$는 $p \times p$ 표본 공분산 행렬로, 정의는 다음과 같다.

$$\mathbf{S} = \frac{1}{n} \sum_{i=1}^{n} (x_i - \bar{x})(x_i - \bar{x})^T \qquad (9.13)$$

$\mathbf{S} \sim W_p(\Sigma, n)$라 할 때, $\mathbf{S}$는 양의 정부호^{positive definite}다.[6] 밀도 공식은 수식 9.14와 같다.

$$f(\mathbf{S}) = \frac{|\mathbf{X}|^{\frac{n-p-1}{2}}}{2^{\frac{np}{2}} \Sigma^{\frac{n}{2}} \Gamma_p(\frac{n}{2})} \exp\left(\frac{-tr(\Sigma^{-1}\mathbf{X})}{2} \right) \qquad (9.14)$$

여기서 $n > p-1$은 자유도^{degrees of freedom}이고, 평균은 $n\Sigma$이며, $\Gamma_p()$는 p차원의 다변량 감마 함수^{multivariate gamma function}다. Σ는 양의 정부호 크기 변환 행렬^{positive definite scale matrix}을 의미하며, MVN 분포로부터의 분산-공분산 행렬이라 간주한다.

이러한 분포의 시뮬레이션이 포함된 여러 R 패키지가 있다. 본 절에서는 sbgcop 패키지를 사용한다. 이 패키지에는 MVN 공분산과 요청 변량의 수를 받아 위샤트 확률변량^{random variate}을 생성하는 rwish() 함수가 있다. R 코드에서 이 분포를 살펴보는 것은 GGM에 사용된 공분산과 정밀 행렬을 이해하는 데 도움이 된다.

네 주식의 Σ와 Ω 행렬을 상기해보자. 아래 코드는 Ω로 시작해 solve() 함수를 이용해 Ω의 역행렬 Σ를 구하고 Sig라 한다. 그런 다음 rwish() 함수에 입력한다. 100개의 '경로^{paths}' 혹은 변량^{variates}[7]을 찾는다.

---

5 MVN 분포란 다변량(다변수) 정규분포로, 정규분포를 다차원 공간으로 확장한 분포를 말한다.

6 모든 고윳값(eigenvalue)이 양수인 행렬을 양의 정부호 행렬(positive definite matrix)이라 하고, 모든 고윳값이 음수인 행렬을 음의 정부호 행렬(negative definite matrix)이라 한다.

7 변수(variable)는 연구자가 측정한 관찰치의 값이며, 변량(variate)은 원래 관찰치가 아닌 이들의 선형 조합으로 이루어진 새로운 값이다. 그리고 확률변수(random variable)는 가능성에 따라 값이 변하는 변수이며, 확률변량(random variate)은 확률변수의 특별한 결과로, 동일한 확률변수의 다른 결과인 확률변량은 다른 값을 가진다.

```
mapToCol <- function(d)
  if(d%%8==7) 1 else if(d==8)
    2 else if(d==15) 3 else if(d==23) 4 else d

library(sbgcop)
Omega = matrix(c(0.86, -0.15, -0.07, 0.00,
                 -0.15, 0.35, -0.13, -0.04,
                 -0.07, -0.13, 0.35, -0.04,
                 0.00, -0.04, -0.04, 0.12),nrow=4,ncol=4)
A = ifelse(Omega!=0.00, 1, 0)
plotGraph(c('MCD','MON','PCP','PCLN'),rep(1/4,4),A)
Sig= solve(Omega)
p <- dim(Sig)[1]
df <- p+1

set.seed(138)
paths <- 100
W.empir <- matrix(nrow=paths,ncol=length(c(Sig)))
dim(W.empir)
for(i in 1:paths) {
  W.empir[i, ] <- c(rwish(Sig,nu=1))
  if(i == 1) {
    plot(as.vector(W.empir[i,]),type="l",
         ylim=c(-15,+90),ylab="rwish npaths=100")
  } else {
    lines(as.vector(W.empir[i,]),col=mapToCol(i))
  }
}
```

위 코드는 위샤트 표본을 계산해 W.empir 행렬에 저장한다. 그런 다음 그림 9.12와 같이 16개 요소 경로로 변량을 나타낸다. 아래 코드는 그림 9.13과 같은 상자 그림[box plot]을 나타내며, 위샤트 행렬에 있는 각 확률변량의 분포를 보여준다.

```
> boxplot(W.empir)
> meanW <- apply(W.empir,2,function(x) mean(as.vector(x)))
> matrix(round(meanW,2),4,4)
     [,1] [,2] [,3]  [,4]
[1,] 1.15 0.86 0.93  0.41
[2,] 0.86 4.08 1.95  2.62
[3,] 0.93 1.95 4.26  2.84
[4,] 0.41 2.62 2.84 11.19
```

```
> round(Sig,2)
      [,1] [,2] [,3] [,4]
[1,] 1.37 0.90 0.67 0.52
[2,] 0.90 4.21 1.98 2.06
[3,] 0.67 1.98 3.95 1.98
[4,] 0.52 2.06 1.98 9.68
```

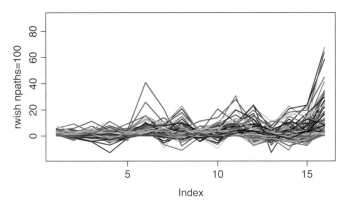

그림 9.12 100개의 4×4 공분산 행렬을 산출하는 rwish() 함수의 변량

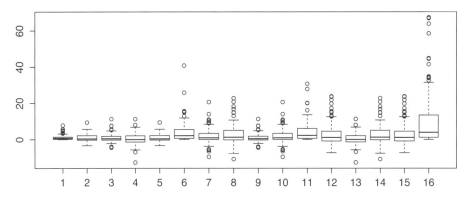

그림 9.13 위샤트 분포의 확률변량으로부터 16개의 공분산 위치를 보여주는 상자 그림

시작점 행렬인 Sig는 위샤트 변량으로부터 계산된 meanW 행렬과 값이 비슷하다는 사실을 알 수 있다. 공분산 행렬의 네 번째 행과 네 번째 열에 있는 마지막 요소는 그림 9.13에서 가로축 기준으로 16번째에 있는 상자 그림에 해당하며 매우 높은 공분산을 보인다. 그리고 이는 PCLN 주식이라고 쉽게 예측할 수 있다.

```
for(j in (1:16)) {
  if(j == 1) {
    plot(density(W.empir[j,]),
         xlim=c(min(W.empir),max(W.empir)),
         ylim=c(0,.8),main="")
  } else {
    lines(density(W.empir[j,]),col=mapToCol(j))
  }
}
```

$p=4$이고 $\Sigma=\Omega^{-1}$인 특별한 경우에 해당하는 위샤트의 또 다른 관점은 그림 9.14와 같으며, 위 코드로 생성할 수 있다. 그림 9.14는 16개 밀도 그래프가 중첩돼 있다. 대부분 분포는 0과 1 사이에 집중돼 있지만 이상치로 인해 그래프가 꼬리까지 이어져 있기도 하다.

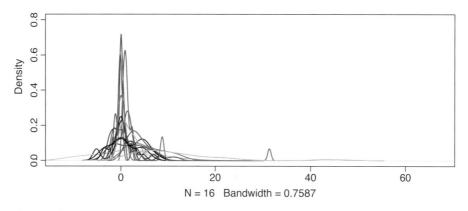

그림 9.14 중첩된 밀도 그래프는 위샤트 분포 공분산을 보여준다. 매우 넓은 꼬리는 $p \times p = 16$ 위치에 있는 요소로 인한 것이라는 사실은 그림 9.13의 상자 그림으로부터 알 수 있다.

9.7 그래프 라쏘: 무방향 그래프의 페널티 부여

밀도를 줄이거나 그래프의 희소성을 높이기 위한 매커니즘의 필요성을 언급했었다. 무방향 그래프에서 희소성이 있다는 것은 파라미터 간에 축소shrinkage가 있는 것과 유사하다. 그래프 라쏘 알고리즘은 8장, '마코위츠 평균-분산 최적화'에서 논의한 유명한 라쏘lasso 알고리즘의 적용으로 무방향 그래프에 적용된다. 라쏘와 마찬가지로 정규화 파라미터regularization parameters를 필터 수준으로 사용한다. 이 경우 그래프의 적절한 희소성 수준을 위해 필터링한다(Tibshirani, 1996). 로그 우도 함수log likelihood function는 다음과 같다.

$$l(\mathbf{\Omega}) = \log(|\mathbf{\Omega}|) - tr(\mathbf{S\Omega}) \tag{9.15}$$

제한된 로그 우도 함수^{constrained log likelihood function}를 구하는 방법은 다음과 같다.

$$\mathbf{\Omega}^* = \underset{\mathbf{\Omega}}{\mathrm{argmax}}\ l_C(\mathbf{\Omega}) = \underset{\mathbf{\Omega}}{\mathrm{argmax}}\ \log(|\mathbf{\Omega}|) - tr(\mathbf{S\Omega}) - \sum_{(j,k)\notin\mathbf{E}} \gamma_{j,k}\omega_{j,k} \tag{9.16}$$

수식 9.16의 두 번째 형태에서 보듯이 로그 우도의 페널티 합계식을 최대화하면 전체 값이 줄어든다. 따라서 더 많은 간선은 합계 항에 의해 더 많은 페널티를 의미한다. 이는 간선 수를 최소로 유지한다. 앞서 9.4절에서 언급했듯이 정밀 행렬 Ω만으로는 너무 많은 간선을 제안해 유용하지 않다. 이처럼 페널티가 있는 로그 우도가 찾던 바였다. 그래프 라쏘 알고리즘에 대한 자세한 내용은 관련 도서(Hastie, Tibshirani, and Friedman, 2009)와 참고 문헌 (Friedman, Hastie, and Tibshirani, 2008)을 살펴보기 바란다.

9.8 그래프 라쏘 알고리즘 실행

huge 패키지는 비초자연적^{non-paranormal}[8] 단계를 실행해 그래프 라쏘를 실행하기 전에 개선 점을 제공한다(Zhao, Liu, Roeder, Lafferty, and Wasserman, 2012). huge 패키지는 그래프 라쏘 알고리즘을 사용한다. 그래프 라쏘 알고리즘을 사용해 포트폴리오에 있는 주식의 동조 화를 그래프로 시각화한다. 비초자연적 단계로 huge의 그래프 라쏘 알고리즘을 실행하면 그림 9.8과 같은 매우 유용한 그래프를 반환하며, 정밀 행렬로부터 생성된 그래프보다 희 소성이 더 높다.

비초자연적 변환인 huge.npn() 함수는 그래프 라쏘 알고리즘 호출 전에 사용된다. 그래프 라쏘 알고리즘을 실행하는 주요^{main} 루틴은 runGlassoAndDisplay() 함수이며 그림 9.15, 9.16, 9.17의 상단과 같은 그래프를 생성하는 데 사용할 수 있다. 주요 루틴인 runGlassoAndDisplay() 함수는 앞서 9.5절에서 소개했다. huge.npn()과 huge() 함수 다음의 반복 구문은 path() 함 수를 이용해 그래프를 구성한다. 그런 다음 plot() 함수를 이용해 무방향 그래프인 ug의 그 래프를 그린다. 가장 정제된 버전의 그래프인 out.npn$path는 [[D]]로 접근한다.

---

8 '초자연적'이란 용어는 세계적인 채권 펀드 핌코의 최고투자책임자인 빌 그로스가 최근의 금융시장을 과학적으로 설명 할 수 없는 초자연적인 상태라고 언급한 것으로, 많은 국가가 경기 부양을 위해 막대한 돈을 풀고 있지만 불확실한 변수 가 너무 많아 시장 상황을 예측하기 어렵다는 뜻으로 해석되고 있다(Bill Gross Predicts 'Paranormal' Financial Market Activity In 2012, 2012/01/04—NEW YORK(Reuters)).

9.9 수년간의 가치주 추적

배당^{dividends}, 수익^{earnings}, 매출^{revenue}과 같은 펀더멘털과 관련해 다른 주식들보다 낮은 가격으로 거래되는 경향이 있는 주식을 **가치주**$^{value\ stock}$라 한다. 가치주의 일반적인 특징으로는 더 낮은 주가수익률$^{PER,\ price-to-earnings\ ratio}$, 더 높은 배당률$^{dividend\ yield}$, 더 낮은 주가순자산비율$^{PBR,\ price-to-book\ ratio}$이 있다.

샤프 비율 임계값을 사용해 452개의 huge 패키지의 stockdata 증권으로 MVO 알고리즘을 시뮬레이션할 때, 26개 주식은 해당 기간 중에 발생한 합병 사건으로 인해 24개 주식으로 정제된다. 결과적으로 24개 주식 포트폴리오는 그림 8.8과 같다.

이 포트폴리오를 2008년 2월 14일부터 2014년 2월 14일까지 6년간의 표본 외 기간을 대상으로 시뮬레이션 하면 각 연도별 GGM과 연간 포트폴리오 수익률의 총 6개의 그래프를 생각해 볼 수 있다. 각 연도는 2월 14일에 시작하고 끝난다. 예컨대 2008년도는 2008년 2월 14일에 시작해 2009년 2월 14일에 끝난다. 2008년부터 2011년까지의 시장 상황을 고려해 이 절에서는 6개 그래프 중 가장 흥미로운 처음 3개를 살펴보겠다.

포트폴리오 멤버인 잘 알려진 가치주의 추이를 추적해보자. 맥도날드사의 티커인 MCD는 2003년부터 2008년까지 기간에 huge 패키지에 있는 stockdata의 우수한 실적에 힘입어 포트폴리오의 일부가 됐으며 5%라는 높은 가중치가 부여됐다. 2008년부터 2014년까지 시뮬레이션을 실행하면 MCD는 9.17까지의 그림에서 샤프 비율이 0.61로 표기돼 있다. 그림 9.15를 보고 MCD 추적을 시작했으며 2008년에는 MCD가 상관관계 연결의 밀집된 군집의 중간에 나타난다. 아래 계산 구문을 통해 MCD의 연간 수익률은 5.4%임을 알 수 있다. 2009년이 되자 MCD는 독보적인 실적을 거둔다. 2009년에는 레스토랑 체인이 금융위기로부터 회복하는 기간 동안 검소한 소비자들에게 좋은 반응을 얻으며 15.9%의 수익률을 기록했다. 6년간 각 연도별 MCD의 수익률은 다음과 같다.

```
> prices[252,4]/prices[1,4]-1
[1] 0.05411973
> prices[2*252,4]/prices[253,4]-1
[1] 0.159067
> prices[3*252,4]/prices[252*2+1,4]-1
[1] 0.228165
> prices[4*252,4]/prices[252*3+1,4]-1
[1] 0.3467565
> prices[5*252,4]/prices[252*4+1,4]-1
```

```
[1] -0.03004245
> prices[6*252,4]/prices[252*5+1,4]-1
[1] 0.05333184
```

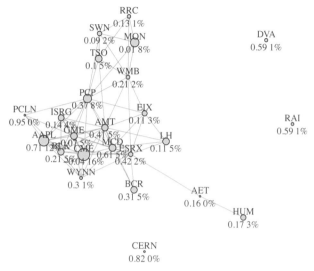

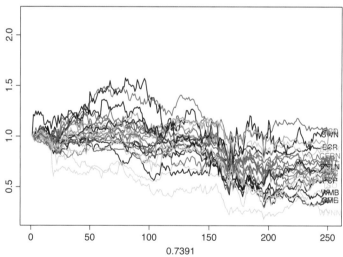

그림 9.15 2008년도 24개 증권 수익률의 동조화 그래프와 차트. 각 꼭지점에 붙어 있는 첫 번째 숫자는 2008년 부터 2014년까지 현재 가격 표본의 샤프 비율이다. 두 번째 숫자는 해당 티커의 포트폴리오 가중치다.

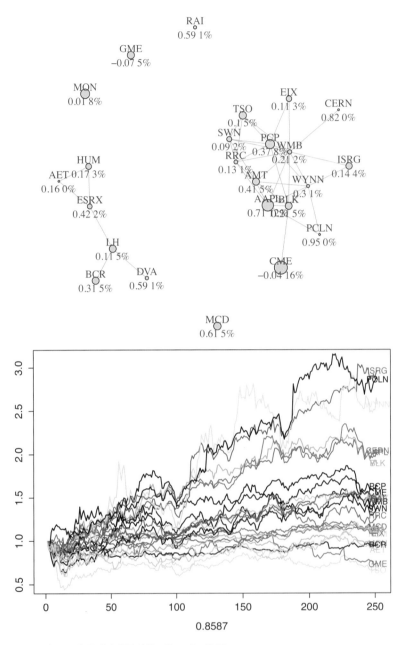

그림 9.16 2009년도 24개 증권 수익률의 동조화 그래프와 차트

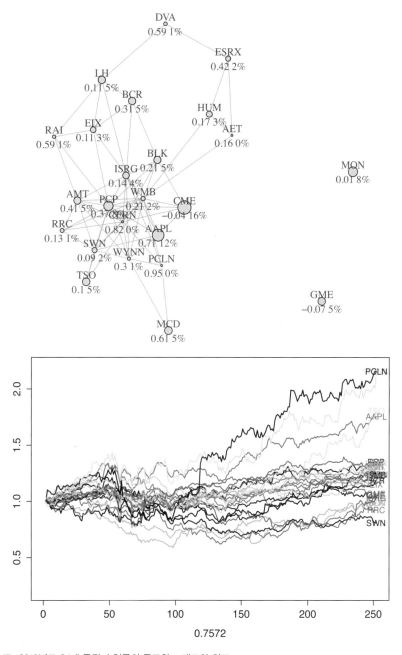

그림 9.17 2010년도 24개 증권 수익률의 동조화 그래프와 차트

- 그림 9.15의 상단은 무방향 그래프이며 하단은 초기 가격을 1$로 조정한 2008년도의 실제 가격 그래프다. 그림에서 2008년도는 밀집된 그래프와 약세 차트를 보였다. MCD는 10개의 다른 주식과 연결돼 있으며 그림의 하단 차트에서 보듯이 MCD 가격 경로는 1$를 약간 상회하며 그룹에서 가장 좋은 수익률을 기록했다.

- 그림 9.16은 2009년도 현황으로 하단 차트는 강세 회복을 보여주며 상단 그래프는 포트폴리오에 있는 주식들의 독립성을 보여준다. MCD는 출력차수^{outdegree}가 0이므로 그래프 라쏘 알고리즘에 의해 포트폴리오의 다른 23개 주식과 독립적이라 간주한다.

- 그림 9.17은 2010년도 현황으로 2009년도 그래프의 압축^{compaction}을 보여준다. 그래프는 완전히 연결돼 있으며 따라서 어떤 개별 주식도 나머지들 보다 뛰어나고 좋은 실적을 거두지 못했다. 양적 완화$^{Quantitative\ Easing}$는 년 말에 2차로 접어들었고 시장 변동성은 낮았다. 주식 수익률은 대체로 긍정적이고 MCD의 경우 22.8%로 매우 긍정적이다. MCD는 출력차수가 2로 2008년만큼 크지는 않으며 적당한 수준의 의존도를 나타낸다. 흥미롭게도 이번에는 MCD가 포트폴리오에서 훨씬 더 높은 가중치를 누리고 있음에도 불구하고 고가주인 PCLN에 '주목'한다. 유일한 두 직접적인 이웃 중 하나는 PCLN이고 높은 상승세와 관련이 있는데, 이는 해당 기간 동안 PCLN이 NYSE나 NASDAQ 주식 가운데 가장 높은 수익률을 기록했기 때문이다. 2010년도 PCLN의 수익률은 115.6%인데 반해, 여전히 가치주인 MCD의 수익률은 22.8%다.

MCD의 수익률을 계산하면 5.4%, 15.9%, 22.8%, 34.7%, −3.0%, 5.3%로 좋은 모멘텀^{momentum}을 보유한 주식이라 볼 수 있다. 2010년도에는 MCD가 군집의 주변에 살짝 흡수돼 고가주와 함께 움직인다. 2011년도에 시장은 냉각되기 시작했다. 하지만 MCD를 보유한 투자자들은 34.7%의 가격 상승에 상당히 만족했다.

그림 9.15부터 9.17까지 그래프는 huge 패키지를 호출해 생성했다. 그래프 구성을 보는 것이 중요할 뿐만 아니라 희소성과 군집 계수와 같은 그래프 척도도 고려해야 한다. 그래프 라쏘 절차를 실행하고 9.3절의 그래프 척도를 계산하는 R 코드는 다음과 같다.

```
runSixYrsGlasso <- function(daysPerPeriod,Sharpe,y=NA,sleepIntval=0,
                            isClusterCoeff=TRUE) {
  totalPeriods= 6*daysPerYr/daysPerPeriod
  par(mfrow=c(1,1))
  sparsity = array(dim = c(totalPeriods))
```

```
clustCoeff = array(dim = c(totalPeriods))
portv = array(dim = c(totalPeriods))
if(is.na(y)) yrange = c(1:totalPeriods) else yrange = c(y:y)
for(y in yrange) {
  d1 = (y-1)*daysPerPeriod+1
  d2 = y*daysPerPeriod
  print(d1);print(d2)
  res <- runGlassoAndDisplay(prices[d1:d2,],lab,w,D,Sharpe,
                             lmratio=.6,trackIdx=4)
  A <- res[[1]]
  sparsity[y] <- round(computeSparsity(A),4)
  if(isClusterCoeff)
    clustCoeff[y] <- round(computeClusterCoeff(A),4)
  portValue <- round( w %*% (prices[d2,]/prices[d1,]), 4)
  portv[y] <- portValue[1,1]
```

시스템의 sleep() 유틸리티를 사용해 그림 9.15부터 9.17까지 그래프를 포착할 수 있다.

```
  Sys.sleep(sleepIntval)
  if(daysPerPeriod == 252) {
    if(y == 2) ylim = c(.5,3.1) else ylim = c(.2,2.2)
    plotMultSeries(prices[d1:d2,],lab,w,D,cc=sparsity[y],
                   ret=portV[1,1],ylim=ylim,isAlone=TRUE)
  } else {
    portvDetail = array(rep(0,daysPerPeriod),
                        dim = c(daysPerPeriod))
    for(d in 1:D)
      portvDetail = portvDetail +
          w[d] * (prices[d1:d2,d]/prices[d1,d])
    plot(portvDetail,type='l',xlab="year",
        ylab="portolio value")
  }
  Sys.sleep(sleepIntval)
}
return(list(sparsity,clustCoeff,portv))
}
```

runSixYrsGlasso() 함수는 출력을 무방향 그래프로 표시하고 연 단위의 경우 길이가 6인 세 벡터에 결과를 저장한다. 각 무방향 그래프 외에도 포트폴리오의 모든 주식에 대해서 크기가 조정된 연간 수익률 그래프가 있다. 데이터 수집 단계의 경우 함수는 R 범위 [d1:d2]

의 일자 별 prices[] 행렬을 기간 공분산 행렬로 분리한다. 이는 기간 포트폴리오 값, 희소성, 군집 계수의 결과를 관찰하고, 계산하며, 전달하는 함수다. return문은 여러 결과를 함께 묶는다.

9.10 연도별 희소성의 회귀분석

6년간의 기간을 또 다른 관점으로 살펴보자. runSixYrsGlasso() 함수를 실행하면 희소성, 군집 계수, 포트폴리오 값이 출력된다.

```
glassoRes <- runSixYrsGlasso(252,Sharpe)
> yrlySparsity = glassoRes[[1]]
> yrlySparsity
[1] 0.7391 0.8587 0.7572 0.4819 0.8768 0.8043
> yrlyClustCoeff = glassoRes[[2]]
> yrlyClustCoeff
[1] 0.7513 0.7874 0.6299 0.7759 0.6500 0.7611
> yrlyPortV = glassoRes[[3]]
> yrlyPortV
[1] 0.6529 1.4432 1.2605 1.1493 1.1434 1.2274
```

목표는 동조화 그래프의 다른 두 독립 변수를 아는 것으로부터 포트폴리오 값의 방향이 상승인지 하락인지 예측하는 것이다. 실제로 한 기간 시차가 있는[lagged] 포트폴리오 값의 방향을 예측하기 원한다. 이렇게 하면 투자자는 향후 예상되는 강세나 약세 기간 동안 포트폴리오에 단기 투자할지 여부를 결정할 수 있다.

최상의 선형 회귀 방정식은 희소성인 sparsity, 군집 계수인 clustCoeff, 포트폴리오 값[portfolio value]인 portv를 사용해 시차 포트폴리오 값인 shiftedPortV를 예측해 구할 수 있다. 아래 다섯 번째 열인 p값으로부터 좋지 않은 회귀 계획임을 알 수 있다.

```
Coefficients:
            Estimate Std. Error t value Pr(>|t|)
(Intercept)  6.83786    2.90470   2.354    0.143
sparsity    -1.83939    0.88964  -2.068    0.175
clustCoeff  -6.05451    3.44116  -1.759    0.221
portv        0.01173    0.39211   0.030    0.979
```

실제 portv를 제외하고 두 그래프 척도를 유지하여도 여전히 회귀 결과는 좋지 않다.

```
Coefficients:
            Estimate Std. Error t value Pr(>|t|)
(Intercept)   6.844      2.366    2.893   0.0629 .
sparsity     -1.835      0.718   -2.556   0.0835 .
clustCoeff   -6.049      2.806   -2.156   0.1201
```

이처럼 소규모의 데이터 집합으로 수행한 결과는 아래와 같으며, 다섯 번째 열인 p값 옆에 단일 점(.)이 있다.

```
Coefficients:
            Estimate Std. Error t value Pr(>|t|)
(Intercept)  1.6911     0.6480    2.610   0.0594 .
sparsity    -0.7741     0.8479   -0.913   0.4129
```

하지만 이는 포트폴리오 값이 변동이 심하고 여섯 개의 점으로만 작업할 수 있기 때문에 놀라운 일이 아니다. 독자들은 1,512일의 시계열에 속한 데이터 지점의 수와 포함된 증권의 수 때문에 이 값들과 다소 다른 결과가 도출될 수 있다.

포트폴리오 값을 예측하는 최종 회귀 공식은 다음과 같다. 공식은 희소성 독립 확률변수만 포함한다.

$$z_{yrly} = \beta_0^{yrly} + \beta_1^{yrly} \times yrlySparsity \tag{9.17}$$

먼저 mapToYr() 함수를 이용해 테스트 기간의 연도별(mode=1), 분기별(mode=2), 월별(mode=3)이 연 단위가 되도록 기간의 매핑을 설정한다. runSixYrsGlasso() 함수에서 원시 데이터raw data를 찾은 후 다음과 같이 회귀 절차를 작성할 수 있다.

```
mapToYr <- function(per,mode=1) {
  if(mode==1) per+2007 else if(mode==2) per/4+2008
  else (per+2)/12+2008
}
```

```
fitLinReg <- function(sparsity,clustCoeff,portv,
                      daysPerPeriod,mode=1,LRTerms=3) {
```

```
totalPeriods = 6*daysPerYr/daysPerPeriod
periodsByYr = mapToYr(c(1:totalPeriods),mode=mode)
shiftedPortV = c(1,portv[1:(totalPeriods-1)])
if(LRTerms == 3) {
  lm <- lm(shiftedPortV ~ sparsity + clustCoeff + portv)
} else if(LRTerms == 2) {
  lm <- lm(shiftedPortV ~ sparsity + clustCoeff)
} else {
  lm <- lm(shiftedPortV ~ sparsity)
}
print(summary(lm))
coef <- coef(lm)
coef
beta0 = coef[1]
print(beta0)
beta1 = coef[2]
print(beta1)
if(LRTerms >= 2) beta2 = coef[3]
if(LRTerms == 3) beta3 = coef[4]
```

z는 선형 회귀 항의 수를 기반으로 구할 수 있다. 포트폴리오 값 계열이 우측으로 이동하기 때문에 $z[1]$는 채움[filler]값으로 설정한다.

```
if(LRTerms == 3)
  z = beta0 + beta1*sparsity +
  beta2*clustCoeff + beta3*portv
else if(LRTerms == 2)
  z = beta0 + beta1*sparsity +
  beta2*clustCoeff
else
  z = beta0 + beta1*sparsity
z[1] = 1.0
par(mar=c(4,4,2.82,2.82))
par(mfrow=c(1,1))
plot(periodsByYr,sparsity,type='l',
     col=2,ylim=c(.2,1.5),xlab="year")
points(periodsByYr,sparsity,col=2)
if(LRTerms > 1) {
  lines(periodsByYr,clustCoeff,type='l',col=5)
  points(periodsByYr,clustCoeff,col=5)
}
lines(periodsByYr,shiftedPortV,type='l',col=4)
```

```
points(periodsByYr,shiftedPortV,col=4)
lines(periodsByYr,z,col=27)
lines(periodsByYr,rep(1,totalPeriods))
```

아래에서 예측변수를 기반으로 하는 블리언 시장 방향 변수 indz와 해당 분기가 비음수^{nonnegative} 포트폴리오 값을 갖는지 여부를 나타내는 실제 시장 확률변수 indNonNegV를 기반으로 계산할 수 있다.

 print() 함수에 있는 최종 sum() 함수는 실제 비음수 포트폴리오 값과 비교해 얼마나 많은 성공적인 불리언 예측이 이뤄졌는지 알려주며, 다음 기간의 비음수 또는 음수 가격을 예측할 때 시간의 80%가 정확하다. 한 기간^{period}의 시차로 인해 첫 번째 채움($z=1$)값으로 1을 사용한다.

```
indz = (z>=1)
indNonNegV = (shiftedPortV>=1)
print((sum(indNonNegV == indz)-1)/(length(indz)-1))
```

계열에서 수직선 부분은 아래와 같이 R의 lines() 함수를 이용해 강세나 약세 예측이 실제 가격 수준과 일치하지 않는 경우를 강조하기 위해 표시했다. 그런 다음 다섯 개의 새로 계산한 벡터를 목록에 배치한 후 반환한다.

```
for(y in 2:totalPeriods)
   if(indz[y] != indNonNegV[y]) {
     lines(c(z[y],shiftedPortV[y])~
        c(mapToYr(y,mode=mode),mapToYr(y,mode=mode)),col="red")}
 return(data.frame(z,sparsity,clustCoeff,portv,shiftedPortV))
}
```

 연 단위의 경우 그림 9.18의 차트와 같으며 매우 적은 데이터 지점을 볼 수 있다. 하지만 점 표시가 없는 선인 예측변수 선 z는 어느 정도 희소성을 추적한다. 예측에 실패한 경우는 수직선으로 표시한다.

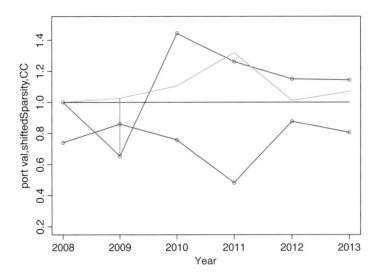

그림 9.18 군집화의 포트폴리오 수익률 그래프. 상위 두 계열은 시차 포트폴리오 값과 예측한 시차 포트폴리오 값(점 표시 없음)이다. 하단에 있는 계열은 동조화 그래프인 희소성이다. 수직선 부분은 강세나 약세 예측이 실제 가격 수준과 일치하지 않는 경우를 강조하기 위해 사용했다.

```
runGlassoAndLinReg <- function(daysPerPeriod,Sharpe,
                               mode=1,LRTerms=1) {
  totalPeriods = 6*daysPerYr/daysPerPeriod
  glassoRes = runSixYrsGlasso(daysPerPeriod,Sharpe)
  sparsity = glassoRes[[1]]
  clustCoeff = glassoRes[[2]]
  portv = glassoRes[[3]]
  lrres <- fitLinReg(sparsity,clustCoeff,portv,
                 daysPerPeriod,mode=mode,LRTerms=LRTerms)

  lrres
}
```

1년이라는 기간 동안의 수많은 상승세와 하락세가 한 시간 구획[time slice]으로 포괄될 수 있다. 희소성이 변하는데, 이는 시차 포트폴리오 값을 어느 정도 추적한다. 데이터집합은 1년의 희소성과 값으로 줄었을 때 매우 작다. 이러한 경우에도 80% 예측률이라는 어느 정도 긍정적인 결과를 확인할 수 있다.

```
> yrlyDF <- runGlassoAndLinReg(252,Sharpe,mode=1,LRTerms=1)
[1] 0.8
```

결과는 고무적이지만 평범한 성공$^{modest\ success}$에 불과하다. 이제 분기별과 월별 동조화 그래프로부터 포트폴리오 방향을 예측해보자.

9.11 분기별 희소성의 회귀분석

분기별로 세분화해 그림 9.18 유형의 차트를 다시 수행해보자. 결국 분기별은 주식시장의 수익률 면에서 상당히 다를 수 있다. 6년이라는 기간에는 24분기가 포함돼 있다. 다시 한 번 희소성, 군집 계수, 시차 포트폴리오 값 사이의 추세를 찾는다. 특히 문헌의 가설에 따르면 희소성이 높을수록 포트폴리오 수익률도 높다(Ang and Bekaert, 2003). 다시 R의 lm() 함수를 실행하고 summary() 함수를 호출한다. 이번에는 252 대신 $daysPerPeriod = 63$이다. 이는 $totalPeriods = 24$를 의미한다.

```
Coefficients:
            Estimate Std. Error t value Pr(>|t|)
(Intercept)   0.9109     0.2001   4.552 0.000174 ***
sparsity      0.3042     0.1247   2.440 0.023655 *
clustCoeff   -0.1579     0.2178  -0.725 0.476579
```

위 요약 보고에서 보듯이 군집 계수는 회귀분석에 유용한 요소가 아니다. 희소성만으로 회귀분석을 수행하면 다음과 같은 요약이 출력된다.

```
Coefficients:
            Estimate Std. Error t value Pr(>|t|)
(Intercept)  0.77003    0.09355   8.231 3.67e-08 ***
sparsity     0.35562    0.12214   2.912  0.00809 **
```

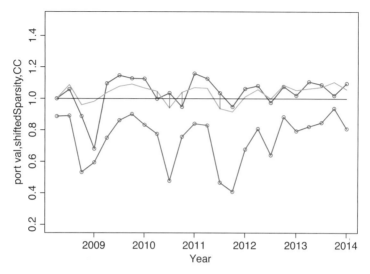

그림 9.19 24분기의 포트폴리오 값. 상위 두 계열은 시차 포트폴리오 값과 예측변수 z(점 표시 없음)다. 하단에
있는 계열은 희소성이다.

또한 β에 별표가 두 개와 세 개가 있으면 유의하다고 판단한다. 출력된 p값은 이제 0.05보
다 훨씬 작다.

회귀 방정식은 다음과 같다. 예측변수 벡터 z_{qtrly}를 정의하며, 독립 확률변수 $qtrlySparsity$와
$qtrlyClustCoeff$의 데이터가 필요하다. 하지만 이번 역시 $qtrlyClustCoeff$는 회귀분석에 유
용한 요소가 아니다. β^{qtrlys}는 연도별 기준과 다른 값이다.

$$z_{qtrly} = \beta_0^{qtrly} + \beta_1^{qtrly} \times qtrlySparsity \tag{9.18}$$

회귀분석에서 `clustCoeff`를 제거하면 간단하게 절편과 희소성만 있으며, 그림 9.19는
성공률이 82.6%인 `runGlassoAndLinReg()` 함수를 실행해 출력한 분기별 회귀분석의 결
과다.

```
> runGlassoAndLinReg(63,Sharpe,mode=2,LRTerms=1)
[1] 0.826087
```

그림 9.20은 분기별 실행 중에서 23차 분기를 보여준다. 그래프는 희소성이 매우 높다. 이
기간에 시장에는 실제 63일간 가파른 상승세가 있었다.

그림 9.20 23차 분기에서 63 거래일의 군집화 그래프와 포트폴리오 값 차트. 해당 분기에 가파른 상승세의 회복이 보인다.

9.12 월별 희소성의 회귀분석

금융 분석에서 대부분은 단지 로직^{logic}을 알아내기 위해서 추세를 찾으며 직감^{intuition}은 시장의 높은 무작위성 때문에 적용이 매우 제한적이다. 하지만 이번 경우에 그림 9.21과 같은 월별의 관계를 볼 수 있다. 월별의 경우 *daysPerPeriod* = 21이고 *totalPeriods* = 72이다.

월별의 경우 표본에 더 많은 지점이 있다. 회귀분석 요약은 다음과 같다.

```
Coefficients:
            Estimate Std. Error t value Pr(>|t|)
(Intercept) 0.92992    0.03215  28.920  <2e-16 ***
sparsity    0.10862    0.04187   2.594  0.0115 *
```

이번 역시 최상의 선형 회귀 수식은 단일 독립 확률변수를 갖는다.

$$z_{mnthly} = \beta_0^{mnthly} + \beta_1^{mnthly} \times mnthlySparsity \qquad (9.19)$$

```
> runGlassoAndLinReg(21,Sharpe,mode=3,LRTerms=1)
[1] 0.6478873
```

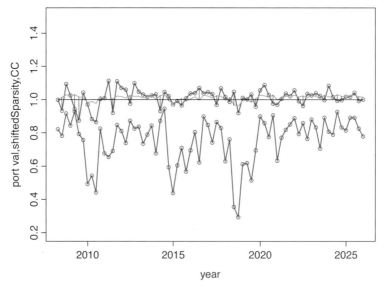

그림 9.21 72개월의 포트폴리오 값. 상위 두 계열은 시차 포트폴리오 값과 예측변수 z(점 표시 없음)다. 하단에 있
는 계열은 희소성이다. 군집 계수는 제외했다.

성공률은 64.7%다. 이는 질문을 요구한다. 투자자가 희소성을 주요 예측변수 삼는다면 그
래프 라쏘 생성 그래프의 희소성과 연결성 지표를 사용해 미래의 잠재적 수익률을 강세 또는
약세로 예측할 수 있을까? 이러한 평범한 성공은 아마도 특정 분기와 월별 시간척도^{timescale}
에서도 가능할 수 있음을 시사한다. 이는 연습 문제에서 표본 외 사례를 통해 살펴본다.

9.13 아키텍처와 확장

군집 분석을 위한 소프트웨어 아키텍처는 그래프 구조를 찾는 그래프 라쏘 알고리즘과 다음 기간의 강세 혹은 약세 국면의 시장 신호로서 그래프를 사용하기 위한 선형 회귀를 포함한다. 그림 9.22는 함수의 계층을 나타내는 구조도다. 샤프 비율은 그래프 레이블을 향상시키는 데 필요하다. 로그 수익률, 공분산, 역 공분산 지표를 구하기 위해선 가격이 필요하다. 그래프 라쏘 알고리즘을 실행하면 그래프와 시장 차트가 생성될 뿐만 아니라 그래프 지표도 추적한다. 그래프 지표를 사용할 수 있으면 선형 회귀분석을 연도별, 분기별, 월별 단위로 수행할 수 있다.

이는 연도별, 분기별, 월별 그래프의 이 시점에서의 표본 내 예측만 제공한다. 야심찬 독자를 위해 표본 외 데이터에 대한 표본 내 계수를 사용해 회귀분석을 확장하는 연습 문제를 준비했다. 2014년과 2015년은 연도별, 분기별, 월별 사례의 전체 2년간의 사용 가능한 표본 외 데이터를 제공한다. 이에 대해서는 마지막 연습 문제를 살펴보라.

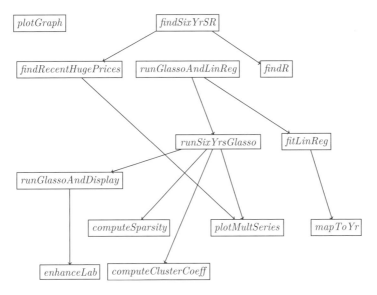

그림 9.22 함수 호출 계층 구조도

9.14 연습 문제

9.1 그래프를 그리고 아래와 같은 인접 행렬의 희소성과 군집 계수를 찾아라.

$$\mathbf{A_1} = \begin{pmatrix} 0 & 1 & 1 & 0 & 0 \\ 1 & 0 & 1 & 0 & 1 \\ 1 & 1 & 0 & 1 & 1 \\ 0 & 0 & 1 & 0 & 0 \\ 0 & 1 & 1 & 0 & 0 \end{pmatrix}$$

(a) 노드명 U, V, W, X, Y를 사용해 무방향 그래프를 그려라.

(b) 수식 9.7과 9.9를 사용하라. 모든 중간 단계를 표시하라.

(c) R 유틸리티 함수 computeSparsity()와 computeClusterCoeff()를 사용하라.

9.2 위샤트분포의 변량 조사

그림 9.12를 나타내는 코드는 9.6절을 참고하라.

(a) 시드^{seed} 집합을 138로 설정해 코드를 실행한다. 50구간^{breaks}을 사용해 W.empir[,1], W.empir[,6], W.empir[,11], W.empir[,16]의 히스토그램을 그린다.

(b) 음수 값이 없는 이유를 설명하라.

9.3 표본 외 데이터집합으로의 군집 예측 확장(난이도 상)

표본 외 데이터에 대해 표본 내 계수를 사용해 회귀분석을 확장하라. 2014년과 2015년은 연도별, 분기별, 월별 사례의 전체 2년간 사용 가능한 표본 외 데이터를 제공한다. 9장의 runSixYrsGlasso() 함수와 다른 이전 루틴을 살펴보고 가격 로딩을 위해 준비하며, 6년간의 표본 내 시뮬레이션 대신 6년간의 표본 내와 2년간의 표본 외 시뮬레이션을 실행할 수 있도록 필요에 따라 분리한다.

(a) 연도별 시뮬레이션을 작성하고 수행하라.

(b) 분기별 시뮬레이션을 작성하고 수행하라.

(c) 월별 시뮬레이션을 작성하고 수행하라.

10 시장 심리 측정

가장 일반적인 시장 국면$^{market\ regime}$은 강세^{bull}와 약세^{bear} 국면이다. 9장, '군집 분석'에서는 무방향 GGM$^{Gaussian\ Graphical\ Mode}$을 이용해 포트폴리오를 기반으로 한 시장 심리^{market} ^{sentiment} 측정 방법을 살펴봤다. 특히 그래프에서 비어 있는 간선^{edge} 수, 즉 희소성^{sparsity}의 양은 현재 시장의 강세를 어느 정도 나타내는 지표였다.

시장이 어느 국면에 있는지 알기 어려울 때가 많다. 이를 쉽게 알 수 있다면 분명 현재보다 강세나 약세 추세를 더 잘 추종할 수 있을 것이다. 관찰 시기는 국면을 결정하는 데 도움이 된다. 많은 시장 전문가는 변동성^{volatility}이 일반적으로 약세장에서 보다는 강세장에서 더 낮다고 지적한다. 많은 약세장에서 빈번히 등장하는 위기^{crisis} 동안 발생할 수 있는 공포 ^{panic}는 일반적인 가격 상승보다 더 급격한 가격 하락을 일으킨다. 때로는 이러한 차이가 매우 두드러질 수 있다. 2000~2001년과 2008~2009년의 시장 하락을 경험한 사람이라면 쉽게 이해할 수 있을 것이다.

시장 심리를 결정하기 위한 도구는 오랜 역사를 갖고 있다. 10장은 시장 국면 전환^{market} $^{regime\ switching}$ 이론의 적용으로 시작한다. 이 접근법은 2004년 앙^{Ang}과 베카트^{Bekaert}가 발표한 「국면이 자산 배분에 미치는 영향$^{How\ regimes\ affect\ asset\ allocation}$」이라는 논문에서 소개됐다. 진행 순서는 다음과 같다. 먼저 S&P 500^{SPY}, 스위스 지수^{EWL}, 일본 지수^{EWJ}에서 원가^{raw} ^{prices}를 불러와 위험자산의 수익률을 계산한다. 이 세가지 자산은 앙과 베카트가 국제 분산$^{international\ diversification}$에서 가장 중요하다고 발견한 지역과 대체로 일치한다. 앙과 베카트 발견을 뒷받침하는 경제적인 논리는, 주로 첨단 제조업 경제에서 생산되는 내구재^{durable} ^{goods} 구입은 연기할 가능성이 높고, 서비스 상품의 구입은 연기할 가능성이 더 적다는 것이다. 예컨대 실직한 경우에 새 차 구입은 연기할 수 있지만 전화 요금이나 집세는 연기할 수 없다. 이러한 맥락으로 인해 소비자의 입장에서 연기할 수 있는 능력은 제조업 경제가 경기 침체기에 불균형적으로 낮은 수익률을 보이게 한다. 이는 결과적으로 차익 거래 기회 $^{arbitrage\ opportunity}$를 제공한다. 특정 제조업 경제가 특정 서비스 경제보다 나쁠 것으로 생각된다면 불황기동안 제조업 경제를 매도하고(예. 중계인과의 신용 판매) 서비스 경제를 매수할 수 있다. 이를 구현할 때 일본은 제조업 경제를 대표하는 것으로, 스위스는 중소 서비스 경제를 대표하는 것으로, S&P 500은 대형 서비스 경제를 대표한다고 가정한다.

10.1 마르코프 국면전환 모형

표본 시계열 $\{y_t\}_{t=1}^{T}$을 생각해보자. 여기서 y_t는 고려 중인 자산의 로그 수익률이다.

$$y_t = \mu_{S_t} + \sigma_{S_t}\epsilon_t \tag{10.1}$$

$$\epsilon_t \sim N(0, 1) \tag{10.2}$$

(1) 강세^{bull}와 (2) 약세^{bear}라는 두 가지 상태^{state}가 있다고 가정한다. 또한 상태 변수 $S_t \in \{1, 2\}$는 관찰할 수 없으며 로그 수익률 과정의 움직임에서 유추해야 한다고 가정한다. 이 상태 과정은 전이 확률$^{transition\ probability}$을 갖는 마르코프 연쇄$^{Markov\ chain}$에 따라 변한다.

$$P(S_t = i | S_{t-1} = j) = p_{ij}$$

마르코프 연쇄는 그림 10.1에서 보듯이 상태 집합이 있을 때 한 상태에서 다른 상태로 변화하는 임의의 과정이다. 마르코프 연쇄는 시간에 따른 계의 상태 변화를 나타낸다. 매시간마다 계는 상태를 바꾸거나 같은 상태를 유지한다. 상태의 변화를 전이^{transition}라 한다. 마르코프 성질은 과거와 현재 상태가 주어졌을 때의 미래 상태의 조건부 확률분포가 과거 상태와는 독립적으로 현재 상태에 의해서만 결정된다는 것을 뜻한다.

모형 파라미터 값 $\theta = (\mu_1, \sigma_1, \mu_2, \sigma_2, p_{11}, p_{22})$는 최대우도추정$^{maximum\ likelihood\ estimation}$으로 추정한다. 여기서 μ_1는 강세장 평균, σ_1는 강세장 표준편차, μ_2는 약세장 평균, σ_2는 약세장 표준편차, p_{11}은 강세장일 때 강세장에 머무를 확률, p_{22}는 약세장일 때 약세장에 머무를 확률이다.

관찰 데이터의 최대우도함수를 정의하면 다음과 같다.

$$L(\theta) = \prod_{t=1}^{T} f(y_t | \theta)$$

여기서 $f(y_t | \theta)$는 다음과 같다.

$$f(y_t|\theta) = \sum_i \sum_j f(y_t|S_t = i, S_{t-1} = j; \theta) P(S_t = i, S_{t-1} = j; \theta)$$

우도에 대한 설명은 부록을 참고하기 바란다. $\theta = (\mu_1,\ \sigma_1,\ \mu_2,\ \sigma_2,\ p_{11},\ p_{22})$를 상기해보자. $f(y_t|\theta)$를 네 가지 전이 확률로 구분해 다음과 같이 작성할 수 있다.

$$
\begin{aligned}
f(y_t|\theta) &= \sum_i \sum_j f(y_t|S_t = i, S_{t-1} = j; \theta) P(S_t = i, S_{t-1} = j; \theta) \\
&= \frac{1}{\sigma_1\sqrt{2\pi}} e^{-\frac{1}{2}\left(\frac{y_t - \mu_1}{\sigma_1}\right)^2} P(S_t = 1, S_{t-1} = 1; \theta) \\
&\quad + \frac{1}{\sigma_1\sqrt{2\pi}} e^{-\frac{1}{2}\left(\frac{y_t - \mu_1}{\sigma_1}\right)^2} P(S_t = 1, S_{t-1} = 2; \theta) \\
&\quad + \frac{1}{\sigma_2\sqrt{2\pi}} e^{-\frac{1}{2}\left(\frac{y_t - \mu_2}{\sigma_2}\right)^2} P(S_t = 2, S_{t-1} = 2; \theta) \\
&\quad + \frac{1}{\sigma_2\sqrt{2\pi}} e^{-\frac{1}{2}\left(\frac{y_t - \mu_2}{\sigma_2}\right)^2} P(S_t = 2, S_{t-1} = 1; \theta)
\end{aligned}
$$

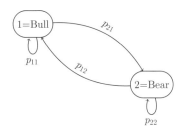

그림 10.1 국면 전환 상태 전이 다이어그램

$\phi(\cdot)$ 표기법의 확률밀도함수를 사용해 위 표현식을 단순화해보자.

$$\frac{1}{\sigma_i\sqrt{2\pi}} e^{-\frac{(y_t - \mu_i)^2}{2\sigma_i^2}} = \frac{1}{\sigma_i} \phi\left(\frac{y_t - \mu_i}{\sigma_i}\right)$$

여기서 ϕ는 표준정규분포의 확률밀도함수다. 표준정규분포의 정의를 상기해보자.

$$\phi(x) = \frac{1}{\sqrt{2\pi}} e^{-\frac{1}{2}x^2}$$

표준정규분포의 표준편차는 $\sigma = 1$이므로 $\frac{1}{\sigma}$에 $\phi(\cdot)$를 곱한다.

$$f(y_t) = \frac{1}{\sigma_i \sqrt{2\pi}} e^{-\frac{(y_t - \mu_i)^2}{2\sigma_i^2}}$$

$$= \left(\frac{1}{\sigma_i}\right) \frac{1}{\sqrt{2\pi}} e^{-\frac{1}{2}\left(\frac{y_t - \mu_i}{\sigma_i}\right)^2}$$

$$= \frac{1}{\sigma_i} \phi \left(\frac{y_t - \mu_i}{\sigma_i}\right)$$

이 표기법을 적용한다. 그리고 상수는 최대우도추정에 영향을 미치지 않으므로 다음과 같이 작성할 수 있다.

$$f(y_t|\theta) = \frac{1}{\sigma_1} \phi \left(\frac{y_t - \mu_1}{\sigma_1}\right) P(S_t = 1, S_{t-1} = 1; \theta)$$

$$+ \frac{1}{\sigma_1} \phi \left(\frac{y_t - \mu_1}{\sigma_1}\right) P(S_t = 1, S_{t-1} = 2; \theta)$$

$$+ \frac{1}{\sigma_2} \phi \left(\frac{y_t - \mu_2}{\sigma_2}\right) P(S_t = 2, S_{t-1} = 2; \theta)$$

$$+ \frac{1}{\sigma_2} \phi \left(\frac{y_t - \mu_2}{\sigma_2}\right) P(S_t = 2, S_{t-1} = 1; \theta)$$

결합 상태 확률에 베이즈 규칙$^{\text{Bayes' Rule}}$을 적용하면 결합 상태 확률 $P(S_t = 1, S_{t-1} = 1; \theta)$는 조건 구성 요소 $P(S_t = 1 | S_{t-1} = 1)$와 주변 구성 요소 $P(S_{t-1} = 1)$로 분리할 수 있다.

$$f(y_t|\theta) = \frac{1}{\sigma_1} \phi \left(\frac{y_t - \mu_1}{\sigma_1}\right) P(S_t = 1 | S_{t-1} = 1) P(S_{t-1} = 1)$$

$$+ \frac{1}{\sigma_1} \phi \left(\frac{y_t - \mu_1}{\sigma_1}\right) P(S_t = 1 | S_{t-1} = 2) P(S_{t-1} = 2)$$

$$+ \frac{1}{\sigma_2} \phi \left(\frac{y_t - \mu_2}{\sigma_2}\right) P(S_t = 2 | S_{t-1} = 2) P(S_{t-1} = 2)$$

$$+ \frac{1}{\sigma_2} \phi \left(\frac{y_t - \mu_2}{\sigma_2}\right) P(S_t = 2 | S_{t-1} = 1) P(S_{t-1} = 1)$$

조건부 확률로 분리하면 모형의 구성 요소로 대체할 수 있다. $p_{11} = P(S_t = 1 | S_{t-1} = 1)$, $p_{12} = P(S_t = 1 | S_{t-1} = 2)$, $p_{22} = P(S_t = 2 | S_{t-1} = 2)$, $p_{21} = P(S_t = 2 | S_{t-1} = 1)$임을 상기해보자. 대입하면 결과는 다음과 같다.

$$f(y_t|\theta) = \frac{1}{\sigma_1}\phi\left(\frac{y_t - \mu_1}{\sigma_1}\right)p_{11}P(S_{t-1} = 1)$$
$$+ \frac{1}{\sigma_1}\phi\left(\frac{y_t - \mu_1}{\sigma_1}\right)p_{12}P(S_{t-1} = 2)$$
$$+ \frac{1}{\sigma_2}\phi\left(\frac{y_t - \mu_2}{\sigma_2}\right)p_{22}P(S_{t-1} = 2)$$
$$+ \frac{1}{\sigma_2}\phi\left(\frac{y_t - \mu_2}{\sigma_2}\right)p_{21}P(S_{t-1} = 1)$$

마르코프 연쇄에서 $p_{22}+p_{12}=1$이고 $p_{11}+p_{21}=1$이다. 대입하면 $\theta=(\mu_1,\ \sigma_1,\ \mu_2,\ \sigma_2,\ p_{11},$ $p_{22})$의 우도 함수가 산출되며, 이전 기간 $t-1$로 정의한 t의 수식인 재귀식^{recursion}은 다음과 같다.

$$f(y_t|\theta) = \frac{1}{\sigma_1}\phi\left(\frac{y_t - \mu_1}{\sigma_1}\right)p_{11}P(S_{t-1} = 1)$$
$$+ \frac{1}{\sigma_1}\phi\left(\frac{y_t - \mu_1}{\sigma_1}\right)(1 - p_{22})P(S_{t-1} = 2)$$
$$+ \frac{1}{\sigma_2}\phi\left(\frac{y_t - \mu_2}{\sigma_2}\right)p_{22}P(S_{t-1} = 2)$$
$$+ \frac{1}{\sigma_2}\phi\left(\frac{y_t - \mu_2}{\sigma_2}\right)(1 - p_{11})P(S_{t-1} = 1)$$

최대우도추정은 파라미터 추정치를 산출한다. 다음 표들은 R 패키지 fMarkovSwitching를 통해 최대우도를 추정하고 해밀턴의 시계열 분석(Hamilton, 1994)과 페나치의 자산 가격결정이론(Pennacchi, 2007)에서의 설명한 대로 마르코프 국면 전환 모형의 파라미터를 산출한 결과다. 이제는 fMarkovSwitching 패키지가 폐기돼 독자들이 이 값을 재현하기는 어렵지만 결과를 논의하기 위해 추가했다. 표 10.1에서 보듯이 강세 상태에서는 평균 수익률이 더 크고 표준편차는 더 작을 것으로 예상되는 반면, 약세 상태에서는 평균 수익률은 더 작고 표준편차는 더 클 것으로 예상된다. 표 10.1에서 상태 1 표준편차 σ_1이 상태 2 표준편차 σ_2의 약 절반 정도인 것을 확인할 수 있다. 또한 표 10.2에서 보듯이 상태 1의 평균 수익률 μ_1는 약 5%인 반면, 상태 2의 평균 수익률 μ_2는 약 −6%로 대조적이다.

또한 표 10.4에서 보듯이 각 상태가 다음 달까지 지속될 확률이 95%가 넘을 정도로 각 상태의 높은 지속성을 확인할 수 있다. 이는 강세와 약세 상태 모두 지속성이 높다는 사실을 뒷받침한다. 앙과 베카트 연구에서 강세-약세 비율은 대략 2대 1의 비율이며, 평균 강세장은 15개월 지속되고 평균 약세장은 8개월 지속된다.

표 10.1 국면 표준편차

	1	2
1	0.0235	0.0538

표 10.2 상태 평균

	1	2
1	0.0508	−0.0626

표 10.3 상태 표준오차

	1	2
1	0.0111	0.0031

표 10.4 전이 행렬

	1	2
1	0.9668	0.0119
2	0.0332	0.9881

10.2 시장 데이터 확인

앙과 베카트의 모형을 탐색하는 첫 번째 단계는 증권 가격이 있는 데이터 파일을 확인하는 것이다. 월별 종가 기준 S&P 500, 일본 지수, 스위스 지수의 다운로드 파일이 제공된다. 균형 경제(S&P 500), 제조업 경제(일본), 서비스 경제(스위스)의 강세 대 약세 동향을 비교하고자 한다. 데이터를 데이터프레임으로 읽어 국면 전환 최대우도추정의 결과를 불러온다. 그런 다음 강세장 상태는 1.0, 그 외 상태는 0으로 코드화한다.

```
setwd(paste(homeuser,"/FinAnalytics/ChapX",sep=""))

spy=read.csv("spy.csv",header=TRUE)
ewj=read.csv("ewj.csv",header=TRUE)
ewl=read.csv("ewl.csv",header=TRUE)
spy[1:3,]
smoothProbspy=read.csv("smoothProbspy.csv",header=TRUE)
smoothProbspy[1:3,]
```

```
par(mfrow=c(5,1))
par(mar=c(1,2,1,1))
plot(spy[,5],type="l",col=4)
plot(ewj[,5],type="l",col=4)
plot(ewl[,5],type="l",col=4)
plot(smoothProbspy[,1],type="l",col=4)
#lines(smoothProbspy[,2],type="l",col=5)

stateProb=rep(0,length(ewl$Date))
for (i in 1:length(ewl$Date)){
  if (smoothProbspy$V1[i]>0.5){
    stateProb[i]=1.0
  }
}
plot(stateProb,type="l",col=4)
```

이제 상태 확률뿐만 아니라 세 가지 위험자산의 종가 그래프를 그릴 수 있으며, 강세 상태가 시장의 양의positive 추세 부분과 대략적으로 일치하는지 확인할 수 있다. 이에 대한 시계열 그래프는 그림 10.2와 같다.

모든 유형의 공분산 행렬과 최적의 포트폴리오 계산은 원가가 아니라 수익률이 필요하다. 따라서 원가를 다음 방정식을 통해 자산 수익률로 변환한다.

$$r_t = \frac{P_t - P_{t-1}}{P_{t-1}} = \frac{P_t}{P_{t-1}} - 1$$

여기서 r_t는 현재 기간의 수익률이고, P_t는 현재 기간 가격, P_{t-1}은 이전 기간 가격이다. 이는 3장, '금융 통계'에서 정의한 순수익률net return이다.

```
#sum(stateProb)
Rspy=rep(0,length(ewl$Date))
Rewl=rep(0,length(ewl$Date))
Rewj=rep(0,length(ewl$Date))
for (i in 2:length(ewl$Date)) {
  Rspy[i]=spy$Adj.Close[i]/spy$Adj.Close[i-1]-1
  Rewl[i]=ewl$Adj.Close[i]/ewl$Adj.Close[i-1]-1
  Rewj[i]=ewj$Adj.Close[i]/ewj$Adj.Close[i-1]-1
}
```

수익률 벡터를 정의하면 강세와 약세 수익률 벡터를 만들 수 있다. 이 작업은 상태 확률 벡터를 통해 단계별로 처리하며 강세 기간 수익률을 강세 수익률 벡터에 할당하고, 약세 기간 수익률을 약세 수익률 벡터에 할당해 수행할 수 있다.

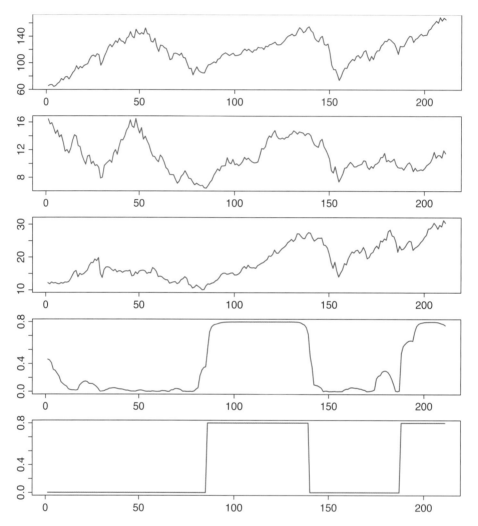

그림 10.2 상위 세 그래프는 세 가지 위험자산(SPY, EWJ, EWL)의 월별 가격이다. 그 다음 그래프는 SPY의 국면 상태 확률이며, 마지막 그래프는 SPY의 임계(threshold) 국면 상태 확률이다.

```
a=1
b=1
#sum(stateProb)
bullRspy=rep(0,sum(stateProb))
```

```
bullRewl=rep(0,sum(stateProb))
bullRewj=rep(0,sum(stateProb))
bearRspy=rep(0,length(ewl$Date)-sum(stateProb))
bearRewl=rep(0,length(ewl$Date)-sum(stateProb))
bearRewj=rep(0,length(ewl$Date)-sum(stateProb))
for (i in 1:length(ewl$Date)) {
  if (smoothProbspy$V1[i]>0.5) {
    bullRspy[a]=Rspy[i]
    bullRewl[a]=Rewl[i]
    bullRewj[a]=Rewj[i]
    a=a+1
  } else {
    bearRspy[b]=Rspy[i]
    bearRewl[b]=Rewl[i]
    bearRewj[b]=Rewj[i]
    b=b+1
  }
}
par(mfrow=c(3,1))
par(mar=c(2,2,1,1))
plot(bearRspy,type="l",col=4,main="S&P 500 Index")
plot(bearRewl,type="l",col=4,main="Swiss Index")
plot(bearRewj,type="l",col=4,main="Japanese Index")

hist(bearRspy,breaks=40,col=4,xlim=c(-.2,.2),main="S&P 500 Index")
hist(bearRewl,breaks=40,col=4,xlim=c(-.2,.2),main="Swiss Index")
hist(bearRewj,breaks=40,col=4,xlim=c(-.2,.2),main="Japanese Index")
```

이제 그림 10.3과 같이 세 가지 자산의 수익률 벡터 그래프를 그릴 수 있으며, 더 높고 더 낮은 변동성의 일치하는 기간을 확인할 수 있다.

그림 10.4에서 개별 자산 수익률의 경험적 분포empirical distribution를 보여주는 히스토그램을 확인할 수 있다.

```
> mean(bearRspy)
[1] 0.003797312
> mean(bearRewl)
[1] 0.00169756
> mean(bearRewj)
[1] -0.007118687
```

앞에서 보듯이 평균 수익률이 음수인 것도 있으며, S&P 500 지수가 스위스와 일본 지수보
다 수익률이 더 높다.

국면 전환 사용은 향하고 있는 방향의 시장 심리를 측정하는 방법 중 하나다. 또 다른 방
법으로는 베이지안 추론^{Bayesian Reasoning}이 있다.

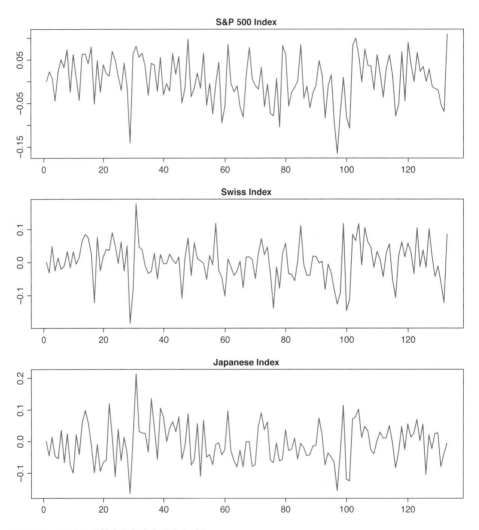

그림 10.3 세 가지 위험자산의 약세 상태 수익률

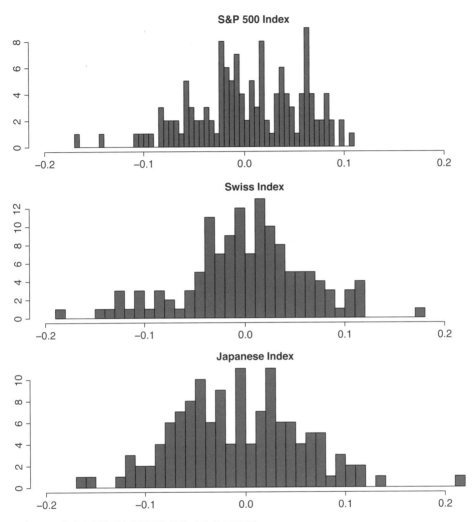

그림 10.4 세 가지 위험자산 수익률의 약세 상태 히스토그램

10.3 베이지안 추론

이전 내용에서는 무방향^{undirected} 그래프를 이용해 시장 확률변수^{random variable}의 그룹을 수집했다. 10장에서도 그래프를 사용한다. 하지만 간선^{edge}은 예상되는 인과관계를 보여주는 방향이 있으며, 노드^{node}는 확률로 표시하는 불확실성과 함께 참 또는 거짓일 수 있는 불리

언 술어[Boolean predicate][1]를 나타낸다. 베이지안 확률 네트워크[Bayesian Probability Networks]는 인공지능[AI]과 머신 러닝[ML] 세계에서 중요한 요소가 됐다. 역사적으로 컴퓨터 과학은 불확실성이 내포된 모든 유형의 추론을 이를 받아들인 인공지능에게 위임했다(Pearl, 1998). 머신 러닝 접근법은 인공지능 접근법과 비교했을 때 더 통계적으로 철저하고 엄격하다. 베이지안 네트워크[BN]라고도 하는 베이지안 확률 네트워크는 인공지능과 머신 러닝을 모두 망라한다. 베이지안 네트워크는 인공지능을 위한 더 공식적인 모형 중 하나를 제공한다. 이러한 네트워크는 논리[logic]에 근간을 두고 있으므로 컴퓨터 과학에서 사용된 논리와 그래프를 간단히 살펴보겠다.

컴퓨터 과학 문헌은 자동화된 추론에 관한 접근법으로 가득 차 있다. 명제 논리[Propositional Logic]는 정리 증명[theorem proving]을 위한 조건의 추론에 필요한 메커니즘을 제공하며, 프로그램 실행의 방법으로 술어[predicates]를 평가하는 프로로그[Prolog](Colmerauer and Roussel, 1983)와 같은 프로그래밍 언어가 있다. 명제 논리 표명[assertion][2]은 소프트웨어 프로그램에서 제어 지점에 명시할 수 있다(Floyd, 1967; Hoare, 1969). 시제 논리[Temporal Logic]는 명제 논리의 변형으로, 소프트웨어 프로그램(Pnueli, 1977)과 하드웨어 회로(Clarke and Emerson, 1981; Bennett, 1986)의 정확성 증명을 위해 특정 시점의 조건에 대한 추론을 결합한다. 명제와 시제 논리 모두 확실성[certainty]을 이용해 추론하며 하위 수준의[low level] 컴퓨터 공학 이산 불리언 논리를 검증하는 데 유용하다.

베이지안 추론은 술어에 확률을 부여한다. 명제 논리에 *GrassSoaked*(잔디가 젖는다), *Raining*(비가 온다), *SprinklerOn*(스프링쿨러가 동작한다) 술어가 있는 경우 다음과 같이 구현할 수 있다.

$$(SprinklerOn => GrassSoaked) \text{ and } (Raining => GrassSoaked) \qquad (10.3)$$

여기서 $v => w$는 $\neg v \lor w$로 정의된다. 시제 논리에서는 필연 연산자[eventually operator]($\Diamond$)로 시간 간격을 아래와 같이 기술할 수 있다.

$$(SprinklerOn => \Diamond\ GrassSoaked) \text{ and } (Raining => \Diamond\ GrassSoaked) \qquad (10.4)$$

베이지안 추론을 통해 함의[implication]는 조건부 확률에 내포돼 있다.

---

1 프로그래밍 언어에서 사용하는 술어(predicate), 참이나 거짓을 판단하는 식이나 불리언 값을 반환하는 함수를 말한다.

2 컴퓨터 프로그래밍에서 표명, 가정 설정문 또는 어서션(assertion)은 프로그램 안에 추가하는 참·거짓을 미리 가정하는 문이다. 개발자는 해당 문이 그 문의 장소에서 언제나 참이라고 간주한다. 런타임 중에 표명이 거짓으로 평가되면 표명 실패(assertion failure)를 초래하며 이 상황에서는 일반적으로 실행이 중단된다.

$$P(GrassSoaked|SprinklerOn) \ and \ P(GrassSoaked|Raining). \qquad (10.5)$$

여기서는 술어가 참인지 거짓인지뿐만 아니라 참일 확률도 관심사다. 사건 관측 전후의 확률을 계산하기 위한 사전[prior]과 사후[posterior] 분포(Ruppert, 2011)를 시작으로 그 형태의 논리를 적용한다(Pnueli, 1977).

10.4 베타분포

베타분포[beta distribution]는 베이지안 추론에서 중요하다. $-\infty$에서 ∞까지 모든 실수가 범위인 정규분포와 달리, 베타분포의 범위는 [0, 1] 구간의 실수다. 확률 파라미터의 우도[likelihood]를 측정할 때 범위가 [0, 1]이어야 하므로 이 경우 베타분포가 매우 유용할 수 있다.

베타 확률밀도함수는 다음과 같다.

$$P(X = x) = f(x) = \frac{\Gamma(\alpha + \beta)}{\Gamma(\alpha)\Gamma(\beta)} x^{\alpha - 1}(1 - x)^{\beta - 1} \ where \ \alpha, \beta \in 1, 2, 3, \dots \qquad (10.6)$$

10.5 사전분포와 사후분포

베이즈 정리[Bayes' Theorem]를 이용하면 확률변수 결과를 확인하기 전과 후의 분포를 추론할 수 있다. 3장에서 언급했듯이 베이즈 정리는 다음과 같이 나타낼 수 있다.

$$P(Y_2|Y_1) = \frac{P(Y_1|Y_2)P(Y_2)}{P(Y_1)} \qquad (10.7)$$

파라미터 혹은 파라미터 집합 θ가 있다면 관찰값 Y를 확인하기 전의 **사전**[prior]분포 $\pi(\theta)$와 관찰값 Y를 확인한 후의 **사후**[posterior]분포 $\pi(\theta|Y)$를 생각할 수 있다. 여기서 π는 사건과 대립되는 파라미터의 밀도를 의미한다. 베이즈 정리를 적용해 $\pi(\theta|Y)$를 구하면 다음과 같다.

$$\pi(\theta|Y) = \frac{f(Y|\theta)\pi(\theta)}{f(Y)} = \frac{f(Y|\theta)\pi(\theta)}{\int f(Y|\theta)\pi(\theta)d\theta} = \frac{f(Y|\theta)\pi(\theta)}{C} \qquad (10.8)$$

여기서 적분은 더 이상 θ에 의해 결정되지 않으므로 상수 C로 명명해 수식을 간결하게 만들 수 있다. C는 $\pi(\theta|Y)$에 대한 모든 확률의 합이나 적분이 1이 되도록 구할 수 있다.

시장 모멘텀[momentum]을 기반으로 단기 추세 추종 전략을 개발하고 싶다면, 연속적인 양

또는 음의 수익률 계열이 보일 때 향후 수익에 대한 믿음을 업데이트한다. 초기에 관찰 전에는 주어진 시장이 강세 혹은 약세라는 편견이 없으므로 $\pi(\theta)$의 경우 대칭 연속 분포인 $Beta(2, 2)$가 적합하다. $Beta(2, 2)$의 확률밀도함수는 다음과 같다.

$$\pi(\theta) = 6\theta(1 - \theta) \tag{10.9}$$

Y는 다섯 개의 관측값에서 양의 수익률을 보인 횟수라 하자. 다음 코드와 같은 간단한 로그 수익률 불리언 값에 논리 구조를 더하려 한다. 예컨대 21개의 연속적인 조정 종가[adjusted closing prices]에서 20개의 로그 수익률과 해당 로그 수익률이 양수인지 여부를 나타내는 20개의 불리언 값이 있다.

```
> setwd(paste(homeuser,"/FinAnalytics/ChapX",sep=""))
> ec = read.csv("ECprices201305.csv")[,1]
> (diff(log(ec))>0)[1:20]
 [1] FALSE FALSE FALSE  TRUE  TRUE FALSE  TRUE FALSE FALSE  TRUE FALSE
[12]  TRUE FALSE  TRUE FALSE  TRUE  TRUE FALSE FALSE TRUE
```

$Y_1, ..., Y_5$의 TRUE/FALSE 또는 1/0 값의 배열은 전체적으로 $Binomial(5, \theta)$로 알려져 있으며, 확률밀도함수는 아래와 같고, 그래프는 그림 10.5의 왼쪽 상단에서 확인할 수 있다. 이항분포[binomial distribution]의 자세한 설명은 부록 A.3을 참고하기 바란다.

$$f(y|\theta) = \binom{5}{y}\theta^y(1 - \theta)^{5-y} \tag{10.10}$$

이제 수식 10.8에 따라 수식 10.9와 10.10의 확률밀도함수를 합쳤을 때, 모든 $Y_1, ..., Y_5$가 TRUE이면 사후 밀도는 다음과 같다.

$$\pi(\theta|5) = \frac{6\theta^6(1 - \theta)}{\int 6\theta^6(1 - \theta)\,d\theta} = \frac{6\theta^6(1 - \theta)}{C_5} \tag{10.11}$$

마찬가지로 모든 $Y_1, ..., Y_5$가 FALSE이면 사후 밀도는 다음과 같다.

$$\pi(\theta|0) = \frac{6\theta(1 - \theta)^6}{\int 6\theta(1 - \theta)^6\,d\theta} = \frac{6\theta(1 - \theta)^6}{C_0} \tag{10.12}$$

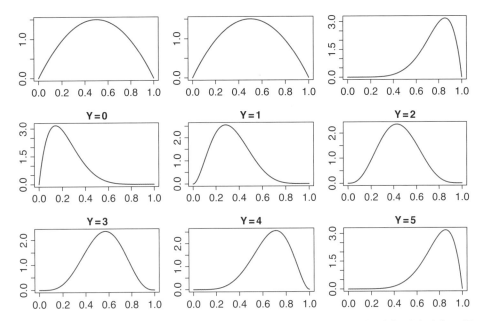

그림 10.5 사전 밀도의 두 가지 계산이다. 하나는 $\pi(\theta|5)$의 계산이고, 다른 하나는 Y가 0에서 5까지 변하는 경우 $\pi(\theta|y)$의 여섯 가지 계산으로, Y값은 각 그래프 위에 표시돼 있다.

C_5와 C_0은 분석적 혹은 수치적으로 구할 수 있다. 아래 R 프로그램은 10,000번 수행해 그림 10.5에 있는 사후분포의 다양한 잠재적 형태를 시뮬레이션하고 1에서 N까지의 for 반복문에서 postYis5DensTheta와 postYis0DensTheta 변수를 이용해 수치적으로 적분해 추후 합계를 N으로 나눈다.

```
N=10000
par(mar=c(2,2,2,2))
computePostDist <- function(n=5) {
  theta = vector(length=N)
  betaDensTheta = vector(length=N)
  priorDensTheta = vector(length=N)
  postYisnDensTheta = vector(length=N)
  postYis0DensTheta = vector(length=N)
  postYisyDensTheta = matrix(rep(0,(n+1)*N),nrow=(n+1),ncol=N)
  for(i in 1:N) {
    theta[i] = i/N
    betaDensTheta[i] = dbeta(theta[i],2,2)
    priorDensTheta[i] = 6*theta[i]*(1-theta[i])
    postYisnDensTheta[i] = 6*theta[i]*(1-theta[i])*(theta[i])^n
    postYis0DensTheta[i] = 6*theta[i]*(1-theta[i])*(1-theta[i])^n
```

```
    for(y in 0:n)
        postYisyDensTheta[(y+1),i] = dbeta(theta[i],2,2)*dbinom(y,n,theta[i])
    }
    print(paste("Cn is",sum(postYisnDensTheta/N)))
    print(paste("C0 is",sum(postYis0DensTheta/N)))

    postYisnDensTheta = N*postYisnDensTheta/sum(postYisnDensTheta)
    for(y in 0:n)
      postYisyDensTheta[(y+1),] = N*postYisyDensTheta[(y+1),]/
      sum(postYisyDensTheta[(y+1),])

    par(mfrow=c(ceiling((4+n)/3),3))
    plot(theta,betaDensTheta,type='l',col=4)
    plot(theta,priorDensTheta,type='l',col=4)
    plot(theta,postYisnDensTheta,type='l',col=4)

    #par(mfrow=c(2,3))
    for(y in 0:n)
      plot(theta,postYisyDensTheta[(y+1),],col=4,
          type='l',main=paste("Y =",y),ylab="prob")
}
computePostDist()
```

그림 10.5에서 보듯이 각 $Y = y$값에 대한 베타^{Beta} 확률밀도함수의 수치 버전을 계산하고 그래프를 그리는 것 외에도 $C_5 = C_0 = \frac{6}{56}$의 해를 찾았다.

```
> computePostDist()
[1] "Cn is 0.106983494617936"
[1] "C0 is 0.106983494617936"
```

이를 수식 10.6과 수식 10.8에 다시 대입하면 다음과 같다.

$$\frac{\Gamma(\alpha + \beta)}{\Gamma(\alpha)\Gamma(\beta)} = \frac{\Gamma(9)}{\Gamma(7)\Gamma(2)} = 56$$

이 값은 R의 gamma() 함수를 이용해 쉽게 계산할 수 있다. 따라서 $\pi(\theta|5)$는 Beta(7,2)로 분포하고, $\pi(\theta|0)$는 Beta(2,7)로 분포한다는 사실을 알 수 있다.

10.6 로그 수익률의 상관관계 검사

수익률들의 상관관계는 0이 아니라고 간주한다(New York University Stern School of Business). 이것이 얼마나 사실인지는 가격이나 로그 수익률의 시계열을 위해 고안된 통계, 즉 자기상관함수[ACF, autocorrelation function]를 검사하면 알 수 있다.

??acf를 통해 접근할 수 있는 acf() 함수의 도움말 페이지는 2002년 베너블스[Venables]와 리플리[Ripley]가 집필한 책을 참조로 한다. 이 책은 acf() 함수를 전체 계열의 평균 $\bar{X}$, 전방과 후방의 절단된 시차 수로 산출한 시차가 있는 절단된 계열 X_{s+t}, 시차는 없으나 절단된 계열 X_s 측면에서 정의한다.

$$c_t = \frac{1}{n} \sum_{s=1}^{n-t} (X_{s+t} - \bar{X})(X_s - \bar{X}) \; and \; r_t = \frac{c_t}{c_0} \tag{10.13}$$

R에서 이 알고리즘을 직접 구현하면 분석적 지표에 포함된 항목을 이해하는 데 도움이 된다. 수식 10.13을 구현한 R 코드는 아래와 같으며, 하단에서 본래 acf() 함수 값과 비교한다. 코드에서 로그 수익률에 100을 곱해 0에서 멀어지게 한다. 코드에서는 R이 X다.

```
setwd(paste(homeuser,"/FinAnalytics/ChapX",sep=""))
ec = read.csv("ECprices201305.csv")[,1]
maxlag=30
n=59
acfval = vector(length=(maxlag+1))

R = 100*diff(log(ec[1:(n+1)]))
Rbar = mean(R)

for(lag in 0:maxlag) {
  R1=R[1:(n-lag)]
  R2=R[(1+lag):n]

  if(lag == 0)
    c0 = 1/n*sum((R-Rbar)*(R-Rbar))

  acfval[lag+1] = 1/n*sum((R1-Rbar)*(R2-Rbar))/c0
}
par(mfrow=c(1,2))
plot(R1,type='l',ylim=c(-.04,.04),col=5,
     main=paste("Lag =",maxlag))
lines(R2,type='l',col=3)
```

```
round(acfval,3)
acf <- acf(R, lag.max=maxlag)
acf
lines(0:maxlag,acfval,col=5)
```

1:31 대신 0:30인 인덱스 외에 아래 수치와 그림 10.6의 그래프에서 보듯이 자기상관을 계산하는 두 가지 방법이 일치한다. 가장 높은 상관관계는 예상대로 가장 작은 시차에서 발생한다. 시차가 30인 경우는 그림 10.6의 좌측 그래프와 같으며, 여기서 선들은 두 로그 수익률 계열 R1과 R2로, 그림에서 R[]의 전방과 후방 부분이다. R1과 R2는 2013년 5월 EC 가격 계열에서 발췌했다.

```
> round(acfval,3)
 [1]  1.000 -0.223 -0.026 -0.010  0.003  0.150 -0.079  0.095
 [9] -0.082 -0.071  0.014 -0.080  0.063 -0.017  0.022 -0.111
[17] -0.041  0.047 -0.044  0.064 -0.012 -0.081 -0.122  0.144
[25] -0.028 -0.176  0.104  0.011 -0.076 -0.122  0.176
>
> acf <- acf(R, lag.max=maxlag)
> acf

Autocorrelations of series 'R', by lag

     0      1      2      3      4      5      6      7
 1.000 -0.223 -0.026 -0.010  0.003  0.150 -0.079  0.095
     8      9     10     11     12     13     14     15
-0.082 -0.071  0.014 -0.080  0.063 -0.017  0.022 -0.111
    16     17     18     19     20     21     22     23
-0.041  0.047 -0.044  0.064 -0.012 -0.081 -0.122  0.144
    24     25     26     27     28     29     30
-0.028 -0.176  0.104  0.011 -0.076 -0.122  0.176
```

이 수치를 통해 수식 10.13의 구현을 검증할 수 있다.

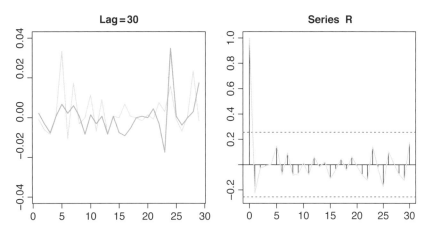

그림 10.6 로그 수익률의 시계열과 자기상관이 있는 30 기간의 시차를 두 가지 방식으로 계산하고 그래프로 비
교했다.

10.7 모멘텀 그래프

세 개의 연속된 시세의 로그 수익률 R_1, R_2와 두 개의 로그 수익률의 S_1, S_2, S_3가 있다면,
가격의 상승과 하락을 고려할 때 Y_1과 Y_2라는 두 개의 불리언 확률변수로 간단하게 요약할
수 있다.

$$Y_1 = \mathbf{1}_{R_1>0} \text{ and } Y_2 = \mathbf{1}_{R_2>0} \tag{10.14}$$

여기서 하위 표현식^{subexpression}이 있는 $\mathbf{1}$은 불리언 지표^{indicator} 함수로, 참이면 값이 1이고
거짓이면 값이 0이다. 예컨대 가격을 EUR당 USD로 표시할 때 가격이나 로그 수익률에
따라 이러한 확률변수는 10.5절에서의 TRUE/FALSE 값처럼 가격의 상승 또는 하락 여부
를 나타내는 모멘텀^{momentum} 지표로 사용할 수 있다.

$$Y_1 = \mathbf{1}_{\log(S_2/S_1)>0} \text{ and } Y_2 = \mathbf{1}_{\log(S_3/S_2)>0} \tag{10.15}$$

연속적인 가격은 10.6절에서 설명했듯이 일반적으로 상관관계가 0이 아니므로, Y_1과 Y_2는
다음처럼 그림 10.7과 같은 의존관계$^{\text{dependency relationship}}$가 있다고 말할 수 있다.

$$P(Y_1 = y_1) \text{ and } P(Y_2 = y_2 | Y_1 = y_1) \tag{10.16}$$

다음과 같은 일련의 코드를 통해 대량의 가격 집합을 살펴보고 표본 확률을 기록할 수 있다. 아래 코드에서는 ECprices201308.csv 파일에 있는 2013년 8월의 견고한[robust] 29,339개 가격 집합을 사용한다.

```
setwd(paste(homeuser,"/FinAnalytics/ChapXI",sep=""))
ec = read.csv("ECprices201308.csv")[,1]
ind = diff(log(ec))>0
len = length(ind)
sum = matrix(rep(0,4),nrow=2,ncol=2)
N = 0
for(t in 1:(len-1)) {
  Y1 = ind[t]
  Y2 = ind[t+1]
  if(!Y1 && !Y2) sum[1,1] = sum[1,1] + 1
  if(!Y1 && Y2)  sum[1,2] = sum[1,2] + 1
  if(Y1 && !Y2)  sum[2,1] = sum[2,1] + 1
  if(Y1 && Y2)   sum[2,2] = sum[2,2] + 1
  N = N + 1
}
prob = sum/N
ind
prob
prob/.25
sum(prob)
```

아래 결과는 계산한 확률의 2×2 행렬을 보여준다. 각각의 값들을 $\frac{1}{4}$로 나누기 전까지는 $\frac{1}{4}$과 큰 차이가 없어 보인다. 하지만 $\frac{1}{4}$로 나누면 그 차이를 명확히 확인할 수 있으며, 특히 우측 하단의 $P(Y_1)\&P(Y_2)$인 경우는 $\frac{1}{4}$과 큰 차이를 보인다는 사실을 알 수 있다.

그림 10.7 하나의 독립 확률변수와 하나의 종속 확률변수는 연속적인 로그 수익률이 0보다 큰지 여부를 나타낸다.

```
> prob
          [,1]      [,2]
[1,] 0.2559566 0.2729659
[2,] 0.2730000 0.1980775
> prob/.25
          [,1]      [,2]
```

```
[1,] 1.023827 1.0918635
[2,] 1.092000 0.7923101
> sum(prob)
[1] 1
```

역사적 시장에서 연속적인 가격들의 상관관계가 0이 아니라는 사실을 알았다면, 표본의 상관관계가 양인지 음인지 여부도 알아야 한다. 1개월 표본은 예상한 0.2500 확률의 1%이 내에 이를 정도로 충분히 크다. 최종 수치가 0.2500의 백분율(%)인 아래 코드에서 이를 확인할 수 있다.

```
set.seed(1001)
N <- 30000; vec<-rnorm(N); sum<-0
for(i in 1:(N-1)){
  if(vec[i]>0 && vec[i+1]<=0) sum<-sum+1
}
> sum/N
[1] 0.2506
> 100*sum/N/.2500
[1] 100.24
```

Y_1과 Y_2가 양의 상관관계라면 충분히 큰 표본의 경우 $P(Y_1\&Y_2)$는 $\frac{1}{4}$보다 크다. 대신 $P(Y_1\&Y_2)=0.1981$이고 $P(\neg Y_1\&\neg Y_2)=0.2560$이다. 적절히 반올림해 맨 아래 행을 합산하면 $P(Y_1)=0.2730+0.1981=0.4711$이고, 우측 열을 합산하면 $P(Y_2)=0.2730+0.1981=0.4710$이다. 다음 확률 곱셈 공식에 $P(Y_1\&Y_2)=0.1981$, $P(Y_1)=0.4711$을 대입해 계산하면 $P(Y_2|Y_1)$는 0.4205가 된다.

$$P(Y_1\&Y_2) = P(Y_1)P(Y_2|Y_1) \text{ if and only if } P(Y_2|Y_1) = \frac{P(Y_2\&Y_1)}{P(Y_1)} \qquad (10.17)$$

Y_1과 Y_2는 $P(Y_1)$가 약 $\frac{1}{2}$(실제 값 0.4711)이고, $P(Y_2)$도 약 $\frac{1}{2}$(실제 값 0.4710)이므로 종속적이다. 따라서 $P(Y_1)P(Y_2)=0.2219$가 되며, $P(Y_1\&Y_2)=0.1981$이 된다. Y_1과 Y_2가 독립적이라면 $P(Y_2|Y_1)$는 $P(Y_2)$와 같겠지만, $P(Y_2|Y_1)$와 $P(Y_2)$ 값은 각각 0.4205와 0.4710으로 같지 않다.

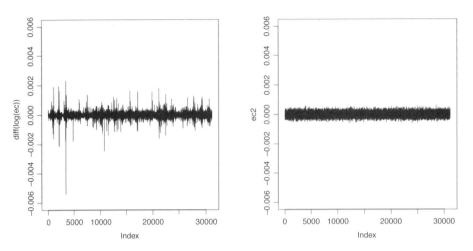

그림 10.8 31,138개의 실제 시장 가격 로그 수익률과 동일한 y 척도 정규분포에서의 31,138개 시뮬레이션 수익률. 왼쪽 그래프로부터 실제 시장 가격 로그 수익률의 표준편차가 일정하지 않다는 사실을 알 수 있다.

현재 다루는 EURUSD의 외환Forex, Foreign Exchange 가격은 일반적으로 14장, '옵션의 이항 모형'과 그림 15.1에서와 같이 금융공학 분야에서 기하 브라운 운동GBM, Geometric Brownian Motion3 확률적 과정stochastic process으로 모형화할 수도 있다. 금리차interest rate differential는 수식 14.20의 상승률drift 항 μ를 제공한다. 매우 흥미로운 분석적 질문 중 하나는 '시장 로그 수익률은 얼마나 정규분포에 가까운가?'이다. 5장, '데이터집합 분석과 리스크 측정'에서 논의했듯이 정규분포로부터 수익률을 생성하면 특수한 사건tail event이 거의 발생하지 않는다. 시장 로그 수익률에 어떤 종류의 꼬리 사건이 있는가? 또 다른 흥미로운 질문은 '상관관계 측면에서 기하 브라운 운동 과정에서 생성된 가격은 시장의 실제 가격과 어떻게 비교하는가?'이다.

이전 두 R 프로그램의 ind에 있는 29,338 지표 변수의 벡터로도 어느 정도의 상관관계나 독립성이 존재하는지 조금은 알 수 있다. 표본값이 정규분포와 독립적이라면 $P(Y_1 \& Y_2) = P(Y_1)P(Y_2)$이 성립한다. 따라서 $P(Y_1) = 0.5$이고 $P(Y_2) = 0.5$이면 $P(Y_1)$ $P(Y_2) = 0.25$이다. 이는 3장, '금융 통계'에서 논의한 통계적 독립성statistical independence이다.

---

3 브라운 운동은 1827년 영국의 식물학자 브라운이 꽃가루의 작은 입자가 수면 위를 끊임없이 돌아다니는 현상을 발견한 것을 계기로 이론화됐으며, 기체나 액체 내에서 떠다니는 미소 입자의 불규칙 운동, 즉 무방향성 미세 운동을 의미한다. 프랑스의 루이 바슐리에(Louis Bachelier)는 1900년에 박사 학위 논문 「투기이론」에서 금융시장의 가격 변동을 브라운 운동으로 모형화했다. 이는 주식 가격이 무작위적인 양만큼 상승하거나 하락하는 것을 담고 있다. 이후 1950년대 중반 미국의 경제학자 폴 새뮤얼슨(Paul Samuelson)이 바실리에의 이론을 수정해 기하 브라운 운동(GBM, Geometric Brownian Motion)을 만들었다. 이처럼 시장을 움직이는 규칙을 찾기 위해 브라운 운동을 설명 도구로 사용한다.

하지만 2013년 8월의 *ec* 가격의 경우, $P(Y_1\&Y_2)=0.1981$이고 $P(Y_1)P(Y_2)=0.2219$로 상당한 차이가 존재한다. 따라서 독립성 가정은 기각한다. 그러면 가격에서 0이 아닌 상관관계가 존재하는지 궁금할 것이다. 31,138개 가격의 전체 월을 살펴보고 이를 정규분포 $N(\mu, \sigma^2)$로부터 생성된 표본과 비교한다. 여기서 μ와 σ는 각각 시장 가격 로그 수익률의 표본평균과 표준편차다. 프로그램 코드는 시장 로그 수익률과 정규분포로부터 시뮬레이션한 수익률과 비교한다. 먼저 그림 10.8과 같이 그래프로 나타낼 수 있는데, 이는 실제 로그 수익률과 대부분 경우에 이상적으로 시뮬레이션한 로그 수익률 간의 일관성에서의 차이를 보여준다.

```
countInd <- function(R) {
  ind = R > 0
  len = length(ind)
  sumUp = 0; sumDn = 0
  N = 0
  for(t in 1:(len-4)) {
    if(is.na(ind[t])) {
      ind[t] = ind[t+1]
      print(ind[t])
    }
    Y1 = ind[t]
    Y2 = ind[t+1]
    Y3 = ind[t+2]
    Y4 = ind[t+3]
    Y5 = ind[t+4]
    if(Y1 && Y2 && Y3 && Y4 && Y5)
      sumUp = sumUp + 1
    if(!Y1 && !Y2 && !Y3 && !Y4 && !Y5)
      sumDn = sumDn + 1
    N = N + 1
    #print(paste(Y1,"->",Y2))
  }
  probUp = sumUp/N
  print(paste("Prob of seeing long ind",probUp))
  print(paste(round(probUp/(1/32)*100,2),"of 100 %"))
  probDn = sumDn/N
  print(paste("Prob of seeing shrt ind",probDn))
  print(paste(round(probDn/(1/32)*100,2),"of 100 %"))
  N
}
#단위 테스트
```

```
pvec <- c(1.3,1.2,1.4,1.25,1.2,1.4,1.2,1.25,1.35,1.4,1.35,
          1.3,1.2,1.24,1.25,1.26,1.27,1.28,1.25,1.35,1.4,1.35,
          1.3,1.2,1.4,1.25,1.2,1.4,1.2,1.25,1.35,1.4,1.35,
          1.3,1.2,1.4,1.25,1.2,1.4,1.2,1.25,1.35,1.4,1.35)
countInd(diff(log(pvec)))

setwd(paste(homeuser,"/FinAnalytics/ChapX",sep=""))
par(mfrow=c(1,2))
ec = read.csv("ECprices201305.csv")[,1]
plot(diff(log(ec)),type='l',ylim=c(-.006,.006))
countInd(diff(log(ec)))

ec2 = rnorm(length(ec),0,sd(diff(log(ec))))
plot(ec2,type='l',ylim=c(-.006,.006))
countInd(ec2)
```

countInd() 함수는 거래 진입[trade entry] 지표 함수처럼 다섯 개의 불리언 지표 값 $Y_1,...,Y_5$ 이 모두 TRUE이거나 모두 FALSE인 횟수를 센다. 대칭적이고 독립적인 값들의 집합에서 모두 TRUE일 확률은 $P(Y_1,...,Y_5) = \left(\frac{1}{2}\right)^5 = \frac{1}{32} = 0.03125$다. EURUSD 가격의 로그 수익률로 countInd() 함수를 실행하면 $\frac{1}{32}$의 백분율로 표시한 프로그램 결과에서 보듯이 이보다 상당히 작은 값을 얻는다. 5회 연속 양의 로그 수익률이 정규 표본보다 시장 표본에서 상승세로 발생할 가능성이 44.4% 낮으므로, 로그 수익률은 복귀 성향[reverting nature]이 있다고 할 수 있다. 다음 코드 부분에서 보듯이 정규변량의 이상적인 모형보다 5회 상승 혹은 5회 하락 수익률을 유지할 가능성이 낮다.

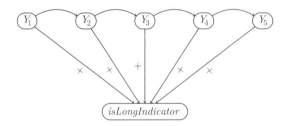

그림 10.9 다섯 개의 종속 확률변수. *isLongIndicator* iff $(Y = 5)$.[4] + 표시는 양의 인과관계(causal relationship)를 나타낸다.

---

4 iff: if and only if(필요충분조건)을 나타내며 양쪽 문장이 모두 참이거나 양쪽 모두가 거짓인 것을 나타내는 수학적, 논리적 연결 기호다.

```
> countInd(diff(log(ec)))
[1] "Prob of seeing long ind 0.0173765015738421"
[1] "55.6 of 100 %"
[1] "Prob of seeing shrt ind 0.0261450504271857"
[1] "83.66 of 100 %"
[1] 31134
```

다시 말하지만 독립성이 아니라 $P(Y=5) = \frac{0.5560}{32}$와 $P(Y=0) = \frac{0.8360}{32}$로 오히려 약간의 반상관관계[anti-correlation]가 보인다. 이 수치는 독립 사건의 경우에 기대하는 $\frac{1}{32}$보다 약간 작다. 방향성 확률 그래프[directed probabilistic graphs]는 인과관계[causality]를 나타내는 데 사용할 수 있다. 이 경우에 데이터 분석은 시뮬레이션한 데이터에서보다 시장 데이터에서 매수[long]와 매도[short] 지표를 볼 확률이 낮다는 점에서 약간의 역인과관계[reverse causality]를 보여준다.

거래를 시작할 때 추세 추종 지표가 관찰될 때까지 기다려야 한다. 동전 던지기를 생각해 보면 동전의 앞면이 5회 연속 나올 확률은 $\left(\frac{1}{2}\right)^5 = \frac{1}{32}$이다. 하지만 반상관관계로 인해 지표가 달리 더 드물게 발생할 것으로 예상할 수 있다.

베이지안 확률 네트워크를 통해 시장 동향을 공식적으로 추론할 수 있으며, 이는 추세 추종 거래 전략[trend-following trading strategy]**5**을 다루는 11장, '거래 전략 시뮬레이션'에서 사용할 기본적인 모멘텀 지표의 근거가 된다.

10.8 연습 문제

10.1 또 다른 지표를 이용한 사후분포

관리자는 연속적인 양의 로그 수익률 또는 음의 로그 수익률 수가 $Y_4 = 4$인 경우에만 거래를 고려하기 위해 거래 지표 isLongIndicator() 함수를 완화하려 한다고 가정해 보자.

(a) computePostDist() 함수를 사용해 이 새로운 사례의 베타분포를 나타내라.

(b) 그림 10.9와 같은 이 확률변수의 방향성 확률 그래프를 그려라.

---

5 추세 추종 거래 전략(trend-following trading strategy)은 장기, 중기, 단기의 가격 움직임에서 이득을 취하는 방법이다. 가격이 오를 것으로 예측되면 매수하는 등 가격 변화에 따라 매매하는 방법을 말한다.

10.2 시장 확률변수의 독립성

Y_1과 Y_2는 그림 10.7에서처럼 EURUSD 가격 추세에 대한 연속적인 양의 로그 수익률을 나타내는 지표라고 가정하자. 약 30,000개의 로그 수익률을 수집했을 때 다음과 같은 표본 발생 확률을 발견했다.

$$\begin{pmatrix} .24 & .27 \\ .23 & .26 \end{pmatrix}$$

(a) $P(Y_1 \& Y_2)$와 함께 표로부터 $P(Y_1)$와 $P(Y_2)$를 결정하라.

(b) 계산한 확률을 두 자리 숫자로 반올림하면, 이 표본의 경우 Y_1과 Y_2가 독립적이라고 할 수 있는가?

11 거래 전략 시뮬레이션

30년 전에 산 집이 당시 가격보다 몇 배나 뛰었다는 사람들의 이야기를 주변에서 심심치 않게 듣곤 한다. 주택 시장에 투자하는 것은 역사적으로 안전한 투자 방식이었다. 주택 시장에서의 장기 투자자와 마찬가지로 장기 개인 주식시장 투자자는 10년 단위로 볼 때 증시가 상승할 것으로 예상한다. 주식시장 투자자는 포지션을 청산하고 이익을 실현하기로 결정하기 전까지 '주식시장 매수', 즉 롱 포지션long position[1]을 유지한다. 많은 경우에 포지션 청산과 이익 실현은 회수retirement 시 발생한다. 이러한 투자 형태는 추세 추종trend following으로 알려진 보수적인 전략의 한 유형으로, 원하는 수익성을 달성할 때까지나 투자를 더 이상 지속할 수 없을 때까지 장기 상승 추세를 따르는 방식이다.

11장에서는 분 또는 시간 단위 같은 훨씬 더 단기간을 기반으로 추세 추종에 대한 모든 것을 살펴본다. 11장은 10장의 시장 심리 측정을 토대로 해 확장한다.

11.1 외환시장

미국 기업이 구입 상품을 유로화로 지불해야 하는 경우 지불일까지 유로의 익스포져 exposure[2]를 헤지hedge해야 한다. 경제적으로 말하면 지불일 전에 유로의 가치가 상승해 미국 통화를 유로로 환전해야 하는 경우, 의도치 않게 실질 지불 금액이 증가하게 되는 경우를 뜻한다. 유로의 익스포져를 헤지하기 위한 추세 추종 전략에는 유로의 가치가 상승하거나

---

1 선물(futures)은 현물주식처럼 매매 후 3일만에 거래대금이 결제되는 것이 아니라 최종 거래일에 매매 차익의 정산이 가능하다. 결제일까지 특정 선물의 매수 계약을 보유할 경우 롱 포지션(long position), 즉 매수 포지션(입장)이 되고, 매도 계약을 보유할 경우 숏 포지션(short position), 즉 매도 포지션이 된다. 청산(liquidation)은 장세변화에 따라 최종결제일 전에 거래자가 보유하고 있는 포지션을 종결하는 것을 가리킨다.

2 익스포져(exposure)는 리스크에 노출돼 있는 금액을 의미하는 것으로 노출된 리스크의 유형에 따라 시장리스크 익스포져, 신용리스크 익스포져 등으로 구분된다. 시장리스크 익스포져는 금리, 환율, 주가 등의 변동에 따라 가치가 변화하는 자산의 총계를, 신용리스크 익스포져는 거래 상대방의 신용도 하락, 채무 불이행 등에 따른 경제적 손실 리스크에 노출된 금액을 의미한다.

강세가 예상되는 시점에 유로를 매수하고 미국 달러를 매도하는 것이 포함돼 있다. 미래에 유로를 1.1400에 매수할 수 있는 권리를 행사할 수 있는 선도거래$^{forward\ contract}$나 선물거래 $^{futures\ contract}$를 보유하고 있는 상황에서 유로화 가치가 상승한다면, 유로화 가치가 상승할 수록 더 낮은 1.1400에 묶여났다는 사실에 안도하게 된다. 유로의 상승 추세가 존재할 가 능성이 높다고 생각한다면 이를 위해 계약을 조정해야 한다. 따라서 지불만 해야 하더라도 시장에서 트레이더^{trader}가 된다.

이처럼 간단한 지불 예제를 넘어, 환율의 장기적인 익스포져를 예측하거나 헤지해야 하 는 사람들은 일반적으로 또 다른 전략을 사용한다. 환율은 주식에 비해 수익률이나 백분율 측면에서 훨씬 더 느리게 증가하는 경향이 있으므로 일반적으로 **평균 회귀**$^{mean\ reversion}$ 전략 을 사용한다. 평균으로의 회귀란, 많은 자료를 토대로 결과를 예측할 때, 평균에 가까워지 려는 경향성을 말한다. 한번 평균보다 큰 값이 나오면 다음에는 평균보다 작은 값이 나와 전체적으로는 평균 수준을 유지하게 된다는 의미다. 예컨대 평균 회귀 전략은 유로화가 매 각 계획 시점에 1.1400으로 돌아올 것이라고 기대하고 1.1350까지 내려갔을 때 매수하는 것이다. 이 예측이 적중하면 0.0050 또는 50 틱^{tick} 수익을 얻을 수 있다.

하루 내의 단기간의 경우에도 가격 시계열에 두 가지 기본적인 투자 전략인 추세 추종과 평균 회귀를 적용할 수 있다. 단기적으로 추세 추종에 따라 인지된 추세가 일정 기간 지속 돼 투자자는 이익을 얻을 수 있다고 기대한다. 투자자는 시장 전체 또는 특정 신호가 촉발 되는 것을 관찰해 추세가 시작됐다고 믿는다. 순식간에 포지션이 시장에 생긴다. 시장가 주문을 통해 포지션에 진입하면 투자자는 포지션 진입 시점에서의 시장 가격 조건에 영향 을 받는다. 목표는 진입 시점의 기대를 달성하기 위해 신속하게 거래^{transaction}를 완료하는 것이다. 거래 시간은 고급 기술을 보유한 회사의 경우 일반적으로 몇 초 또는 심지어 밀리 초이며, 개인이 수동으로 거래를 직접 입력하거나 중개인에게 전화해 거래를 진행한다면 기본적인 '인간의 속도'라 할 수 있는 몇 시간 또는 몇 분이 걸릴 수 있다. 이와 같은 단기간 의 평균 회귀로, 투자자는 가격이 역사적 평균으로 회귀하리라는 기대와 함께 롱 또는 숏 포지션을 취한다. 투자자가 숏 포지션이라면 가격이 평균보다 높고 평균으로 떨어질 것으 로 예상된다는 견해를 갖고 있다. 평균 회귀와 관련된 가장 큰 두 가지 문제는 가격이 회귀 할 평균값과 회귀가 일어나기 전에 투자자가 인내할 수 있는 변동폭^{excursion}의 크기를 정확 히 결정하는 것이다. 숏 포지션을 취한 후에 강세장$^{bull\ market}$이 계속될 경우 가격이 다시 평 균으로 떨어지기를 기다리는 것은 몹시 불안한 일이다. 예컨대 2000년대 중후반의 원유 강 세장에서 특정 가격으로의 회귀는 몇 년이 지난 2014년 말까지도 일어나지 않았다. 그리고 통화 세계에서 캐나다 달러와 같은 많은 통화는 2008년에서 2013년까지 5년간 미국 달러 가치에 접근했지만 2003년까지만 해도 미국 달러 가치의 65%에 불과했다. 하지만 0.65 수치로의 회귀는 결코 일어나지 않을 것이다. 이러한 미회귀$^{non\text{-}reversion}$의 리스크를 최소화하기 위해 손절매 지정가 주문$^{stop\ loss\ limit\ order}$[3]은 추세가 투자자의 포지션에 역행할 때 전략의 실패를 막을 수 있다. 이를 통해 지정가를 기준으로 손실을 제한할 수 있다. 주문이 시장가나 지정가 내외에 있으면 거래 손실 한도를 정할 수 있다. 현명한 투자자는 이러한 장애물을 극복하고 지정가 주문을 효율적으로 이용해 수익성 높은 평균 회귀 전략을 유지할 수 있다.

추세 추종으로 돌아와 외환시장에서 추세로부터 수익을 거둘 수 있는 기본적인 매수^{long}와 매도^{short} 전략을 살펴보자. 추세 추종은 증거금 계정$^{margin\ account}$[4]이 있는 선물 시장 참여자에게 더 단기간을 기준으로 발생할 수 있다. 일중매매거래$^{day\ trading}$[5]는 동일 종목의 주식을 매수한 후 동 일자에 매도하거나, 매도한 후 동 일자에 매수함으로써 해당 주식의 일중 가격등락의 차액을 얻을 목적으로 행하는 매매 거래다. 이 전략을 이용하려면 같은 일자에 충분한 가격 변동이 있어야 한다. 또한 투자자는 매수와 매도 방향을 예측하고 거래 전에 방향을 결정해야 한다.

선물^{futures}은 미래의 특정한 시점에 특정 가격으로 물건을 거래하기로 약속하는 무형의 금융상품으로 파생상품$^{derivative\ securities}$의 한 종류다. EUR/USD 통화쌍$^{currency\ pair}$[6]의 통화 선물 시장에 참여할 경우 일반적으로 EUR 롱^{long}을 취하고 동시에 USD 숏^{short}을 매도하거나, USD 롱을 취하고 동시에 EUR 숏을 매도하는 계약에 투자한다. 이율이 낮을 때 매년 3월, 6월, 9월, 12월의 네 가지 표준 계약 월 중 하나의 만기 시점에서 선물 통화쌍의 가격은 대체로 '현금' 또는 언제든지 거래할 수 있는 비선물$^{non\text{-}futures}$ 가격에 가깝다. 따라서

---

3 지정가 주문(limit order)은 거래하고자 하는 가격을 지정해 내는 주문이며, 시장가 주문은(market order)은 수량만 정해서 주문을 내면 접수 시점에서 가장 유리한 가격으로 매매되는 주문이다. 손절매 주문(stop order)은 현재 가격보다 불리한 조건으로 주문을 낸 후 현재 가격이 조건 가격에 도달하면 시장가 주문으로 처리되는 조건 주문이다. 손절매 지정가 주문 (stop loss limit order)은 손절매 주문과 동일하나 조건 가격 도달 시 정해 놓은 지정가 주문으로 처리되는 조건 주문이다.

4 증거금 계정(margin account)이란, 신용 거래 계좌로 증거금의 손익계산이 이뤄지는 계정이다. 증거금의 유형으로는 개시 증거금(initial margin), 유지 증거금(maintenance margin), 마진 콜(margin call), 변동 증거금(variation margin)이 있다.

5 일중매매거래는 일반적으로 증권 및 선물시장, 거래기법, 거래전략 등에 관한 많은 지식과 경험을 필요로 한다. 따라서 『금융투자업규정』에서는 투자매매업자 또는 투자중개업자가 금융투자상품 거래에 관한 경험·지식·재산상태 및 투자목적 등에 비추어 일중매매거래에 적합하다고 보기 어려운 일반투자자를 상대로 일중매매거래기법을 교육하는 등 일중매매거래를 권유하는 행위를 금지하고 있다.

6 통화쌍(currency pair)이란, EUR/USD와 같이 외환 거래 시 두 개의 다른 통화로 이루어진 한 쌍으로, 먼저 나오는 통화를 기준 통화(base currency)라 하고, 오른쪽에 따라 나오는 통화를 가격제시 통화(quote currency)라 한다.

EUR/USD 선물 추세 추종은 EUR/USD 현금 증권 추세 추종과 매우 유사하다.

11.2 차트 분석

차트 분석을 수행해 전략을 검증할 수 있다. 역사적 가격과 추세 추종 알고리즘을 프로그래밍하기 위한 시뮬레이션 언어로서 R을 사용해 전략을 백테스트[backtest]하면 견고성과 수익성을 가늠할 수 있다. 거래를 시뮬레이션하고 상태와 함께 거래를 표시하는 상용 패키지가 많이 있다. 하지만 직접 시뮬레이터를 작성해보면 좋은 경험을 얻을 수 있다.

그림 11.1은 선물가격을 분 단위로 유로에 대한 미국 달러로 나타낸 차트다. 이 차트는 2013년 6월 전체 한 달간 거래 시간 동안 열린 선물 시장을 나타낸 것이다. EUR은 월초 약 1.3000에서 시작해 월말에 비슷한 수준에서 마쳤지만 그 사이에 1.3400까지 오르기도 했다. 분석 목적상 시장의 정확한 개장과 폐장 시장은 개의치 않는다. 시장은 일반적으로 금요일까지 하루 한 시간을 제외하면 24시간이며, 일요일에 아시아 시장이 재 개장할 때까지 48시간 휴장한다. 이러한 일중[time-of-day] 제약 조건은 기본 전략을 수립하고 실행한 후에 구축할 수 있다. 지금은 매수[long]와 매도[short] 전략으로서 기본적인 단기 추세 추정으로 시작한다.

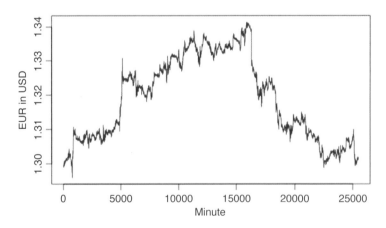

그림 11.1   2013년 6월 한 달간 분 단위의 EUR/USD 가격

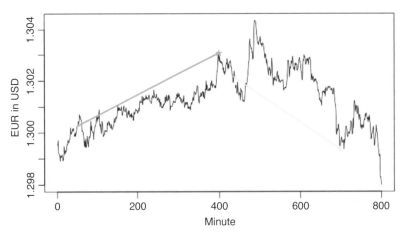

그림 11.2 추세 추종에서의 매수와 매도 거래. 본 예제에서 *stopAmt* = 0.0045이고 *profAmt* = 0.0025다. 이번 역시 가격은 2013년 6월부터다.

11.3 초기화와 마무리

대부분의 프로그램은 관리 기능이 필요하다. 시장 시뮬레이션은 거래의 진입[entry]과 청산[exit] 가격을 추적해야 한다. 여기서는 시스템을 간결하게 구성하고자 한 번에 하나의 거래만 유효하도록 한다. 즉 한 번에 하나의 거래만 수행하는 것이 규칙이다. 따라서 매수와 매도 지표, 그리고 거래 진입을 분리해야 한다.

다음 함수는 각 시뮬레이션 전후에 실행돼야 한다. 이 함수는 많은 슈퍼 할당 연산자[super-assignment operator]를 사용해 필요한 재설정 작업을 수행한다. 상수 K는 관찰할 로그 수익률의 수이며 KH는 그 두 배다. 따라서 거래 진입 결정 전 로그 수익률을 관찰하고 기록해 거래 진입 후에 시장이 어떻게 움직이는지 살펴볼 수 있다.

```
reset <- function(S) {
  print("reset")
  K <<- 5; KH <<- 10
  LONG <<- 1; SHRT <<- 2; PROF <<- 1; LOSS <<- 2
  MaxTrades <<- round(length(S)/100)
  longProfTicks <<- 0
  longLossTicks <<- 0
  shrtProfTicks <<- 0
  shrtLossTicks <<- 0
  longProfLogDiffS <<- array(rep(0,MaxTrades,KH),c(MaxTrades,KH));
```

```
longProfIdx <<- 1
longLossLogDiffS <<- array(rep(0,MaxTrades,KH),c(MaxTrades,KH));
longLossIdx <<- 1
shrtProfLogDiffS <<- array(rep(0,MaxTrades,KH),c(MaxTrades,KH));
shrtProfIdx <<- 1
shrtLossLogDiffS <<- array(rep(0,MaxTrades,KH),c(MaxTrades,KH));
shrtLossIdx <<- 1
longProf <<- vector(length=MaxTrades)
longLoss <<- vector(length=MaxTrades)
shrtProf <<- vector(length=MaxTrades)
shrtLoss <<- vector(length=MaxTrades)
logProfIdx <<- 1
longLossIdx <<- 1
shrtProfIdx <<- 1
shrtLossIdx <<- 1
}
```

아래 winTicks와 totalTicks는 승률$^{winning\ ratio}$ 계산을 구현하는 데 도움이 된다. 이 내용은 11.8절에서 더 자세히 살펴본다.

```
reportCounts <- function() {
  print(paste(longProfIdx-1,longLossIdx-1,
            shrtProfIdx-1,shrtLossIdx-1))
  print(paste("this sim longs =",counts[1],"shrts = ",counts[2]))
  winTicks = longProfTicks+shrtProfTicks
  totalTicks = longProfTicks+shrtProfTicks-
    longLossTicks-shrtLossTicks
  print(paste(round(winTicks),round(totalTicks),
            "winning ratio:", round(winTicks / totalTicks,4)))
  annHistVol
}
```

11.4 모멘텀 지표

기본적인 매수와 매도 추세 추종 전략은 그림 11.3에서와 같이 상승^{upward} 또는 하락 ^{downward} 추세의 모멘텀^{momentum}을 보여주는 연속적인 가격 변화를 찾는 것이다. 상승 또는 하락 모멘텀이 존재하는지를 결정하는 매우 간단한 지표는 롱(숏) 포지션 시작과 관련된 연속적인 양(음)의 수익률이다. EURUSD 차트의 처음 60개 시점에서 가장 최근의 로그 수익률을 살펴보면 결과는 다음과 같다.

```
> ec = read.csv("ECprices201310.csv")[,1]
> diff(log(ec[40:100])) > 0
 [1]  TRUE FALSE FALSE FALSE  TRUE FALSE FALSE  TRUE FALSE FALSE
[11]  TRUE  TRUE FALSE FALSE FALSE  TRUE FALSE  TRUE FALSE FALSE
[21] FALSE  TRUE  TRUE FALSE FALSE FALSE FALSE FALSE  TRUE  TRUE
[31] FALSE FALSE FALSE FALSE FALSE  TRUE  TRUE  TRUE  TRUE  TRUE
[41]  TRUE FALSE FALSE FALSE FALSE FALSE FALSE  TRUE  TRUE FALSE
[51] FALSE  TRUE FALSE FALSE FALSE FALSE FALSE FALSE  TRUE  TRUE
```

다섯 번 이상의 연속적인 상승 수익률을 나타내는 한 곳 있는데, 불리언 값들의 네 번째 행의 가운데에서 시작한다. 이는 계열에서 매우 드문 경우로, 매수 거래 진입 지표다. 다섯 번째 불리언 이후 두 번째 기간(순번 42)에 매수 거래를 시작할 것이다. 강세[bullish] 신호를 검토하고 인지하며 주문하는 한 기간과 매수 주문 확인을 위한 또 다른 기간이다. 그림 11.3 은 가격의 첫 5,000분 동안 일곱 번의 연속 거래를 보여준다. 녹색(매수)과 노란색(매도)의 처음 다섯 번은 성공적이고, 붉은색(매도)의 마지막 두 번은 성공적이지 못하다. 성공적이지 못한 매수 거래는 갈색을 사용한다.

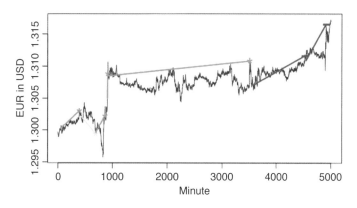

그림 11.3 매수, 매도, 매수, 매수, 매수, 매도, 매도로 이어지는 일곱 번의 추세 추종 거래다. 네 번의 매수 거래는 성공적이다. 두 번의 매도 거래는 성공적이지 못하고 한 번은 성공적이다. 본 예제에서 *stopAmt* = 0.0045이고 *profAmt* = 0.0025이다. 본 예제 역시 2013년 6월부터의 가격이다.

11.5 포지션 내의 베이지안 추론

이번 경우의 EURUSD와 같은 주어진 시장에서의 모멘텀에 관한 주장은 사전 확률^{prior}과 사후 확률^{posterior} 분포의 베이지안^{Bayesian}[7] 사상을 통해 제기될 수 있다. 사전에 미래의 가격과 로그 수익률이 어떻게 변할지 알 수 없으므로 매우 대칭적인 분포를 가정한다. 그런 다음 로그 수익률이 양수인지 여부를 관찰하면서, 즉 베이즈 정리인 수식 10.7의 이항 확률변수 Y를 관찰하면서, 가정을 수정하며 Y가 일어났을 때의 연속적인 사후 확률분포를 구성한다. 다섯 번의 연속적인 양의 로그 수익률이 보이면, 즉 $Y = 5$이면 강세 추세의 상승 모멘텀이 있다고 주장할 수 있다. 이를 동전 던지기에서 앞면이 다섯 번 연속 나온 경우라고 생각하면 앞면이 나올 확률이 50대 50이라는 가정은 당분간 앞면이 뒷면보다 나올 확률 더 높다는 베이지안 가정으로 변경한다. 또 다른 주장은 이러한 강세 가격 추세는 매우 일시적이고 이 가격은 소멸되어 원래 수준으로 복귀한다는 것이다. 이들 주장은 모두 '가격 추세는 얼마나 오랫동안 지속될 수 있을까?'라는 질문으로 귀결된다. 11장에서의 포지션 테스트는 이러한 질문을 더 자세히 알아보기 위한 것이다.

그림 10.5에서 사전과 사후 추론은 $Y = 5$일 때, 사후 확률분포는 Beta(7,2)이며, 이 분포의 확률밀도함수는 우측 하단 그래프와 같다는 사실을 알 수 있다. 다음 두 줄의 R 코드는 사후 확률분포의 평균이 0.7776으로, 분명히 또 다른 강세 추세의 성공 경향이 있으며, 향후 로그 수익률이 양수일 것이라는 기대를 갖게 한다.

```
> draws = rbeta(1000000,7,2)
> mean(draws)
[1] 0.777645
```

---

7   베이지안 정리(Bayesian theorem)는 두 확률변수의 사전 확률과 사후 확률 사이의 관계를 나타내는 정리다. 다시 말해 사전 확률을 사후 확률로 업데이트하는 절차라 할 수 있다. 간단히 정리하면 사전 확률 $p(A)$와 우도 확률 $p(B|A)$를 안다면 사후 확률 $p(A|B)$를 알 수 있다는 논리다.

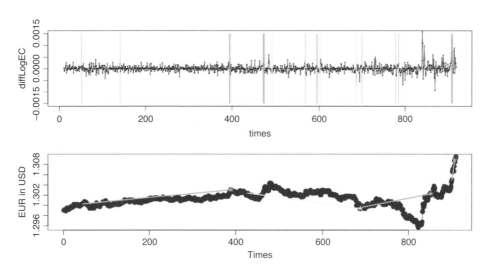

그림 11.4 2013년 6월, 910분 동안 EURUSD의 로그 수익률(상단)과 포지션(하단) 차트

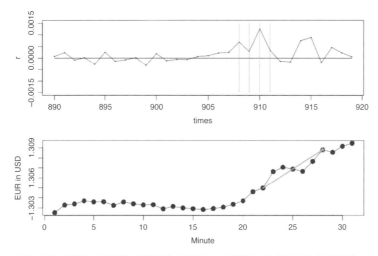

그림 11.5 그림 11.3의 네 번째 포지션은 상단의 차트처럼 로그 수익률로 나타낼 수 있다. 하단 차트는 예상한 25틱
이익이 7분간 지속되는 거래를 보여준다.

그림 10.9에서 네트워크로 묘사한 5단계 지표가 전형적인 EURUSD 로그 수익률에서
얼마나 자주 발생하는지 살펴볼 수 있다. 5단계 지표가 관찰되면 포지션을 시작하고 포지
션 방향에서 진입으로부터 25틱이나 45틱의 움직임을 통해 수익성이 있거나 수익성이 없
는 포지션으로 바뀔 때까지 유지한다. 그림 11.4는 매수와 매도 지표와 함께 2013년 6월
첫 몇 분 동안의 로그 수익률과 가격을 서로 나란히 보여준다. 하단은 동일 기간의 EURUSD

가격과 단기간 포지션을 매수는 녹색으로 매도는 노란색으로 나타낸다. 로그 수익률인 상단 차트도 매수 지표를 녹색으로 매도 지표를 노란색으로 나타낸다. 하단 차트는 상단 차트의 지표에서 얻은 포지션을 해당하는 색상으로 보여준다. 그림 11.5는 이 가격 계열에서 한 포지션에 초점을 맞춘 것이다.

11.6 진입

거래를 시작하는 데 필요한 조건들을 살펴봤다. 추세 추종 시작을 위해 시장에서 충분한 모멘텀의 근거로 간주할 수 있다고 생각한 경험적 규칙$^{heuristic\ rule}$을 간단히 제안했다. 이러한 경향은 당일$^{intra-day}$ 시장에서 오래 지속되지 않는다. 한 쌍의 함수 isLongIndicator()와 isShrtIndicator()는 10장에서 사후 확률 근거로 사용한 지표다. 여기서 Y는 5분 연속 강세 혹은 약세를 보인 횟수로 0에서 5까지 될 수 있다. 이 규칙은 일반적으로 수익을 얻기에 충분이 오랫동안 강세장 또는 약세장 체제가 시작되거나 유지되리라는 가정의 근거로 사용한다.

```
isLongIndicator <- function(logRetArr) {
  Y = sum(logRetArr[1:5] > 0)
  return(Y == 5)
}
isShrtIndicator <- function(logRetArr) {
  Y = sum(logRetArr[1:5] < 0)
  return(Y == 5)
}
```

한 쌍의 함수를 시장 시뮬레이션 전반에 걸쳐 시장 진입 지표로 사용한다. 이 함수들은 가격 시계열의 5회 연속 로그 수익률이 모두 동일한 강세(매수) 또는 약세(매도) 추세인지 여부를 반환하는 간단한 지표다. 이러한 지표 함수 중 하나가 TRUE를 반환하면 상태는 분 단위로 변할 때 '거래 없음'에서 '거래 진입 준비'로 전환된다.

그림 11.5의 상단과 같은 차트를 생성하는 코드는 다음과 같다. 향후 11장에서 isLongIndicator(), isShortIndicator(), reset(), reportCounts(), sim()이라는 다섯 개의 함수를 사용한다. 이들 함수가 정의될 때까지 이 코드 영역의 두 번째 부분은 실행을 유보하는 것이 좋다.

```
displayLogRetInds <- function(r,times) {
  plot(times,r,type='l',col=4,
       ylim=c(-.0015,.0015))
  points(times,r,cex=.2)
  len = length(r)
  lines(times,rep(0,len))
  longInd <- as.vector(rep(0,10)); j <<- 0
  shrtInd <- as.vector(rep(0,10)); k <<- 0
  for(i in 5:length(r)) {
    t = times[1]+i-1
    if(isLongIndicator(r[(i-4):i])) {
      j <<- j + 1
      longInd[j] <- i
      i = i + 5
      print(t)
    }
    if(isShrtIndicator(r[(i-4):i])) {
      k <<- k + 1
      shrtInd[k] <- i
      i = i + 5
      print(t)
    }
  }
  if(j>0)
    for(i in 1:j)
      lines(c(longInd[i]+times[1]-1,
              longInd[i]+times[1]-1),
            c(-.0015,.0015),col="green")
  if(k>0)
    for(i in 1:k)
      lines(c(shrtInd[i]+times[1]-1,
              shrtInd[i]+times[1]-1),
            c(-.0015,.0015),col="yellow")
  longInd <<- longInd
  shrtInd <<- shrtInd
}
```

displayLogRetInds() 함수는 단순히 그림을 그리기만 한다. 코드 하단이 그림 11.5의 상단 다이어그램을 그리는 부분이다.

11.7 청산

그림 11.3은 일곱 번 거래의 청산 전략 수행을 보여준다. 즉, *profAmt* = 0.0025와 *stopAmt* = 0.0045를 이용해 2013년 6월의 첫 5,000분 동안 네 번의 수익을 낸 매수는 녹색으로, 한 번의 수익을 낸 매도는 노란색으로, 그리고 두 번의 수익을 못 낸 매도는 붉은색으로 나타 냈다. 그리고 별표(*)로 끝나는 대각선은 수익을 낸 청산을 나타내며, 음수 기호(−)로 끝나 는 대각선은 수익을 내지 못한 청산을 나타낸다.

백테스트^{backtest}는 청산 전략 결정의 핵심 작업이다. 초기에는 *profAmt* = 25와 *stopAmt* = 45가 좋은 교정^{calibration} 수치라 믿었다. 하지만 추가 테스트를 통해 *profAmt* = 45와 *stopAmt* = 35가 표본 데이터집합에 더 적합한 선택임을 깨달았다. 따라서 한 시점에서 충 분한 모멘텀이 관찰되면 1분 후에 매수 거래를 시작하고 다음 두 가지 사건 중 하나가 발생 할 때까지 유지한다.

- 모멘텀이 지속되고 가격은 진입 가격보다 0.0045 혹은 45틱 상승한다.
- 모멘텀이 소멸되고 가격은 진입 가격보다 0.0035 혹은 35틱 하락한다.

대칭적으로, 매도 거래는 진입 가격보다 45틱 낮은 목표가^{profit target}와 진입 가격보다 35틱 높은 청산가^{stop}를 갖는다. 이러한 두 청산 신호 중 하나가 특정 분 시점에 발생하면 다음 분 시점에 거래를 청산한다. 이 전략은 거래의 두 방향을 제한하기 위해 목표가와 손절매 지정가를 설정한다. 목표가는 신뢰할 만한 수준으로 이익을 보전하며, 손절매 지정가는 막 대한 재정 손실 리스크로부터 보호한다.

11.8 수익성

주식시장처럼 통화 시장은 가격 시세를 매기는 규약^{convention}이 있다. 시카고 상업 거래소 CME; Chicago Mercantile Exchange⁸에서 거래되는 통화 선물 쌍의 경우 0.0001은 단일 틱을 나타 낸다. 이는 가장 작은 가격 단위로 손익 정산을 위해 매수 혹은 매도한 계약당 $12.50에 해 당한다. 10건 계약 투자의 수익성 있는 방향으로의 45틱 이동값은 다음과 같이 계산할 수 있다.

---

8   시카고 상업 거래소(CME)는 1972년 5월 국제통화시장(IMM)을 개설하여 통화선물거래를 개시함으로써 최초로 금융선물 거래를 시작한 거래소다. 1874년 농산물 딜러들이 결성한 Chicago Produce Exchange가 그 효시다. CME는 CBOT와 함 께 미국선물거래소의 양대 기둥을 이룬다.

$$수익 = (10건\ 계약)(12.50\ USD/계약/틱)(45틱) = 5625.00\ USD$$

10건 계약 투자의 수익성 없는 방향으로의 35틱 이동 값은 다음과 같이 계산할 수 있다.

$$손실 = (10건\ 계약)(12.50\ USD/계약/틱)(35틱) = 4375.00\ USD$$

11.9 단기 변동성

백테스트는 거래하는 시장의 '박자[beat]'를 찾는 방법이다. 시행착오를 통해 6개월 간 1분 단위 표본 데이터집합은 대략 45틱의 수익과 35틱의 손절매 지정가가 적절하다는 사실을 확인했다. 수익 거래당 5625.00 USD와 손실 거래당 4375.00 USD에서 수익성 있는 포지션을 유지하기 위해 손실 거래당 수익 거래가 더 적을 수 있다.

추세와 평균 회귀가 발생하고 가격의 변동성 때문에 투자자들은 향후 미래 가격을 예측하고 전략을 적용할 수 있다. 한 달 동안 시장을 시뮬레이션하면서 또한 그 달에 유효했던 변동성을 발견하고 기억하고자 한다. 투자자의 직관은 추세 추종 전략에서 성공하려면 적절한 수준의 변동성이 필요하다는 사실을 알려준다. 기대한 추세가 발생하면 해당 추세는 로그 수익률의 표준편차를 증가시킬 것이며, 이는 변동성에 반영돼야 한다.

가격 벡터 S로 대표되는 EUR 차트의 변동성을 1분 단위로 측정하는 방법은 다음과 같다.

```
> S = ec
> logDiffS = diff(log(S))
> logDiffSmean = mean(logDiffS)
> N = length(logDiffS)
> minHistVol = sqrt(1/(N-1)*sum((logDiffS-logDiffSmean)^2))
> annHistVol = minHistVol*sqrt(60*24*252)
> annHistVol
[1] 0.1024109
```

역사적 변동성의 일반적인 수식은 3.4절을 참조하라.

한 달 동안의 가격 시계열에서 1분 유로 시장의 당일 거래[day trade] 시뮬레이션은 상수 설정, 횟수 재설정, 결과 보고에 관한 R 관리 코드로 시작한다. 다음 절에서 이 코드의 개요를 설명한다.

11.10 상태 기계

증권의 단일 가격이 존재하는 기간마다 그림 11.6과 같은 9개의 상태 중 하나에 있으며, 이때 양수나 음수 상태 값을 R 코드의 *direction* 변수에 저장한다. State (0)은 활성 거래 active trade가 없는 휴면 상태quiescent state다. 거래 상태는 다음과 같다. (0)은 거래 없음, (+1) 은 매수, (−1)는 매도다. 부분 상태fractional state는 다음과 같다. (+.25)는 거래 없음에서 매수로 전환 중이며, (−.25)는 거래 없음에서 매도로 전환 중이다. (+.50)는 손실 한도에 도달해 매수에서 청산으로 전환 중이며, (+.75)는 목표가에 도달하여 매수에서 청산으로 전환 중이다. (−.50)는 손실 한도에 도달해 매도에서 청산으로 전환 중이며, 마지막으로 (−.75)는 목표가에 도달하여 매도에서 청산으로 전환 중이다. 이제 그림 11.6의 유한 상태 기계finite state machine 설계를 따르는 주요 시뮬레이션 루프를 준비한다.

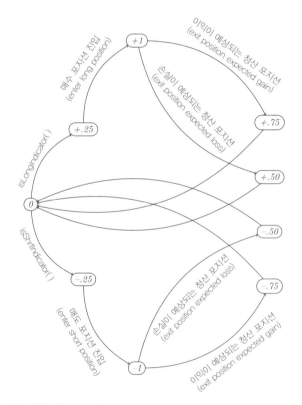

그림 11.6 매수와 매도 포지션의 상태 기계

```
sim <- function(S,mo,stopAmt=.0035,profAmt=.0045) {
  plot(S,type='l',col='blue4',xlab='minutes',
       ylab='EUR in USD')
  if(TRUE)
    points(S,type='p',xlab="Minutes",ylab="EC",
           col='blue4',pch=16, cex=1.4)
  logDiffS = 10000*diff(log(S))
  logDiffS = append(logDiffS, 0.0, after = 0)
  logDiffSmean = mean(logDiffS)
  N = length(logDiffS)
  minHistVol <<- sqrt(1/(N-1)*
                       sum((logDiffS/1e4-logDiffSmean/1e4)^2))
  annHistVol <<- minHistVol*sqrt(60*24*252)
  tradetrange = 0
  tradeSrange = 0
  direction = 0
  countT = 0; countF = 0
  logDiffSentry = array(rep(0,KH),c(KH))
```

다섯 개의 로그 수익률을 거래 진입 지표로 사용하고 이 다섯 개와 이 전의 다섯 개를 분석한다. 결과적으로 초기에는 $KH+1=K+K+1=5+5+1=11$ 기간으로 건너 뛴다. 아래 while 루프가 주요^{main} 시뮬레이션 루프로, logDiffS 로그 수익률 가격 벡터의 길이만큼 반복한다. 지금부터 매수^{long}, 매수 중도청산$^{long\ unwind}$, 매도^{short}, 매도 중도청산$^{short\ unwind}$의 네 가지 주요 코드 블록을 살펴보겠다. 각 해당 로직 부분은 주석으로 표시했다.

```
i = 11
while(i<=length(logDiffS)) {
  #매수(long)
  if((direction == 0) && isLongIndicator(logDiffS[(i-4):i])) {
    logDiffSentry = logDiffS[(i-(KH-1)):i]
    direction = +0.25
  }
```

두 요소 벡터 tradetrange(거래 시간 범위)와 tradeSrange(거래 주가 범위)는 거래 진입과 청산의 시간 i와 가격 수준 S[i]를 기록한다. 이를 통해 향후 수익과 손실 계산을 단순화할 수 있다.

```
  else if(direction == +0.25) {
```

```
    tradetrange = c(i)
    tradeSrange = c(S[i])
    print(paste("long: ",tradetrange,tradeSrange))
    countT <- countT + 1
    i <- i + 5
    direction = +1
}
```

45틱의 목표가에 도달하면(아래) '이익이 예상되는 청산 포지션exit position expected gain' 상태로
전환한다. 일단 이 상태에서 모든 거래 청산 계산이 완료된다.

```
#매수 중도청산(long unwind)
if((direction == +1) && ((S[i]-tradeSrange[1]) > profAmt)) {
  direction = +0.75
}
else if(direction == +0.75) {
  tradetrange = union(tradetrange, c(i))
  tradeSrange = union(tradeSrange, c(S[i]))
  print(paste("unwind long expected gain: ",tradetrange[2],
              tradeSrange[2],round(tradeSrange[2]-tradeSrange[1],5)))
  lines(tradetrange,tradeSrange,type="l",col="green",lwd=3)
  points(tradetrange[2],tradeSrange[2],
         cex=2,pch="*",col="green")
  longProf[longProfIdx] <<-
     tradeSrange[2]-tradeSrange[1] >= 0
  longProfLogDiffS[longProfIdx,] <<- logDiffSentry
  longProfIdx <<- longProfIdx + 1
  longProfTicks <<- longProfTicks + 10000*
    (tradeSrange[2] - tradeSrange[1])
  tradetrange = 0; tradeSrange = 0; direction = 0
}
```

45틱의 손절매 지정가에 도달하면(아래) '손실이 예상되는 청산 포지션exit position expected
loss' 상태로 전환한다. 일단 이 상태에서 모든 거래 청산 계산이 완료된다.

```
#매수 중도청산(long unwind)
if((direction == +1) && ((S[i]-tradeSrange[1]) <= -stopAmt)) {
  direction = +0.50
}
else if(direction == +0.5) {
```

```
      tradetrange = union(tradetrange, c(i))
      tradeSrange = union(tradeSrange, c(S[i]))
      print(paste("unwind long expected loss: ",tradetrange[2],
                  tradeSrange[2],round(tradeSrange[2]-tradeSrange[1],5)))
      lines(tradetrange ,tradeSrange ,type="l",col="brown",lwd=3)
      points(tradetrange[2],tradeSrange[2],
             cex=3,pch="-",col="brown")
      longLoss[longLossIdx] <<-tradeSrange[2]-tradeSrange[1] < 0
      longLossLogDiffS[longLossIdx,] <<- logDiffSentry
      longLossIdx <<- longLossIdx + 1
      longLossTicks <<- longLossTicks + 10000*
        (tradeSrange[2] - tradeSrange[1])
      tradetrange = 0; tradeSrange = 0; direction = 0
    }
```

대칭적으로 로직을 매도 상황에 적용한다.

```
    #매도(short)
    if((direction == 0) && isShrtIndicator(logDiffS[(i-4):i])) {
      logDiffSentry = logDiffS[(i-(KH-1)):i]
      direction = -0.25
    }
    else if(direction == -0.25) {
      tradetrange = c(i)
      tradeSrange = c(S[i])
      print(paste("shrt: ",tradetrange,tradeSrange))
      countF <- countF + 1
      i <- i + 5
      direction = -1
    }
```

매수와 마찬가지로 목표가에 도달하면(아래) '이익이 예상되는 청산 포지션exit position expected gain' 상태로 전환한다.

```
    #매도 중도청산(short unwind)
    if((direction == -1) && ((tradeSrange[1]-S[i]) > profAmt)) {
      direction = -0.75
    }
    else if(direction == -0.75) {
      tradetrange = union(tradetrange, c(i))
      tradeSrange = union(tradeSrange, c(S[i]))
```

```
        print(paste("unwind shrt expected gain: ",tradetrange[2],
                    tradeSrange[2],round(tradeSrange[1]-tradeSrange[2],5)))
        lines(tradetrange ,tradeSrange ,type="l",
              col="gold",lwd=3)
        points(tradetrange[2],tradeSrange[2],
               cex=2,pch="*",col="gold")
        shrtProf[shrtProfIdx] <<- tradeSrange[1]-tradeSrange[2] >= 0
        shrtProfLogDiffS[shrtProfIdx,] <<- logDiffSentry
        shrtProfIdx <<- shrtProfIdx + 1
        shrtProfTicks <<- shrtProfTicks + 10000*
          (tradeSrange[1] - tradeSrange[2])
        tradetrange = 0; tradeSrange = 0; direction = 0
      }
      if((direction == -1) && ((tradeSrange[1]-S[i]) <= -stopAmt)) {
        direction = -0.50
      }
      else if(direction == -0.50) {
        tradetrange = union(tradetrange, c(i))
        tradeSrange = union(tradeSrange, c(S[i]))
        print(paste("unwind shrt expected loss: ",tradetrange[2],
                    tradeSrange[2],round(tradeSrange[1]-tradeSrange[2],5)))
        lines(tradetrange,tradeSrange,type="l",col="red",lwd=3)
        points(tradetrange[2],tradeSrange[2],
               cex=3,pch="-",col="red")
        shrtLoss[shrtLossIdx] <<-tradeSrange[1]-tradeSrange[2] < 0
        shrtLossLogDiffS[shrtLossIdx,] <<- logDiffSentry
        shrtLossIdx <<- shrtLossIdx + 1
        shrtLossTicks <<- shrtLossTicks+10000 *
          (tradeSrange[1] - tradeSrange[2])
        tradetrange = 0; tradeSrange = 0; direction = 0
      }
      i <- i + 1
    }
  return(c(countT,countF))
}
```

sim() 함수 출력 부분은 아래와 같다. 거래 진입과 청산 시뮬레이션을 수행하면서 sim() 함수는 개별 포지션 결과를 수익과 손실로 기록하고 가격 차이뿐만 아니라 tradetrange와 tradeSrange 두 요소 벡터로부터 진입과 청산 시간 그리고 가격을 기록한다. reportCounts() 함수는 한 달 간의 1분 데이터의 각 시뮬레이션 실행의 요약으로, 전체 매수와 전체 매도 포지션뿐만 아니라 완료된 수익성 있는 매수, 수익성 없는 매수, 수익성 있는 매도, 수익성 없는 매도의 수를 보여준다. 승률$^{winning\ ratio}$은 다음과 같은 공식으로 구할 수 있으며, 출력의 하단 부분에서 확인할 수 있다.

$$승률 = (수익성\ 있는\ 틱)/(수익성\ 있는\ 틱 - 수익성\ 없는\ 틱) \tag{11.1}$$

여기서 수익성 없는 틱은 음수다.

먼저 현재 디렉터리를 설정해 향후 가격 파일을 선택할 수 있도록 한다. 그런 다음 구축한 거래 시뮬레이션 함수 테스트를 수행한다.

```
setwd(paste(homeuser,"/FinAnalytics/ChapXI",sep=""))
par(mfrow=c(2,1))
start=890; end=920
ec = read.csv("ECprices201306.csv")[,1]
ec = ec[start:end]
diffLogEC = diff(log(ec))
times=c(start:(end-1))
countInd(diffLogEC)
displayLogRetInds(diffLogEC,times)
ec = read.csv("ECprices201306.csv")[,1]
plot(start:end,ec[start:end],type="p",col=4)
reset(ec[1:800])
counts <- sim(ec[1:800],"01306",
              stopAmt=.0045,profAmt=.0025)
reportCounts()
ec = read.csv("ECprices201306.csv")[,1]
plot(ec[1:5000],type="l",col=4)
reset(ec[1:5000])
counts <- sim(ec[1:5000],"201306",
              stopAmt=.0045,profAmt=.0025)
reportCounts()
```

다음은 분 단위의 시간과 시뮬레이션 진입 가격이 있는 일곱 개의 시뮬레이션 거래의 기록이며, 뒤이어 분 단위 시간과 시뮬레이션 청산 가격이 있는 중도청산^{unwind} 또는 청산^{exit} 사건이 나타난다. '이익이 예상되는$^{expected\ gain}$'이라는 용어는 t분 동안 목표가에 도달했음을 의미하므로 $t+1$분에 청산이 발생하며 보장할 수는 없지만 이익이 예상된다는 의미다. 시장이 크게 요동치고 수익 영역에서 벗어나면 수익이 발생하지 않을 수 있지만 그 가능성은 희박하다. '손실이 예상되는$^{expected\ loss}$'이라는 용어는 수익성이 없는 경우에 유사하게 적용된다.

마지막 줄은 거래 진입으로 이에 대한 청산은 처음 5,000분 이내에 발생하지 않았다. 시뮬레이션 종료 전에 기록된 중도청산 사건은 없었다.

```
> counts <- sim(ec[1:5000],"201306",stopAmt=.0045,profAmt=.0025)
[1] "long: 52 1.30027"
[1] "unwind long expected gain: 397 1.30306 0.00279"
[1] "shrt: 434 1.30216"
[1] "unwind shrt expected gain: 696 1.29936 0.0028"
[1] "long: 701 1.29964"
[1] "unwind long expected gain: 860 1.30224 0.0026"
[1] "long: 910 1.30498"
[1] "unwind long expected gain: 916 1.3088 0.00382"
[1] "long: 935 1.3085"
[1] "unwind long expected gain: 3500 1.31081 0.00231"
[1] "shrt: 3558 1.307"
[1] "unwind shrt expected loss: 4522 1.31164 -0.00464"
[1] "shrt: 4542 1.31091"
[1] "unwind shrt expected loss: 4909 1.31655 -0.00564"
[1] "long: 4978 1.31647"
```

다음 코드는 6개월 연속 월 단위로 시뮬레이션을 출력한다.

```
setwd(paste(homeuser,"/FinAnalytics/ChapXI",sep=""))
ec = read.csv("ECprices201305.csv",header = FALSE)[,1]
reset(ec)
counts <- sim(ec,"201305")
reportCounts()

ec = read.csv("ECprices201306.csv",header = FALSE)[,1]
reset(ec)
counts <- sim(ec,"201306")
reportCounts()

ec = read.csv("ECprices201307.csv",header = FALSE)[,1]
reset(ec)
counts <- sim(ec,"201307")
reportCounts()

ec = read.csv("ECprices201308.csv",header = FALSE)[,1]
reset(ec)
counts <- sim(ec,"201308")
reportCounts()

ec = read.csv("ECprices201309.csv",header = FALSE)[,1]
```

```
reset(ec)
counts <- sim(ec,"201309")
reportCounts()

ec = read.csv("ECprices201310.csv",header = FALSE)[,1]
reset(ec)
counts <- sim(ec,"201310")
reportCounts()
```

일부 월의 출력은 다음과 같다.

```
...
[1] "long: 29242 1.29533"
[1] "unwind long expected gain: 29305 1.30128 0.00595"
[1] "shrt: 29319 1.3033"
[1] "unwind shrt expected gain: 30441 1.29858 0.00472"
[1] "shrt: 30490 1.29724"
[1] "unwind shrt expected loss: 30614 1.30068 -0.00344"
[1] "shrt: 30687 1.29849"
> reportCounts()
[1] "12 11 14 11"
[1] "this sim longs = 23 shrts = 26"
[1] "1221 2076 winning ratio: 0.5882"
[1] 0.09746766
```

핵심 성공 통계량인 승률은 58.82%를 기록했다. 맨 아래 부분에는 가격 시계열의 연간 과거 변동성이 9.75%로 기록돼 있으며, 이는 전략의 성공을 위한 자극변수$^{stimulus\ variable}$로 기록하고 연구할 수 있다.

그림 11.7은 2013년 5월 한달 간 23번의 매수와 26번의 매도 거래의 포지션 활동을 보여준다. 다음 색상 체계는 포지션 활동을 표시하는 데 사용한다.

- 녹색은 수익성 있는 매수 거래에 사용한다.
- 노란색은 수익성 있는 매도 거래에 사용한다.
- 갈색은 수익성 없는 매수 거래에 사용한다.
- 붉은색은 수익성 없는 매도 거래에 사용한다.

다시 한 번, 별표는 수익성 있는 거래의 시간과 가격 수준에서 포지션의 청산 지점을 표시한다. 음수 기호는 수익성 없는 거래의 청산 지점을 표시한다. 파란색 가격 차트 선은 거래

궤적 표시를 강조하는 데 도움이 되도록 큰 굵은 원으로 덧칠한다.

plotMeanInds() 요약 함수의 출력은 평균 로그 수익률을 표시하므로 시간은 왼쪽에서 오른쪽으로 진행한다.

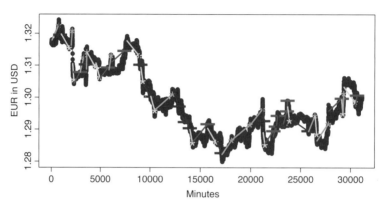

그림 11.7 2013년 5월 전체의 매수와 매도 포지션. 진행 방향은 왼쪽에서 오른쪽이다. 시간이 흐름에 따라 매수, 매도, 성공, 실패의 네 가지 결과가 모두 공존한다.

```
plotMeanInds <- function() {
  par(mfrow=c(2,2))
  print(longProfLogDiffS[1:(longProfIdx-1),])
  plot(apply(longProfLogDiffS[1:(longProfIdx-1),],2,mean),
       xlab=paste("N =",longProfIdx-1),
       ylab="long prof: 1e5*logrets",ylim=c(-5,5),col=4)
  abline(h = 0,v = 5.5,col=8)
  print(longLossLogDiffS[1:(longLossIdx-1),])
  plot(apply(longLossLogDiffS[1:(longLossIdx-1),],2,mean),
       xlab=paste("N =",longLossIdx-1),
       ylab="long loss: 1e5*logrets",ylim=c(-5,5),col=4)
  abline(h = 0,v = 5.5,col=8)
  print(shrtProfLogDiffS[1:(shrtProfIdx-1),])
  plot(apply(shrtProfLogDiffS[1:(shrtProfIdx-1),],2,mean),
       xlab=paste("N =",shrtProfIdx-1),
       ylab="shrt prof: 1e5*logrets",ylim=c(-5,5),col=4)
  abline(h = 0,v = 5.5,col=8)
  print(shrtLossLogDiffS[1:(shrtLossIdx-1),])
  plot(apply(shrtLossLogDiffS[1:(shrtLossIdx-1),],2,mean),
       xlab=paste("N =",shrtLossIdx-1),
       ylab="shrt loss: 1e5*logrets",ylim=c(-5,5),col=4)
  abline(h = 0,v = 5.5,col=8)
}
plotMeanInds()
```

11.11 시뮬레이션 요약

그림 11.8에서 보듯이 거래 진입 직전 로그 수익률을 조사하면 거래 직전의 로그 수익률 수준에 어느 정도 완만함이 있음을 볼 수 있다. 10.3절의 '베이지안 추론'에서 설명했듯이 동전 던지기에서 다섯 번 연속 동전의 앞면이 나올 확률과 마찬가지로 다섯 번 연속 강세 혹은 약세의 로그 수익률이 발생할 가능성은 낮다. 이 희소 사건은 수익 창출이 가능할 만큼 오랫동안 강세 혹은 약세 국면으로 시장이 변하고 있다는 의미로 받아들여지고 있다.

매입-매도 스프레드$^{\text{bid-ask spread}}$를 포함해 백테스트와 실제 거래 사이에 발생하는 슬리피지^{slippage}[9]도 고려하면 추세 추종을 이용해 '우위^{edge}'를 점하기는 상당히 어려울 수 있다.

시장 데이터는 잡음으로 가득 차 있어 신호 대 잡음비$^{\text{signal-to-noise ratio}}$가 낮다. 데이터 마이닝과 머신 러닝 기술은 잡음 내용으로 인해 실제 제한적인 가치를 제공한다(Kinlay, 2011). 투자자들은 특정 시점에 효과가 있는 모멘텀 규칙을 사용하지만 '일시적'으로만 효과가 있다는 사실을 깨닫곤 한다. 대규모 데이터집합에 매우 강력한 백테스트를 실시하더라도 수익성 있는 우위를 유지하려면 새로운 지표를 시도해야 한다. 표 11.1에 있는 수백 건 거래의 전략에서 58.8%의 예측률은 평범한 수치다. 따라서 반드시 견고한 시장 데이터집합을 이용해 전략을 충분히 테스트해야 한다.

표 11.1 전략의 6개월 총계. 첫 번째 열에 있는 평균 승률은 58.8%다.

win pct	long	shrt	win ticks	tot ticks
58.8	23	26	1221	2076
45.5	20	24	823	1807
63.3	23	21	1204	1902
63.7	16	15	813	1276
62.3	14	17	677	1087
59.4	14	17	776	1305

---

9 슬리피지(slippage)란, 매매 주문을 넣었는데 주문이 요청대로 체결되지 않아 손해를 보는 것을 말한다. 예컨대 특정 주식을 1만원에 매수 주문을 넣었으나, 거래량이 적거나 그 가격에 매도하는 사람이 없어 결국 1만 1000원에 매수한 경우, 이때 발생한 1000원의 손해를 슬리피지라 한다. 대부분의 퀀트 전략의 백테스트는 실제 거래 환경을 모두 시뮬레이션할 수 없으므로 전일 종가처럼 원하는 가격에 모든 주식을 매수할 수 있다는 가정하에 이뤄지지만 현실은 그렇지 못한 경우가 많다.

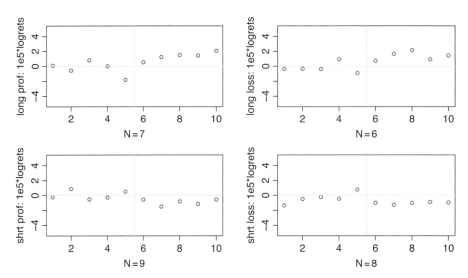

그림 11.8 거래 표본 크기 *N*의 거래 진입 전 시간 단계에 따른 로그 수익률의 평균. 상단 부분이 매수 거래다. 수익성 있는 거래는 왼쪽이다. *KH* = 10 시점의 로그 수익률 이력을 볼 수 있으며, 각 그래프에서 우측인 마지막 *K* = 5 수익률은 변동성 관점에서 비교적 완만하다는 사실을 알 수 있다.

11.12 연습 문제

11.1 거래 진입 기준에 조건 추가

역사적 변동성은 강세나 약세 추세 추종 국면에 있는지 여부를 나타내는 지표가 될 수 있다. 주어진 6개월 EC 데이터(201305~201310)에 대해 `sim()` 시뮬레이터를 실행해 `reportCounts()` 출력의 마지막 부분에 표시되는 각 실행의 (1) 승률과 (2) 연간 변동성을 기록한다.

(a) 가로 축과 세로 축에 표시한다.

(b) 승률을 높이기 위해 `isLongIndicator()` 함수와 `isShrtIndicator()` 함수에 추가할 수 있는 역사적 변동성의 간단한 조건은 무엇인가?

(c) 기준을 추가하면 승률이 어떻게 변하는가?

11.2 다른 전략으로 시뮬레이터 실행

관리자가 매수 거래만 고려하도록 거래 시뮬레이터를 수정하기를 원한다고 가정해보자. 이 경우에 맞도록 시뮬레이터를 수정하고 실행하라. ECprices2013xx라는 6개의 월간 1분 단위 가격 파일을 실행하라. 여기서 xx는 월을 나타내는 두 자리 수다. 각 실행 횟수를 추적해 표 11.1과 비교하라.

12 펀더멘털을 이용한 데이터 탐색

7장, '샤프 비율'에서 살펴본 바와 같이 손익계산서와 대차대조표는 투자자에게 기업 현황에 대한 정보를 제공한다. 투자자는 총수익이 매년 증가하는지 알고 싶을 것이다. 또한 소유한 주식의 시가-장부가 비율을 알고 더 큰 시장과 비교하고 싶을 것이다. 이를 알면 기업이 주식시장에서 과대평가됐는지 판단하는 데 도움이 된다. NoSQL, 키-값[key-value], 그래프 데이터베이스가 최근의 주류지만 여전히 SQL 데이터베이스는 빠른 조회와 수십 년의 역사적 데이터를 지원하는 스키마를 제공한다. 12장에서 살펴볼 투자 펀더멘털[fundamental][1] 조회는 R 환경에서 RSQLite 패키지를 사용해 수행할 수 있다. 투자자와 데이터 과학자는 매우 간단한 코드로 필요한 데이터 마이닝[data mining]을 수행하고 유익한 결과를 얻을 수 있다.

7장 이후, 특히 10장에서는 투자 전략의 주요 동인으로서 가격 변동에 초점을 맞췄다. 7장에서는 핵심 손익계산서 지표를 소개하고 샤프 비율[Sharpe Ratio]을 측정했다. 7장처럼 12장에서의 주요 초점은 가격 변동과 통계량보다는 기업 대차대조표의 펀더멘털 지표가 될 것이다. 그리고 전통적인 업계 참조 자료[reference]에서 얻은 직관과 투자 원칙에 따라 진행한다(Bodie, Kane, and Marcus, 2013, Greenblatt, 2006). 펀더멘털과 관련된 상황[context]을 설정하기 위해서 기본적인 투자 조건과 예제를 정의한 다음 데이터집합을 조사하기 앞서 데이터 마이닝 패키지를 소개한다.

---

1 펀더멘털(fundamental)은 기본 또는 기초를 뜻하며, 경제적으로 쓰이면 기업이나 국가의 기초 경제여건을 의미한다. 반면에 모멘텀(momentum)은 변동(movement)과 비슷한 개념으로 종목이 얼마나 큰 변화를 일으킬 수 있는 힘(추진력)이 있는가를 의미한다.

12.1 RSQLite

데이터 마이닝 환경설정에서 펀더멘털 투자 원칙들의 적용을 위해 계산을 수행하는 패키지가 필요하다. SQL은 관계형 데이터베이스의 선언적 조회를 수행하는 전문 언어다 (Chamberlin and Boyce, 1974). 조회 결과는 주요 조회 체계^{mechanism}인 SELECT 구문으로 지정할 수 있다. SQLite는 널리 보급된 데이터베이스 엔진으로 SQL 언어를 사용한다. SQLite의 소스 코드는 http://www.sqlite.org/에서 자유롭게 확인할 수 있다.

RSQLite는 SQLite 데이터베이스 엔진과의 인터페이스를 위한 R 패키지로, 금융에서 접하는 대량의 데이터집합과의 작업을 R에서 가능하게 한다. 주제를 설명하기 위해서 기본적인 예제를 살펴보고, 일반적으로 사용되는 재무비율의 대차대조표와 손익계산서를 조회하며, 기본적인 가치^{value}를 구하는 공식을 프로그래밍한다. RSQLite 패키지가 이미 설치돼 있다면 DBI와 RSQLite 라이브러리를 로드하고, 연결을 생성하며, con 연결을 통해 mtcars 데이터프레임을 SQLite 테이블 'mtcars'에 로드한다. 그리고 mtcars 테이블에 있는 모든 필드를 출력한다.

```
> library(DBI)
> library(RSQLite)
> con <- dbConnect(SQLite(),":memory:")
> dbWriteTable(con,"mtcars",mtcars)
[1] TRUE
> dbListFields(con,"mtcars")
[1] "row_names" "mpg"      "cyl"      "disp"      "hp"      "drat"
[7] "wt"         "qsec"     "vs"       "am"        "gear"    "carb"
```

생성한 테이블을 사용해 mtcars 테이블에서 기통^{cylinder}의 수가 4개인 모든 항목을 조회할 수 있다.

```
> result <- dbGetQuery(con,
+                  "SELECT * FROM mtcars WHERE cyl = 4")
> result
   row_names      mpg cyl  disp  hp drat    wt  qsec vs am gear
1     Datsun 710 22.8   4 108.0  93 3.85 2.320 18.61  1  1    4
2     Merc 240D 24.4    4 146.7  62 3.69 3.190 20.00  1  0    4
3      Merc 230 22.8    4 140.8  95 3.92 3.150 22.90  1  0    4
4      Fiat 128 32.4    4  78.7  66 4.08 2.200 19.47  1  1    4
5   Honda Civic 30.4    4  75.7  52 4.93 1.615 18.52  1  1    4
```

```
6  Toyota Corolla 33.9    4  71.1  65  4.22 1.835 19.90  1 1    4
7   Toyota Corona 21.5    4 120.1  97  3.70 2.465 20.01  1 0    3
8       Fiat X1-9 27.3    4  79.0  66  4.08 1.935 18.90  1 1    4
9   Porsche 914-2 26.0    4 120.3  91  4.43 2.140 16.70  0 1    5
10   Lotus Europa 30.4    4  95.1 113  3.77 1.513 16.90  1 1    5
11      Volvo 142E 21.4    4 121.0 109  4.11 2.780 18.60  1 1    4
```

이제 갤런당 마일[miles per gallon]이 30보다 큰 모든 4기통 자동차를 조회한 다음 SQLite 데이터베이스와의 연결을 종료한다.

```
> result <- dbGetQuery(con,
+            "SELECT * FROM mtcars WHERE cyl = 4 AND mpg > 30")
> result
   row_names      mpg cyl disp  hp drat    wt qsec vs am gear
1     Fiat 128 32.4   4 78.7  66 4.08 2.200 19.47  1  1    4
2   Honda Civic 30.4   4 75.7  52 4.93 1.615 18.52  1  1    4
3 Toyota Corolla 33.9   4 71.1  65 4.22 1.835 19.90  1  1    4
4  Lotus Europa 30.4   4 95.1 113 3.77 1.513 16.90  1  1    5
> dbDisconnect(con)
[1] TRUE
```

갤런당 자동차 마일이 조회 조건인 간단한 예제를 살펴봤으므로 RSQLite 패키지를 사용해 투자 지표를 살펴보겠다.

12.2 시가−장부가 비율 계산

금융 애플리케이션으로 돌아가 데이터베이스에서 재무비율을 조회하며 RSQLite를 살펴보겠다. 미국 증권거래위원회[SEC, Securities And Exchange Commission]에서 요구하는 대차대조표와 손익계산서 파일을 보관하는 디스크에 SQLite 데이터베이스가 있다고 가정해보자. 본 절에서는 컴퓨스태트[Compustat]와 시카고대학교의 증권가격연구센터[CRSP, Center for Research in Security Prices] 데이터베이스 테이블을 활용한다.

본 도서의 웹사이트에서 제공하는 .dta 파일의 테이블에서 읽은 후, dbWriteTable() 함수를 사용해 바로 저장해 조회할 수 있다. 컴퓨스태트의 명명법[nomenclature]을 사용해 funda 테이블에서 IBM의 총자산[total assets] at, 총부채[total liabilities] lt를 조회할 수 있다.

```
> library(foreign)
> setwd(paste(homeuser,"/FinAnalytics/ChapXII",sep=""))
> funda <- read.dta("funda.dta")
> msf <- read.dta("msf.dta")
> con <- dbConnect(SQLite(),":memory:")
> dbWriteTable(con,"funda",funda,overwrite=TRUE)
[1] TRUE
> dbWriteTable(con,"msf",msf,overwrite=TRUE)
[1] TRUE

> dbListTables(con)
[1] "funda" "msf"

> query <- "SELECT tic, at, lt
+          FROM funda
+          WHERE fyear = 2010
+          AND tic ='IBM'"
> result <- dbGetQuery(con,query)
> result
  tic     at    lt
1 IBM 113452 90280
```

또한 2010 회계연도 말 IBM의 시가-장부가 비율[M/B, market-to-book ratio]을 계산할 수 있다. 연 마감 기준 주당 발행가격[price-per-share close annual calendar] prcc_c와 보통주 발행 수[common shares outstanding] csho를 조회한 다음 이 둘을 곱한다.

```
> query<-"SELECT tic, prcc_c, csho, at-lt AS bv
+        FROM funda
+        WHERE fyear = 2010
+        AND tic ='IBM'"
> result <- dbGetQuery(con,query)
> result
  tic prcc_c     csho    bv
1 IBM 146.76 1227.993 23172
> result$prcc_c * result$csho
[1] 180220.3
```

참고로 보통주 발생 수 csho는 백만 단위다. 따라서 총 시가총액은 1,800억달러가 약간 넘는다. 이를 자기자본[shareholder's equity], 즉 장부가[book value]로 나누면 시가-장부가 비율을 계산할 수 있다.

```
result$prcc_c * result$csho / result$bv
[1] 7.777501
```

SQLite를 사용해 AS 키워드를 통해 데이터베이스에서 시가–장부가 비율 계산을 수행할 수도 있다. 쿼리^{query}가 길어지면 줄 바꿈과 들여쓰기를 사용해 SQLite 명령을 체계적으로 구성할 수 있다.

```
> query<-"SELECT tic, at-lt AS bv, prcc_c*csho/(at-lt) AS mb
+           FROM funda
+           WHERE fyear = 2010
+           AND tic ='IBM'"
> result <- dbGetQuery(con,query)
> result
  tic    bv       mb
1 IBM 23172 7.777501
```

전체 시장의 시가–장부가 비율 분포에 관심이 있을 수도 있다. 따라서 IBM만 조회하도록 한 조회 조건을 제거하고 2010년에 상장된 모든 기업의 시가–장부가 비율을 구한다.

```
> query <- "SELECT tic, prcc_c*csho/(at-lt) AS mb
+           FROM funda
+           WHERE fyear = 2010
+           AND tic IS NOT NULL
+           AND prcc_c IS NOT NULL
+           AND csho IS NOT NULL
+           AND seq IS NOT NULL"
> result <- dbGetQuery(con,query)
> result <- subset(result,mb > 0.0 & mb < 50)
```

지면의 제약상 조회 결과를 모두 표시할 수는 없지만 요약 통계량 계산은 다음과 같다.

```
> summary(result$mb)
   Min. 1st Qu.  Median    Mean 3rd Qu.     Max.
0.00004 0.98920 1.66400 2.99000 3.05300 49.79000
```

그리고 아래 코드로 시가-장부가 비율의 히스토그램을 그릴 수 있으며 그 결과는 그림 12.1과 같다

```
> hist(result$mb,breaks=100,main="")
```

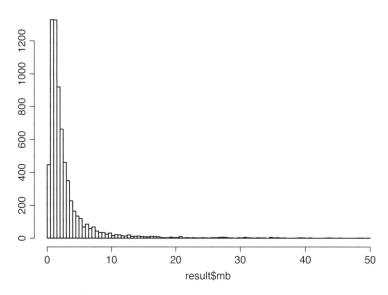

그림 12.1 시가-장부가 비율의 히스토그램. 표본평균은 약 3.0이다.

12.3 reshape2 패키지

데이터베이스를 조회할 때, 조회 결과는 대체로 다음과 같은 형태로 출력된다.

```
> command <- "SELECT tsymbol,date,ret
+          FROM msf
+          WHERE date BETWEEN '2010-01-01' AND '2010-12-31'
+          AND tsymbol IN ('AAPL','GOOG')"
> result <- dbGetQuery(con, query)
> result
   tsymbol       date         ret
1     AAPL 2010-01-29 -0.088591158
2     AAPL 2010-02-26  0.065379545
3     AAPL 2010-03-31  0.148470357
...
22    GOOG 2010-10-29  0.167196095
```

```
23    GOOG 2010-11-30 -0.094492406
24    GOOG 2010-12-31  0.068848766
```

여기서 tsymbol에는 동일한 열에 복수 개의 값이 존재한다. 이 경우 수익률이 행렬의 열일 때 수익률 집합의 공분산 행렬은 구하기 곤란하다. 이때 다음과 같이 cbind() 함수를 사용할 수 있다.

```
> c1 <- result[result$tsymbol=='AAPL',]$ret
> c2 <- result[result$tsymbol=='GOOG',]$ret
> cbind(c1,c2)
                 c1           c2
 [1,] -0.08859116 -0.145224065
 [2,]  0.06537955 -0.005932669
 [3,]  0.14847036  0.076537602
 [4,]  0.11102126 -0.073044486
 [5,] -0.01612468 -0.076213397
 [6,] -0.02082687 -0.083767459
 [7,]  0.02274083  0.089672983
 [8,] -0.05500484 -0.071836688
 [9,]  0.16721511  0.168370277
[10,]  0.06072251  0.167196095
[11,]  0.03378956 -0.094492406
[12,]  0.03667043  0.068848766
```

하지만 조회항목이 많고 결측값[missing value]이 있으면 이러한 접근법 역시 다루기 힘들다. 이 문제는 해들리 위컴[Hadley Wickham]이 개발한 reshape2 패키지를 사용하면 해결할 수 있다. reshape2 패키지에 있는 melt()와 cast() 함수는 데이터집합을 일괄적으로 변경하거나 합쳐진 데이터 정보를 분리, 재결합할 때 사용한다. melt() 함수는 변수[variable]에 값[value]을 매칭하는 방식으로 넓은 형태 행렬[wide-format matrix]을 긴 형태 행렬[long-format matrix]로 변환한다. 반면에 cast() 함수는 긴 형태 행렬을 넓은 형태 행렬로 변환한다. 철을 녹이고 다시 틀에 넣어 모양을 만드는 과정에 비유해, 녹이는 함수를 melt(), 모양을 만드는 함수를 cast()라고 한다. 그럼 애플과 구글 예제로 돌아가보자. melt() 함수에서 id로 지정한 tsymbol과 date 열을 기준으로, ret는 variable 변수값으로 원래 측정값은 value 변수값으로 변환한다.

```
> library(reshape2)
```

```
> result <- melt(result,id=c("tsymbol","date"))
> result
   tsymbol       date variable         value
1     AAPL 2010-01-29      ret -0.088591158
2     AAPL 2010-02-26      ret  0.065379545
3     AAPL 2010-03-31      ret  0.148470357
...
22    GOOG 2010-10-29      ret  0.167196095
23    GOOG 2010-11-30      ret -0.094492406
24    GOOG 2010-12-31      ret  0.068848766
```

ret의 개별 측정값이 명명됐다. 이제 결과 행렬이 재구성됐다. 이 시점에서 date만 행 변수로, tsymbol과 ret를 열 변수로 재가공할 수 있다.

```
> dcast(result,date~tsymbol+variable)
         date    AAPL_ret      GOOG_ret
1  2010-01-29 -0.08859116 -0.145224065
2  2010-02-26  0.06537955 -0.005932669
3  2010-03-31  0.14847036  0.076537602
4  2010-04-30  0.11102126 -0.073044486
5  2010-05-28 -0.01612468 -0.076213397
6  2010-06-30 -0.02082687 -0.083767459
7  2010-07-30  0.02274083  0.089672983
8  2010-08-31 -0.05500484 -0.071836688
9  2010-09-30  0.16721511  0.168370277
10 2010-10-29  0.06072251  0.167196095
11 2010-11-30  0.03378956 -0.094492406
12 2010-12-31  0.03667043  0.068848766
```

변수값과 함께 집합 함수$^{\text{aggregation functions}}$를 계산할 수도 있다. 예컨대 각 tsymbol의 평균 월별 수익률은 다음과 같이 계산한다.

```
> dcast(result,tsymbol~variable,mean)
  tsymbol         ret
1    AAPL 0.038788505
2    GOOG 0.001676213
```

마지막으로 위 평균이 처음 조회 결과의 수익률 열로부터 구한 값과 일치하는지 확인한다.

```
> mean(c1)
[1] 0.03878851
> mean(c2)
[1] 0.001676213
```

R 패키지 tseries와 4.11절의 getHistPrices() 함수를 이용해 get.hist.quote()로 일별 가격을 수집하고, 4.8절의 plotMultSeries() 함수를 이용해 그래프로 나타내 위의 월별 분석을 또 다른 시점과 비교할 수 있다

```
library(tseries)
prices <- getHistPrices(c('AAPL','GOOGL'),c(.5,.5),252,
                        start="2010-01-01",end="2010-12-31",
                        startBck1="2009-12-31",startFwd1="2010-01-02")
plotMultSeries(prices,c('AAPL','GOOG'),c(.5,.5),2,
               cc="days",ret="",ylim=c(.6,1.5))
```

그림 12.2는 AAPL과 GOOG의 일별 시세 그래프다. 2010년도에는 AAPL이 GOOG보다 시장에서 훨씬 더 좋은 실적을 보였다.

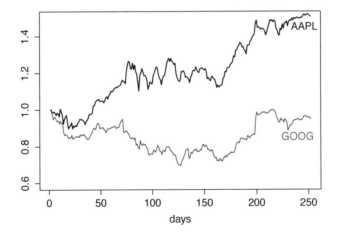

그림 12.2 총수익률로 수치를 조정한 AAPL과 GOOG의 2010년도 조정 일별 종가

12.4 사례 연구: 구글

구글의 시가-장부가 비율과 동종산업의 시가-장부가 비율의 비교를 통해 좀 더 자세히 살펴보자. 먼저 funda 테이블을 조회해 구글의 시가-장부가 비율을 계산한다.

```
query <- "SELECT fyear, sich, (csho*prcc_f)/(at-lt) AS mb
          FROM funda
          WHERE fyear >= 2004
          AND tic IN ('GOOG')"
res1 <- dbGetQuery(con,query)
unique(res1$sich)
```

또한 구글과 산업 코드(7370)가 동일한 기업의 데이터를 조회해 시가-장부가 비율을 계산한다.

```
query <- "SELECT tic, fyear, (csho*prcc_f)/(at-lt) AS mb
          FROM funda
          WHERE fyear >= 2004
          AND fyear <= 2013
          AND sich = 7370
          AND tic NOT IN ('GOOG')
          AND mb IS NOT NULL
          ORDER BY tic, fyear"
res2 <- dbGetQuery(con,query)
```

melt() 함수로 분해하고 dcast() 함수로 데이터를 재구성해 fyear를 기준으로 모든 기업의 시가-장부가 비율의 중위수^{median}를 구한다.

```
library(reshape2)
res2 <- melt(res2,id=c("tic","fyear"),na.rm=TRUE)
res2 <- dcast(res2, fyear~variable, median)
```

이제 동종산업의 시가-장부가 비율의 중위수와 구글의 시가-장부가 비율을 그래프로 나타내면 그림 12.3과 같다. 이 그래프를 구글의 시가와 장부가가 '현실로 돌아왔다'고 해석할 수도 있다. 2012년까지 시가는 장부가에 더 근접했다.

```
par(mar=c(4,4,2,2))
plot(res1$fyear,res1$mb,type='l',ylim=c(0,1.1*max(res1$mb)),col='blue',
```

```
    xlab='year',main='Google M/B ratio versus industry median M/B ratio')
lines(res2$fyear,res2$mb,type='l',col='red')
legend(x=2008,y=15,legend=c("GOOG M/B","industry 7370 M/B"),
       col=c('blue','red'),lwd=c(1.5,1.5))
```

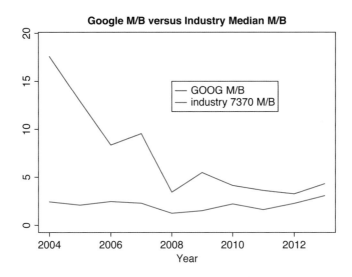

그림 12.3　2004년부타 2013년까지의 구글과 동종산업의 시가-장부가 비율 비교

12.5 사례 연구: 월마트

두 데이터베이스의 정보를 결합해 살펴볼 수도 있다. 예컨대 2002년에서 2010년까지 월마트[Walmart]의 주당순이익[EPS, earnings per share] 증가율과 주가수익비율[P/E, price-to-earnings ratio]간의 상호작용을 살펴볼 수 있다. 먼저 주가 테이블 msf에서 2002년 1월 1일부터 2009년 12월 31일까지 월마트의 tsymbol, prc[price], cfacshr[split adjustment factor], date를 조회한다.

```
query <- "SELECT tsymbol,prc,cfacshr,date
          FROM msf
          WHERE date BETWEEN '2002-01-01' AND '2009-12-31'
          AND tsymbol IN ('WMT')"
res1 <- dbGetQuery(con,query)
```

이제 펀더멘털 테이블[funda]을 조회해 시가총액을 순이익[net income]으로 나눈 값인 P/E와 순이익을 보통주 발행 수[common shares outstanding]로 나눈 값인 EPS를 계산한다.

```
query <- "SELECT fyear, (csho*prcc_f)/ni AS pe, ni/csho AS eps
        FROM funda
        WHERE fyear >= 2002
        AND fyear <= 2010
        AND tic IN ('WMT')"
res2 <- dbGetQuery(con,query)
```

두 쿼리를 통해 월마트의 주가 동향을 그래프로 나타내고 EPS의 증가(약 10년간 3배)와 P/E의 감소(약 2/3 감소) 추이를 대조해 볼 수 있다. 따라서 월마트는 10여년간 주당순이익은 3배 증가했으나, 미래 성장에 대한 시장의 기대는 급격히 감소하고 있다. 월마트의 주가는 10여년간 많이 떨어졌지만 일정한 범위를 유지하고 있다. 그림 12.4는 10여년간의 동일한 시기에서의 주가와 함께 EPS와 P/E 추이를 보여준다.

```
par(mfrow=c(3,1))
plot(x=as.Date(res1$date),y=res1$prc,col="blue",type='l',
     xlab='date',ylab='price')
plot(x=res2$fyear,y=res2$eps,col='blue',type='l',
     xlab='date',ylab='EPS')
plot(x=res2$fyear,y=res2$pe,col='blue',type='l',
     xlab='date',ylab='P/E ratio')
```

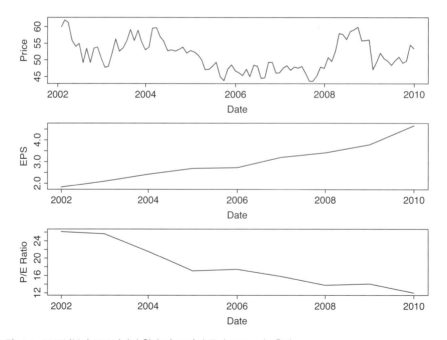

그림 12.4 2002년부터 2010년까지 월마트(WMT)의 주가, EPS, P/E 추이

12.6 가치 투자

지금부터는 가치 투자^{value-investing} 공식의 구현을 알아보자. 가치 전략에서는 저평가된 우량 기업을 찾으려 한다. 먼저 중첩 서브 쿼리를 사용해 funda 테이블에서 2010 회계연도에 해당하는 주식을 조회한다. 이때 금융주가 아니며, 장부가가 10억달러가 넘고, 이익수익률^{earnings yield}이 10%보다 크며, 현금흐름 대 주가수익률^{cash flow-price yield}이 20%보다 크고, 미국에 기반을 두고 있어야 한다. 조회된 티커를 사용해 msf 테이블에서 향후 3년간 수익률 정보를 조회한다. 이때 배수가 되도록 1을 더한다.

아래 쿼리는 두 부분으로 구성돼 있다. 내부 쿼리는 다음과 같다.

```
SELECT tic
FROM funda
WHERE fyear = 2010
AND (sich < 6000 OR sich > 6999)
AND seq > 1000
AND ni/(prcc_f*csho) > .1
AND ni/(prcc_f*csho) IS NOT NULL
AND oancf/(csho*prcc_f) > 0.2
AND oancf/(csho*prcc_f) IS NOT NULL
AND fic = 'USA'
```

funda 테이블에서 조회 조건에 맞는 주식 심볼 tic을 조회한다. 이때 조회 조건은 2010 회계연도이고(fyear = 2010), 금융주이며(6000-7000 범위 밖), 시가총액은 10억달러가 넘으며(seq>1000), 이익수익률을 10%보다 크며(ni/(prcc_f*csho)>.1), 현금흐름 대 시가총액 비율은 20%보다 크며(oancf/(csho*prcc_f)>0.2), 미국에 기반(fic = 'USA')을 두고 있어야 한다.

외부 쿼리는 내부 쿼리에서 반환된 주식 심볼을 이용해 msf^{monthly stock file} 테이블에서 '2010-12-01'과 '2013-12-31' 사이 각 월의 수익률을 반환하고 주식 심볼 tsymbol과 수익률 발생일자 date로 정렬한다.

```
query <- "SELECT tsymbol,date, (1+ret) AS ret
+         FROM msf
+         WHERE date BETWEEN '2010-12-01' AND '2013-12-31'
+         AND tsymbol IN (SELECT tic
+                         FROM funda
+                         WHERE fyear = 2010
+                         AND (sich < 6000 OR sich > 6999)
+                         AND seq > 1000
```

```
+                          AND ni/(prcc_f*csho) > .1
+                          AND ni/(prcc_f*csho) IS NOT NULL
+                          AND oancf/(csho*prcc_f) > 0.2
+                          AND oancf/(csho*prcc_f) IS NOT NULL
+                          AND fic = 'USA')
+          ORDER BY tsymbol, date"
> result<-dbGetQuery(con,query)
```

이제 R의 reshape2 패키지를 로드하고, 데이터를 분해한 다음 티커 심볼 tsymbol의 관점에서 재구성한다. 이때 각 tsymbol의 모든 수익률의 곱^{product}을 구하는 prod 함수를 적용해 티커 별로 각 주식의 3년 누적 수익률을 살펴본다.

```
> result <- melt(result,id=c("tsymbol","date"),na.rm=TRUE)
> result <- dcast(result, tsymbol~variable, prod)
> result
    tsymbol        ret
1       ALK  2.6843125
2       CHK  1.3441437
3       EIX  1.3839577
4       ETR  1.0317614
5       GCI  2.4998424
6        MU  2.9921584
7       OSK  1.7608019
8      SKYW  0.9525674
9       STR  1.5271584
10        T  1.4854925
11      TER  1.4856662
12      TSN  2.1809760
13      UFS  1.3281121
14      VSH  0.9298738
15      WDC  2.5776105
```

마지막으로 누적 수익률의 평균을 계산하면 3년간 75%보다 약간 작은 동일 가중 포트폴리오 순수익률$^{equally\ weighted\ portfolio\ net\ return}$을 확인할 수 있다.

```
> mean(result$ret)
[1] 1.744296
```

가치 공식을 더 자세히 살펴보고 reshape2 패키지를 더 자세히 알아보겠다. 이전 쿼리는 너무 많은 주식 정보가 조회되어 모든 수익률 정보를 한 페이지에 볼 수 없었으므로 기준을 더 엄격하게 적용하겠다. 이익수익률을 15%로 인상하고, 현금흐름 기업수익률도 25%로 인상한다.

```
> query <- "SELECT tsymbol,date, (1+ret) AS ret
+          FROM msf
+          WHERE date BETWEEN '2010-12-01' AND '2013-12-31'
+          AND tsymbol IN (SELECT tic
+          FROM funda
+          WHERE fyear = 2010
+          AND (sich < 6000 OR sich > 6999)
+          AND seq > 1000
+          AND ni/(prcc_f*csho) > .15
+          AND oancf/(csho*prcc_f) > 0.25
+          AND fic = 'USA')
+          ORDER BY tsymbol, date"
> result <- dbGetQuery(con,query)
```

이제 데이터를 분해하고 tsymbol과 ret을 열 변수로 사용해 재구성한다.

```
> result <- melt(result,id=c("tsymbol","date"),na.rm=TRUE)
> dcast(result, date ~ tsymbol + variable)

         date    MU_ret   UFS_ret    WDC_ret
1  2010-12-31 1.1033155 1.0032929 1.0119403
2  2011-01-31 1.3142144 1.1581929 1.0035398
3  2011-02-28 1.0559772 0.9939725 0.8988830
4  2011-03-31 1.0305481 1.0529748 1.2194245
5  2011-04-29 0.9869224 1.0135105 1.0673102
6  2011-05-31 0.9010601 1.1016986 0.9208543
7  2011-06-30 0.7333333 0.9276932 0.9926330
8  2011-07-29 0.9852941 0.8440667 0.9472237
9  2011-08-31 0.8018996 1.0046279 0.8557748
...
36 2013-11-29 1.1934389 1.0094440 1.0776965
37 2013-12-31 1.0308057 1.1096947 1.1220682
```

마지막으로 각 tsymbol 값에 대해 모든 항목의 곱인 prod 함수를 적용해 누적 수익률을 구한다.

```
> result <- dcast(result, tsymbol ~ variable, prod)
```

그리고 3년 누적 동일 가중 포트폴리오 수익률을 살펴본다.

```
> mean(result$ret)
[1] 2.299294
```

이때 1을 빼서 순수익률로 변환하면 거의 130%가 된다.

```
> query <- "SELECT tic FROM funda
+          WHERE fyear = 2010
+          AND (sich < 6000 OR sich > 6999)
+          AND seq > 1000
+          AND ni/(prcc_f*csho) > .15
+          AND ni/(prcc_f*csho) IS NOT NULL
+          AND oancf/(csho*prcc_f) > 0.25
+          AND oancf/(csho*prcc_f) IS NOT NULL
+          AND fic = 'USA'"
> result <- dbGetQuery(con,query)
> result

  tic
1  MU
2 WDC
3 UFS

> str(result)

'data.frame': 3 obs. of 1 variable:
 $ tic: chr "MU" "WDC" "UFS"
```

2010년도의 가치 공식으로 선택된 상위 세 주식의 가격을 다운로드할 수 있다.

```
> library(quantmod)
> getSymbols(result$tic, from = "2010-12-01", to = "2013-12-31")

[1] "MU" "WDC" "UFS"
```

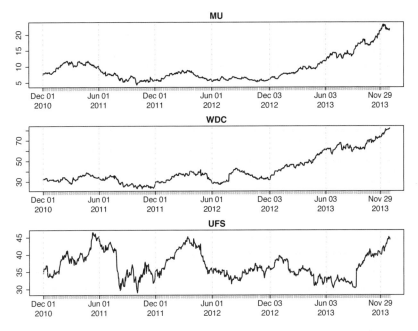

그림 12.5 2010년 12월 1일부터 2013년 12월 31일까지의 MU(Micron Technology), WDC(Western Digital Technologies), UFS(Domtar Corp)의 주가

```
> MU <- MU[, "MU.Adjusted", drop=F]
> WDC <- WDC[, "WDC.Adjusted", drop=F]
> UFS <- UFS[, "UFS.Adjusted", drop=F]
```

MU, WDC, UFS 계열의 가격이 있다면 그래프로 나타낼 수 있다. 그림 12.5는 이 세 가지 선택된 주식의 가격 동향을 보여준다. 2010년부터 2013년까지 시장은 다른 두 주식 MU와 WDC 만큼 UFS에 우호적이지 않았다.

```
> par(mfrow=c(3,1))
> plot(MU)
> plot(WDC)
> plot(UFS)
```

분석과 차트 확인을 완료했으므로 데이터베이스 연결을 종료한다.

```
> dbDisconnect(con)
[1] TRUE
```

12.7 연구 과제: 주식시장을 이겨라

조엘 그린블라트[Joel Greenblatt]의 저서 『주식시장을 이기는 작은 책[The Little Book that Beats the Market]』(2006)에서 제시한 가치 공식과 유사한 내용을 살펴본다. 참고로 PE와 EP는 서로 반대며 동일한 정보를 포함한다. EP 비율을 저렴함[cheapness]의 척도로 계속 유지하겠지만 이제는 총자산이익률[ROA, Return On Assets]을 질[quality]의 척도로 사용한다. 데이터베이스 필드의 이름을 사용해 순이익 ni를 자본의 시장가치인 prcc_f*csho로 나눠 EP 비율을 계산하고, 순이익 ni를 자본 시장가치의 합 prcc_f*csho와 총부채 lt를 더한 값으로 나눠 ROA를 계산한다. 이전과 마찬가지로 조회 조건으로 seq>1000을 추가해 시가총액이 10억달러가 넘는 주식만 조회하며, fic='USA' 조회 조건도 추가해 미국에 기반을 둔 주식만 조회한다. 다음과 같은 명령으로 쿼리를 정의한다.

```
query <- "SELECT tic, ni/(prcc_f*csho) AS ep, ni/(csho*prcc_f + lt) AS roa
          FROM funda
          WHERE fyear = 2010
          AND (sich < 6000 OR sich > 6999)
          AND seq > 1000
          AND ep > .1
          AND ep IS NOT NULL
          AND roa > 0.1
          AND roa IS NOT NULL
          AND fic = 'USA'"
```

그리고 다음과 같은 명령을 실행해 쿼리 결과를 확인한다.

```
res<-dbGetQuery(con,query)
res
```

12.8 연구 과제: 재무 건전성

이번 연구 과제는 재무 건전성[financial strength]을 보여주는 2010 회계연도의 기업 지표를 살펴보고자 한다. 재무 건전성을 평가하는 한 가지 방법은 이전처럼 부채비율[debt-to-equity ratio]을 살펴보는 것이다. 재무 건전성을 평가하는 또 다른 방법은 이익으로 부채를 갚을 능력을 확인하는 것이다. 2010 회계연도를 기준으로 2년간의 이익으로 총부채를 갚을 능력이 있는 주식을 조회하는 쿼리를 작성한다. 순이익은 ni, 총부채는 lt이며, ni/lt 비율은 pay로 정의한다. 또한 시가총액이 10억 달러보다 크고, 미국에 기반을 둔 기업만 조회한다. 추가로 순이익 ni가 양수인 기업만 조회한다.

```
query <- "SELECT tic, lt/ni AS pay
          FROM funda
          WHERE fyear = 2010
          AND seq > 1000
          AND fic = 'USA'
          AND pay < 2
          AND pay > 0"
```

다음과 같은 명령으로 쿼리를 실행한다.

```
res <- dbGetQuery(con,query)
```

다음 명령을 사용해 조회 조건을 충족하는 주식 티커를 표시한다.

```
res$tic
```

다음 명령으로 pay의 히스토그램을 그린다.

```
hist(res$pay)
```

12.9 연습 문제

12.1 RSQLite를 이용한 재무제표 확인

　　R 프로그램 내에서 SQL을 작성해 IBM, HPQ, ORCL, SAP의 시가총액을 비교하라. funda 테이블을 사용하라.

12.2 가치 투자의 또 다른 관점

　　12.6절에서는 저평가된 기업을 찾는 쿼리가 포함돼 있다. 2010년부터 2013년까지 4년 동안 포트폴리오에 동일한 가중치를 적용했을 때 약 75%의 순수익률이 산출됐다. 이번에는 다른 대상에서 이러한 순수익률의 결과를 확인해보고자 한다. 책에 있는 다양한 유틸리티 함수를 사용해 다음과 같은 내용을 확인하라.

(a) 12.6절에 있는 15개 티커의 일별 시세를 구하고 $N \times 15$ 크기의 prices 행렬에 추가한다. (힌트: 이 작업에 관한 유틸리티 함수가 존재한다.)

(b) 가격^{prices} 그래프를 그린다. 이때 동일한 차트에서 1.0부터 시작하도록 조정한다. (힌트: 이 작업에 관한 유틸리티 함수가 존재한다.)

(c) 15개 주식을 포트폴리오에 추가하고 기간의 시작과 끝에서 포트폴리오 가치를 확인한다. 이 두 수치를 이용해 순수익률을 계산한다.

(d) 이 책에서 시세를 파악하고 포트폴리오 가중치 부여를 수행하는 함수 이름은 무엇인가? (힌트: 함수 이름에 out-of-sample의 머리 글자^{OOS}가 포함돼 있다.)

13 펀더멘털을 이용한 예측

데이터 마이닝$^{data\ mining}$과 머신 러닝$^{machine\ learning}$ 문헌은 이제 전년도 안타 수와 출루율로부터 야구 선수의 연봉을 예측하는 시나리오들과 가격, 고객 수입, 광고 수준으로부터 상품 판매량을 예측하는 시나리오들로 가득하다. 이런 시나리오들은 놀랍고 주목할 만한 이야기다. 이러한 주제는 데이터 과학자들이 연구를 지속하는 데 영감을 준다. 전통적 예제는 자극변수라고도 하는 독립변수를 행으로 하고, 반응변수라고도 하는 예측변수를 열로하는 대규모의 2차원 배열의 특징을 보인다. 선수의 연봉을 예측하는 경우 이 수치는 계약을 협상하는 사람들이 직접 조정한다. 선수를 지속적으로 다른 선수와 비교해 더 좋은 경기력을 보이는 선수에게 더 높은 연봉을 책정한다. 연봉은 일반적으로 연 1회 업데이트한다. 그리고 일부의 사람들만 선수의 연봉이나 소비자 품목 가격 결정에 참여한다. 따라서 이러한 예시는 예측성^{predictability}에 있어 이상적인 사례에 해당된다.

유감스럽게도 금융 분석 사례에서 예측은 스포츠나 마케팅 분야만큼 정확하지 않다. 금융 시장에는 매 거래일의 매초마다 업데이트되는 가격뿐만 아니라 더 많은 무작위 잡음$^{random\ noise}$이 존재한다. 수천 명의 참여자들이 관련돼 있으며, 모든 증권은 다른 많은 증권에 영향을 받는다. 예컨대 유가는 석유의 공급과 수요 그리고 유가 상승에 따른 거래량뿐만 아니라 이자율과 다양한 환율에도 영향을 받는다. 그럼에도 불구하고 예측 가능한 것을 관찰하고 실험하기 위해서 동일한 기법을 사용해 금융 예측을 시도해볼 수 있다.

예측 시도 과정에는 적어도 두 가지 이점이 있다. 한편으로는 다른 속성들의 조합으로부터 속성을 예측할 수도 있다. 이 경우 자극변수에서 반응변수를 예측할 수 있다. 이렇게 할수 있다면 다른 데이터 과학의 다른 분야에서의 다른 성공 사례와 어깨를 나란히 할 수 있다. 반면에 예측이 불가능하거나 심지어 전혀 유용하지 않을 수 있다. 모든 데이터를 배열의 행과 열로 가져오는 수집 연습은 비지도 학습$^{unsupervised\ learning}$ 측면에서 수행될 수 있는 관측치를 제공한다. 그리고 7장, '샤프 비율'에서 살펴봤듯이 임계치를 적용하거나 속성을 정렬하고 선별해 최대의 성과를 내는 증권을 찾을 수 있다.

13.1 최상의 손익계산서 포트폴리오

금융 분석 기술을 사용하면서 어떤 기술이 가장 좋은 표본 외out-of-sample 결과를 낳을지 미리 알 수 없다. 따라서 연구소에서 분석과 실험을 수행한 다음 시간의 흐름에 따라 새로운 시장 가격을 수집해 표본 외 성과를 관찰한다. 용기가 있다면 포트폴리오에 투자해 '승부의 책임skin in the game'[1]을 지고 시간이 경과하면서 미실현 이익과 손실이 발생할 수 있다. 용기가 없다면 표본 외 성과를 관찰만 할 수도 있지만, 만족스럽다면 투자자로서 포트폴리오에 투자하기를 바랄지도 모른다. 하지만 이 시점에서 과거로 돌아가 이전 결정을 재고할 수는 없다.

7장, '샤프 비율'에서는 최상의 후보 주식을 선별할 수 있는 두 가지 형태의 샤프 비율을 제공한다.

1 일별 가격의 샤프 비율

2 연간 손익계산서의 샤프 비율

- 순이익 증가율Net Income Growth
- 총매출 증가율Total Revenue Growth
- 매출 총이익 증가율Gross Profit Growth
- 희석 주당순이익 증가율Diluted Net Earnings per Share Growth

'증가율growth'이란, 구체적으로 총수익률gross return을 의미한다. 연차보고서annual reports와 연례 투자자 회의에서 중요하게 여기는 몇 가지를 핵심 지표를 임의로 선정했다. 지금까지는 첫 번째 샤프 비율을 사용해 선정한 주식 후보에 대해 관심을 가졌다. 여기서의 포트폴리오 최적화 기술은 충분히 일반적이기 때문에 두 번째 샤프 비율을 사용해 후보군을 선정하는 또 다른 옵티마이저optimizer의 실행을 살펴본다. 이 제안은 8장의 '최상의 손익계산서 샤프 비율 주식을 위한 최적화' 연습 문제를 참조하기 바란다.

---

1   승부의 책임(skin in the game)이란, 대출금의 상환 불능 때 생기는 신용리스크를 뜻한다. 즉, 게임에 임하면서 발생되는 비용과 결과 등에 대한 책임을 져야 한다는 것을 비유로 든 용어다. 이 때문에 본인의 돈이 걸린 게임에 임하는 주체가 그에 대한 책임감으로 게임에서 이길 확률이 높아진다는 설명을 위해 고안됐다. 승부의 책임은 파리9대학 금융공학 박사 출신인 나심 니콜라스 탈레브(Nassim Nicholas Taleb) 미국 뉴욕대학교 교수가 개념을 제시하면서 유명해졌다. 이 용어의 기원은 워런 버핏(Warren Buffett) 버크셔 해서웨이(Berkshire Hathaway) 회장이 처음 펀드를 만들 때 썼다는 설과 셰익스피어의 희곡 중 가장 대중적인 작품인 베니스의 상인에서 유래했다는 주장도 있다. 또한, 아메리카 인디언들이 동물의 가죽을 두고 한 내기에서 비롯됐다는 이야기도 있다. (출처: 연합인포맥스)

13.2 손익계산서 증가율 수치 재설정

7장의 3년에 걸친 연간 손익계산서 수치를 맞추기 위해 이 3년간의 가격 벡터를 얻고 평균 수익률과 변동성으로 요약할 수 있다. 평균 수익률은 투자자에게 가장 큰 관심사다. 반면에 변동성은 과다한 리스크를 감수하지 않도록 완화하는 것이 중요하다. 계층적 관점에서 그림 13.1과 같은 트리 구조를 생각해볼 수 있다. 이 절에서는 상장기업의 기업 손익계산서에서 도출한 네 가지 최소 지표에 초점을 맞춘다.

7장에서는 ISgthDF라는 각 티커 심볼의 행이 있는 손익계산서 증가율 데이터프레임을 만들었다. ISgthDF 데이터프레임으로 시작하며 ISgthDF 데이터프레임을 이용해 ISptrnDF 데이터프레임을 구성한다. 이제 예측과 관련해 그림 13.2와 같이 데이터집합을 훈련 행^{training} ^{rows}과 테스트 행$^{test\ rows}$으로 분리해야 한다. 2012년과 2013년의 표본 내$^{in\text{-}sample}$ 손익계산서 수치는 가격 증가율과 함께 각 유형의 머신 러닝 기술을 사용한 훈련에 사용된다. 2014년의 경우 표본 외 손익계산서 수치가 해당 년도의 가격 증가율을 예측하는 데 사용됐다. 로그 수익률을 이용해 일별과 연간 S&P 500 지수와 함께 가격 증가율을 측정한다.

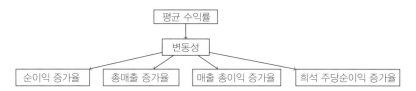

그림 13.1 트리 구조는 연간 증권의 통계량과 투자자에 대한 상대적 중요성을 위에서 아래로 보여준다. 평균 수익률 아래에 있는 변동성을 취하는 것은 적절한 리스크 선호 경향이 있음을 보여준다.

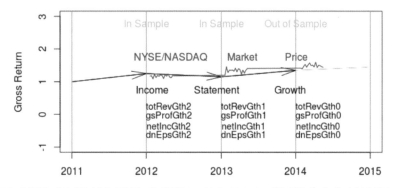

그림 13.2 역사적 데이터의 시점. 직선은 네 시점(2011, 2012, 2013, 2014)을 사용해 네 개 손익계산서 수치의 세 개 총수익률과 세 개 로그 수익률을 산출해 12월 31일 이후 82일간(1~5월) S&P 500 지수와 비교한다는 사실을 보여준다.

향후 루틴과 실행을 위해 R 환경을 준비하려면 7.4, 'quantmod 패키지'로 돌아가 7장 끝까지 관련 코드를 재실행하는 것이 가장 좋다. 다음의 findPtrn() 루틴은 훈련과 테스트 패턴을 위해 ISgthDF를 ISptrnDF라는 더 길고 더 좁은 데이터프레임으로 변환한다. 코드는 다음과 같다. 새 데이터프레임의 스키마를 설정한 후 새로운 ISptrnDF 행의 2년 전, 1년 전, 당해 연도 집합을 생성한다.

```
findPtrn <- function(ISgthDF) {
  N <- dim(ISgthDF)[1]
  ISptrnDF <- ISgthDF[c(1:(3*N)),c(1:9)]
  #2년 전(2 years back)
  ISptrnDF[1:N,c(1,2)] <- ISgthDF[1:N,c(1,2)]
  ISptrnDF[1:N,c(3:7)] <- round(ISgthDF[1:N,c(3:7)],2)
  ISptrnDF[1:N,c(8:9)] <- rep(NA,2*N)
  ISptrnDF[1:N,7] <- rep(2,N)
  #1년 전(1 years back)
  ISptrnDF[(N+1):(2*N),c(1,2)] <- ISgthDF[1:N,c(1,2)]
  ISptrnDF[(N+1):(2*N),c(3:7)] <- round(ISgthDF[1:N,c(7:10)],2)
  ISptrnDF[(N+1):(2*N),c(8:9)] <- rep(NA,2*N)
  ISptrnDF[(N+1):(2*N),7] <- rep(1,N)
  #당해 년(0 year back)
  ISptrnDF[(2*N+1):(3*N),c(1,2)] <- ISgthDF[1:N,c(1,2)]
  ISptrnDF[(2*N+1):(3*N),c(3:7)] <- round(ISgthDF[1:N,c(11:14)],2)
  ISptrnDF[(2*N+1):(3*N),c(8:9)] <- rep(NA,2*N)
  ISptrnDF[(2*N+1):(3*N),7] <- rep(0,N)

  colnames(ISptrnDF) <- c("symbol","basedate","netincgth",
                          "totrevgth","gsprofgth","dnepsgth","yrsback",
                          "meanabvsp","sdev")
  rownames(ISptrnDF) <- NULL
  ISptrnDF
}
ISptrnDF <- findPtrn(ISgthDF)
D <- dim(ISptrnDF)[1]/3
lab <- ISptrnDF[1:D,1]
```

하단부에서 차원인 포함된 증권의 수 D를 찾는다. 데이터프레임 길이는 이 수치의 3배다. 이때, $2D$는 표본 내 데이터용이고, D는 표본 외 데이터용이다. 이때 $D=p$이고 p는 증권수인 또 다른 상수다. 해당 증권은 이제 일정 간격의 열로 구성된 D행들로 구분돼 있다. 즉 증권은 다음 예제에서 보듯이 ISptrnDF에 세 개의 행 항목으로 구분돼 있으며, 2012년의 경우 2년, 2013년의 경우 1년, 2014년의 경우 0년으로, 이는 yr열에 표시돼 있다.

```
> idxs = which(ISptrnDF$symbol=="UNP")
> ISptrnDF[idxs,]
      Sym   basedate netincgth totrevgth gsprofgth dnepsgth yr meanabv sdev
846   UNP 2014-12-31      1.20      1.07      1.09     1.23  2      NA   NA
2617  UNP 2014-12-31      1.11      1.05      1.06     1.14  1      NA   NA
4388  UNP 2014-12-31      1.18      1.09      1.11     1.21  0      NA   NA
```

위 세 레코드는 행 ID, 심볼, 손익계산서 수치의 기준일, 네 개의 손익계산서 증가율 수치, 몇 년 전, 그리고 아직 값이 할당돼 있지 않은 S&P 500 지수보다 높은 로그 수익률의 평균과 로그 수익률의 표준편차다. 다음 절에서 동일하게 중요한 마지막 두 열의 값을 구하는 방법을 다룬다.

13.3 가격 통계 획득

예측을 위해 작업할 데이터프레임을 생각해보자. 확률변수$^{random\ variables}$의 인스턴스를 나타내는 행에 있는 데이터 항목은 특정 시점과 연결된다. 분명히 주가를 고려할 때 $N \times p$ 2차원 배열은 1에서 N일까지 발생 시간을 오름차순으로 정렬하며 정렬순서는 데이터의 유효성을 지키기 위해 유지돼야 한다. 이와 같은 $N \times p$ 가격 데이터집합은 수익률과 변동성이라는 주요 특징으로 축약할 수 있으며, 이는 후속 예측 알고리즘에 사용되는 $p \times 2$ 출력을 생성한다. 이 작업을 완료하면 다른 비가격 관련 통계를 고려해 볼 수 있다. 다시 한 번 2차원 배열을 구성한다. 하지만 이번에 비가격 관련 수치는 가격 관련 통계에 인접한 열이다. 새로운 2차원 배열의 크기는 $p \times a$이고, 이때 a는 예측 혹은 자극변수 역할을 할 수 있는 속성의 수다. 이번에는 이러한 a가 열 제목^{header}을 차지할 수 있도록 손익계산서 수치에 반환한다.

앞서 4장, '금융 증권'에서 tseries 패키지의 get.hist.quote() 함수를 사용해 주가를 획득하는 신뢰성 높은 방법을 살펴봤다. 하지만 이번에는 8장, '마코위츠 평균-분산 최적화'의 getHistPrices() 함수로 가격을 미리 조회해 MVO4 디렉터리에 있는 파일에 저장한다. 이를 통해 수천 개 티커의 1백만 개에 달하는 가격의 로딩 속도를 향상시킨다.

궁극적으로 주식을 선택하는 투자자는 S&P 500 지수인 '보기^{bogey}'2 시장을 이기는 데 관심이 있다. 전문적인 자산 관리자는 보기를 넘어서는 것을 목표로 삼는다. 보기를 넘어서는 것은 지속적으로 성취하기 쉬운 일이 아니다. 그럼에도 불구하고 이것이 목표라면 동일한 기간 동안 보기의 성과에 대해 평균 수익률의 크기를 조정하는 것이 가장 좋다. 예컨대 주식의 매출 총이익^{gross profit} 증가율이 2012년보다 2013년에 10% 높았다면 이는 좋은 경제 상황과 기업의 특정한 효율성 때문일 수 있다. 하지만 시장에서의 평가된 주식의 평균 수익률이 2012년보다 2013년에 10% 증가했을 때 기업의 효율성 때문이 아니라 어느 정도 체계적 주식시장 낙관론^{systemic stock market optimism}이 존재한다. 따라서 개별 후보 주식의 평균 수익률에서 S&P 500 지수의 평균 수익률 빼는 방식을 제안한다. 이를 통해 두 가지 목적을 달성할 수 있다.

- 명확하게 평균 수익률이 S&P 500 지수보다 높은 주식에 초점을 맞춘다. 조정된 평균 수익률은 0보다 크다.
- 주어진 주식의 평균 수익률을 매년 동일한 기준치^{baseline}로 조정한다. 이를 통해 가격 기반 통계에서 더 나은 연간 비교가 가능하다.

크기가 $N \times p$인 큰 로그 수익률 행렬 R로 시작한다. 이때 p는 주식의 수다. 코드에서는 p 대신 D를 사용하곤 한다. 그리고 S&P 500 지수 로그 수익률인 r의 길이가 N인 벡터 하나가 있다. 이때 계산할 수 있는 매우 간단한 통계가 있다. 단일 주식과 로그 수익률 계열 지수의 표본평균이다.

$$\bar{R}_j = \frac{1}{N} \sum_{i=1}^{N} R_{i,j} \text{ and } \mu_M = \frac{1}{N} \sum_{i=1}^{N} r_i \tag{13.1}$$

여기서, N은 거래일 수로 일반적으로 252다. 이러한 평균을 구했다면 주식 평균의 전체 벡터가 평균 위, 양수 또는 음수, 지수 평균으로 조정을 시작할 수 있다.

$$\bar{A}_j = \bar{R}_j - \mu_M \tag{13.2}$$

먼저, NYSE과 NASDAQ 디렉터리에서 저장된 가격을 읽을 수 있어야 한다. `acquireCoalescedPrices()` 함수가 이 작업을 수행한다. 이 함수에는 두 디렉터리에 대한 반복문이 포함돼 있다.

---

2 보기(bogey)는 골프에서 표준 타수(par)보다 하나 많은 타수를 의미한다. 금융에서는 투자가 얼마나 잘 진행되고 있는지를 나타내는 속어로 사용한다. 증권 애널리스트들은 일반적으로 'S&P 500 지수'를 사용해 투자 펀드의 보기를 파악한다.

```
library(tseries)
destLab <- unique(ISptrnDF$symbol)
obsDays <- 82

acquireCoalescedPrices <- function(dir,isSubDir=TRUE) {
  utilName <- paste0("python3 ",homeuser,
                     "/PycharmProjects/coalescePrices/coalescePrices.py ")

  if(isSubDir) { path <- paste0(homeuser,"/FinAnalytics/",dir,"/NYSE/") }
  else { path <- paste0(homeuser,"/FinAnalytics/",dir)  }
  print(paste("acquireCoalescedPrices path =",path))

  if(!file.exists(paste0(path,"prices.csv")))
    system(paste0(utilName,path))
  setwd(path)
  mat1 <- read.csv("prices.csv",
                   sep=',',header=F,stringsAsFactors=F)
  lab1 <- as.character(mat1[1,])
  prices1 <- apply(
    as.matrix(mat1[2:nrow(mat1),],nrow=(nrow(mat1)-1),ncol=ncol(mat1)),
    c(1,2),as.numeric)
  if(isSubDir) {
    path <- paste0(homeuser,"/FinAnalytics/",dir,"/NASDAQ/")
    if(!file.exists(paste0(path,"prices.csv")))
      system(paste0(utilName,path))
    setwd(path)
    mat2 <- read.csv("prices.csv",
                     sep=',',header=F,stringsAsFactors=F)
    lab2 <- as.character(mat2[1,])
    prices2 <- apply(
      as.matrix(mat2[2:nrow(mat2),],nrow=(nrow(mat2)-1),ncol=ncol(mat2)),
      c(1,2),as.numeric)
    lab <- c(lab1,lab2)
    prices <- cbind(prices1,prices2)
  } else {
    lab <- lab1
    prices <- prices1
  }
  list(prices,lab)
}
```

다음 코드 부분에서는 D 주식의 3년간 가격 이력을 얻지만 3개의 1년 단위 벡터로 분해한
다. 또한 동일 기간 동안의 S&P 500 지수의 시세도 얻는다.

```
findAllPrices <- function(dir,start=NA,end=NA,
                          havePrices=F,needToAcquire=F,isSubDir=T) {
  isPlotInAdjCloses = FALSE
  createDirs(dir,isSubDir=isSubDir)
  res <- readSubDirs(dir,isSubDir=isSubDir)
  isCacheEnabled <- TRUE
  if(isSubDir) {
    D1  <- res[[1]]
    D2  <- res[[2]]
    lab <- res[[3]]
    D <- D1 + D2
  } else {
    D <- res[[1]]; lab <- res[[2]]
  }

  if(havePrices) { #was: havePrices
    print("have prices.")
    return(list(saveNPrices,saveNLab))
  } else {
    if(needToAcquire) {
      len <- length(get.hist.quote("A",quote="AdjClose",start,end))
      prices <- matrix(rep(NA,len*D),nrow=len,ncol=D)
      prices <- acquirePrices(prices,lab,len,D,D1,D2,
                              start=start,end=end,dir,isSubDir=isSubDir)
    } else {
      print(dir)
      return(acquireCoalescedPrices(dir,isSubDir=isSubDir))
    }
  }
}

res <- findAllPrices("MVO3.2013.05")
prices2 <- res[[1]]; lab2 <- res[[2]]
prices2 <- prices2[(nrow(prices2)-(obsDays-1)):nrow(prices2),]

res <- findAllPrices("MVO3.2014.05")
prices1 <- res[[1]]; lab1 <- res[[2]]
prices1 <- prices1[(nrow(prices1)-(obsDays-1)):nrow(prices1),]

res <- findAllPrices("MVO3.2015.05")
prices0 <- res[[1]]; lab0 <- res[[2]]
prices0 <- prices0[(nrow(prices0)-(obsDays-1)):nrow(prices0),]

findIndexes <- function(destLab,lab){
```

```
  idxVec <- c()
  for(l in destLab) {
    idx <- match(l,lab)
    idxVec <- c(idxVec,idx)
  }
  return(idxVec)
}
lab2Idxs <- findIndexes(destLab,lab2)
lab1Idxs <- findIndexes(destLab,lab1)
lab0Idxs <- findIndexes(destLab,lab0)
```

다음 코드 부분은 μ_M의 로그 수익률을 구할 수 있도록 S&P 500 지수의 가격 벡터를 조회한다.

```
par(mfrow=c(1,3))
start2 = "2013-01-21"
end2   = "2013-05-20"
pricesSP2 <- getHistPrices(c("^GSPC"),c(1),obsDays,start=start2,end=end2)
plot(pricesSP2,type="l",ylim=c(1400,2400),main=paste(start2,end2),xlab="Day")
start1 = "2014-01-22"
end1   = "2014-05-20"
pricesSP1 <- getHistPrices(c("^GSPC"),c(1),obsDays,start=start1,end=end1)
plot(pricesSP1,type="l",ylim=c(1400,2400),main=paste(start1,end1),xlab="Day")
start0 = "2015-01-22"
end0   = "2015-05-20"
pricesSP0 <- getHistPrices(c("^GSPC"),c(1),obsDays,start=start0,end=end0)
plot(pricesSP0,type="l",ylim=c(1400,2400),main=paste(start0,end0),xlab="Day")
```

가격을 얻었다면 로그 수익률을 구할 수 있다. 하지만 이번에는 한 번에 1년씩 수행한다. 또한 이번에는 $r2$, $r1$, $r0$ 벡터에 S&P 500 지수 로그 수익률도 저장한다.

```
R2 <- findR(prices2[,lab2Idxs])
R1 <- findR(prices1[,lab1Idxs])
R0 <- findR(prices0[,lab0Idxs])
r2 <- findR(as.matrix(pricesSP2,obsDays,1))
r1 <- findR(as.matrix(pricesSP1,obsDays,1))
r0 <- findR(as.matrix(pricesSP0,obsDays,1))
```

findOneYrPriceStats() 함수는 한 번에 1년씩 수행한다. S&P 500 지수 평균 로그 수익률을 구해 여러 증권의 평균 로그 수익률에서 뺀다. 또한 로그 수익률의 표준편차인 변동성도 계산한다.

```
findOneYrPriceStats <- function(R,r) {
  meanSP      <- apply(r,2,mean)
  meanvAbvSP <- apply(R,2,mean)-meanSP
  meanv       <- apply(R,2,mean)
  cov_mat     <- cov(R/100)
  diag_cov_mat <- diag(cov_mat)
  sdevv       <- sqrt(diag_cov_mat)
  SR          <- meanvAbvSP/sdevv
  return(list(meanvAbvSP,sdevv))
}
res <- findOneYrPriceStats(R2,r2)
meanvAbvSP2 <- res[[1]]
sdevv2      <- res[[2]]
res <- findOneYrPriceStats(R1,r1)
meanvAbvSP1 <- res[[1]]
sdevv1      <- res[[2]]
res <- findOneYrPriceStats(R0,r0)
meanvAbvSP0 <- res[[1]]
sdevv0      <- res[[2]]
```

이제 원시 데이터를 수집하고 2015년 2월 9일부터 1년 전 후보 주식의 가격 통계를 계산했다. 2월을 선택한 이유는 연말 휴가로 인해 9일 연장되는 일반적인 수익 보고서earnings report의 한달 간 시장 반응을 살피기 위해서다. meanvAbvSP2는 2년 전 S&P 500 지수 평균 로그 수익률보다 높은 평균 로그 수익률을 나타내며, meanvAbvSP1는 1년 전을, meanvAbvSP0는 당해 년을 나타낸다.

S&P 500 지수 수익률의 스칼라 값을 빼서 로그 수익률 평균을 조정할 때, 로그 수익률 배열 R과 동일한 차원의 새로운 배열 A를 생각해 볼 수 있다. 각 요소의 정의는 다음과 같다.

$$A_{i,j} = R_{i,j} - \mu_M \tag{13.3}$$

여기서 i는 행 인스턴스, j는 후보 주식 열이다. 이는 findOneYrPriceStats() 함수의 본문 코드 중 두 번째 행과 같다. 수식 13.3의 양측에 $\frac{1}{N}\sum_{i=1}^{N}$를 적용하고 수식 13.1을 사용하면 $\frac{1}{N}\sum_{i=1}^{N}\mu_M = \mu_M$이고 다음과 같은 수식을 얻을 수 있다.

$$\bar{A}_j = \mu_j - \mu_M \tag{13.4}$$

이는 새로운 계열 A_j의 평균은 단순히 각 j에서 μ_M을 뺀 R_j의 평균이라는 의미다. μ_M은 동일 기간의 S&P 500 지수 평균 로그 수익률이다. 목표가 S&P 500 지수 보기보다 높은 성과를 거두는 것이라면 보기인 $\bar{A}_j = meanAbvSP$보다 높은 개별 주식 평균 수익률의 분포를 살펴봐야 한다. 먼저 R 함수 summary(meanAbvSP)를 실행한다.

```
meanvAbvSP = c(meanvAbvSP0,meanvAbvSP1,meanvAbvSP2)
summary(meanvAbvSP)
```

수행 결과는 다음과 같다.

```
> summary(meanvAbvSP)
   Min. 1st Qu.  Median    Mean 3rd Qu.    Max.   NA's
-1.1380 -0.0635 -0.0033 -0.0111  0.0563  0.8118    435
```

이는 $D = 1621$ 후보 주식 대부분이 3년간 일별 주가 표본의 평균 수익률에서 보기보다 약간 더 낮다는 사실을 보여준다(Mean: -0.0111, Median: -0.0033).

수식 13.4는 기본적으로 p 방정식이며 다음과 같이 나타낼 수 있다.

$$[\bar{A}_1, \ldots, \bar{A}_p] = [\mu_1, \ldots, \mu_p] - \mu_M$$

더 많은 데이터 분석을 수행해보면, 단순히 스칼라 평균을 뺀 본래 $\bar{R}_j$인 새로운 확률변수 $\bar{A}_j$의 표준편차는 본래 표준편차와 같다는 사실을 알 수 있다. μ_M항은 분포의 위치만 조정하며 분포의 크기는 조정하지 않는다. 이러한 사실은 N 대신에 $N-1$을 대입한 수식 13.1과 13.2를 통해 분산을 사용한 다음 수식에서도 확인할 수 있다.

$$Var(A_j) = \frac{1}{N-1} \sum_{i=1}^{N} [A_{i,j} - \bar{A}_j]^2 \tag{13.5}$$

$$= \frac{1}{N-1} \sum_{i=1}^{N} [(R_{i,j} - \mu_M) - (\bar{R}_j - \mu_M)]^2 \tag{13.6}$$

$$= \frac{1}{N-1} \sum_{i=1}^{N} [R_{i,j} - \bar{R}_j]^2 \tag{13.7}$$

$$= Var(R_j) \tag{13.8}$$

여기서 수식 13.6은 수식 13.5와 두 수식 13.3과 13.4로부터 도출할 수 있다. 다음 절의 코드는 2012년, 2013년, 2014년 각각에 대해 그림 13.3과 같은 3개의 밀도 그래프를 생성한다.

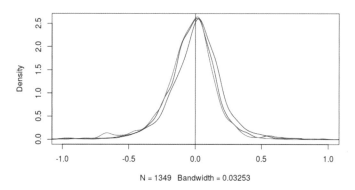

그림 13.3 S&P 500 지수보다 높은 평균 로그 수익률의 그래프. 각 곡선은 2012년, 2013년, 2014년에서 선택한 한 해의 $D = 1349$ 티커다.

13.4 손익계산서와 가격 통계의 결합

많은 투자자들은 순이익, 총매출, 매출 총이익, 희석 주당순이익과 같은 손익계산서의 주요 속성이 증가할 수 있을 때 주식이 긍정적인 방향으로 움직인다고 믿는다. 이러한 역사적 손익계산서 증가율 수치와 역사적 평균 수익률과 변동성 가격 통계를 결합하는 것은 흥미로운 일이다. 따라서 전년도 기록을 기반으로 미래의 평균 수익률, 혹은 더 현실적으로 평균 수익률의 등급을 예측할 수 있다.

R 데이터프레임은 많은 데이터 마이닝과 머신 러닝 패키지를 사용하는 일반적인 메커니즘이다. 잘 설계된 깔끔한 데이터프레임을 구성하는 것이 분류^{Classification}와 회귀 트리$^{Regression\ Tree}$ 사용의 핵심이다. 다음 코드 부분은 먼저 데이터프레임을 구성한다. 그런 다음 na.omit()를 통해 데이터프레임에 NA가 포함돼 있는지 검사하고 NA가 포함된 행은 제거한다.

```
augPtrnByYrsBack <- function(ISptrnDF,labIdxs,meanvAbvSP,sdevv,yrsBack) {
  ISptrnDF[ISptrnDF$yrsback==yrsBack,c(8,9)] <-
    cbind(round(meanvAbvSP,4),round(sdevv,4))
  ISptrnDF
}
ISptrnDF <- augPtrnByYrsBack(ISptrnDF,lab2Idxs,meanvAbvSP2,sdevv2,yrsBack=2)
ISptrnDF <- augPtrnByYrsBack(ISptrnDF,lab1Idxs,meanvAbvSP1,sdevv1,yrsBack=1)
ISptrnDF <- augPtrnByYrsBack(ISptrnDF,lab0Idxs,meanvAbvSP0,sdevv0,yrsBack=0)
ISptrnDFcln <- na.omit(ISptrnDF)
```

위 augPtrnByYrsBack() 함수는 데이터프레임의 8번째와 9번째 열을 meanAbvSP와 sdevv 벡터로 업데이트한다. meanAbvSP와 sdevv는 네 가지 자극변수 netincgth, totrevgth, gsprofgth, dnepsgth의 반응변수로 사용된다. S&P 500 지수보다 높은 적절한 평균과 표준편차가 행에서 알맞게 위치하는지 보기 위해 주식 NSC를 테스트 케이스로 수행해 본다.

```
> idxs = which(IStreeDF$symbol=="NSC")
> IStreeDF[idxs,]
     netincgth totrevgth gsprofgth dnepsgth yr meanabv    sdev
587       0.91      0.99      0.99     1.00  2 -0.0445  0.0155
2358      1.09      1.02      1.03     1.09  1  0.0516  0.0136
4129      1.05      1.03      1.08     1.09  0  0.0174  0.0127
```

이제 예측 기법을 적용하기 위한 데이터프레임이 준비됐다. 전체 과정은 그림 13.4와 같다.

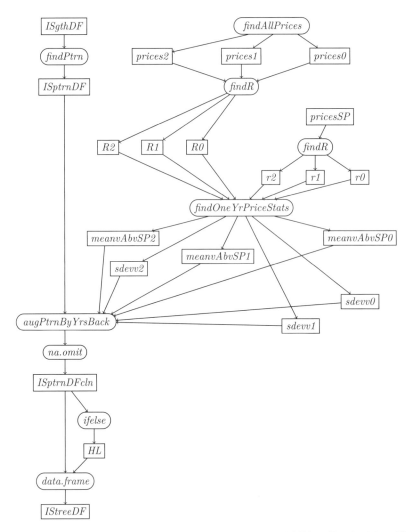

그림 13.4 트리는 IStreeDF 데이터프레임의 복잡한 계보를 보여준다. 둥근 사각형은 R 함수다. 실제로 예측 단계는 데이터를 적절한 형태로 전달하는 것만큼 복잡하지 않다.

```
library(moments)
yb2logrets <- ISptrnDFcln[ISptrnDFcln$yrsback==2,8]
yb1logrets <- ISptrnDFcln[ISptrnDFcln$yrsback==1,8]
yb0logrets <- ISptrnDFcln[ISptrnDFcln$yrsback==0,8]
alllogrets <- c(yb2logrets,yb1logrets,yb0logrets)
skewness(alllogrets)
kurtosis(alllogrets)
par(mfrow=c(1,1))
plot(density(yb2logrets),main="",xlim=c(-1,1))
```

```
lines(density(yb1logrets),col=4)
lines(density(yb0logrets),col=9)
abline(v=0.0)
summary(alllogrets)
```

skewness()와 kurtosis() 함수를 실행하면 시장에서 가장 좋은 수익률을 보이는 몇몇 주식들, 즉 S&P 500 주식들과 비교하기 때문에 예상대로 왼쪽으로 긴 꼬리를 갖는다.

```
> skewness(alllogrets)
[1] -1.008415
> kurtosis(alllogrets)
[1] 10.70697
```

위 첨도 결괏값은 10.71로 3보다 훨씬 크다. 따라서 분포는 정규분포와 거리가 멀고 두꺼운 꼬리를 갖는다.

13.5 분류 트리와 재귀 분할을 이용한 예측

예측 기법은 특정한 유형의 정형화된 데이터집합 설계 원칙을 요구한다. 전통적으로 지도 학습 머신 러닝 데이터집합은 2차원 표이며, 이때 행은 인스턴스이고 열은 속성 또는 확률변수다(Gareth, Witten, Hastie, and Tibshirani, 2013; Ledolter, 2013). 재귀 분할recursive-partitioning도 예외는 아니다. 이번 경우에 행은 주식 후보고, 열은 알고리즘의 후보라고 생각하는 예측 속성이다. 행 차원에서 하나 이상의 속성이 존재한다. 행은 각 연도별로 D 크기의 세 부분으로 분리된다. 금융 데이터의 시계열 특성상 두 개의 가장 오래된 부분은 훈련 데이터로 사용되며, 나머지 부분은 예측을 시도하기 위해 테스트 데이터로 사용된다.

예측과 더불어 반응변수를 예측하는 데 사용할 수 있는 자극변수가 있다고 가정해보자. 입력변수를 응답을 위한 자극 혹은 예측변수라 한다. 이러한 자극변수는 서로 간에 상관관계가 있을 수 있지만 일반적으로 독립적으로 변한다고 간주한다. 단순하게 하나의 반응변수에 집중해보자. **분류와 회귀 트리**CART, Classification and Regression Trees라는 기법이 있다. 반응변수의 데이터 유형이 연속형인지 범주형인지에 따라 회귀 혹은 분류 트리가 형성된다. 회귀 트리는 반응변수가 숫자이거나 연속형일 때 사용한다. 예컨대 컴퓨터에서의 요청에 대한 예상 응답시간 또는 예상 수익률일 수 있다. 분류 트리는 반응변수가 열거형 또는 범주형일 때 사용한다. 예컨대 반응변수는 {A, B, C, D, F} 집합에서의 예상 등급 또는 상승이나 하락 같은 다음 기간 주식의 예상 방향일 수 있다. 분류와 회귀 트리에 관한 많은 R 패키지들이 존재하지만 그중에서 tree, rpart, party를 가장 많이 사용한다. 여기서는 party(Hothorn, Hornik, Strobl, and Zeileis, 2015)를 사용하겠다. 분류와 회귀 트리에 관한 R의 주요한 분류기[classifiers]와 더불어 트리 가지치기[pruning]는 중요한 단계로, 종종 재실행, 가지치기 파라미터 튜닝, 데이터집합의 하위집합을 이용한 교차검증[cross validation]을 요구한다. 하지만 party 패키지에 있는 조건부 추론 트리인 ctree를 이용할 때는 이러한 단계가 필요하지 않기 때문에 이 부분을 매우 쉽게 처리할 수 있다. 또한 party 패키지는 의사결정 트리를 그래프로 나타내는 데에 특히 유용하다. 이번 경우에는 각 단계에서 많은 예측변수 중 하나에 대해 불리언[Boolean] 결정을 사용해 훈련 집합을 하위 범주로 분할해 훈련 집합 데이터를 사용해 트리를 구축한다. 컴퓨터 과학 분야의 여타 트리처럼 시작점이 되는 하나의 루트 노드가 있다. 데이터프레임 IStreeDF에는 예측변수로 사용할 네 개의 손익계산서 공변량[covariate] 자극변수가 있다. 트리 형성은 구축 과정의 각 단계에서 네 개 중에서 공변량을 찾아 최적의 분할을 생성한다. 이제 전형적인 회귀 트리 사례에 대한 재귀 분할 간의 일반적인 알고리즘을 살펴본다. 분류와 회귀 트리의 구체적인 알고리즘은 알고리즘을 구현한 연구팀의 설계에 따라 다양하다. 자세한 내용은 특정 패키지와 관련된 문헌을 참고하는 것이 가장 좋다.

예측변수 X가 p차원에서 $X_1,...,X_v$와 같이 v개의 값을 갖는다면, 각 X_i에 대해 $X_i \in R_j$와 같이 R_j가 존재하는 w개의 완전히 다른 중첩되지 않은 영역 $R_1,...,R_w$을 찾는다. 각 영역 R_j는 단일 값 $\hat{y}_{R_j}$, 즉 반응변수를 갖는다. $\hat{y}_{R_j}$는 R_j에서 X_i'에 대한 반응변수의 평균이다. 재귀 분할로 아래와 같은 잔차제곱합[RSS, Residual Sum of Squares]이 최소가 되도록 영역을 구성할 수 있다.

$$RSS = \sum_{j=1}^{w} \sum_{i \in R_j} (y_i - \hat{y}_{R_j})^2 \qquad (13.9)$$

시작인 R_1 영역에서 끝인 $R_1,...,R_w$까지 이동하는 것은 미래의 상태를 내다보지 않고 현재 분할과 다음의 최선의 분할만 고려한다는 의미에서 '탐욕[greedy]' 알고리즘[3]이다. 이는 수식

---

3 탐욕 알고리즘이란, 미리 정한 기준에 따라서 매번 가장 좋아 보이는 답을 선택하는 알고리즘을 말한다. 미래를 생각하지 않고 각 단계에서 가장 최선의 선택을 하는 기법이다. 이렇게 각 단계에서 최선의 선택을 한 것이 전체적으로도 최선이라고 믿는 알고리즘이다.

13.9의 잔차제곱합이 각 분할 이동에 대해서만 최소화된다는 의미다. 예컨대 다음과 같은 확률변수 벡터 X가 있다고 생각해보자.

$$X = (X_1, X_2, X_3, X_4) = (dnepsgth, gsprofgth, totrevgth, netincgth),$$

이때 노드 2와 3은 각각 $\{X|X_1 \leq 1.03\}$과 $\{X|X_1 > 1.03\}$인 영역을 형성한다. 여기서 X_1은 dnepsgth에 해당한다. 잔차제곱합이 최소인 영역 $R_1(j,c) = \{X|X_j \leq c\}$와 $R_2(j,c) = \{X|X_j > c\}$으로 나누는 X_j에 대해 분할할 때 절단점cut point c를 찾는다.

잔차제곱합은 의사결정트리 알고리즘을 최소화하기 위한 좋은 지표다. y가 연속형일 때 회귀 트리 경우에 예측하는 y값으로 영역의 반응변수 평균인 $\hat{y}_{R_j}$를 사용하면 좋다. 하지만 분류 트리 경우에 K 가능한 값의 범주에 속하는 y의 경우는 다른 지표가 필요하다. 범주를 사용하면 각 영역은 y_{R_j}평균이 없으므로 잔차제곱합을 정의할 수 없다. 대신 k번째 범주class의 m번째 영역에 나타나는 훈련 집합의 표본 지점의 비율proportion $\hat{p}_{mk}$를 생각해볼 수 있다. 단일 초기 트리 노드에 해당하는 이상적인 순수한 영역의 경우 모든 y값이 동일하게 일치하길 원하지만, 재귀 분할 과정을 시작할 때 실질적인 문제로서 단일 초기 노드에서 y값의 다양성 때문에 불순도impurity가 존재한다. 예컨대 $K = 2$이고 단 하나의 시작 영역starting region에서 시작한다면, 그리고 50개의 훈련 집합 요소가 있으며 y들 중 25개가 범주 1에 있고 25개가 범주 2에 있다면, 노드의 순도purity는 매우 낮다. 동일한 값을 가진 y의 비율을 생각하면 $\hat{p}_{11} = \frac{1}{2} = \hat{p}_{12}$이 된다. y의 모집단의 절반은 서로 일치하지 않는다. 따라서 순도를 높이기 위해 트리를 재귀적으로 나누기 시작한다. 트리가 구성되면 트리에 노드를 추가해 노드 순도를 높일 수 있다.

각 영역 m에서 표본점sample point을 E_m으로 분류할 때 오차를 생각할 수 있다. $\hat{p}_{mk}$가 올바르게 함께 분류되면 $1 - max(\hat{p}_{mk})$는 오분류점misclassified points 척도가 된다. 하지만 E_m은 의사결정트리를 구성하는 데 적절한 민감도sensitivity가 아니다.

두 개의 다른 일반적인 예제 지표는 영역 혹은 이와 동등한 트리 노드 m의 지니 지수Gini index G_m과 교차 엔트로피cross-entropy인 편차deviance D_m이다. 트리 노드에 해당하는 영역 집합이 있는 간단한 의사결정트리를 생각하면, 많은 경우에 이진 분류인 $K = 2$의 경우 아래 합계에서 두 개의 항목만 남는다.

$$E_m = 1 - max_k(\hat{p}_{mk}) \tag{13.10}$$

$$G_m = \sum_{k=1}^{K} \hat{p}_{mk}(1 - \hat{p}_{mk}) = \hat{p}_{m1}(1 - \hat{p}_{m1}) + \hat{p}_{m2}(1 - \hat{p}_{m2}) \tag{13.11}$$

$$D_m = -\sum_{k=1}^{K} \hat{p}_{mk} \log(\hat{p}_{mk}) = -\hat{p}_{m1} \log(\hat{p}_{m1}) - \hat{p}_{m2} \log(\hat{p}_{m2}) \tag{13.12}$$

이번 예제에서는 $K = 2$이고 $\hat{p}_{m1} = .7$이라고 가정하자. 이는 10개 점 중 7개 점이 한 영역에 모여 있으며 함께 속한다는 의미다.

$$E_m = 1 - max_k(\hat{p}_{mk}) = 1 - .7 = .3000$$
$$G_m = \hat{p}_{m1}(1 - \hat{p}_{m1}) + \hat{p}_{m2}(1 - \hat{p}_{m2}) = .7(.3) + .3(.7) = .4200$$
$$D_m = -\hat{p}_{m1} \log(\hat{p}_{m1}) - \hat{p}_{m2} \log(\hat{p}_{m2}) = -(.7) \log(.7) - (.3) \log(.3) = .6109$$

위 수식은 지니 지수와 교차 엔트로피를 나란히 보여준다. 이들의 값이 유사하다는 사실을 알 수 있으며, 그래프로 나타내면 그림 13.5와 같다.

다음 목표는 $\hat{p}_{m1}$과 $\hat{p}_{m2}$를 p와 $1 - p$를 사용해 R에서 이 세 함수를 시각화하는 것이다. 다음 R 코드의 결과는 그림 13.5와 같으며 이 그래프를 통해 노드 불순도를 알 수 있다. 세 개 중 두 개가 최적화에 적합한 부드러운 곡선 형태임을 알 수 있다. 분류와 회귀 트리의 노드 분할 원칙에 대한 자세한 설명은 관련 문헌(Hastie, Tibshirani, and Friedman, 2009; Gareth, Witten, Hastie, and Tibshirani, 2013; Ledolter, 2013)을 살펴보기 바란다.

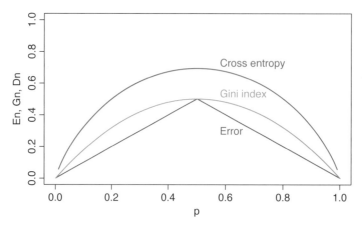

그림 13.5 노드 불순도의 세 가지 척도. 불순도 값이 높을수록 영역과 트리의 노드는 더 많은 범주 밖의 값을 갖는다.

```
p = seq(0,1,.01)
Em <- function(p) {1-max(p,1-p)}
Gm <- function(p) {p*(1-p)+(1-p)*p}
Dm <- function(p) {-p*log(p)-(1-p)*log(1-p)}
EmVec <- sapply(p,Em) #오차
GmVec <- sapply(p,Gm) #지니
DmVec <- sapply(p,Dm) #교차 엔트로피

plot(p,EmVec,ylim=c(0,1),col=4,type="l",
     ylab="Em,Gm,Dm")
text(c(.7),Em(.7),"Error",col=4,cex=.95)
lines(p,GmVec,ylim=c(0,1),col=3)
text(c(.7),Gm(.7),"Gini index",col=3,cex=.95)
lines(p,DmVec,ylim=c(0,1),col=2)
text(c(.7),Dm(.7),"Cross-entropy",col=2,cex=.95)
```

예컨대 데이터집합이 깊이depth와 밀도density에서 신뢰할 수 있다면 7장, '샤프 비율'에서 시작한 수천 일 전 데이터를 얻을 수 있는 일별 가격 계열은 수백 일 전으로 거슬러 올라갈 수 있다. 이는 좋은 상황이다. 하지만 손익계산서 수치의 경우는 단지 몇 년 전으로 거슬러 올라간다. 손익계산서 수치를 quantmod로 얻을 수 있다는 점은 다행이지만, 한계는 연간 손익계산서 수치의 경우 깊이가 4년밖에 되지 않는다는 점이다.

이상적인 지도 학습 환경에서는 훈련과 테스트 집합으로 나눌 수 있는 충분한 데이터가 있어야 한다. 손익계산서의 경우 매년 발생하는 손익계산서 수치의 변동성으로 인해 4단계의 깊이만으로 실현 가능한지 여부는 확신할 수 없다. 7장의 STRM 주식 예제는 1년간의 일별 가격만 사용했을 때의 리스크를 보여준다. ISptrnDFcln 데이터프레임은 Up과 Down이라는 가격 증가 수준으로 보강해야 한다. 이때 Up과 Down은 S&P 500 지수보다 높은 평균인 meanabv와 관련된 범주다.

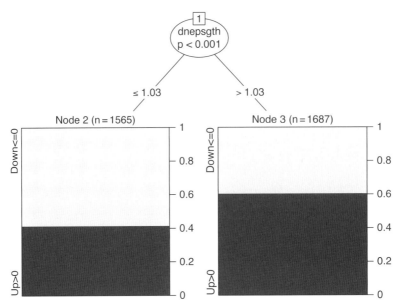

그림 13.6 2012년과 2013년 손익계산서 수치의 $2D = 3252$ 훈련 행으로부터 구성한 재귀 분할 분류 트리. 간단히 말해서 재귀 분할을 실행하면 희석 주당순이익 증가율이 3%보다 큰 주식($dnepsgth > 1.03$)이 S&P 500 지수보다 더 우수할 것이라는 사실을 알 수 있다.

다음 코드는 지수를 넘는 평균 수익률이 Up(> 0) 인지 Down($<=0$)인지 여부를 나타내는 HL이라는 반응변수를 구성한다. R의 party 패키지를 사용하여 재귀 트리 분할을 위해 먼저 결과가 High인지 Low인지를 알려주는 응답 속성을 추가한다. 이는 증권 매수 여부를 나타내는 지시자indicator다. 평균 수익률 상승이 예상되면 증권을 매수하고 한동안 보유한다.

```
library(party)
attach(ISptrnDFcln)
train <- which(ISptrnDFcln$yrsback==2 | ISptrnDFcln$yrsback==1)

HL=ifelse(ISptrnDFcln$meanabv > 0,"Up>0","Down<=0")
IStreeDF = data.frame(ISptrnDFcln,HL)
```

위 코드에서 train으로 정의한 훈련 집합의 크기는 총 데이터집합 크기의 $\frac{2}{3}$이다. 다음으로 다시 한번 새로운 데이터프레임 IStreeDF를 확인하고, NSC 증권의 단위 테스트 케이스를 통해 최근 년도에서 High와 Low라는 두 가지 유형을 나타내는 HL 필드가 맞는지 살펴본다.

```
> thisD <- dim(IStreeDF)[1]/3
> idx = match('NSC',lab)
> IStreeDF[c(idx,idx+thisD,idx+2*thisD),c(3:8,10)]
     netincgth totrevgth gsprofgth dnepsgth yr meanabv      HL
575       0.91      0.99      0.99     1.00  2 -0.0445 Down<=0
2332      1.09      1.02      1.03     1.09  1  0.0516   Up>0
4089      1.05      1.03      1.08     1.09  0  0.0174   Up>0
```

마지막 열을 meanabv 열과 비교하면 이 테스트 케이스는 좋아 보인다. 실제로 netincgth 열은 각 년도의 반응변수 meanabv를 예측하는 듯 보인다. 2년 전은 이익 증가율이 약세였고 S&P 500 지수보다 높은 수익률도 약세였다. 하지만 1년 전과 당해 년에는 이익 증가율과 S&P 500 지수보다 높은 수익률이 강세가 됐다. 간단히 데이터를 살펴봤음으로 훈련 집합 첨자[subscript]로 train을 찾아 ctree() 재귀 트리 분할 함수를 호출한다.

```
attach(IStreeDF)
istree=ctree(HL ~ netincgth + totrevgth + gsprofgth + dnepsgth,
             data=IStreeDF, subset=train)
```

이제 임의의 표본 외 데이터 집합의 예측을 위해 istree에서 사용될 자극변수 영역과 훈련된 노드를 안다. 예측 테스트를 위해 데이터의 $\frac{1}{3}$을 표본 외로 남겨둔다. istree 트리가 구축되면 테스트 집합 IStreeDF[-train,]의 예측을 위해 istree를 predict() 함수에 전달한다.

```
predRes <- predict(type="response",
                   istree, IStreeDF[-train,])
tbl <- round(table(predRes,IStreeDF[c(-train), "HL"])/D,3)
tbl
(tbl[1,1]+tbl[2,2])/sum(tbl)

par(mar=c(4,4,1,1))
par(mfrow=c(1,1))
plot(istree,cex=.25)
```

트리에서 네 가지 손익계산서 수치 중 유일하게 언급한 수치는 희석 주당순이익인 dnepsgth라는 사실에 주목하라. 이는 그림 13.6에서 보듯이 dnepsgth이 party 트리 분할 패키지의 관점에서 가장 중요한 예측변수라는 사실을 알려준다. ctree() 함수를 호출하는 데 사용된 수식을 다시 볼 수 있다.

```
meanabv ~ netincgth + totrevgth + gsprofgth + dnepsgth
```

예측되는 반응, 즉 UP과 Down 수의 요약도 확인할 수 있다.

```
> sum(predRes == "Up>0")
[1] 819
> sum(predRes != "Up>0")
[1] 802
```

이 수치는 각각 해당 기간 S&P 500 지수보다 가치가 상승하거나 하락한 증권의 수로 해석할 수 있다.

R에서 istree 변수의 내용을 표시해 분류 트리의 세부 내역을 확인할 수 있다. 출력 결과는 아래와 같다. 네 개의 입력, 자극, 혹은 예측변수가 나열돼 있으며, 반응변수도 확인할 수 있다. 각 줄은 트리의 노드다. 트리 노드 1은 루트로 간주하며 루트 노드 1에서 나오는 분기의 두 줄은 다음 줄 아래에 기재돼 있다.

```
> istree

Conditional inference tree with 2 terminal nodes

Response: HL
Inputs: netincgth, totrevgth, gsprofgth, dnepsgth
Number of observations: 3252

1) dnepsgth <= 1.03; criterion = 1, statistic = 25.908
  2)* weights = 1565
1) dnepsgth > 1.03
  3)* weights = 1687
> plot(istree)
```

작업 중인 머신 러닝 훈련 집합의 크기는 3252개이며(>length(train) [1] 3252), 테스트 집합의 크기는 이 크기의 반이다. 아래 코드 부분을 실행하면 가격 통계와 지난 2년간의 손익계산서로부터 평균 수익률이 높은 주식을 예측하며, 결과적으로 혼동행렬confusion matrix를 볼 수 있다. 이 혼동행렬은 두 개의 레이블이 지정된 범주의 두 가지 예측 범주를 기반으로 한다.

```
> predRes <- predict(type="response",
+                    istree, IStreeDF[-train,])
> tbl <- round(table(predRes,IStreeDF[c(-train), "HL"])/D,3)
> tbl

predRes   Down<=0  Up>0
  Down<=0   0.335 0.159
  Up>0      0.231 0.275
> (tbl[1,1]+tbl[2,2])/sum(tbl)
[1] 0.61
```

가격 변동에는 두 가지 기본적인 범주, Down〈=0와 Up〉0가 있다. 이 범주를 반응변수 y_i에 할당할 수 있다. 이때 Up이 가장 강세의 움직임이다. 처음 세 행에서 예측한 낮은 평균 수익률의 분포를 볼 수 있으며, 낮다고 예측한 대다수는 실제로 Down임을 알 수 있다. 그리고 2×2 행렬의 좌측 상단과 우측 하단 값을 합하면 61.0%다.

13.6 분류기 간의 예측률 비교

대부분의 코딩 작업은 party 패키지 유틸리티에 유용하게 구성된 가격과 손익계산서 데이터를 얻는 데 전념했다. 금융 데이터의 경우 시장 가격에 영향을 미칠 수 있는 외부 요인들로 인해 시장 평균 수익률이 손익계산서에 발생한 일을 항상 반영하는 것은 아니다. 하지만 여기에 있는 결과는 고무적이다. Smarket 데이터집합의 로지스틱 회귀Logistic Regression, 선형판별분석Linear Discriminant Analysis, 이차판별분석Quadratic Discriminant Analysis을 사용한 대표적인 문헌인 『Introduction to Statistical Learning』(Gareth, Witten, Hastie, and Tibshirani, 2013)에서 언급했듯이 예측 성공률은 금융 예측 분야에서 보다 고급 기법을 사용하면 52%에서 60%로 개선할 수 있다. 표본 외 테스트에서 50%이상 충분히 성공했다면 이를 성공이라고 해야 한다.

party 패키지 재귀 트리와의 비교를 위해 두 가지 분류기classifier를 더 사용해보려 한다. 랜덤 포레스트random forest 의사결정트리는 훈련 집합을 여러 번 다시 표본추출하고 결과의 평균을 계산한다. 이 방식은 대체로 더 신뢰성 높은 예측 결과를 산출한다. 서포트 벡터 머신SVM, Support Vector Machine은 전통적인 통계학습 기법 중 하나로, 반응변수값과 일치하도록 데이터집합을 군집^{cluster}으로 분리한다. 이전 코드를 runClassifier() 함수에 결합시킨다. 따라서 이 함수에는 party 패키지 트리, randomForest 패키지 트리, e1071 패키지 SVM에 대한 경우가 존재한다.

```
runClassifier <- function(IStreeDF,train,name="ctree") {
  if(name == "ctree") {
    library(party)
    attach(IStreeDF)
    classifier <- ctree(HL ~ netincgth + totrevgth +
                        gsprofgth + dnepsgth,
                        data=IStreeDF, subset=train)
    predRes <- predict(type="response",
                        classifier, IStreeDF[-train,])
    par(mar=c(4,4,1,1))
    par(mfrow=c(1,1))
    plot(classifier,cex=.25)
    suppressMessages(detach(package:party, unload=TRUE))
    suppressMessages(detach(IStreeDF))
  } else if(name == "randomForest"){
    library(randomForest)
    attach(IStreeDF)
    set.seed(100)
    classifier=randomForest(HL ~ netincgth + totrevgth +
                            gsprofgth + dnepsgth,
                            data=IStreeDF, subset=train, mtry=4, importance=TRUE)
    predRes <- predict(type="response",
                        classifier, IStreeDF[-train,])
    par(mar=c(4,4,1,1))
    par(mfrow=c(1,1))
    plot(classifier,cex=.25)
    suppressMessages(detach(package:randomForest, unload=TRUE))
    suppressMessages(detach(IStreeDF))
  } else if(name == "svm") {
    library(e1071)
    attach(IStreeDF)
    classifier <- svm(formula=HL ~ netincgth + totrevgth +
                    gsprofgth + dnepsgth,data=IStreeDF, subset=train,
                    kernel="sigmoid",na.action=na.omit, scale = TRUE)
    predRes <- predict(type="response",
                        classifier, IStreeDF[-train,])
    suppressMessages(detach(package:e1071, unload=TRUE))
    suppressMessages(detach(IStreeDF))
  } else if(name == "xgboost") {
```

```
    predRes <- runXgboostClassifier(IStreeDF,train)
  } else if(name == "tensorflow") {
    predRes <- runTensorFlowClassifier(IStreeDF,train)
  }
  return(predRes)
}
predRes <- runClassifier(IStreeDF,train,"ctree")
predRes <- runClassifier(IStreeDF,train,"randomForest")
predRes <- runClassifier(IStreeDF,train,"svm")
```

금융에서 성공률 100%의 완벽한 예측을 위해 고군분투하지만 증권 가격에 영향을 미치는 수많은 시장 참여자의 도전을 받는다. 생물학적 분석과 마케팅 분석 문제 못지않게 금융 시장의 문제는 무작위적이고 때로는 극단적인 사건에 의해 끊임없이 영향 받는 패턴을 갖고 있다.

한번 생각해보자. 80% 성공률로 예측한 다음 증권에 투자하는 것이 쉬웠다면 모두 투자에 뛰어들었을 것이다. 하지만 실제 이 작업은 매우 어렵다. 성공률은 보장되지 않으며, 필요한 가격 항목을 얻지 못해 많은 돈을 잃거나 손해를 볼 수 있는 리스크에 직면해 있기 때문이다. 거래 비용transaction cost 역시 최종 결정에 중요한 영향을 미친다.

분류기	승률
party 트리	61.0
랜덤 포레스트	55.2
서포트 벡터 머신	44.9

그럼에도 불구하고 예측률이 50%를 훨씬 넘어 거래 비용과 인건비를 감당할 수 있다면, 장기적으로 예측 재귀 분할을 이용해 수익을 얻을 수 있다. 이번 경우처럼 3년간의 가격이 수반된 의사결정트리에서 예측률이 61%라는 것은 상당히 좋은 수치다.[4] 이제 지금까지 살펴본 내용을 바탕으로 연습과 도전을 통해 더 깊이 있는 내용을 살펴보기 바란다.

13.7 연습 문제

---

4 본문의 표에서는 party 트리, 랜덤 포레스트, 서포트 벡터 머신 분류기의 승률 값만 있지만, 코드에서 보듯이 runClassifier() 함수는 xgboost, 텐서플로우(tensorflow) 분류기도 지원한다. 두 분류기에 대해서도 runClassifier() 함수를 실행하여 승률 값도 확인하고 비교해 보기 바란다.

13.1 디렉터리 구조 설정과 시장 가격 획득

하위 디렉터리 NYSE와 NASDAQ가 아래에 있는 MVO4 디렉터리를 FinAnalytics 디렉터리 아래에 생성한다. 그리고 티커 심볼 파일인 NYSEclean.txt와 NASDAQclean.txt를 하위 디렉터리 NYSE와 NASDAQ에 각각 둔다. acquirePrices() 함수를 올바르게 호출해 NYSE와 NASDAQ 하위 디렉터리에 저장된 파일을 가져올 수 있도록 acquirePrices() 함수를 사용한 로직을 살펴본다. 표 4.1에 정리된 NYSEclean.txt와 NASDAQclean.txt에 있는 각 심볼당 하나의 저장 파일이 있어야 한다. 하지만 모든 심볼이 다운로드할 때 성공하는 것은 아니다. readSubDirs() 함수를 이용해 심볼 벡터 lab와 차원 변수 $D = D1 + D2$를 설정한다. 참고로 $D1$은 약 2233이어야 하며, $D2$는 약 2248이어야 한다.

NA로 모두 채워져 있는 prices라는 2차원 배열을 생성한다. 그런 다음 acquirePrices() 함수를 호출해 start = "2011-02-09" end = "2015-02-09" 기간에 해당하는 길이 len 의 D 가격 벡터를 얻는다. acquiringPrices() 함수가 실행 중일 때 NYSE 디렉터리를 조사하여 NA가 아닌 가격으로 저장 파일이 제대로 생성되고 있는지 확인한다. NA 가 계속 생성되면 start와 end 일자가 len 변수와 일치하지 않을 가능성이 크다.

13.2 단위 테스트 확장

13장의 acquireCoalescedPrices() 함수의 로직을 찾는다. 13.3절의 단위 테스트를 확장해 12개의 NYSE와 12개의 NASDAQ 심볼을 얻는다. 이 24개의 심볼 가운데 가격을 얻을 수 없는 심볼이 6개까지 있는 것은 상관없다. 이 심볼에 대해 저장된 파일이 없는 경우에 반환된 행렬에 어떤 일이 발생하는가?

13.3 S&P 500 지수 가격 획득

getHistPrices() 함수의 다음 호출을 사용해 개별 주가와 비교를 위한 지수 가격을 얻는다.

```
pricesSP <- getHistPrices(c('^GSPC'), c(1), len,
                          start = "2011-02-09",
                          end = "2015-02-09",
                          startBck1 = "2011-02-08",
                          startFwd1 = "2011-02-10")
write.csv(pricesSP, file = "cachedGSPC.csv", row.names=FALSE)
```

MVO4 디렉터리에 cachedGSPC.csv 파일을 생성한다.

13.4 펀더멘털을 이용한 예측 실행

새롭게 생성된 디렉터리 구조로 13장의 나머지 코드를 찾아서 실행한다. 텍스트 결과와 그래프가 예상과 일치하는지 확인한다.

13.5 교차검증을 위한 데이터집합 확장

데이터집합에 여러 요소가 있다면 교차검증은 훈련 데이터의 하위집합에 대한 훈련을 수행한 다음 테스트를 수행한다. 13장에서는 3년간의 가격만 가져왔으며 이때 2년을 훈련에 사용했다. 프로그램 로직을 확장해 5년간의 데이터를 가져와 훈련과 테스트를 수행한다. 가능한 4년간의 훈련 데이터 중 1년을 남기고 party 예측 훈련과 테스트 로직을 실행한다. 1년을 제외하여 네 가지 가능한 훈련 집합이 존재한다. 각훈련 집합의 예측률을 출력하라. 출력에서, 사용된 각 확률변수의 임계값을 확인하기 위해 각각의 호출된 ctree() 함수의 인스턴스로 구축한 결과 트리를 그래프로 나타낸다. 남은 1년 표본 외의 경우에 대해서 네 가지 예상 성공률을 출력하라.

14 옵션의 이항모형

파생상품^{derivative securities}은 주식과 채권 등 전통적인 금융상품을 기초자산으로 해 기초자산의 가치변동에 따라 가격이 결정되는 금융상품을 말한다. 그 가치가 기초자산의 가치 변동으로부터 파생돼 결정되기 때문에 '파생상품'이란 이름이 붙여졌다. 따라서 기초자산에서 파생된 모든 금융상품을 파생상품이라고 할 수 있다. 또한 기초자산은 금융상품이 아닌 일반상품 등도 가능하며, 대표적인 파생상품으로는 선도거래^{forward contract}, 선물^{future}, 옵션^{option}, 스왑^{swap} 등이 있다. 그중에서 14장에서는 옵션^{option}을 주로 살펴본다. 옵션은 미리 정해진 조건에 따라 일정한 기간 내에 상품이나 유가증권 등의 특정자산을 매수하거나 매도할 수 있는 권리를 말한다. 이러한 권리는 만기일이나 만기일 이전에 특정 금융상품을 정해진 가격에 매수할 수 있는 권리를 가진 콜옵션^{call option}과, 매도할 수 있는 권리를 가진 풋옵션^{put option}으로 나뉜다.

물론 옵션 사용자는 대상증권^{underlying security[1]}의 원하는 지불 가격을 결정할 수 있다. 하지만 대상증권의 가격이 도달할 것이라는 보장이 없으므로 만기에 도달하면 제안은 무용지물이 된다. 또한 권리 보유 비용이 있다. 이를 옵션 프리미엄^{option premium}이라고 한다. 옵션은 매수자에게 권리가 부여되는 반면 매도자에게는 의무가 따른다. 따라서 옵션 매수자는 권리의 대가를 지불해야 하고 옵션 매도자는 의무를 부담하는 데 대한 보상을 요구하는데, 이를 옵션 가격 또는 옵션 프리미엄이라고 한다. 가격은 지수의 변동성, 만기일까지의 잔존기간 등의 변수에 따라 움직인다. 가령 만기일이 가까우면 프리미엄은 낮아지고 변동성이 클수록 프리미엄은 높아진다.

미국식 옵션^{American options}의 경우 옵션 매수일부터 만기일까지 언제든지 권리를 행사할 수 있다. 반면에 유럽식 옵션^{European options}은 만기일에 권리를 행사할 수 있다(Hull, 2006).

---

1 옵션은 금, 은, 곡물 등 일반상품을 대상으로 하는 상품옵션(commodity option)과, 주식, 채권, 통화, 주가지수 등 금융물을 대상으로 하는 금융옵션(financial option)으로 구분하며, 특히 기초자산이 주식, 채권 등 유가증권인 경우를 대상증권(underlying securities)이라고 한다.

주식을 보유하면 주식 보유 기간의 모든 최고치와 최저치에 영향을 받는다. 하지만 옵션을 보유하면 매수^{call}와 매도^{put}에만 영향을 받는다. 옵션 가격결정은 대상증권의 확률적 특성으로 인해 매우 중요하다. 참고로 옵션의 가치는 내재 가치$^{intrinsic\ value}$와 시간 가치$^{time\ value}$라는 두 요소의 합으로 결정된다. 옵션 거래 세계에서 주로 사용하는 비교적 간단한 옵션 모형을 이항트리$^{binomial\ tree}$라고 한다. 본 장의 목적은 옵션의 동작방식을 설명하고 향후 분석 프레임워크를 구축하는 데 있다.

14.1 금융공학에서의 적용

금융공학에서는 확률과 통계를 이용한 알고리즘을 통해 금융상품을 추론한다. 이항트리와 이항자산가격결정모형$^{binomial\ asset\ pricing\ model}$이라는 또 다른 관련 모형을 이해하기 위해 다음과 같은 증권 투자자를 가정한다.

- 은행 계좌를 보유하고 있다.
- 주식 같은 대상증권에 투자한다.

이 경우 옵션 시장을 설명하는 가장 좋은 방법은 옵션 거래 사례를 가정해보는 것이다. 스미티^{Smitty}라는 가상의 주식 투자자는 GOOG 주식의 수요가 증가할 것이라 믿고 월요일 ($t=0$)에 1주를 매수하고 금요일($t=T$)에 매도한다. 이때 GOOG 주식의 가격이 상승(p)하거나 하락(q)할 확률은 50:50이다. GOOG 주식은 월요일에 주당 \$800로 거래되고 있다. 이때 시간의 경과에 따른 시뮬레이션은 다음과 같다.

$$n = 0, 1, 2, 3, 4 \ or \ t = 0, \left\{ \frac{1}{N} \right\}, \left\{ \frac{2}{N} \right\}, \left\{ \frac{3}{N} \right\}, \left\{ \frac{4}{N} \right\}$$

이러한 시간과 잠재적 가격으로부터 격자^{lattice}를 구성할 수 있다. 위에서 N은 연간 거래일 수다. 일별 방향은 동전 던지기로 결정할 수 있다. 이때 앞면은 H, 뒷면은 T라고 하자. 그림 14.1과 같이 GOOG 주가 $S(t)$의 하루를 살펴본다. 주가 $S(t)$를 나타내는 시간 기반 확률 변수는 확률적 과정$^{stochastic\ process2}$이다. 월요일($t=0$)에 주식 구매자는 매수^{long}하고 금요일 ($t=T$)에 주식의 기댓값에 관심을 갖는다. 그림 14.2에서 보듯이 가능한 결과의 전체 격자에는 16개의 경로가 있다. 이 버전에서 이항트리의 기본적인 형태는 초기주가 S와 상승 u와

---

2 확률론에서 확률적 과정(stochastic process)은 시간의 진행에 대해 확률적인 변화가 일어나는 구조를 의미한다.

하락 d로 미래 가격의 전개를 보여준다. 각 시점에서 현재 가격에 u나 d를 곱한다. 그림 14.3은 $S = 800$일 때의 대략적인 주가를 보여준다. 정지 시점 T인 실험의 마지막 시점에서의 기댓값은 다음과 같다.

$$\mathbb{E}\left[S(T)\right] = 804p^4 + 802 \cdot 4p^3 q + 800 \cdot 6p^2 q^2 + 798 \cdot 4q^3 p + 796 q^4$$
$$= \left\{804\frac{1}{16} + 802\frac{4}{16} + 800\frac{6}{16} + 798\frac{4}{16} + 796\frac{1}{16}\right\} = 800$$

$$P(S(T) > S(0)) = \left\{\frac{1}{16} + \frac{4}{16}\right\} = \frac{5}{16} = .3125 = P(S(T) < S(0)) \tag{14.1}$$

옵션 투자자 빌리[Billie]는 GOOG가 과대평가됐다고 믿고 월요일에 GOOG 풋옵션[put option]을 매수하고 금요일에 매도한다. 풋옵션은 '행사가격[strike price]' $K = 801$에 GOOG 주식 매도[short]를 판매할 수 있는 권리에서 파생된 파생상품 유형 중 하나로 다음 중 하나를 수행할 수 있다.

- GOOG 가격이 금요일에 800, 798, 796으로 하락하면 이익을 위해 권리를 행사한다. 여기서 이익은 행사가격에서 만기 시점의 가격을 뺀 값이다.
- GOOG 가격이 802 또는 804까지 상승하면 만료돼 무용지물이 된다.

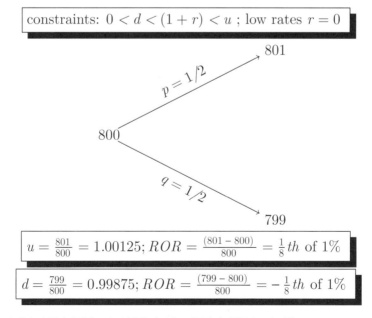

constraints: $0 < d < (1 + r) < u$; low rates $r = 0$

801

$p = 1/2$

800

$q = 1/2$

799

$u = \frac{801}{800} = 1.00125; ROR = \frac{(801 - 800)}{800} = \frac{1}{8}th \text{ of } 1\%$

$d = \frac{799}{800} = 0.99875; ROR = \frac{(799 - 800)}{800} = -\frac{1}{8}th \text{ of } 1\%$

그림 14.1 장 마감 시 주가가 상승 또는 하락할 수 있는 하루에서 다음 날로의 전환

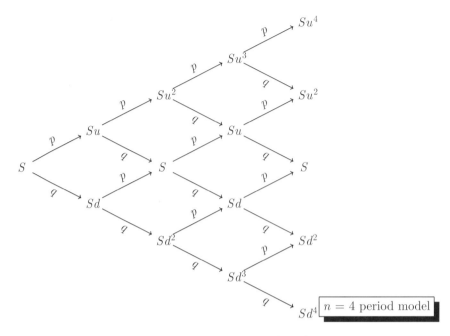

그림 14.2 주가 S로 시작하는 모든 가능한 결과. 루트 노드에서 기간(period) $n=4$까지 16개 경로가 가능하다.

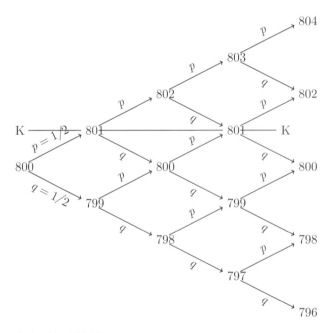

그림 14.3 행사가격 $K=801$로 그린 격자

풋옵션 소유자는 하락 전망을 갖고 있다. $K - S(T)$이 0보다 클 때 $K - S(T)$ 정도의 이익을 얻는다. 옵션 수익^{payoff}[3]은 T 시점에서의 기댓값이다.

$$\mathbb{E}\left[max(K - S(T), 0)\right] = \sum_s max(K - s, 0) \cdot P(S(T) = s)$$
$$= (max(801 - 804, 0)P(HHHH) +$$
$$max(801 - 802, 0)(P(HHHT) + P(HHTH)) +$$
$$max(801 - 802, 0)(P(HTHH) + P(THHH)) +$$
$$max(801 - 800, 0)(P(HHTT) + P(HTHT)) +$$
$$max(801 - 800, 0)(P(THTH) + P(TTHH)) +$$
$$max(801 - 800, 0)(P(HTTH) + P(THHT)) +$$
$$max(801 - 798, 0)(P(TTTH) + P(TTHT)) +$$
$$max(801 - 798, 0)(P(THTT) + P(HTTT)) +$$
$$max(801 - 796, 0)P(TTTT))$$
$$= 0p^4 + 0 \cdot 4p^3 q + 1 \cdot 6p^2 q^2 + 3 \cdot 4q^3 p + 5q^4$$

$$\mathbb{E}\left[max(K - S(T), 0)\right] = 1\frac{6}{16} + 3\frac{4}{16} + 5\frac{1}{16} = 1.4375 \tag{14.2}$$

따라서 $1.4375가 옵션의 가격이며 일반적으로 프리미엄^{premium}값이라 한다.

세 번째 투자자 메이어^{Mayer}는 GOOG의 가치가 하락할 것이라고 확신하지 않지만 상승할 것이라고도 생각하지 않는다. 따라서 풋옵션을 801의 행사가격에 판매하고 프리미엄을 징수해 수익을 올리려 하며 옵션 보유자에게 어떤 지불도 하지 않기를 바란다. 메이어는 풋옵션의 다른 면을 택하고 있다. 이 옵션의 현재 가치는 미래에 지불금^{payout}이 될 것으로 기대하기 때문에 $1.4375다. 메이어의 판매된 풋 이익^{profit} 악화 사례는 풋옵션이 소유자에게 최댓값에 도달한 경우 $1.4375 - $5 = $ -3.5625다.

이러한 3인용 게임은 월요일부터 금요일까지 마감 시에 앞 또는 뒤 값을 나타내도록 하나의 동전을 네 번 던지는 것이 가장 좋다. 첫 번째 동전을 던지기 전 월요일의 지불금은 그림 14.4와 같다. 여기서 스미티는 $800에 주식을 매입하고, 빌리는 $1.44에 풋옵션을 매입하고 이 프리미엄을 즉시 메이어에 전달한다. 그림 14.5에서 보듯이 금요일까지 네 번의 동전 던지기의 결과에 따라 스미티는 GOOG의 현재 가격을 돌려받고, 빌은 이익이 없거나 GOOG 주가가 행사가격보다 낮으면 행사가격과 GOOG 주가 간의 차액을 얻는다. 그

---

3 수익(payoff)은 계약 조건에 따라 최종적으로 받게 되는 이익을 말한다.

리고 메이어는 지불액이 없거나 GOOG 주가가 행사가격보다 낮으면 행사가격과 GOOG 주가 간의 차액을 지불해야 한다. 이 세 투자자는 옵션 시장에서의 전형적인 투자자를 나타낸다.

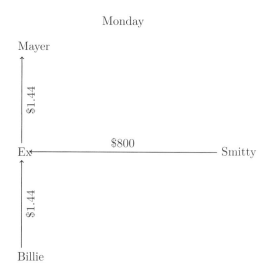

그림 14.4 첫 날의 초기 지불금. Ex는 주식 옵션 교환을 나타낸다.

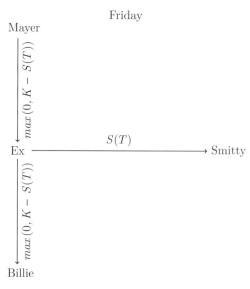

그림 14.5 만기 시 각 투자자의 지불금

14.2 위험중립 가격결정과 무차익

금융공학에는 **위험중립 가격결정**risk-neutral pricing이라는 중요한 기본 원칙이 있다. 위험회피
risk-averse 투자자는 리스크를 최소화하려는 반면, 위험추구risk seeking 투자자는 리스크를 적
극 수용한다. 이론적인 상황에서 위험중립risk-neutral 투자자는 리스크를 회피하거나 리스크
를 추구하지 않는다. 따라서 위험중립 투자자는 리스크에 따른 보상을 바라지 않는다고 가
정하며 모든 자산의 기대수익률은 무위험risk-free 이자율이 된다. 따라서 위험중립 가치평
가risk-neutral valuation 방법에서는 증권의 미래가치를 무위험 이자율로 할인함으로써 현재 가
치를 구할 수 있다. 위험중립 가치평가 방법을 단계별로 구분하면 다음과 같다. 먼저 주식
의 기대수익률이 무위험 이자율과 동일해지도록 상승 확률과 하락 확률을 결정한다. 그런
다음 옵션의 기대수익을 계산한다. 그리고 마지막으로 무위험 이자율을 이용해 기대수익
의 현재 가치를 계산한다.

또 다른 기본 원칙으로 **무차익 조건**no arbitrage condition이 있다. 무차익 조건은 일물일가law of
one price 법칙이라고도 한다. 이는 말 그대로 하나의 물건에 하나의 가격만이 존재한다는 법
칙이다. 완전경쟁이 이뤄지는 시장에서는 동일한 상품에 두 개 이상의 서로 다른 가격이
존재할 수 없고 단 한가지 동일한 가격만 존재하게 된다는 의미로, 동일한 상품인 경우 판
매자 간 차별 없이 동일하다는 의미에서 무차별 법칙law of indifference이라고도 한다. 즉 서로
동일한 미래 현금흐름을 지닌 두 상품은 동일한 가격을 가져야 한다는 조건이다. 시장이
매우 경쟁적이라면 투자자는 차익거래를 할 수 있다. 하지만 비싸게 거래되는 상품은 공급
증가로 가격이 하락하고 싸게 거래되는 상품은 수요 증가로 가격이 상승해 기회는 오래 지
속되지 않는다. 결국 리스크와 수익이 같은 자산 A와 B가 같은 가격에 거래될 때 차익거래
는 없게 되고 시장은 균형 상태에 도달하게 되는 원리를 말한다.

14.3 높은 무위험 수익률 환경

무위험 수익률risk-free rate은 투자 시 리스크 없이 취할 수 있는 수익률을 말한다. 이론적으로
무위험 수익률은 투자자가 요구하는 최소 수익률이다. 투자의 수익률이 무위험 수익률보
다 작다면 투자하지 않을 것이기 때문이다.

지금까지 이자율은 0이라고 가정하고 기본적인 이항트리 옵션 계산을 수행했다. 미국 정
부와 같은 안정적인 발행자의 국채 이자율인 무위험 이자율 μ_f는 2010년 초반까지 거의

0에 가까웠지만 항상 그랬던 것은 아니다. 1970년대 후반과 1980년대 초반에는 가장 높은 무위험 이자율을 기록했다.

이러한 이자율이 얼마나 높은 것인지, 그리고 이항트리에 어떠한 영향을 미치는지 설명하기 위해 해당 기간의 사례를 살펴보자. 일리노이주의 한 가족은 1972년에 \$80,000에 집을 구입했다. 그리고 이 가족은 1984년에 \$380,000에 집을 팔았다. 연간 수익률^{annualized rate of return} r_A를 구해 무위험 이자율 μ_f의 대용^{proxy} 변수로 사용한다.

$$380000 = 80000 \cdot (1 + r_A)^{12} \tag{14.3}$$

$$r_A = 14\% \tag{14.4}$$

이제 r_A는 연간 부동산 가격 상승률이며 이자율의 대용 변수로 사용할 수 있다. 이항트리에서 사용했던 것과 같은 일별 이자율을 구하려면 다음 공식을 r에 대해 풀어야 한다.

$$(1 + r_A) = (1 + r)^N|_{N=250} \tag{14.5}$$

이 공식을 r에 대해 풀면 결과는 다음과 같다.

$$r = 0.00052425 \tag{14.6}$$

이항자산가격결정모형에서 주가 상승 위험중립 확률 p는 상승계수 u[4]와 하락계수 d[5] 그리고 무위험 이자율 r 요소와 관련 있다(Shreve, 2004a).

$$p = \frac{1 + r - d}{u - d} \tag{14.7}$$

마찬가지로 주가 하락 위험중립 확률 $q = 1 - p$는 상승계수 u, 하락계수 d, 무위험 이자율 r과 관련 있다.

$$q = \frac{u - 1 - r}{u - d} \tag{14.8}$$

d와 $u = \frac{1}{d}$를 계산하기 위해 공식 14.7의 각 변에 $(u - d)$를 곱하면 다음과 같은 결과를 산출할 수 있다.

---

4 주가가 100에서 200으로 상승(up)한 경우 상승계수는 2이다.

5 주가가 100에서 50으로 하락(down)한 경우 하락계수는 0.5이다.

$$pu - pd = 1 + r - d$$
$$pu - (p - 1)d = 1 + r$$
$$pu + (1 - p)d = 1 + r$$
$$\frac{p}{d} + qd = 1 + r$$
$$\frac{.535}{d} + .465d = 1.00052425$$

위 식을 풀면 $d = .9929$이고, $u = 1.007151$이다.

그림 14.6은 고이자율 환경에서 업데이트한 이항트리다. 달러 단위인 상승과 하락 정도는 14장의 이전 트리보다 훨씬 크다. 현행 이자율$^{prevailing\ interest\ rate}$ r은 가격 상승 확률 p를 결정한다. 매일 주식을 보유만 해도 리스크 이자율이 전체 주식시장에 적용되는 위험중립 가격결정 가정으로 인해 매일 상승할 가능성이 있다.

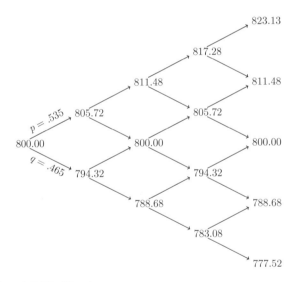

그림 14.6 고이자율로 재계산한 이항트리

14.4 이항 데이터의 이항모형 수렴

이항모형을 직관적으로 살펴봤으므로, 이번에는 거래되는 옵션가치를 실질적인 방법으로 계산해 보자. 블랙-숄즈$^{Black\text{-}Scholes}$ 공식은 유럽식 옵션을 평가하는 주요 방법이 됐다. 하지만 더 많은 반복 횟수의 이산^{discrete} 이항모형을 따르면 이 직관적인 방법이 시장에서 실제 옵션 가격을 결정하기에 충분히 정확한지 여부를 알 수 있다.

옵션의 다양한 특색에 정량적 분석을 수행하는 모든 사람들에게 매우 유용한 참고 문헌 (Haug, 1998)에 의거해서 가격결정 알고리즘으로 사용할 수 있도록 이항모형을 일반화한 일련의 공식을 사용한다. 만기 시에만 권리를 행사할 수 있는 단순한 유럽식 옵션에 초점을 맞춰, 그림 14.2에서 모형은 n단계와 연 단위의 만기 T로 구성된 트리의 각 노드에서의 자산가격을 다음과 같이 가정한다.

$$Su^i d^{j-i}, \ i \in \{0, 1, \ldots, j\}$$

여기서 u와 d는 각각 상승과 하락계수로 1보다 크거나 작으며, 그림 14.1에서 보듯이 범위는 $0 < d < (1+r) < u$다. 정확하게는 다음과 같다.

$$u = \exp(\sigma \sqrt{\Delta t}), \ d = \exp(-\sigma \sqrt{\Delta t}) \ where \ \Delta t = T/n$$

각 단계에서 주가 상승 확률 p는 다음과 같이 정의한다.

$$p = \frac{\exp(b \Delta t) - d}{u - d} \ and \ q = 1 - p$$

여기서 $b = r_A$, 즉 연간 이자율이다.

이제 전체 이항트리에 대한 평가를 시뮬레이션해 초기가격이 S이고 행사가격이 K인 주식의 콜옵션과 풋옵션 가격을 결정하는 공식을 작성할 수 있다.

$$c = \exp(-rT) \sum_{i=a}^{n} \frac{n!}{i!(n-i)!} p^i q^{n-i} (Su^i d^{n-i} - K) \tag{14.9}$$

$$p = \exp(-rT) \sum_{i=0}^{a-1} \frac{n!}{i!(n-i)!} p^i q^{n-i} (K - Su^i d^{n-i}) \tag{14.10}$$

이는 각각의 가능한 결과의 확률과 이에 대한 수익을 합산한 기댓값 공식이다. 공식을 R 코드로 변환하면 콜과 풋의 두 가지 경우가 존재하며 for 구문을 사용해 확률 가중probability-weighted 결과를 합산한다. 함수명은 binomial()이다. 콜인 경우, $n = 4$ 단계라면 합계의 범위는 2:4이다.

$$\frac{n!}{i!(n-i)!}$$

위 항의 값은 $i = 2$, 3, 4에 대해 각각 6, 4, 1이며, 이는 트리의 가장 오른쪽 노드 S, Su^2, Su^4의 경로 수에 해당한다. binomial() 함수의 코드는 다음과 같다.

```
# E.G.Haug의 책에서 발췌한 이항옵션가격결정 코드
r = .08
b = r
sigma = .30
S = 100
K = 95
T = .5
binomial <- function(type,S,K,sigma,t,r,n) {
  deltat = T/n
  u = exp(sigma*sqrt(deltat))
  d = exp(-sigma*sqrt(deltat))
  p = (exp(b*deltat)-d)/(u-d)
  a = ceiling(log(K/(S*d^n))/log(u/d))
  val = 0
  if(type=='call') {
    for(i in a:n) {
      val = val +
        (factorial(n)/(factorial(i)*factorial(n-i)))*
        p^i*(1-p)^(n-i)*(S*u^i*d^(n-i)-K)
    }
  } else if(type=='put') {
    for(i in 0:(a-1))
      val = val +
      (factorial(n)/(factorial(i)*factorial(n-i)))*
      p^i*(1-p)^(n-i)*(K-S*u^i*d^(n-i))
  }
  exp(-r*T)*val
}
```

유럽식 옵션 평가 시 위 binomial() 함수의 반복 수행 결과와 아래의 전통적인 블랙–숄즈 공식을 비교할 수 있다.

```
bs<-function(type,S,K,sigma,t,r){
  d1 <- (log(S/K) + (r+(sigma^2)/2)*t) / (sigma*sqrt(t))
  d2 <- (log(S/K) + (r-(sigma^2)/2)*t) / (sigma*sqrt(t))
  if (type=='call') val <- pnorm(d1)*S - pnorm(d2)*K*exp(-r*t)
  else if (type=='put') val <- pnorm(-d2)*K*exp(-r*t) -
    pnorm(-d1)*S
  val
}
```

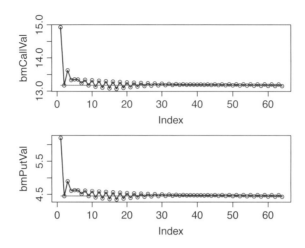

그림 14.7 이항트리의 수렴. 가로축은 단계 수이며, 수직축은 프리미엄 가치다. 상단은 콜, 하단은 풋이다.

이제 이항모형의 값이 얼마나 잘 수렴되는지 알 수 있다. 아래 plot() 코드는 트리 단계 수인 각 *n*값에 대해서 계산한 값을 *y*축에 보여준다. 놀랍게도 프리미엄 계산 값은 멀지 않은 곳에서 시작해 매우 빠르게 수렴한다. 그림 14.7에서 상단은 콜이고 하단은 풋이다. 주가 S는 100이고 행사가격 *K*는 95로, 이는 콜은 내가격[ITM, in-the-money]이고 풋은 외가격[OTM, out-of-the-money]을 의미한다.

내가격 옵션은 권리를 행사하면 옵션 매수자가 유리한 옵션을 말한다. 즉 행사가격이 기초자산의 가격보다 낮은 콜옵션, 행사가격이 기초자산의 가격보다 높은 풋옵션, 내재 가치가 있는 옵션을 말한다. 반면에 외가격 옵션은 권리를 행사하면 옵션 매수자가 불리한 옵션을 말한다. 즉 행사가격이 기초자산의 가격보다 높은 콜옵션, 행사가격이 기초자산의 가격보다 낮은 풋옵션, 내재 가치가 없는 옵션을 말한다. 등가격[ATM, at-the-money] 옵션은 권리를 행사해도 실익이 없는 옵션을 말한다. 즉 행사가격과 기초자산의 가격이 동일한 옵션, 내재 가치가 없지만 생겨날 기대치가 높은 옵션을 말한다.

```
#n 변경에 따른 binomial() 함수 호출
N = 64
par(mfrow=c(1,2))
bmCallVal <- rep(0,length(1:N))
for(n in 1:N)
  bmCallVal[n] <- binomial('call',S,K,sigma,T,r,n)
plot(bmCallVal)
lines(bmCallVal,col=4)
```

```
bsCallVal <- bs('call',S,K,sigma,T,r)
lines(rep(bsCallVal,N),col=4)
bmPutVal <- rep(0,length(1:N))
for(n in 1:N)
  bmPutVal[n] <- binomial('put',S,K,sigma,T,r,n)
plot(bmPutVal)
lines(bmPutVal,col=4)
bsPutVal <- bs('put',S,K,sigma,T,r)
lines(rep(bsPutVal,N),col=4)
```

이항모형의 최상의 추정치($N=64$)와 블랙-숄즈 값은 아래와 같다.

```
> bmCallVal[N]
[1] 13.1524944608
> bsCallVal
[1] 13.174384319
> bmCallVal[N]/bsCallVal
[1] 0.998338453044
> bmPutVal[N]
[1] 4.42749118031
> bsPutVal
[1] 4.44938103847
> bmPutVal[N]/bsPutVal
[1] 0.99508024645
```

위의 .995와 .998의 비율에서 보듯이 0.5% 내에 있다.

14.5 풋-콜 패리티

풋-콜 패리티^{put-call parity}는 동일한 행사가격과 만기를 가진 콜옵션과 풋옵션 가격 사이의 균형 관계를 의미한다. 풋-콜 패리티를 유도하기 위해서는 만기일 전에 권리를 행사할 수 없는 유럽식 옵션이라는 가정이 필요하다. 공식은 다음과 같다.

$$p = c - (S - K\exp(-rT)) \tag{14.11}$$

여기서 c는 콜옵션 가격, p는 풋옵션 가격, S는 기초자산의 가격, K는 행사가격, r은 무위험 이자율, T는 잔존만기다.

옵션이 등가격^{ATM}이면 주가 S는 행사가격의 현재가치인 $Kexp(-rT)$와 동일하다. 따라서 $p = c$이다. 주가가 행사가격의 현재가치보다 높으면 콜은 내가격^{ITM}이지만, 풋은 외가격 ^{OTM}이다. 따라서 콜 가격을 $S - Kexp(-rT)$ 만큼 감소시켜 풋 가격과 동일하게 만든다. 마찬가지로 주가가 행사가격의 현재가치보다 낮으면 풋이 내가격이고 콜이 외가격이다. 따라서 $S - Kexp(-rT)$는 음수이고 공식 14.11의 우변을 증가시켜 두 변을 동일하게 만든다. 이를 시각적으로 확인하기 위해 아래와 같은 R 코드로 그래프를 그려보자. 결과 그래프는 그림 14.8과 같다.

```
#풋-콜 패리티 시각화
S <- 75:125
M = length(S)
bmCallVal <- vector(length=M)
bmPutVal <- vector(length=M)
n = 64
for(i in 1:M) {
  bmCallVal[i] <- binomial('call',S[i],K,sigma,T,r,n)
  bmPutVal[i] <- binomial('put',S[i],K,sigma,T,r,n)
}
par(mfrow=c(1,1))
plot(S,bmCallVal,type='l',col=4,
     ylab="bmCallVal,bmPutVal")
lines(S,bmPutVal,col=5)
#행사가격의 현재가치인 K*exp(-r*T)에서
#콜과 풋은 등가격(ATM)이다.
pvK <- K*exp(-r*T)
abline(v = pvK)
text(c(pvK),c(30),paste("K*exp(-r*T) =",
                        round(pvK,2)),cex=.75)
```

이제 풋−콜 패리티 확인 결과를 살펴보자.

```
> #풋-콜 패리티 확인
> #S=100
> l = ceiling(M/2) #중간 가격 S[1] 구하기
> S[1]
[1] 100
> round(bmCallVal[1],4)
[1] 13.1525
> round(bmCallVal[1],4) ==
```

```
+ round(bmPutVal[1] + S[1] - pvK,4)
[1] TRUE
```

위 코드의 마지막 줄의 확인을 통해 풋-콜 패리티는 단계의 수가 $N=64$이고 $S[26]=100$일 때 반올림해 소수점 넷째 자리까지 나타낸 수치와 동일하다.

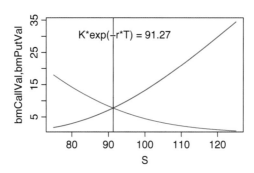

그림 14.8 풋-콜 패리티는 콜과 풋 프리미엄 가치가 동일한 행사가격의 현재가치인 $Kexp(-rT)$에서 가장 분명하다.

14.6 이항에서 로그 정규로

예시적인 이산시간^{discrete-time} 이항 사례와 더 현실적인 연속시간^{continuous-time} 사례로부터의 전환은 주가의 이항분포로부터 익숙한 로그 정규분포로의 이동이 포함돼 있다. 이항트리는 다음의 경우에 연속시간일 때 근사치로 사용된다.

- 적은 수의 이산확률변수로 시장의 동적인 특성을 설명한다.
- 초기 권리행사의 경우에 미국식 옵션 가치를 계산한다.

이산과 연속시간 모형 간의 연관성은 자세히 설명할 수 있다(Shreve, 2004b). 이항모형에서 무위험 이자율이 0인, 즉 $r=0$인 환경으로 돌아가면 다음과 같은 u와 d를 선택할 수 있다.

$$0 < d < (1+r) < u \tag{14.12}$$

트리의 n단계에서 다음을 선택한 경우를 생각해보자.

$$u_n = 1 + \frac{\sigma}{\sqrt{n}}, \ d_n = 1 - \frac{\sigma}{\sqrt{n}} \tag{14.13}$$

여기서 $\sigma > 0$이면 제약조건 14.12를 충족한다. 수식 14.7과 14.8을 이용하면 다음과 같다.

$$p = \frac{1 + r - d_n}{u_n - d_n} = \frac{\sigma/\sqrt{n}}{2\sigma/\sqrt{n}} = \frac{1}{2}, \ q = \frac{u_n - 1 - r}{u_n - d_n} = \frac{\sigma/\sqrt{n}}{2\sigma/\sqrt{n}} = \frac{1}{2}$$

그리고 다시 이전 14.1절의 대칭 확률$^{\text{symmetric probabilities}}$로 돌아간다.

먼저, 직관적으로 $u > 0$이고 $d > 0$이며 초기 주가가 $S(0) > 0$이면 n단계 이항트리 확장에서 $S(0)d^n$는 무한히 가까워지더라도 0에 도달하거나 0보다 작아질 수 없다. 이는 주가 동향이 로그 정규분포와 일치한다. 로그 정규분포에서 확률변수의 값은 양수다. 그 다음으로 n단계에서 앞면의 수 H_n과 뒷면의 수 T_n을 나타내는 두 확률변수를 사용하면 각 결과는 앞면 아니면 뒷면이므로 다음과 같은 등식이 성립한다.

$$n = H_n + T_n \tag{14.14}$$

또한 앞면의 수에서 뒷면의 수를 빼서 다음과 같은 파생된 확률변수를 정의할 수 있다.

$$M_n = H_n - T_n \tag{14.15}$$

수식 14.14와 14.15를 더하고 2로 나누면 다음과 같다.

$$H_n = \frac{1}{2}(n + M_n) \tag{14.16}$$

수식 14.14와 14.15를 빼고 2로 나누면 다음과 같다.

$$T_n = \frac{1}{2}(n - M_n) \tag{14.17}$$

따라서 n 상승과 하락 동향을 $S(0)$에 적용하면 다음과 같이 추적할 수 있다.

$$S_n(t) = S(0)u_n^{H_n}d_n^{T_n} \tag{14.18}$$

수식 14.13, 14.16, 14.17에 의거해 다음과 같이 작성할 수 있다.

$$S_n(t) = S(0)\left(1 + \frac{\sigma}{\sqrt{n}}\right)^{\frac{1}{2}(n+M_n)}\left(1 - \frac{\sigma}{\sqrt{n}}\right)^{\frac{1}{2}(n-M_n)} \tag{14.19}$$

$n \to \infty$이면, 확률변수 $S_n(t)$의 분포는 다음의 분포에 수렴한다.

$$S(t) = S(0) \exp\left[\sigma W(t) - \frac{1}{2}\sigma^2 t\right] \tag{14.20}$$

여기서 $W(t)$는 분산이 t인 $N(0, t)$ 확률변수다. 이제 $S(t)$의 분포는 C가 상수이고 K는 정규분포인 Ce^K의 형태이기 때문에 로그 정규분포라는 사실을 알 수 있다.

14.7 연습 문제

14.1 자산 가치 상승

옵션의 위험중립 가치평가는 위험자산이라는 사실에도 불구하고 r로 표시한 현행 이자율이 지분증권equity securities의 기본적인 가치상승률appreciation rate이라고 가정한다. 이 점을 보다 명확히 하기 위해 장기채권treasury bonds과 부동산도 유사한 비율 r을 갖는다고 생각할 수 있다.

매년 7%의 비율로 부동산 가치가 상승하는 시장에서 주택을 소유하고 있다고 가정해보자. 주택 가격은 초기 100,000이고 비율이 일정하다면 10년 후 주택의 가치는 얼마라고 기대할 수 있는가?

14.2 이항트리 정확도

임의의 풋과 콜옵션의 이항트리에서 $N = 32$단계에서 $N = 64$단계로 이동하면서 정확도의 증가율을 확인한다. 이때 $r = 0.08$, $b = r$, $sigma = 0.30$, $S = 100$, $K = 95$, $T = 0.5$이다. `bsCallVal()` 함수로 계산한 블랙-숄즈 값을 기준으로 사용한다.

15 블랙-숄즈 모형과 옵션의 내재 변동성

미국 중서부에서 농업 지역을 여행할 당시, 매일 AM 라디오로 옥수수, 콩, 밀, 등 상품의 선물가격[futures prices]을 듣곤 했다. 일리노이주는 주요 옥수수 생산 지역이고, 캔자스는 주요 밀 생산지역이다. 이러한 농업 방송 청취는 즐겁다. 방송에서는 일기예보도 매우 자세히 알려줬다. 날씨는 많은 생산자들의 생계에 필수적인 요소다. 하지만 몇 주 동안 방송을 들은 후에 농산물 시장 가격이 거래일에 상승할지 하락할지 실제로 아무도 확실히 알지 못한다는 사실을 깨달았다. 다만 계절 작물을 재배하는 농부들의 경우 생산 사슬[production chain] 가격 리스크는 선물과 옵션 증권 구입으로 헤지[hedge]할 수 있다. 이들은 계절 끝 무렵의 옥수수 납품가를 지정하거나, 향후 며칠 또는 몇 개월 간에 소요될 고정비용을 보장받기 위해서 농산물 가격이 급락할 경우를 대비한 보상을 원한다. 14장, '옵션의 이항모형'을 통해 옵션 모형이 가정한 무작위 보행 과정[random walk process][1]에 익숙해졌다. 14장에 이어 15장에서도 계속해서 옵션을 살펴보며, 유럽식 옵션 가격결정에서 매우 유명한 모형을 검토한다. 옵션 가치평가 모형[option valuation model] 중 가장 유명하고 널리 사용되는 모형은 1973년에 발표된 블랙-숄즈[Black-Scholes] 모형이다. 블랙-숄즈 모형은 옵션의 가격결정과 거래에 혁명을 일으켰다. 이 모형 전에는 다소 자의적인 방식으로 가격을 정했다. 블랙과 숄즈는 확률 미적분학[stochastic calculus]을 기반으로 했다. 확률 미적분학은 확률적 과정의 미분과 적분을 다루는 수학 분야로 이토[Ito]가 정립했으며, 주식시장 가격과 같이 시간을 다루는 함수로서 확률변수에 대한 미적분학의 필요성을 언급했다(Ito, 1951). 머튼[Merton]과 함께 블랙과 숄즈는 이 모형으로 1997년 노벨 경제학상을 수상했다. 15장에서는 블랙-숄즈 모형을 살펴보며 금융 분석이라는 긴 여정을 마무리하겠다. 가능한 한 확률 미적분학의 사용은 최소화하도록 노력하겠다.

---

1   어떤 확률변수가 무작위적으로(randomly) 변동할 때 이러한 확률변수를 '무작위 보행 과정(random walk process 또는 random process)을 따른다'고 한다. 통계적인 설명에 따르면 어떤 확률변수가 서로 독립적(independent)이고 동일한 형태의 확률분포를 가지는 경우를 의미한다.

이 책의 마지막 장인 15장에 수학적 설명이 더 많은 이유는 더 복잡한 유형의 증권인 옵션이 이와 관련 있기 때문이다. 14장에서 언급했듯이 옵션은 파생상품이다. 시장에서 투자자나 금융업에 종사하고 있는 많은 사람들은 옵션을 전혀 접해보지 못했을 수도 있다. 옵션은 위험수용범위risk appetite에 비해 너무 복잡하거나 위험부담이 크다고 간주하거나, 리스크가 높은 옵션의 본질적인 특성으로 인해 은행이나 증권회사에서 근무하더라도 거래를 제한할 수도 있기 때문이다. 하지만 옵션 논의는 더 완벽한 금융 분석 프레임워크을 제공할 것이다.

실제 시장 분포를 더 정확하게 나타내기 위한 방법으로 혼합모형mixture model을 논의했지만, 실제로 대부분의 옵션 문헌과 모형은 정규분포와 로그 정규분포 가정을 포함한다. 따라서 업계 표준 옵션 가치평가 모형을 논의하기 위해 규약을 다시 살펴보겠다.

15.1 기하 브라운 운동

기하 브라운 운동GBM, Geometric Brownian Motion은 현재 시장 조건 하에서 옵션의 가격을 구하기 위한 블랙–숄즈 공식의 시장 가격 변동의 확률적 과정stochastic process이자 가정이다. 기하 브라운 운동과 함께 14장에서 중단한 부분부터 시작한다. 기하 브라운 운동은 수식 14.20에서와 같이 로그 정규 과정이기도 하다. 상승률drift항 μ를 삽입하고,[2] 양변에 로그를 취하면 $\sigma W(t) + (\mu - \sigma^2/2)t$가 된다. $W(t) \sim N(0, t)$이므로 표준편차항 σ를 곱하면 분산 $\sigma^2 t$가 되며 $(\mu - \sigma^2/2)t$항을 더하면 평균은 0에서 $(\mu - \sigma^2/2)t$까지 움직인다. 따라서 다음과 같이 잘 알려진 확률적 과정의 가정을 얻을 수 있다.

$$ln\frac{S(t)}{S(0)} \sim Normal(\left(\mu - \frac{\sigma^2}{2} \right) t, \sigma^2 t) \tag{15.1}$$

이제 미분 형태로 기하 브라운 운동을 살펴보자. 금융의 확률 미적분학에서 주가는 다음과 같은 두 가지 구성 요소로 묘사할 수 있다.[3]

---

2 주가는 상승률(drift) 효과, 즉 무위험 수익률, 인플레이션 등 효과가 있기 때문에 주가가 상승하든지 하락하든지 간에 매 기마다 상승률만큼 오른다고 가정한다.

3 주가에는 기대수익률만큼의 예측 가능한 주가상승효과가 있으며 일정수준의 예측 불가능한 변동성을 보이는 특성이 있다. 따라서 무작위 보행 과정만 적용할 경우 부정확한 모형이 되기 때문에 주가상승효과(drift)와 위너(wiener) 과정을 포함시켜 확정적 모형과 확률적 모형의 두 가지 특징을 반영한 모형이 기하 브라운 운동 모형이다.

1 '추세trend' 또는 확정적 동향deterministic behavior

2 '무작위random' 또는 확률적 동향stochastic behavior

이를 모형화하기 위해 다음 수식을 사용한다.

$$dS = S\mu \, dt + S\sigma \, dB$$

여기서 μ는 상승률 또는 순간 성장률instantaneous growth rate이며, σ는 수익률의 표준편차이고, $dB \sim N(0, 1)$이다.[4] 추세 성장과 무작위 구성 요소가 모두 주가에 비례하므로 이 설명은 만족스럽다. 위 수식은 다음과 같이 재작성 할 수 있다.

$$\frac{dS}{S} = \mu \, dt + \sigma \, dB$$

일반 미적분학에서 $y = g(x)$인 경우 다음과 같다.

$$dy = g'(x)dx$$

하지만 확률 미적분학에서 X가 확률변수일 때 확률변수에 대한 미적분학은 $Y = g(X)$인 경우 다음과 같다.

$$dY = g'(X)dX + \frac{1}{2}g''(X)(dX)^2$$

이때 $(dX)^2$이 '누적accumulates'되므로 추가 항이 존재한다.

주식 모형을 다시 고려해보자.

$$\frac{dS}{S} = \mu \, dt + \sigma \, dB$$

새로운 확률변수를 정의하면 다음과 같다.

$$Y = \ln S$$

이는 주가의 로그다. 확률적 도함수stochastic derivative에 이토의 공식을 사용하면 다음과 같다.

---

4 S는 자산 가격이며, μ는 연간 수익률로 표현된 순간 수익률의 기댓값이고, σ은 연간 변동성으로 표현된 수익률의 표준편차다.

$$dY = d \ln S$$

$$= \left(S^{-1} \right) dS + \frac{1}{2} \left(-S^{-2} \right) (dS)^2$$

$$= \left(\frac{1}{S} \right) dS - \frac{1}{2} \left(\frac{dS}{S} \right)^2$$

이를 더 세부적으로 나타내면 다음과 같다.

$$dY = d \ln S$$

$$= \left(\frac{1}{S} \right) dS - \frac{1}{2} \left(\frac{dS}{S} \right)^2$$

$$= (\mu dt + \sigma dB) - \frac{1}{2}(\mu dt + \sigma dB)^2$$

$$= (\mu dt + \sigma dB) - \frac{1}{2}(\mu^2 dt^2 + 2\mu \, dt dB + \sigma^2 dB^2)$$

$$= (\mu dt + \sigma dB) - \frac{1}{2}\sigma^2 dt$$

$$= \left(\mu - \frac{1}{2}\sigma^2 \right) dt + \sigma \, dB$$

이때 확률 미적분학에서 $dtdt \approx 0$, $dtdB \approx 0$, $dBdB \approx dt$이므로 4번째와 5번째 줄의 등식이 성립한다. 정리하면 다음과 같다.

$$d \ln S = \left(\mu - \frac{1}{2}\sigma^2 \right) dt + \sigma \, dB$$

따라서 $[0, T]$ 구간의 양변을 적분하면 다음과 같다.

$$\ln S(T) - \ln S(0) = \left(\mu - \frac{1}{2}\sigma^2 \right) T + \sigma B(T)$$

그리고 양변에 지수를 취하면 다음과 같다.

$$S(T) = S(0)e^{\left(\mu - \frac{1}{2}\sigma^2 \right)T + \sigma B(T)} \qquad (15.2)$$

이것이 기하 브라운 운동의 표현식이다.

15.2　기하 브라운 운동의 몬테카를로 시뮬레이션

확률적 과정은 미분 방정식 표기법을 사용하지 않고 다음과 같이 간단하게 기술할 수 있다.

$$S(t) = S(0)\exp\left[\left(\mu - \frac{\sigma^2}{2}\right)t + \sigma z\sqrt{t}\right] \ where \ z \sim N(0,1) \qquad (15.3)$$

그림 15.1은 $\mu = 0.07$이고 $\sigma = 0.20$인 기하 브라운 운동의 100가지 경로 시뮬레이션이다. 상향 편의$^{upward \ bias}$는 상승률 파라미터 μ 때문이다. 예컨대 IBM과 같은 고가의 주식이 주당 100달러로 시작해 10년간 100가지 가능한 경로가 있다고 상상해볼 수 있다.

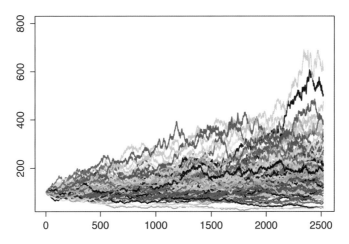

그림 15.1 기하 브라운 운동을 이용한 전형적인 주식의 100가지 경로의 몬테카를로(Monte Carlo) 시뮬레이션이다. 주가는 100에서 시작해 취한 시뮬레이션 경로에 따라 25.04의 낮은 주가를 기록하기도 하고 689.58의 높은 주가를 기록하기도 한다.

카모나^{Carmona}의 연구에서 영감을 얻은 1년간의 시뮬레이션에서 사용한 R 코드는 아래와 같다. 경로는 가능한 많은 고유한 색상으로 표시할 수 있도록 경로 번호 수를 사용했다.

```
Npaths = 100
Nyears = 10
NdaysPerYr = 252
Ndays = NdaysPerYr*Nyears
muA = .07
muD = (1+muA)^(1/Ndays)-1
muD = exp(muA)^(1/Ndays)-1
sigmaA = .20
sigmaD = sigmaA/sqrt(Ndays)
```

```
rA = (muA - sigmaA^2/2)
rA
set.seed(2009)

#시뮬레이션 함수
sim <- function(init,Npaths,Ndays,rA,sigmaA,isGBM) {
  X <- matrix(rep(0,Npaths*Ndays), nrow=Npaths, ncol=Ndays)
  X[,1] <- init
  for(t in 1:(Ndays-1)) {
    print(t)
    deltat = 1/NdaysPerYr
    tA = t/NdaysPerYr
    X[,t+1] <- X[,t]*exp(rA*deltat +
                sigmaA * sqrt(deltat) * rnorm(Npaths))
  }
  return(X)
}
```

아래 함수는 시뮬레이션 경로를 나타낸다.

```
display <- function(X,Npaths,xlab,ylab) {
  for(p in 1:Npaths)
    if(p==1) {
      plot(X[p,],col=p,type='l',ylim=c(50,100*8),
           xlab=xlab,ylab=ylab)
    } else {
      lines(X[p,],col=p)
    }
}
```

시뮬레이션 실행 코드는 다음과 같다.

```
par(mfrow=c(1,1))
par(mar=c(2,2,1,1))
X <- sim(100.0,Npaths,Ndays,rA,sigmaA,isGBM=TRUE)
display(X,Npaths,xlab="Days",ylab="Price")
min(X)
max(X)
```

15.3 블랙-숄즈 유도

블랙-숄즈 공식은 유럽식 옵션의 가치평가를 위한 업계 표준으로 이 공식의 유도 과정은 한 번쯤 살펴볼 만한 가치가 있다. 여기서는 일반적인 미적분을 사용해 수행한다. 콜옵션의 할인기대수익$^{\text{discount expected payoff}}$은 다음과 같다.

$$c(S,0) = e^{-rT} E\left[(S_T - K)_+\right] \tag{15.4}$$

여기서 $(x)_+$는 $max(0, x)$을 의미하며, $S(T)$는 다음과 같은 기하 브라운 운동을 따른다.

$$S(T) = S(0)e^{\left(r - \frac{\sigma^2}{2}\right)T + \sigma\sqrt{T}z} \tag{15.5}$$

그리고 $Z \sim N(0, 1)$이며, 수식 15.2에서 μ를 r로 치환하고 $\sigma B(T)$를 $\sigma\sqrt{T}z$로 치환하면 수식 15.5를 얻을 수 있다. 이제 다음 수식을 살펴보자.

$$
\begin{aligned}
c(S,0) &= e^{-rT} E\left[(S_T - K)_+\right] \\
&= e^{-rT} \int_{-\infty}^{\infty} \left(S_0 e^{\left(r - \frac{\sigma^2}{2}\right)T + \sigma\sqrt{T}z} - K\right) f(z)dz \\
&= e^{-rT} \int_{-\infty}^{\infty} \left(S_0 e^{\left(r - \frac{\sigma^2}{2}\right)T + \sigma\sqrt{T}z} - K\right) \frac{1}{\sqrt{2\pi}} e^{-\frac{z^2}{2}} dz
\end{aligned}
$$

여기서 $f(z)$는 z의 확률밀도함수$^{\text{pdf, probability density function}}$다. 수식 15.3과 같은 기하 브라운 운동의 정의에 따라 위 적분의 하한$^{\text{lower bound}}$을 풀어보자. 콜옵션은 증권의 잔존가치$^{\text{terminal value}}$가 행사가격보다 큰 경우에만 지급하므로 다음과 같아야 한다.

$$S(0)e^{\left(r - \frac{\sigma^2}{2}\right)T + \sigma\sqrt{T}z} - K \geq 0 \tag{15.6}$$

따라서 다음과 같이 적분의 하한을 찾을 수 있다.

$$
\begin{aligned}
S(0)e^{\left(r - \frac{\sigma^2}{2}\right)T + \sigma\sqrt{T}z} - K &\geq 0 \\
e^{\left(r - \frac{\sigma^2}{2}\right)T} e^{\sigma\sqrt{T}z} &\geq \frac{K}{S_0} \\
e^{\sigma\sqrt{T}z} &\geq \frac{K}{S_0} e^{-\left(r - \frac{\sigma^2}{2}\right)T} \\
\sigma\sqrt{T}z &\geq \ln\left(\frac{K}{S_0}\right) - \left(r - \frac{\sigma^2}{2}\right)T \\
z &\geq \frac{1}{\sigma\sqrt{T}}\left[\ln\left(\frac{K}{S_0}\right) - \left(r - \frac{\sigma^2}{2}\right)T\right]
\end{aligned}
$$

이 하한을 아래와 같이 L이라고 하자.

$$L = \frac{1}{\sigma\sqrt{T}}\left[\ln\left(\frac{K}{S_0}\right) - (r - \frac{\sigma^2}{2})T\right]$$
(15.7)

따라서 콜옵션의 할인기대수익은 다음과 같다.

$$c(S,0) = e^{-rT}\int_L^\infty \left(S_0 e^{\left(r-\frac{\sigma^2}{2}\right)T+\sigma\sqrt{T}z} - K\right)\frac{1}{\sqrt{2\pi}}e^{-\frac{z^2}{2}}dz$$

지수부를 풀어서 정리하면 다음과 같다.

$$c(S,0) = e^{-rT}\int_L^\infty \left(S_0 e^{rT}e^{-\frac{\sigma^2}{2}T}e^{\sigma\sqrt{T}z} - K\right)\frac{1}{\sqrt{2\pi}}e^{-\frac{z^2}{2}}dz$$

밀도를 통해 배분하면 다음과 같다.

$$c(S,0) = \frac{e^{-rT}}{\sqrt{2\pi}}\left(\int_L^\infty S_0 e^{rT}e^{-\frac{\sigma^2}{2}T}e^{\sigma\sqrt{T}z}e^{-\frac{z^2}{2}}dz - \int_L^\infty Ke^{-\frac{z^2}{2}}dz\right)$$

그리고 다음과 같이 정리할 수 있다.

$$\begin{aligned}
c(S,0) &= \frac{e^{-rT}}{\sqrt{2\pi}}\int_L^\infty S_0 e^{rT}e^{-\frac{\sigma^2}{2}T}e^{\sigma\sqrt{T}z}e^{-\frac{z^2}{2}}dz - \frac{e^{-rT}}{\sqrt{2\pi}}\int_L^\infty Ke^{-\frac{z^2}{2}}dz \\
&= \frac{S_0}{\sqrt{2\pi}}\int_L^\infty e^{-\frac{\sigma^2}{2}T+\sigma\sqrt{T}z-\frac{z^2}{2}}dz - Ke^{-rT}\int_L^\infty \frac{1}{\sqrt{2\pi}}e^{-\frac{z^2}{2}}dz \\
&= \frac{S_0}{\sqrt{2\pi}}\int_L^\infty e^{-\frac{1}{2}(z-\sigma\sqrt{T})^2}dz - Ke^{-rT}(1-N(L))
\end{aligned}$$

이제 $y = z - \sigma\sqrt{T}$로 치환한다. 그러면 적분의 범위가 $L - \sigma\sqrt{T}$로 내려간다.

$$\begin{aligned}
c(S,0) &= \frac{S_0}{\sqrt{2\pi}}\int_L^\infty e^{-\frac{1}{2}(z-\sigma\sqrt{T})^2}dz - Ke^{-rT}(1-N(L)) \\
&= \frac{S_0}{\sqrt{2\pi}}\int_{L-\sigma\sqrt{T}}^\infty e^{-\frac{1}{2}y^2}dz - Ke^{-rT}(1-N(L)) \\
&= S_0(1-N(L-\sigma\sqrt{T})) - Ke^{-rT}(1-N(L))
\end{aligned}$$

다음은 누적표준정규분포함수$^{\text{cumulative standard normal distribution function}}$다.

$$P(X \le x) = N(x) = \int_{-\infty}^{x} \frac{1}{\sqrt{2\pi}} e^{-\frac{z^2}{2}} dz \tag{15.8}$$

앞서 수식 15.7에서 적분의 하한은 아래와 같았다.

$$L = \frac{1}{\sigma \sqrt{T}} \left[\ln \left(\frac{K}{S_0} \right) - (r - \frac{\sigma^2}{2})T \right]$$

양변에서 $\sigma \sqrt{T}$를 빼면 결과는 다음과 같다.

$$L - \sigma \sqrt{T} = \frac{1}{\sigma \sqrt{T}} \left[\ln \left(\frac{K}{S_0} \right) - (r - \frac{\sigma^2}{2})T \right] - \sigma \sqrt{T}$$

$$= \frac{1}{\sigma \sqrt{T}} \left[\ln \left(\frac{K}{S_0} \right) - (r - \frac{\sigma^2}{2})T - \sigma^2 T \right]$$

$$= \frac{1}{\sigma \sqrt{T}} \left[\ln \left(\frac{K}{S_0} \right) - (r + \frac{\sigma^2}{2})T \right]$$

앞서 살펴본 수식 15.8의 누적표준정규분포함수인 $N(x)$를 기억하라. 그리고 확률이론으로부터 $N(-L) = 1 - N(L)$이라는 사실을 알 수 있다. 그럼 아래 수식 15.7을 다시 작성해 보자.

$$L = \frac{1}{\sigma \sqrt{T}} \left[\ln \left(\frac{K}{S_0} \right) - (r - \frac{\sigma^2}{2})T \right]$$

위 수식은 아래와 같이 작성할 수 있다.

$$-L = -\frac{1}{\sigma \sqrt{T}} \left[\ln \left(\frac{K}{S_0} \right) - (r - \frac{\sigma^2}{2})T \right]$$

$$= \frac{1}{\sigma \sqrt{T}} \left[\ln \left(\frac{S_0}{K} \right) + (r - \frac{\sigma^2}{2})T \right]$$

$1 - N(L - \sigma \sqrt{T}) = N(-(L - \sigma \sqrt{T}))$이므로 다음과 같은 수식을 도출할 수 있다.

$$-(L - \sigma \sqrt{T}) = -\frac{1}{\sigma \sqrt{T}} \left[\ln \left(\frac{K}{S_0} \right) - (r + \frac{\sigma^2}{2})T \right]$$

$$= \frac{1}{\sigma \sqrt{T}} \left[\ln \left(\frac{S_0}{K} \right) + (r + \frac{\sigma^2}{2})T \right]$$

$$= d_1$$

행사가격 X, 만기 T, 무위험 이자율 r, 현재 주가 S_0인 무배당 주식^{non-dividend-paying stock}[5]의 유럽식 콜옵션 가격은 다음과 같다.

$$C = S_0 N(d_1) - X e^{-rT} N(d_2) \tag{15.9}$$

여기서 d_1과 d_2는 아래와 같다.

$$d_1 = \frac{\ln\left(\frac{S_0}{X}\right) + \left(r + \frac{\sigma^2}{2}\right)T}{\sigma\sqrt{T}}$$

$$d_2 = d_1 - \sigma\sqrt{T}$$

그리고 $N(z) = P(Z \leq z)$는 수식 15.8의 표준정규확률변수의 누적분포다. 이번에는 X를 행사가격으로 사용했다.

블랙-숄즈 옵션 가격결정 공식을 사용하면 주식의 현재가격, 옵션의 행사가격, 옵션 기간의 무위험 이자율, 변동성이 주어질 경우 유럽식 콜 또는 풋옵션의 가격을 계산할 수 있다.

행사가격 X, 만기 T, 무위험 이자율 r, 현재 주가 S_0인 무배당 주식의 유럽식 풋옵션 가격은 다음과 같다.

$$P = X e^{-rT} N(-d_2) - S_0 N(-d_1) \tag{15.10}$$

여기서 d_1과 d_2는 아래와 같다.

$$d_1 = \frac{\ln\left(\frac{S_0}{X}\right) + \left(r + \frac{\sigma^2}{2}\right)T}{\sigma\sqrt{T}}$$

$$d_2 = d_1 - \sigma\sqrt{T}$$

15.4 내재 변동성 알고리즘

흔히 주가를 미래 현금흐름의 현재가치라고 말한다. 이는 현재 주가에 미래의 기대감이 반영돼 있다는 의미다. 따라서 미래를 알기 위해서는 과거가격보다 현재가격이 더 중요하다. 만일 시장에 있는 옵션의 현재가격이 이용 가능한 모든 정보를 반영한 가격이라면 블랙-숄즈 모형을 이용해 변동성을 역으로 계산할 수 있다. 이렇게 산출한 변동성을 **내재 변**

---

5 무배당 주식이란 배당 가능한 이익이 있어도 주주에게 배당을 지급하지 않고 이를 사내에 유보시키는 대신에 의결권이나 신주인수권만을 주는 조건으로 발행된 주식을 말한다.

동성^{implied volatility}이라고 한다. 이를 통해 옵션 시장 참여자가 생각하는 시장의 리스크 수준을 파악할 수 있다. 내재 변동성은 과거 자료로부터 추정한 역사적 변동성^{historical volatility}보다 옵션 시장의 추이를 더 잘 표현한다.

앞 절에서 유도한 바와 같이 행사가격 X, 만기 T, 무위험 이자율 r, 현재 주가가 S_0인 무배당 주식의 유럽식 콜옵션과 풋옵션의 블랙-숄즈 가격은 각각 수식 15.9와 수식 15.10과 같다.

따라서 수식 15.9와 수식 15.10을 이용해 옵션 가격의 내재 변동성을 계산할 수 있다. 즉 행사가격, 옵션 가격, 기초자산 가격, 만기, 무위험 이자율을 알지만 변동성은 알지 못하는 경우다. 이 경우 시장에서 옵션 가격을 관찰하고 관찰한 가격을 통해 변동성 σ를 계산한다. 이는 근 찾기 알고리즘^{root-finding algorithms}으로 수행한다(Bennett, 2009).

변동성을 계산하기 앞서 해당 소스로부터 알려진 정보를 추출해야 한다. 집합으로서 옵션은 **옵션 연쇄**^{option chain}라는 구조로 표현된다. 옵션 데이터베이스는 대부분 100GB가 넘을 정도로 매우 크고 데이터페이스 소프트웨어와의 인터페이스를 위해 R을 필요로 한다. 앞으로 TARO의 옵션 연쇄를 살펴본다. 크기는 10MB 정도다. 옵션 데이터를 집계한 다음 TARO의 연쇄를 추출하기 위해 RSQLite 패키지를 사용한다. 근 찾기 알고리즘을 이용해 알려진 변수를 통해 내재 변동성을 계산할 수 있다. 이를 위해 뉴턴-랩슨^{Newton-Raphson}과 시컨트^{secant} 알고리즘을 모두 구현한다. 추정한 주어진 옵션의 변동성을 통해 **변동성 표면**^{volatility surface}과 **변동성 미소**^{volatility smile6}를 구성하기 위한 기간과 행사가격에 따른 TARO의 변동성을 집계할 수 있다. 또한 주어진 일자의 예상 변동성을 집계하고 시간 단위로 변동성의 동향을 그래프로 나타낼 수 있다. 이 작업은 ggplot2 패키지를 사용해 수행할 수 있다.

뉴턴-랩슨 방법은 $f(x)=0$의 근을 근사적으로 찾을 때 유용하게 사용하는 방법이다. 현재 x값에서 접선을 그리고 접선이 x축과 만나는 지점으로 x를 이동시켜가면서 점진적으로 근을 찾는 방법이다. 임의의 초깃값에서 시작해 아래 수식에 따라 수렴할 때까지 계속 x를 이동시켜 나아가며 x값의 변화가 거의 없을 때 종료한다. 즉 어떤 점에서 함수 값과 기울기를 알 때 그 함수를 일차함수라고 생각하고 근을 구하는 과정이다.

---

6 행사가격이 다른 옵션들로 내재 변동성을 계산하면 서로 다른 값이 산출되며, 동일 행사가격이라도 기간을 달리하면 내재 변동성이 달라진다. 이러한 현상을 변동성 미소(volatility smile or skew) 현상과 변동성 기간 구조(volatility term structure)라고 한다.

$$x_{n+1} = x_n - \frac{f(x_n)}{f'(x_n)}$$

시컨트 방법은 미분을 사용하지 않고 거리 차이가 근소한 두 점을 통해 $f(x)=0$의 근을 구하는 방법이다. 즉 다음과 같이 평균 변화율을 도함수로 근사화해 $f(x)=0$의 근을 구한다.

$$f'(x_{n-1}) \approx \frac{f(x_{n-1}) - f(x_{n-2})}{x_{n-1} - x_{n-2}}$$

시컨트 방법을 뉴턴–랩슨 방법에 대입하면 다음과 같은 수식을 얻을 수 있다.

$$x_n = x_{n-1} - \frac{f(x_{n-1})}{\frac{f(x_{n-1})-f(x_{n-2})}{x_{n-1}-x_{n-2}}}$$
$$= x_{n-1} - f(x_{n-1})\frac{x_{n-1} - x_{n-2}}{f(x_{n-1}) - f(x_{n-2})}$$

참고로 뉴턴–랩슨 방법은 도함수를 이용해 근을 구하는 방식으로 장점으로는 근의 근처에서 수렴 속도가 매우 빠르다는 점이다. 하지만 0에 가까운 기울기를 가지면 근을 구하기가 힘들고 초기 추정값을 잘못 잡으면 근에 수렴하지 않아 근을 찾을 수 없다는 문제점이 있다. 반면에 시컨트 방법은 뉴턴–랩슨 방법에서 도함수를 계산해야 되는 문제점을 해결하기 위해 두 점 방법[two point method]으로 변형시킨 방법이다. 하지만 일반적으로 뉴턴–랩슨 방법보다는 수렴 속도가 다소 떨어지며 두 개의 초깃값이 필요하고 함수의 거동에 따라 수렴에 실패할 가능성을 배제할 수 없는 문제점이 있다.

15.5 내재 변동성 구현

옵션 연쇄가 있다면 R로 읽어 구조를 조사할 수 있다. 본 분석에서는 데이터 기록일인 DataDate, DataDate의 TARO 가격인 UnderlyingPrice, 옵션이 콜인지 풋인지 나타내는 Type, 옵션 만기일인 Expiration, 옵션의 행사가격인 Strike, 옵션의 잠재적 매수자가 제시하는 가격인 Bid, 옵션의 잠재적 매도자가 요구하는 가격인 Ask를 살펴본다. 이를 더 유용하게 사용할 수 있도록 데이터프레임을 처리해야 한다.

```
> setwd(paste(homeuser,"/FinAnalytics/ChapXV",sep=""))
> taro<-read.csv("TARO.csv")
```

```
> str(taro)
'data.frame':   107921 obs. of  16 variables:
 $ X               : int  1 2 3 4 5 6 7 8 9 10 ...
 $ UnderlyingSymbol: Factor w/ 1 level "TARO": 1 1 1 1 1 1 1 1 1 1 ...
 $ UnderlyingPrice : num  32.7 32.7 32.7 32.7 32.7 32.7 32.7 32.7 32.7 32.7 ...
 $ Exchange        : Factor w/ 1 level "*": 1 1 1 1 1 1 1 1 1 1 ...
 $ OptionRoot      : Factor w/ 1512 levels "QTT020420C00025000",..: 1 10 2 11 3 ...
 $ OptionExt       : logi  NA NA NA NA NA NA ...
 $ Type            : Factor w/ 2 levels "call","put": 1 2 1 2 1 2 1 2 1 2 ...
 $ Expiration      : Factor w/ 80 levels "2002-04-20","2002-05-18",..: 1 1 1 1 1 ...
 $ DataDate        : Factor w/ 1528 levels "2002-03-22","2002-03-25",..: 1 1 1 1 ...
 $ Strike          : num  25 25 30 30 32.5 32.5 35 35 40 40 ...
 $ Last            : num  7 0.95 3.3 1.2 1.7 2.4 0.85 3 0.2 9 ...
 $ Bid             : num  7.2 0 2.9 0.45 1.5 1.25 0.5 2.6 0 6.7 ...
 $ Ask             : num  8.4 0.5 3.9 0.95 2.15 1.9 0.95 3.4 0.4 7.9 ...
 $ Volume          : int  0 0 1 0 4 0 10 4 2 0 ...
 $ OpenInterest    : int  43 90 181 334 946 34 403 75 293 43 ...
 $ T1OpenInterest  : int  43 90 181 334 948 34 413 79 293 43 ...
> taro$Spread<-taro$Ask-taro$Bid
```

DataDate와 Expiration은 요인factor에서 R 날짜 객체로 변환해 날짜 계산을 수행할 수 있도록 하며, 옵션 Price와 Maturity를 정의한다. 옵션 Price는 Bid와 Ask 가격 사이의 중간 혹은 평균가격으로 정의한다. 미지급outstanding 계약이나 수량과 같은 다른 정보와의 통합도 가능하지만 간단한 평균만으로도 합리적 근사치를 파악할 수 있다. Maturity는 옵션 만기일까지의 연수로 정의하며 Expiration 일자에서 DataDate 일자를 빼고 1년의 일수인 365로 나눠서 계산한다. 마지막으로 계산한 내재 변동성을 보유할 내재 변동성 구성 요소 IV를 정의하고 0으로 초기화한다.

```
taro$Expiration<-as.Date(taro$Expiration)
taro$DataDate<-as.Date(taro$DataDate)
taro$Price<-(taro$Bid+taro$Ask)/2
taro$Maturity<-as.double(taro$Expiration-taro$DataDate)/365
taro$IV<-0.0
```

분석 일자를 분리하기 위해 R의 unique() 함수를 사용해 데이터프레임에 있는 모든 DataDate 값의 집합을 반환한다. 처음 150개 일자를 선택하고 subset() 함수를 이용해 이 일자에 해당하는 옵션만 반환한다.

```
dates<-unique(taro$DataDate)
dates<-dates[1:150]
taro<-subset(taro,DataDate %in% dates)
```

이제 필요한 내재 변동성을 정의한다. 행사가격 X, 만기 T, 무위험 이자율 r, 현재 주가 S_0인 무배당 주식을 상기해보라. 유럽식 콜옵션과 풋옵션의 블랙-숄즈 가격은 다음과 같다.

$$C = S_0 \mathrm{N}(d_1) - Xe^{-rT}\mathrm{N}(d_2)$$
$$P = Xe^{-rT}\mathrm{N}(-d_2) - S_0\mathrm{N}(-d_1)$$

여기서, d_1과 d_2는 다음과 같다.

$$d_1 = \frac{\ln\left(\frac{S_0}{X}\right) + \left(r + \frac{\sigma^2}{2}\right)T}{\sigma\sqrt{T}}$$

$$d_2 = \frac{\ln\left(\frac{S_0}{X}\right) + \left(r - \frac{\sigma^2}{2}\right)T}{\sigma\sqrt{T}}$$

그리고 $N(z) = P(Z \leq z)$는 수식 15.8의 표준정규확률변수의 누적분포다. 이를 염두에 두고 콜옵션이나 풋옵션의 값을 계산하는 함수를 작성할 수 있다. d_1과 d_2를 계산한 다음 call 또는 put 지정 여부에 따라 콜옵션 또는 풋옵션의 값을 계산한다. R의 누적분포함수 pnorm(d1)은 $N(d_1) = P(Z \leq d_1)$ 확률을 계산한다.

```
bs<-function(type,S,K,sigma,t,r){
  d1 <- (log(S/K) + (r+(sigma^2)/2)*t) / (sigma*sqrt(t))
  d2 <- (log(S/K) + (r-(sigma^2)/2)*t) / (sigma*sqrt(t))
  if (type=='call') val <- pnorm(d1)*S - pnorm(d2)*K*exp(-r*t)
  else if (type=='put') val <- pnorm(-d2)*K*exp(-r*t) - pnorm(-d1)*S
  val
}
```

마지막으로 시컨트 방법을 구현한다. 앞서 살펴본 시컨트 방법의 수식은 다음과 같다.

$$x_n = x_{n-1} - f(x_{n-1})\frac{x_{n-1} - x_{n-2}}{f(x_{n-1}) - f(x_{n-2})}$$

시컨트 함수를 재귀적으로 구현하며, 재귀가 발산하는 경우 근사적 변동성일 가능성이 있다. 이 작업은 추정 내재 변동성이 R의 무한대 표현^{Inf}과 같을 정도로 충분히 큰지 확인해 수행한다.

```
secantIV<-function(type,V,S,K,sigma0,sigma1,t,r){
  newSigma <- sigma0 - (bs(type,S,K,sigma0,t,r)-V)*(sigma0-sigma1)/
    (bs(type,S,K,sigma0,t,r) - bs(type,S,K,sigma1,t,r))
  if( abs(newSigma)==Inf ) return(0.0)
  if( abs(newSigma - sigma0) < .001 ) return(newSigma)
  else return(secantIV(type,V,S,K,newSigma,sigma0,t,r))
}
```

뉴턴–랩슨 알고리즘도 정의한다. 다만 불안정성 때문에 광범위하게 사용하지는 않는다. 기억하듯이 뉴턴–랩슨 방법은 아래 재귀가 충분히 수렴할 때 $f(x)=0$의 근을 구한다.

$$x_{n+1} = x_n - \frac{f(x_n)}{f'(x_n)}$$

문제는 옵션값의 도함수로 나누는 데 있다. 콜옵션의 경우 미분의 연쇄 법칙$^{chain\ rule}$을 사용하면 옵션의 도함수는 다음과 같다.

$$\frac{\partial C}{\partial \sigma} = S_0 \phi(d_1)\sqrt{T}$$

여기서 $\phi(x)$는 x에서 계산한 표준정규확률변수의 밀도다. 기초자산의 가격이 행사가격보다 높고 만기까지 기간이 길면, 이 수준에서의 정규분포 값은 매우 작아져 거의 0으로 나눈 것이 되고 반복을 통제할 수 없게 된다. 콜옵션의 블랙–숄즈 값을 아래와 같이 정의한다.

```
Val<-function(V,S,K,sigma,t,r){
  d1 <- (log(S/K) + (r+(sigma^2)/2)*t) / (sigma*sqrt(t))
  d2 <- (log(S/K) + (r-(sigma^2)/2)*t) / (sigma*sqrt(t))
  val<-pnorm(d1)*S - pnorm(d2)*K*exp(-r*t)
  return(val-V)
}
```

그리고 뉴턴–랩슨 방법은 업데이트 계산 시 콜옵션의 도함수를 사용한다. 변동성 σ에 관한 콜옵션 도함수의 위 공식을 염두해 콜옵션의 도함수를 계산하는 함수를 정의한다.

```
dVal<-function(V,S,K,sigma,t,r){
  d1 <- (log(S/K) + (r+(sigma^2)/2)*t) / (sigma*sqrt(t))
  val <- S*dnorm(d1)*sqrt(t)
  return(val)
}
```

지금까지 설명한 코드를 이용해 뉴턴–랩슨 방법인 $x_{n+1} = x_n - \frac{f(x_n)}{f'(x_n)}$을 통해 내재 변동성을 추정하는 함수를 정의하고 수렴할 때까지 재귀적으로 반복한다.

```
impliedVol<-function(V,S,K,sigma,t,r){
  newSigma <- sigma - Val(V,S,K,sigma,t,r) / dVal(V,S,K,sigma,t,r)
  if( abs(newSigma - sigma) < .001 ) return(newSigma)
  else return(impliedVol(V,S,K,newSigma,t,r))
}
```

기초자산 가격 24, 행사가격 22, 무위험 이자율 5%, 만기일 6개월(반년)이고 가격이 2.875인 콜옵션의 내재 변동성 계산 결과와 뉴턴–랩슨과 시컨트 방법으로 계산한 결과가 유사한지 확인해본다.

```
> impliedVol(2.875,24,22,0.2,.5,0.05)
[1] 0.1871222
> secantIV('call',2.875,24,22,0.5,1,.5,0.05)
[1] 0.1871232
```

내재 변동성 계산 함수가 올바로 동작함을 확인했음으로, 이제 날짜변수 DataDate로 옵션 연쇄를 통해 단계적으로 진행하고 시컨트 방법으로 주어진 일자에 각 옵션의 내재 변동성을 계산한다. 시컨트 방법은 발산할 수도 있지만 그런 경우는 드물다.

```
for(date in dates){
  sub<-subset(taro,DataDate==date)
  IV<-rep(0,dim(sub)[1])
  for(i in 1:dim(sub)[1]){
    IV[i]<-secantIV(sub$Type[i],sub$Price[i],sub$UnderlyingPrice[i],
                    sub$Strike[i],0.4,1,sub$Maturity[i],0.05)
  }
  taro[taro$DataDate==date,]$IV<-IV
}
taro<-subset(taro,IV!=0.0)
hist(taro$IV,breaks=100,main="")
```

옵션의 내재 변동성에 관한 두 히스토그램과 그래프는 그림 15.2, 15.3, 15.4와 같다.

```
hist(taro$Spread,main="")
vol<-data.frame(date=dates)
vol$IV<-0.0
for(date in dates){
 vol[vol$date==date,]$IV<-mean(taro[taro$DataDate==date,]$IV)
}
plot(vol$date,vol$IV,type='l',col='blue')

library(ggplot2)
ggplot(vol,aes(x=date,y=IV)) + geom_line()
```

지금부터 변동성 미소$^{volatility\ smile}$ 구성을 살펴보자. 먼저 하루의 변동성 미소를 검사하기 위해 2002년 3월 25일자 데이터집합의 하위 집합을 만든다. 그런 다음 풋옵션과 콜옵션 외가격$^{OTM,\ out-of-the-money}$의 하위 집합을 만든다. 그리고 이러한 행사가격에 해당하는 내재 변동성 그래프를 그린다.

```
tarosub<-taro[taro$DataDate=='2002-03-25',]
taroput<-subset(tarosub,Type=='put' & UnderlyingPrice > Strike)
tarocall<-subset(tarosub,Type=='call' & UnderlyingPrice < Strike)
```

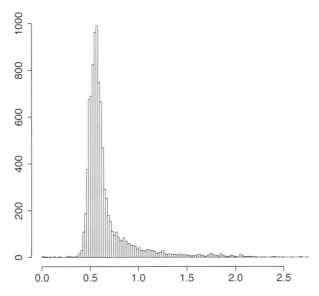

그림 15.2 2002년 4월부터 11월까지 TARO 옵션의 내재 변동성 히스토그램

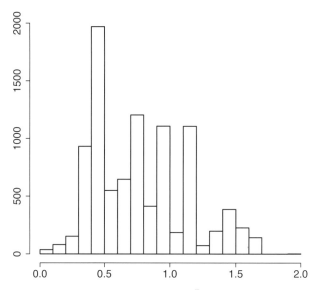

그림 15.3 TARO 옵션의 매입-매도 스프레드(Bid-Ask Spread)[7] 히스토그램

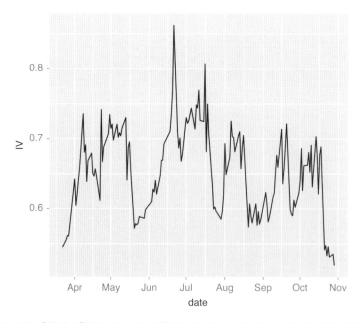

그림 15.4 2002년 4월부터 11월까지 TARO의 다양한 행사가격과 만기에 따른 콜과 풋의 평균 내재 변동에 관한 시계열 그래프

---

7 비드(Bid)는 매입가, 애스크(Ask)는 매도가, 스프레드(Spread)는 두 가격의 차이를 말한다.

R의 격자^{mesh} 그래프 기능에는 x와 y 방향의 단조값^{monotone value}이 필요하다. 이는 행사 가격이 만기에 내포돼 있어 문제가 된다. 하지만 적어도 변동성 표면의 한 단면^{slice}을 볼 수 있다. 즉 단일 만기의 변동성 미소를 살펴볼 수 있다.

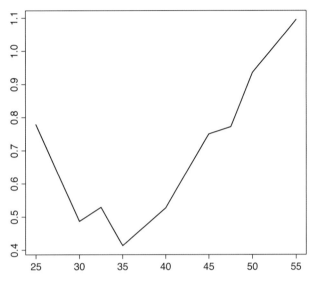

그림 15.5 2002년 3월 25일 TARO의 변동성 미소

그림 15.5에서 금융 문헌에 있는 내용을 확인할 수 있다. 즉 기초자산 가격과 가까운 행 사가격의 내재 변동성은 기초자산 가격으로부터 멀리 떨어진 행사가격의 내재 변동성보다 낮다는 사실을 알 수 있다. 다시 말해 기초자산 가격으로부터 멀리 떨어진 행사가격의 내 재 변동성은 기초자산 가격과 가까운 행사가격의 내재 변동성보다 두 배 또는 세 배 정도 높다. 이는 투자자는 특히 큰 변동에 민감하며, 현재 가격과 멀리 떨어진 옵션에 '초과지불 ^{overpay}'한다는 사실을 의미한다.

```
x<-append(taroput[1:3,]$Strike,tarocall[1:6,]$Strike)
y<-append(taroput[1:3,]$IV,tarocall[1:6,]$IV)
plot(x,y,type='l', xlab='Strike', ylab='Implied Volatility')
```

격자 그래프 대안으로 변동성 표면의 시각화를 위해 R의 `plot3d()` 함수를 사용할 수 있 다. 그림 15.6에서 3차원 객체를 볼 수 있는데, 이 3차원 객체의 변동성 미소가 한 단면이 다. 옵션과 관련된 문헌에서 보듯이, 해당 지점으로 만기가 증가함에 따라 변동성 미소의 가파른 정도^{steepness}는 감소하며, 만기가 6개월 정도인 장기 만기 옵션인 경우 변동성 미소가 두드러진다. 이는 투자자들은 단기간의 큰 가격 변동보다 장기간의 큰 가격 변동에 관심이 적다는 사실을 의미한다.

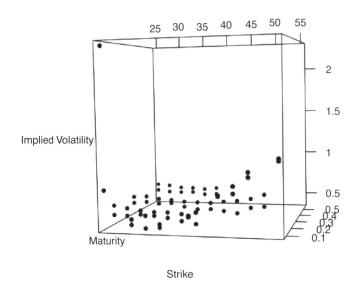

그림 15.6 만기(Maturity)와 행사가격(Strike)에 따른 내재 변동성의 3차원 그래프

15.6 Rcpp 패키지

더크 에델뷔텔Dirk Eddelbuettel이 개발한 Rcpp 패키지를 사용하면 R과 C++를 연동할 수 있다. 알다시피 C++는 컴퓨터 시스템 개발용 언어로 생성 코드 측면에서 매우 효율적이다. 이 부분에 관심이 생겼다면 아마도 R의 연산 속도 문제 때문이었을 것이다. 그럼 주요 함수의 C++ 구현을 이용해 얼마나 R 코드의 속도를 개선할 수 있는지 알아보겠다. 먼저 피보나치 수Fibonacci number 예제를 살펴보자(Eddelbuettel, 2013). 아래 C++ 코드는 fibonacci.cpp 파일에 있는 내용이다.

```cpp
#include <Rcpp.h>
using namespace Rcpp;

// [[Rcpp::export]]
int fibonacci(const int x){
if(x<2) return x;
else return(fibonacci(x-1)+fibonacci(x-2));
}
```

Rcpp에 있는 sourceCpp() 함수를 이용해 R에 통합한다.

```
library(Rcpp)
sourceCpp(paste(homeuser,"/FinAnalytics/ChapXV/fibonacci.cpp",sep=""))
```

이제 R에서 파보나치 함수를 호출할 수 있다.

```
> fibonacci(20)
[1] 6765
```

R에서 호출하는 C++ 함수에서 다른 C++ 함수를 호출해야 하는 경우가 많다. 이 작업은 R로 내보낼^{export} C++ 함수 위에 함수를 정의하면 된다.

예컨대 시컨트 알고리즘에서 블랙–숄즈 공식을 정의하고 사용할 수 있다. 먼저 아래와 같이 secant.cpp 파일을 정의한다.

```
#include <math.h>
#include <Rmath.h>
#include <R.h>
#include <Rcpp.h>
using namespace Rcpp;
double bs(int type, double S, double K, double sigma, double t, double r){
  double d1,d2,val;
  d1 = (log(S/K) + (r+pow(sigma,2)/2)*t) / (sigma*sqrt(t));
  d2 = (log(S/K) + (r-pow(sigma,2)/2)*t) / (sigma*sqrt(t));
  if(type==0) val = R::pnorm(d1,0.0,1.0,TRUE,FALSE)*S
  - R::pnorm(d2,0.0,1.0,TRUE,FALSE)*K*exp(-r*t);
  else if (type==1) val = R::pnorm(-d2,0.0,1.0,TRUE,FALSE)*K*exp(-r*t)
  - R::pnorm(-d1,0.0,1.0,TRUE,FALSE)*S;
  return val;
}
// [[Rcpp::export]]
double secant(int type, double V, double S, double K,
    double sigma0, double sigma1, double t, double r){
  if( fabs(sigma0-sigma1) < .001 ) return(sigma0);
  else{
    double newSigma = sigma0 - (bs(type,S,K,sigma0,t,r)-V)*
      (sigma0-sigma1)/
      (bs(type,S,K,sigma0,t,r) - bs(type,S,K,sigma1,t,r));
    return(secant(type,V,S,K,newSigma,sigma0,t,r));
  }
```

```
}
```

Rcpp의 sourceCpp() 함수를 통해 C++ 코드와 R을 연결한다.

```
sourceCpp(paste(homeuser,"/FinAnalytics/ChapXV/secant.cpp",sep=""))
```

옵션이 콜인지 풋인지 판단해 해당하는 시컨트 함수를 호출하는 래퍼^{wrapper} 함수를 작성한
다. 코드에서 콜은 0으로, 풋은 1로 정의했다.

```
CsecantIV<-function(type,V,S,K,sigma0,sigma1,t,r){
    if(type=='call') val<-secant(0,V,S,K,sigma0,sigma1,t,r)
    else if(type=='put') val<-secant(1,V,S,K,sigma0,sigma1,t,r)
    val
}
```

이제 C++에서 구현한 secant() 함수와 앞서 R에서 정의한 secantIV() 함수를 통해 블
랙-숄즈 내재 변동성을 계산하고 비교해 값이 일치하는지 확인한다.

```
> secantIV('call',2.875,24,22,0.5,1,.1,0.05)
[1] 0.5553217
> CsecantIV('call',2.875,24,22,0.5,1,.1,0.05)
[1] 0.5553217
> dates<-dates[1:3]
> dates
[1] "2002-03-22" "2002-03-25" "2002-03-26"
```

이제 R의 subset() 유틸리티를 사용해 원하는 날짜를 선택해 내재 변동성을 계산할 수
있다.

```
> sub<-subset(taro,DataDate %in% dates)
> n<-dim(sub)[1]
> system.time(for(i in 1:n) sub$IV[i]
+        <- secantIV(sub$Type[i],
+            sub$Price[i],
+            sub$UnderlyingPrice[i],
+            sub$Strike[i],
+            0.4,
+            1,
```

```
+            sub$Maturity[i],
+            0.05)
+ )
  user system elapsed
 0.203  0.001   0.272
> system.time(for(i in 1:n) sub$IV[i]
+      <- CsecantIV(sub$Type[i],
+           sub$Price[i],
+           sub$UnderlyingPrice[i],
+           sub$Strike[i],
+           0.4,
+           1,
+           sub$Maturity[i],
+           0.05)
+ )
  user system elapsed
 0.082  0.001   0.084
```

출력 결과에 따르면 시컨트 방법 내재 변동성 계산 시간은 secantIV() 함수로 구현한 경우는 272 밀리초였으나 CsecantIV() 함수로 구현한 경우에는 84 밀리초로 줄었다. 계산 시간은 알고리즘에서의 분기나 반복 횟수 등에 따라 달라질 수 있다.

15.7 연습 문제

15.1 기하 브라운 운동의 상승률

기하 브라운 운동 모형에서 비율이 양수일 때 발생하는 상승추세를 상승률drift이라 하고 μ로 표기한다. 연간 변동성 sigmaA=0.0으로 sim() 함수와 display() 함수를 실행하면 상승률 곡선을 확인할 수 있다. 이 함수들을 실행하라.

(a) 그래프를 통해 대략적인 연간 총 상승률 또는 순수익률을 알 수 있는가?

(b) 정규변량 z를 사용해 무작위 미래 가격random future prices을 생성할 때, 연 단위 기간 t, 초기 주가 $S(0)$, 상승률 μ, 표준편차 혹은 변동성 σ에 대한 시뮬레이션의 기대 미래 가격 $S(t)$를 계산하기 위한 공식은 무엇인가?

(c) 시뮬레이션 증권의 최초 시장가격이 100에서 시작한다면 10년간의 기대 미래 가격은 무엇인가? 이번에도 sigmaA=0.0를 사용하라. R 또는 R 이외의 방법을 이용해 계산을 수행할 수 있다.

15.2 TARO 제약산업의 옵션 연쇄

TARO의 subset() 함수와 옵션 값을 생성하는 코드를 실행하라. 행사가격이 35.0일 때 평가일 2002년 3월 25일에 만기일이 2002년 7월 20일인 콜옵션의 가격을 구하라. 이 가격에서의 내재 변동성은 무엇인가?

부록 확률분포와 통계 분석

부록에서는 기본적인 확률과 통계 학습이 필요하거나 다시 한 번 검토하기 원하는 독자를 위해 중요한 개념들을 정리했다. 3장에서는 전통적인 포커 배당률 계산을 포함해 이산확률 이면의 추론에 대해 자세히 살펴봤다. 금융 분석에서는 이산확률과 연속확률 모두 중요하므로 둘 다 살펴보겠다.

이산확률에는 베르누이^{Bernoulli}, 이항^{binomial}, 포아송^{Poisson}이라는 세 가지 주요 분포가 있다. 이항분포가 포아송분포같은 행태를 보이는 상황이나 이항분포와 포아송분포 모두 정규분포 같은 행태를 보이는 조건을 설명하겠다. 일반적으로 이산확률변수의 경우 **확률분포함수**$^{\text{probability distribution function}}$는 $P(X=x)$와 같이 정의하며 '확률변수 X가 x값을 취할 확률'이라고 읽는다.

A.1 분포

확률변수$^{\text{random variable}}$는 일정한 확률로 발생하는 사건에 수치를 일대일 대응시킨 함수다. 다트판$^{\text{dart board}}$에 꽂힌 다트의 x와 y 좌표가 두 확률변수의 간단한 예다. 다트를 다트판 중심에 맞추기 위해 던지면 x와 y 방향의 확률변수가 생긴다. 통계학에서는 일반적으로 X같은 대문자는 확률변수를 나타내며, x같은 소문자는 확률변수가 아닌 확률변수가 가진 특정한 값을 나타낸다. 다트를 던지면 $X=x$이고 $Y=y$이므로 중심으로부터 거리는 $\sqrt{x^2+y^2}$로 측정할 수 있다.

또한 $X=x$인 확률은 $P(X=x)$와 같이 표기하며 범위를 나타내는 확률은 $P(x_1 < X < x_2)$와 같이 표기한다. 예컨대 다트를 던졌을 때 중심과 얼마나 가까운지 알아보기 위해 $P(\sqrt{X^2+Y^2} \le 2cm)$를 계산할 수도 있다. 이때 확률 P의 범위는 $[0, 1]$이다. 예컨대 중심으로부터 2cm 안에 있을 확률은 0.35 혹은 0.15일 수 있다.

　　연속적으로 발생한 일련의 확률변수를 무작위^{random} 혹은 확률적 과정$^{stochastic\ process}$이라고 한다. 예컨대 한 사람이 던진 일련의 다트는 (X_1, Y_1), (X_2, Y_2), (X_3, Y_3)와 같이 나타낼 수 있다.

A.2 베르누이분포

베르누이^{Bernoulli} 확률변수는 정확히 두 가지 결과가 있는 실험이다. 아래와 같은 분포를 갖는 확률변수를 베르누이분포라고 한다.

$$X = \begin{cases} 1 & \text{with probability } p \\ 0 & \text{with probability } 1-p \end{cases} \tag{A.1}$$

　　$X=1$ 결과는 '성공'을 나타내며 확률 p를 갖는다. $X=0$ 결과는 '실패'를 나타내며 확률 $1-p$를 갖는다. 베르누이 확률변수의 기댓값과 분산은 아래와 같이 계산한다.

$$E(X) = \sum xp(x) \tag{A.2}$$

$$= 1 \times p + 0 \times (1-p) = p \tag{A.3}$$

$$Var(X) = E(X^2) - E^2(X) \tag{A.4}$$

$$= \sum x^2 p(x) - \left(\sum xp(x) \right)^2 \tag{A.5}$$

$$= 1^2 \times p + 0^2 \times (1-p) - p^2 \tag{A.6}$$

$$= p - p^2 = p(1-p) \tag{A.7}$$

A.3 이항분포

이항분포$^{binomial\ distribution}$는 독립적이고 동일한 확률분포를 따르는$^{(i.i.d)}$[1] n번의 베르누이 시행 결과다. 즉 성공확률이 p인 베르누이 시행을 n번 반복 시행했을 때 성공 횟수를 나타내는 확률변수 X의 분포를 이항분포라 한다.

　　베르누이분포의 확률밀도함수는 다음과 같다.

1　i.i.d(independent and identically distributed)는 확률적으로 독립이고 각각의 분포가 동일한 경우를 뜻하며, 독립항등분포 또는 독립동일분포라 한다.

$$P(X = x) = \binom{n}{x} p^x (1 - p)^{n-x} \tag{A.8}$$

여기서 n은 시행횟수, x는 성공횟수, p는 주어진 시행의 성공확률이다. 성공횟수 $x = 0$, 1, 2,...,n이고, 성공확률 p는 $0 \le p \le 1$이다. 기호 $\binom{n}{x} = \frac{n!}{x!(n-x)!}$는 이항계수로 '$n$개 중에서 x개를 선택'한다고 읽는다. 이항분포는 동전을 10번 던져 6번 앞면이 나올 확률처럼, 동등사건$^{\text{equivalent event}}$의 특정 횟수의 합의 확률을 알고 싶은 상황을 나타낸다. 이를 염두에 두고 다음 예제를 살펴보자.

정의에 의해 이항분포의 기댓값$^{(평균)}$은 다음과 같이 계산한다.

$$E(Y) = \sum yp(y) = \sum_{y=0}^{n} y \binom{n}{y} p^y (1 - p)^{n-y} \tag{A.9}$$

이 방법으로 기댓값을 구하려면 복잡한 대수학이 필요하다. 대안은 확률변수 Y를 n 베르누이 확률변수의 합인 $Y = X_1 + X_2 + \cdots + X_n$라 간주한 다음 독립성을 사용한다.

$$E(Y) = E\left(\sum_{i=0}^{n} X_i\right) = \sum_{i=0}^{n} E(X_i) = \sum_{i=0}^{n} p = np \tag{A.10}$$

유사한 방식으로 분산도 계산할 수 있다. 독립 확률변수의 합의 분산은 분산의 합이므로 다음과 같이 작성할 수 있다.

$$Var(Y) = Var\left(\sum_{i=0}^{n} X_i\right) = \sum_{i=0}^{n} Var(X_i) = \sum_{i=0}^{n} p(1 - p) = np(1 - p) \tag{A.11}$$

예제

동전을 100번 던져 정확히 앞면이 50번 나올 확률을 계산하자.

풀이

$$P(X = 50) = \binom{n}{x} p^x (1 - p)^{n-x}$$
$$= \binom{100}{50} \left(\frac{1}{2}\right)^{50} \left(\frac{1}{2}\right)^{100-50}$$

위 식을 다음과 같은 코드로 R에서 계산을 할 수 있다.

```
> choose(100,50) * .5^50 * .5^(100-50)
[1] 0.07958924
```

A.4 기하분포

기하분포[geometric distribution]는 집합 $i = 1,\ 2,\ 3,...$일 때 성공확률이 p인 베르누이 시행에서 처음 성공까지 시도한 횟수 X_i의 분포를 말한다. 확률밀도함수는 다음과 같다.

$$P(X = n) = p(x) = P(X_1 = 0, X_2 = 0, \cdots, X_{n-1} = 0, X_n = 1) \tag{A.12}$$

$$= P(X_1 = 0)P(X_2 = 0) \cdots P(X_{x-1} = 0)P(X_n = 1) \tag{A.13}$$

$$= (1 - p)^{n-1}p \tag{A.14}$$

기댓값은 다음과 같다.

$$E(N) = \frac{1}{p} \tag{A.15}$$

분산은 다음과 같다.

$$Var(N) = \frac{1 - p}{p^2} \tag{A.16}$$

A.5 포아송분포

포아송분포[Poisson distribution]로 돌아가보자. 포아송분포 역시 일련의 시도에서 성공 횟수를 나타낸다. 다만 시도 횟수는 매우 크지만, 주어진 시도의 성공 확률은 매우 작다. 위의 X처럼 포아송분포는 이산확률변수 N을 사용한다. 이는 일정 기간 동안에 발생한 횟수 또는 사건의 수다. 금융에서는 일반적으로 시간 경과에 따른 증권 가격에서 급등[jump]의 유입률[arrival rates]을 시뮬레이션하는 데 사용한다.[2] 예컨대 λ는 주어진 시간 동안의 평균 유입 횟수다.

---

2 포아송분포는 단위 시간 안에 어떠한 사건이 몇 번 발생할 것인지 표현하는 이산확률분포다. 금융에서는 주가의 급등이나 급락이 여기에 해당한다. 머튼(Merton)은 주가의 불연속적 움직임인 급등(jump)의 분포로 포아송분포를 도입했다. 이때 시간당 발생 횟수를 유입률(arrival rates) 혹은 발생강도(intensity)라고 한다. 다만 포아송분포는 주어진 시간에서 급등이 발생한 횟수만 말할 뿐, 급등의 크기는 로그 정규분포 등의 별도의 분포로 함께 모형화해야 한다.

포아송분포의 확률밀도함수는 다음과 같으며, 그래프는 그림 A.1과 같다.

$$P(X = x) = \frac{e^{-\lambda}\lambda^x}{x!}$$

```
> library(ggplot2)
> par(mfrow=c(2,2))
> hist(rpois(200,lambda=5),main=""))
> hist(rpois(200,lambda=5),main=""))
> hist(rpois(200,lambda=5),main=""))
> hist(rpois(200,lambda=5),main=""))
```

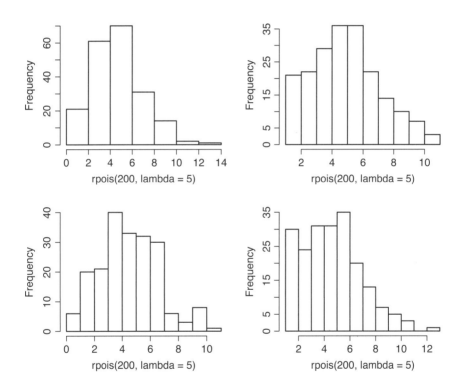

그림 A.1 $\lambda = 5$일 때 각각 200번 시행한 포아송분포의 히스토그램

먼저 $e^\lambda = \left(1 + \lambda + \frac{\lambda^2}{2!} + \frac{\lambda^3}{3!} + \cdots\right)$이므로, 포아송 확률변수의 기댓값은 다음과 같이 계산할 수 있다.

$$E(X) = \sum_{x=0}^{\infty} xp(x) = \sum_{x=0}^{\infty} x\frac{e^{-\lambda}\lambda^x}{x!} \tag{A.17}$$

$$= \lambda e^{-\lambda} \sum_{x=1}^{\infty} \frac{\lambda^{x-1}}{(x-1)!} = \lambda e^{-\lambda} \sum_{x=0}^{\infty} \frac{\lambda^x}{x!} \tag{A.18}$$

$$= \lambda e^{-\lambda} \left(1 + \lambda + \frac{\lambda^2}{2!} + \frac{\lambda^3}{3!} + \cdots \right) \tag{A.19}$$

$$= \lambda e^{-\lambda} e^{\lambda} = \lambda \tag{A.20}$$

유사한 방법으로 계산하면 포아송의 분산은 $Var(X) = \lambda$임을 알 수 있다.

예제

탐욕스러운 위조범 검거

왕의 화폐상자에는 n개의 동전이 있다. 하지만 각 상자에는 m개의 위조 동전이 있다. 왕은 이를 의심해 각 상자에서 동전 하나를 무작위로 꺼내 이를 검증했다. 꺼내는 n개의 동전 표본에서 정확히 r개의 위조 동전이 포함될 확률은 얼마인가?

풀이

n개의 동전이 있는 각 상자에 m개의 위조 동전이 있으므로, 위조 동전을 꺼낼 확률은 m/n이다. 동전 뽑기는 독립적이므로, 정확히 r개의 위조 동전을 뽑을 확률은 이항확률변수[3]로 설명할 수 있다. 결과는 다음과 같다.

$$
\begin{aligned}
P(r \text{ false coins}) &= \binom{n}{r} \left(\frac{m}{n} \right)^r \left(1 - \frac{m}{n} \right)^{n-r} \\
&= \frac{n!}{(n-r)!r!} \frac{m^r}{n^r} \left(1 - \frac{m}{n} \right)^n \left(1 - \frac{m}{n} \right)^{-r} \\
&= \frac{1}{r!} \frac{n(n-1)\cdots(n-r+1)}{n^r} m^r \left(1 - \frac{m}{n} \right)^n \left(1 - \frac{m}{n} \right)^{-r} \\
&\approx \frac{e^{-m} m^r}{r!}
\end{aligned}
$$

$\binom{n}{r} = \frac{n!}{(n-r)!r!}$이고, n이 증가할 때 m과 r의 값을 고정하면 $\frac{n(n-1)\cdots(n-r+1)}{n^r} \rightarrow 1$, $\left(1 - \frac{m}{n} \right)^n \rightarrow e^{-m}$, $\left(1 - \frac{m}{n} \right)^r \rightarrow 1$이므로, 위와 같이 수식을 근사화할 수 있다.

3 　어떤 시행에서 사건 A가 일어날 확률이 p이고 이 시행을 n번 독립적으로 반복한다고 하자. 확률변수 X를 n번의 시행 중 사건 A가 나온 횟수라고 할 때, X를 이항확률변수라 한다.

A.6 연속분포함수

연속분포^{continuous distribution}의 경우에는 확률함수를 정의하는 방법에 대해 좀 더 주의를 기울여야 한다. 문제의 본질은 $P(X=x)$의 양을 더 이상 유용한 방식으로 정의할 수 없다는 것이다. 즉 이산확률변수는 $P(X=x)$와 같이 표현할 수 있지만 연속확률변수는 $P(a<X<b)$와 같이 범위로 표현해야 한다. 기억하듯이 확률변수 x의 **누적분포함수**^{cdf, cumulative distribution function}는 다음과 같다.

$$F_X(x) = P(X \le x) \tag{A.21}$$

이때 **확률밀도함수**^{pdf, probability density function}는 다음을 만족하는 함수 $f(x)$로 정의할 수 있다.

$$F(x) = \int_{-\infty}^{x} f(u)du$$

따라서 누적분포함수와 확률밀도함수의 관계는 다음과 같다.

$$f(x) = \frac{d}{dx}F(x)$$

```
> ggplot(data.frame(x=c(-3,3)),aes(x=x)) +
+   stat_function(fun=dnorm,colour="blue") +
+   stat_function(fun=pnorm,colour="red")
```

다음을 만족하므로,

$$\{X = x\} \subset \{x - \epsilon < X \le x\} \tag{A.22}$$

부분집합의 양변에 확률을 취하면 다음과 같다.

$$P(X = x) \le P(x - \epsilon < X \le x) = F_X(x) - F_X(x - \epsilon) \tag{A.23}$$

하지만 $F_X(x)$는 연속분포의 경우 연속이므로 다음과 같다.

$$0 \le P(X = x) \le \lim_{\epsilon \to 0} [F_X(x) - F_X(x - \epsilon)] = 0 \tag{A.24}$$

위는 확률변수 X가 연속분포함수를 가질 때, 모든 x에 대해 $P(X=x)=0$이라는 어색한 결과를 보여준다. 하지만 다시 생각해보면 이렇게 될 수밖에 없다. 이산^{discrete}의 경우에 히스토그램의 세그먼트는 누적분포함수 $F_X(x)$에서 갑작스런 변동인 급등^{jump}을 의미한다. 이는 확률밀도함수에서 확률의 직사각형 너비가 0이 아니라는 의미다. 하지만 연속^{continuous}의 경우에 이 직사각형 너비는 0이다. 따라서 면적이 없다. 그러므로 연속확률변수의 경우에 의미 있는 확률은 다음과 같이 계산한다.

$$P(a \leq X \leq b) = F_X(b) - F_X(a) = \int_a^b f(u)du \qquad (A.25)$$

```
> dnorm1<-function(x) dnorm(x,mean=0,sd=.25)
> ggplot(data.frame(x=c(-3,3)),aes(x=x)) +
+   stat_function(fun=dnorm, colour="blue") +
+   stat_function(fun=dnorm1, colour="blue")
```

```
> dnorm(x=0,mean=0,sd=1)
[1] 0.3989423
> dnorm(x=0,mean=0,sd=.25)
[1] 1.595769
```

그림 A.2에서 분포의 파라미터(모수)가 표준정규분포에 해당하는 $\sigma = 1$에서 $\sigma = \frac{1}{4}$로 변함에 따라 분포의 모양이 어떻게 변하는지 비교할 수 있다.

```
> dnorm_limit<-function(x) {
+   y <- dnorm(x)
+   y[x<0|x>2]<-NA
+   y
+ }
> ggplot(data.frame(x=c(-3,3)),aes(x=x)) +
+   stat_function(fun=dnorm_limit,geom="area",fill="blue",alpha=0.2) +
+   stat_function(fun=dnorm)
```

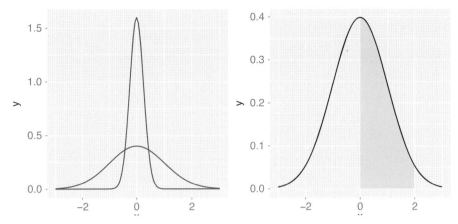

그림 A.2 좌측은 분포의 크기가 표준편차 파라미터 σ에 의해 결정된다는 사실을 보여준다. 여기서 표준정규분포인 $\sigma=1$과 $\sigma=\frac{1}{4}$를 비교할 수 있다. 우측은 $\sigma=0$과 $\sigma=2$ 사이의 영역이 표시돼 있다.

A.7 균등분포

균등분포^{uniform distribution}는 가장 단순한 연속분포로, 두 점 a와 b 사이가 평평한 확률밀도함수를 갖는 확률분포다. 즉 균등분포는 아래와 같이 a와 b 구간 내에서 면적이 1이고 높이는 $1/(b-a)$이다.

$$f(x) = \begin{cases} \frac{1}{b-a} & a \le x \le b \\ 0 & \text{otherwise} \end{cases} \tag{A.26}$$

이때 기댓값 $E(X)=\frac{a+b}{2}$이고 분산 $Var(X)=\frac{(b-a)^2}{12}$이다. $a=0$이고 $b=1$일 때 균등분포는 단위 사각형^{unit square}이 된다. 그림 A.3에서 균등분포의 사각형 확률밀도함수 그래프를 확인할 수 있다. 생성 코드는 아래와 같다.

```
> dunif1 <-function(x) dunif(x,max=1)
> dunif2 <-function(x) dunif(x,max=2)
> dunif3 <-function(x) dunif(x,max=3)
> ggplot(data.frame(x=c(-3,5)),aes(x=x)) +
+   stat_function(fun=dunif1, colour="blue") +
+   stat_function(fun=dunif2, colour="green") +
+   stat_function(fun=dunif3, colour="red")
```

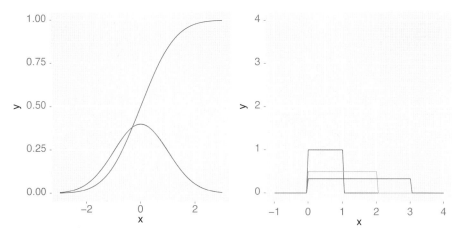

그림 A.3 좌측은 가우시안 연속분포의 두 핵심 함수인 누적분포함수와 확률밀도함수다. 우측은 균등확률변수의
전형적인 밀도함수인 확률밀도함수다.

A.8 지수분포

지수분포$^{exponential\ distribution}$는 사건이 서로 독립적일 때, 일정 시간 동안 발생하는 사건의
횟수가 포아송분포를 따른다면, 다음 사건이 일어날 때까지 대기 시간은 지수분포를 따른
다. 지수분포의 확률밀도함수는 다음과 같다.

$$f(x) = \frac{1}{\beta}e^{-\frac{x}{\beta}} \tag{A.27}$$

그래프는 그림 A.4와 같으며 생성 코드는 아래와 같다.

```
> dexp2<-function(x) dexp(x,2)
> dexp2<-function(x) dexp(x,2)
> dexp3<-function(x) dexp(x,3)
> ggplot(data.frame(x=c(0,4)),aes(x=x)) +
+   stat_function(fun=dexp, colour="blue") +
+   stat_function(fun=dexp2, colour="blue") +
+   stat_function(fun=dexp3, colour="blue") +
+   ylim(0,4)
```

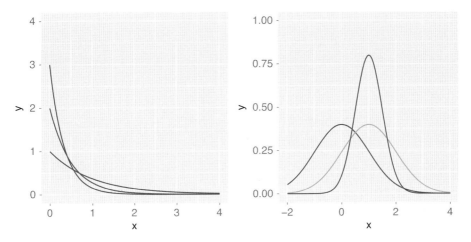

그림 A.4 좌측은 지수분포의 확률밀도함수이며, 우측은 가우시안, 즉 정규분포의 확률밀도함수다.

지수분포의 누적분포함수는 다음과 같다.

$$F_X(x) = P(X \leq x) = \int_0^x f(u)du = \int_0^x \frac{1}{\beta} e^{-\frac{u}{\beta}} du \tag{A.28}$$

$$= 1 - e^{-\frac{x}{\beta}} \tag{A.29}$$

지수분포의 경우 감마함수^{gamma function}를 사용하면 보다 쉽게 계산할 수 있다. 감마함수는 지수분포의 평균과 분산을 계산하는 데 유용하며, 향후 감마분포를 소개할 때 필요하다. 고급 미적분학에서 감마함수 $\Gamma(\alpha)$의 정의는 다음과 같다.

$$\Gamma(\alpha) = \int_0^\infty y^{\alpha-1} e^{-y} dy \tag{A.30}$$

$y = \dfrac{x}{\beta}$라 하면, 연쇄법칙에 의해 다음과 같이 계산할 수 있다.

$$\Gamma(\alpha) = \int_0^\infty y^{\alpha-1} e^{-y} dy = \int_0^\infty \left(\frac{x}{\beta}\right)^{\alpha-1} e^{-\frac{x}{\beta}} \left(\frac{dx}{\beta}\right) = \frac{1}{\beta^\alpha} \int_0^\infty x^{\alpha-1} e^{-\frac{x}{\beta}} dx \tag{A.31}$$

여기서 β^α를 양변에 곱하면 다음과 같은 원하는 결과를 얻을 수 있다.

$$\Gamma(\alpha)\beta^\alpha = \int_0^\infty x^{\alpha-1} e^{-\frac{x}{\beta}} dx$$

이 감마 수식을 이용하면 계산이 간단해진다. 지수분포의 기댓값 계산에서 이를 확인할 수 있다. $\alpha = 2$인 경우 계산 결과는 다음과 같다.

$$E(X) = \int_{-\infty}^{+\infty} x f(x) dx = \int_{0}^{\infty} x \frac{1}{\beta} e^{-\frac{x}{\beta}} dx \tag{A.32}$$

$$= \frac{1}{\beta} \int_{0}^{\infty} x^{2-1} e^{-\frac{x}{\beta}} dx = \frac{1}{\beta} \Gamma(2) \beta^2 = \beta \tag{A.33}$$

알다시피 분산은 $Var(X) = E(X^2) - E^2(X)$로 계산할 수 있다. $E(X)$는 이미 알고 있으므로, $E(X^2)$만 계산하면 된다. 이 경우에 $\alpha = 3$이므로 계산 결과는 다음과 같다.

$$E(X^2) = \int_{-\infty}^{+\infty} x^2 f(x) dx = \int_{0}^{\infty} x^2 \frac{1}{\beta} e^{-\frac{x}{\beta}} dx \tag{A.34}$$

$$= \frac{1}{\beta} \int_{0}^{\infty} x^{3-1} e^{-\frac{x}{\beta}} dx = \frac{1}{\beta} \Gamma(3) \beta^3 = 2\beta^2 \tag{A.35}$$

따라서 지수 확률변수의 분산은 다음과 같다.

$$Var(X) = E(X^2) - E^2(X) = 2\beta^2 - \beta^2 = \beta^2 \tag{A.36}$$

A.9 정규분포

가우시안^{Gaussian}, 즉 정규분포$^{normal\ distribution}$의 확률밀도함수는 다음과 같다.

$$f(x) = \frac{1}{\sigma\sqrt{2\pi}} \exp\left(-\frac{(x-\mu)^2}{2\sigma^2}\right) \tag{A.37}$$

누적분포함수와 다음과 같은 정의는 이미 잘 알고 있을 것이다.

$$E(X) = \mu \tag{A.38}$$

$$Var(X) = E(X^2) - E^2(X) = \sigma^2 \tag{A.39}$$

다음 코드를 실행하면 정규분포를 확인할 수 있으며 실행 결과는 그림 A.4의 우측 그래프와 같다.

```
> dnorm11<-function(x) dnorm(x,mean=1,sd=1)
> dnorm12<-function(x) dnorm(x,mean=1,sd=.5)
```

```
> ggplot(data.frame(x=c(-2,4)),aes(x=x)) +
+   stat_function(fun=dnorm, colour="blue") +
+   stat_function(fun=dnorm11, colour="green") +
+   stat_function(fun=dnorm12, colour="red") +
+   ylim(0,1)
```

A.10 로그 정규분포

로그 정규분포[log-normal distribution]는 주식이나 상품가격을 모형화하는 데 사용된다. 로그 정규분포의 확률밀도함수는 다음과 같다.

$$f(x) = \frac{1}{x\sigma\sqrt{2\pi}} \exp\left(-\frac{(\ln x - \mu)^2}{2\sigma^2}\right) \tag{A.40}$$

하지만 실제로는 이 확률밀도함수를 잘 사용하지 않는다. 일반적으로 가격을 로그 수익률로 변환하기 때문이다. 이때 정규확률밀도함수를 사용할 수 있다. 기댓값은 다음과 같다.

$$E(X) = e^{\mu + \frac{1}{2}\sigma^2} \tag{A.41}$$

분산은 다음과 같다.

$$Var(X) = \left(e^{\sigma^2} - 1\right) e^{2\mu + \sigma^2} = \left(e^{\sigma^2} - 1\right) E^2(X) \tag{A.42}$$

아래 코드를 실행하면 그림 A.5와 같이 로그 정규분포의 그래프를 확인할 수 있다.

```
> dlognorm <- function(x,sigma) { 1/x*dnorm(log(x),sd=sigma) }
> dlognorm1<-function(x) dlognorm(x,sigma=.5)
> dlognorm2<-function(x) dlognorm(x,sigma=1)
> dlognorm3<-function(x) dlognorm(x,sigma=2)
> ggplot(data.frame(x=c(-2,4)),aes(x=x)) +
+   stat_function(fun=dlognorm1, colour="blue") +
+   stat_function(fun=dlognorm2, colour="green") +
+   stat_function(fun=dlognorm3, colour="red") +
+   ylim(0,1.5)
```

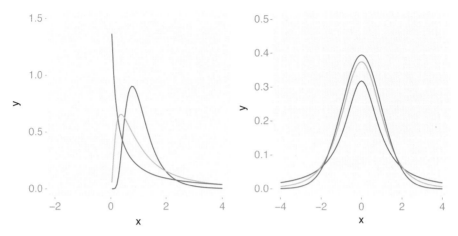

그림 A.5   로그 정규분포와 *t*분포의 확률밀도함수다. 좌측은 로그 정규분포 확률밀도함수의 그래프로, 각각 $\sigma = \frac{1}{2}$, 1, 2일 때의 그래프다. 이를 통해 표준편차 파라미터 σ에 따라 달라지는 로그 정규분포의 모습을 확인할 수 있다. 우측은 t_1(파란색), t_4(녹색), t_{25}(빨간색) 분포의 확률밀도함수다.

A.11 t_ν분포

t_ν분포는 통계, 특히 금융 통계에서 자주 접한다. 일반적으로 정규분포를 많이 사용하지만 정규분포는 표본의 수가 많아야 신뢰도가 높아진다는 단점이 있다. 즉 표본의 수가 적으면 신뢰도가 낮아진다. 물론 신뢰도를 높이기 위해 표본을 늘리면 되지만 현실에서는 비용과 시간의 제약으로 표본을 늘리지 못하는 경우가 많다. 그래서 이에 대한 대응으로 정규분포보다 예측 범위가 넓은 분포를 사용하게 되는데 이 분포가 *t*분포다.[4] 정규분포의 평균 해석에 많이 쓰이는 분포로 주로 모집단이 정규분포라는 정도만 알고, 모집단의 분산(표준편차)은 모를 때 작은 표본으로 모집단 평균을 추정하기 위해 정규분포 대신 사용하는 확률분포다. 표준정규분포와 유사하게 0을 중심으로 좌우대칭이나 표준정규분포보다 편평하고 긴 꼬리를 갖는다. 다시 말해 양쪽 꼬리가 두터운 형태다. 자유도^{degrees of freedom} 즉, 표본의 수에서 1을 뺀 수가 증가할수록 표준정규분포에 가까워지며, 일반적으로 자유도가 30이 넘으면 표준정규분포와 유사하다.

t_ν분포에서 ν 파라미터가 자유도이며, t_ν분포가 정규분포와 얼마나 유사한지 나타낸다. $t_\nu = 1$일 때 t_ν분포는 코시분포^{Cauchy distribution}로, 꼬리가 두꺼워 기댓값과 분산 모두 정의할

---

4 *t*분포는 아일랜드 통계학자 윌리엄 실리 고셋(William Sealey Gosset)이 발견했으며, 스튜던트(Student)라는 가명으로 논문을 발표해 '스튜던트 *t*분포'라고도 한다. 이후 피셔(Fisher)가 *t*분포 이론을 일반화해 정립했다.

수 없다.[5] 하지만 자유도 v가 25나 30에 근접할수록 t_v분포는 정규분포에 가까워지고 v가 100에 근접하면 사실상 정규분포와 구분할 수 없다. 금융에서 t_4분포와 일치하는 수익률을 자주 볼 수 있는데, 이는 매우 중요하다. 그림 A.5의 우측 그래프에서 세 가지 t_v분포의 모습을 확인할 수 있다.

t_v분포의 정의는 아래와 같다.

$$f(x) = \frac{\Gamma\left(\frac{v+1}{2}\right)}{\sqrt{\pi v}\,\Gamma\left(\frac{v}{2}\right)} \left(1 + \frac{x^2}{v}\right)^{-\frac{v+1}{2}} \tag{A.43}$$

이때 기댓값은 0이며($v>1$일 때), 분산은 $\frac{v}{v-2}$($v>2$일 때)이다. 비대칭도인 왜도^{skewness}는 0이고 초과 첨도$^{\text{excess kurtosis}}$는 $\frac{6}{v-4}$이다.

```
> t1<-function(x) dt(x,df=1)
> t4<-function(x) dt(x,df=4)
> t25<-function(x) dt(x,df=25)
> ggplot(data.frame(x=c(-4,4)),aes(x=x)) +
+    stat_function(fun=t1, colour="blue") +
+    stat_function(fun=t4, colour="green") +
+    stat_function(fun=t25, colour="red") +
+    ylim(0,.5)
```

A.12 다변량 정규분포

증권과 관련된 또 다른 중요한 분포는 다변량 정규분포$^{\text{multivariate normal distribution}}$다. 이 분포를 다변량 가우시안이라고도 한다. p차원 벡터 x에서 p 주식 증권을 나타내는 p 확률적 확률변수$^{\text{stochastic random variables}}$가 있을 때 유용하다. 확률밀도함수는 다음과 같다.

$$f(x) = (2\pi)^{-\frac{k}{2}} |\mathbf{\Sigma}|^{-\frac{1}{2}} \exp\left(-\frac{1}{2}(x-\mu)^T \mathbf{\Sigma}^{-1}(x-\mu)\right) \tag{A.44}$$

이때 $\mu = (\mu_1, \mu_2, \ldots, \mu_p)^T$는 평균 백터이고, Σ는 공분산 행렬이며, $|\Sigma|$는 Σ의 행렬식^{determinant}이다.

---

5 프랑스의 수학자 코시의 이름을 따서 붙인 코시분포는 연속확률분포 중 하나다. 코시분포는 평균과 분산을 유한하게 정의할 수 없는 분포여서 확률론에서 반례로 많이 사용되는 분포다.

A.13 감마분포

감마분포^{gamma distribution}의 확률밀도함수는 다음과 같다.

$$f(x) = \begin{cases} \frac{1}{\Gamma(\alpha)\beta^{\alpha}} x^{\alpha} e^{-\frac{x}{\beta}} & \text{for } x > 0 \\ 0 & \text{elsewhere} \end{cases} \tag{A.45}$$

기댓값은 다음과 같다.

$$E(X) = \int_{-\infty}^{+\infty} x f(x) dx = \int_{0}^{\infty} \frac{1}{\Gamma(\alpha)\beta^{\alpha}} x^{\alpha} e^{-\frac{x}{\beta}} dx \tag{A.46}$$

$$= \frac{1}{\Gamma(\alpha)\beta^{\alpha}} \int_{0}^{\infty} x^{\alpha} e^{-\frac{x}{\beta}} dx \tag{A.47}$$

$$= \frac{1}{\Gamma(\alpha)\beta^{\alpha}} \Gamma(\alpha+1) \beta^{\alpha+1} \tag{A.48}$$

$$= \frac{1}{(\alpha-1)! \beta^{\alpha}} \alpha! \beta^{\alpha} \beta = \alpha\beta \tag{A.49}$$

유사한 방식으로 계산하면 2차 적률 $E(X^2) = \alpha(\alpha+1)\beta^2$를 얻을 수 있고, 이로부터 분산을 계산할 수 있다.

$$Var(X) = E(X^2) - E^2(X) \tag{A.50}$$

$$= \alpha(\alpha+1)\beta^2 - (\alpha\beta)^2 \tag{A.51}$$

$$= \alpha^2\beta^2 + \alpha\beta^2 - \alpha^2\beta^2 \tag{A.52}$$

$$= \alpha\beta^2 \tag{A.53}$$

A.14 최대우도추정

최대우도추정^{MLE, Maximum Likelihood Estimation}은 주어진 표본의 우도를 최대로 만드는 파라미터(모수)를 찾는 방법이다. 관측된 표본에 기초하여 관측 불가능한 파라미터를 추정하는 방법 중 하나로 표본들로부터 알려지지 않은 모집단의 확률분포의 형태를 추정해 가는 방법이다.

만일 μ, σ^2, 왜도, 첨도와 같은 파라미터 집합이 있다면 이론적 분포에 따라 분포한다고 가정한 표본에서 이들 값을 추정하고 싶을 것이다. 예컨대 파라미터 집합 $\theta = \{\theta_1, ..., \theta_N\}$이 있고 $\theta = \{\mu, \sigma\}$라면, 그리고 결합분포함수 $g(X|\theta)$가 있고 여기서 $X = (X_1, ..., X_N)$라면, 파라

미터들에 의해 결정되는 우도 함수 $L(\theta|X)$를 생각할 수 있다. 그런 다음 어떤 파라미터가 주어졌을 때, 원하는 값들이 나올 우도를 최대로 만드는 파라미터를 선택한다. 로그 함수는 단조 증가하므로 함수의 로그를 최대화하는 것은 함수 자체를 최대화하는 것과 같다. 1차 미분한 다음 0과 같다고 설정하고 독립변수 θ에 대해 풀면 최댓값을 구할 수 있다.

전통적인 가우시안, 즉 정규분포로 시작하자. 예컨대 밀도함수인 정규분포 $N(\mu,\ \sigma^2)$의 확률밀도함수는 다음과 같다.

$$f(x) = \frac{1}{\sigma\sqrt{2\pi}} \exp\left(-\frac{(x-\mu)^2}{2\sigma^2}\right) \tag{A.54}$$

이러한 확률변수로 표시되는 크기 N의 표본이 있을 경우 X_i는 N개의 밀도함수를 함께 곱해 결합분포 g를 구성할 수 있다.

$$f(x_1,\ldots,x_N|\{\mu,\sigma\}) = \left(\frac{1}{\sigma\sqrt{2\pi}}\right)^N \prod_{i=1}^{N} \exp\left(-\frac{(x_i-\mu)^2}{2\sigma^2}\right) \tag{A.55}$$

σ^2를 알면 수식을 단순화할 수 있고 μ의 우도 함수 L로 나타낼 수 있다.

$$= L(\mu|X) = \left(\sigma\sqrt{2\pi}\right)^{-N} \exp\left(-\sum_{i=1}^{N}\frac{(x_i-\mu)^2}{2\sigma^2}\right) \tag{A.56}$$

$$= \left(\sigma\sqrt{2\pi}\right)^{-N} \exp\left(-\sum_{i=1}^{N}\frac{(x_i-\mu)^2}{2\sigma^2}\right) \tag{A.57}$$

이제 L에 로그를 취한다.

$$\log L(\mu|X) = -N\log\left(\sigma\sqrt{2\pi}\right) + \left(\sum_{i=1}^{N}-\frac{(x_i-\mu)^2}{2\sigma^2}\right) \tag{A.58}$$

여기서 μ에 대해 미분한 다음 0과 같다고 설정하여 풀면 최적의 μ를 구할 수 있다.

$$\frac{\partial}{\partial\mu}\log L(\mu|X) = \frac{-2}{2\sigma^2}\sum_{i=1}^{N}(x_i-\mu) = 0 \tag{A.59}$$

각 변에 $-2\sigma^2/2$를 곱하면 다음과 같다.

$$\sum_{i=1}^{N} (x_i - \mu) = 0 \iff \sum_{i=1}^{N} (x_i) - N\mu = 0 \iff \mu = \frac{1}{N} \sum_{i=1}^{N} x_i \tag{A.60}$$

이 전통적인 유도는 닫힌 형태의 최대우도추정을 잘 보여준다. 유감스럽게도 많은 분포의 경우 이러한 유형의 유도는 불가능하므로 수치 해석이 필요하다.

포아송분포의 경우 최대우도추정 유도는 다음과 같다.

$$L(x|\lambda) = f(x_1, x_2, \cdots, x_n|\lambda) = \prod_{i=1}^{n} f(x_i) \tag{A.61}$$

$$= \prod_{i=1}^{n} e^{-\lambda} \frac{\lambda^{x_i}}{x_i!} = e^{-n\lambda} \frac{\lambda^{\sum_{i=1}^{n} x_i}}{x_1! x_2! \cdots x_n!} \tag{A.62}$$

로그를 취하면 다음과 같다.

$$l(x|\lambda) = -n\lambda + \left(\sum_{i=1}^{n} x_i \right) \log \lambda - \log (x_1! x_2! \cdots x_n!) \tag{A.63}$$

미분해 0과 같다고 설정하면 다음과 같다.

$$\frac{\partial}{\partial \lambda} l(x|\lambda) = -n + \sum_{i=1}^{n} x_i \frac{1}{\lambda} = 0 \iff \lambda = \frac{1}{n} \sum_{i=1}^{n} x_i \tag{A.64}$$

그리고 기하분포의 경우 최대우도추정 유도는 다음과 같다.

$$L(x|p) = f(x_1, x_2, \cdots, x_n|p) = \prod_{i=1}^{n} f(x_i) \tag{A.65}$$

$$= \prod_{i=1}^{n} p(1-p)^{x_i} = p^n (1-p)^{\sum_{i=1}^{n} x_i} \tag{A.66}$$

로그를 취하면 다음과 같다.

$$l(x|p) = \log L(x|p) \tag{A.67}$$

$$= \log \left(p^n (1-p)^{\sum_{i=1}^{n} x_i} \right) \tag{A.68}$$

$$= \log p^n + \log(1-p)^{\sum_{i=1}^{n} x_i} \tag{A.69}$$

$$= n \log p + \left(\sum_{i=1}^{n} x_i \right) \log(1 - p) \tag{A.70}$$

$\int \frac{1}{x} dx = \ln x$이고 $\frac{d}{dx} \ln x = \frac{1}{x}$이다. 미분을 하고 0과 같다고 설정하면 다음과 같다.

$$\frac{\partial}{\partial p} l(x|p) = n \frac{1}{p} - \sum_{i=1}^{n} x_i \frac{1}{1 - p} = 0 \tag{A.71}$$

$$\frac{n}{p} = \frac{\sum_{i=1}^{n} x_i}{1 - p} \tag{A.72}$$

교차 곱셈$^{\text{cross-multiply}}$과 분배를 통해 최대우도추정치 $\hat{p}$를 풀 수 있다.

$$n(1 - p) = p \sum_{i=1}^{n} x_i \tag{A.73}$$

$$n - np = p \sum_{i=1}^{n} x_i \tag{A.74}$$

$$n = p \sum_{i=1}^{n} x_i + np \tag{A.75}$$

$$n = p \left(\sum_{i=1}^{n} x_i + n \right) \tag{A.76}$$

$$p = \frac{n}{\sum_{i=1}^{n} x_i + n} \tag{A.77}$$

$$= \frac{1}{\bar{X} + 1} \tag{A.78}$$

A.15 중심극한정리

통계적 파라미터의 최적의 추정량^{estimator}을 도출했으므로, 이러한 추정량의 속성들에 대해 알아보자. 추정량의 평균과 분산은 무엇인가? 추정량은 어떻게 분포하는가? 중심극한정리$^{\text{CLT, Central Limit Theorem}}$에 따르면 확률변수는 총 합이 25개 혹은 30개 이상이면 정규분포를 이룬다. 개별 확률변수는 모두 같은 분포일 수도 서로 다른 분포일 수도 있다. 이는 놀라운 사실이며, 정규분포가 빈번히 관찰되는 이유이기도 하다. 예컨대 미국 수학능력시험인 SAT$^{\text{Scholastic Aptitude Test}}$를 생각해보자. SAT 점수는 거의 완벽한 정규분포다. 이는 학생의 교육에 부모의 참여, 선천적인 능력, 직업윤리, 식이요법, 운동 습관 등과 같은 다양한 요소가 축적돼 발생한 결과다. 같은 맥락으로 시장수익률도 높은 정규분포를 이룬다고 추정할 수 있다. 개인 투자자자의 매도와 매수 결정이 독립적으로 이뤄지고, 다양한 정보를 기반으로 한다면, 독립적으로 행동하는 투자자들의 누적 효과로 인해 수익률 분포가 정규분포와 유사하게 될 것이다. 그리고 실제로 이러한 경우가 자주 발생한다. 하지만 그렇지 않은 경우도 많다. 투자자들이 서로 독립적으로 매도와 매수를 하지 않는 경우도 있다. 동시에 모두 매도나 매수해 누적효과로 더 이상 정규분포의 결과가 발생하지 않는다. 이 내용은 추후 설명하겠다.

중심 극한 정리를 정식으로 정의하기 앞서 표본평균의 몇 가지 사실을 알아야 한다. 임의의 분포가 $X \sim (\mu, \sigma^2)$로 이뤄졌다고 가정해보자.

표본평균 $\bar{X}$의 정의는 다음과 같다.

$$
\begin{aligned}
\bar{X} &= \frac{1}{n} \sum_{i=1}^{n} X_i \\
&= \frac{X_1 + X_2 + X_3 + \cdots + X_n}{n}
\end{aligned}
$$

$E(\bar{X})$와 $Var(\bar{X})$의 특성은 무엇인가?

$$
\begin{aligned}
E(\bar{X}) &= E\left(\frac{1}{n} \sum_{i=1}^{n} X_i\right) \\
&= \frac{1}{n} E\left(\sum_{i=1}^{n} X_i\right) \\
&= \frac{1}{n} E\left(X_1 + X_2 + X_3 + \cdots + X_n\right) \\
&= \frac{1}{n} \left[E(X_1) + E(X_2) + E(X_3) + \cdots + E(X_n)\right] \\
&= \frac{nE(X)}{n} \\
&= E(X) \\
Var(\bar{X}) &= Var\left(\frac{1}{n} \sum_{i=1}^{n} X_i\right) = \left(\frac{1}{n}\right)^2 Var\left(\sum_{i=1}^{n} X_i\right) \\
&= \frac{1}{n^2} Var\left(X_1 + X_2 + X_3 + \cdots + X_n\right) \\
&= \frac{1}{n^2} \left[Var(X_1) + Var(X_2) + Var(X_3) + \cdots + Var(X_n)\right]
\end{aligned}
$$

$$= \frac{n \cdot Var(X)}{n^2}$$

$$= \frac{Var(X)}{n}$$

$n \geq 25$인 X_i의 확률분포는 $\bar{X}$가 정규분포라고 가정한다. 중심극한정리에 따라 표본평균이 구간에 있을 확률을 구할 수 있다. 이 놀라운 수렴은 통계학 책에 있는 설명을 참고하기 바란다.

$$P(a \leq \bar{X} \leq b) = P\left(\frac{a - \mu}{\frac{\sigma}{\sqrt{n}}} \leq \frac{\bar{X} - \mu}{\frac{\sigma}{\sqrt{n}}} \leq \frac{b - \mu}{\frac{\sigma}{\sqrt{n}}}\right)$$

$$= P\left(\frac{a - \mu}{\frac{\sigma}{\sqrt{n}}} \leq Z \leq \frac{b - \mu}{\frac{\sigma}{\sqrt{n}}}\right)$$

$$= P\left(Z \leq \frac{b - \mu}{\frac{\sigma}{\sqrt{n}}}\right) - P\left(Z \leq \frac{a - \mu}{\frac{\sigma}{\sqrt{n}}}\right)$$

여기서 $Z \sim N(0, 1)$는 표준정규확률변수다.

A.16 신뢰구간

이제 평균, 분산, 표본 비율의 신뢰구간을 살펴보자. 충분히 큰 표본이 있을 때 μ의 다표본 신뢰구간^{Large-Sample Confidence Interval}을 구할 수 있다.

$$P\left(-z_{\alpha/2} \leq Z \leq z_{\alpha/2}\right) = 1 - \alpha \tag{A.79}$$

중심극한정리에 따라 다음과 같이 다시 작성할 수 있다.

$$1 - \alpha = P\left(-z_{\alpha/2} \leq \frac{\bar{X} - \mu}{\sigma/n} \leq z_{\alpha/2}\right) \tag{A.80}$$

$$= P\left(-z_{\alpha/2}\frac{\sigma}{n} \leq \bar{X} - \mu \leq z_{\alpha/2}\frac{\sigma}{n}\right) \tag{A.81}$$

$$= P\left(\bar{X} - z_{\alpha/2}\frac{\sigma}{n} \leq \mu \leq \bar{X} + z_{\alpha/2}\frac{\sigma}{n}\right) \tag{A.82}$$

확률 파라미터 p의 다표본 신뢰구간은 다음과 같다.

$$1 - \alpha = P\left(-z_{\alpha/2} \leq \frac{\hat{p} - p}{\sqrt{\frac{\hat{p}(1-\hat{p})}{n}}} \leq z_{\alpha/2}\right) \tag{A.83}$$

$$= P\left(-z_{\alpha/2}\sqrt{\frac{\hat{p}(1-\hat{p})}{n}} \leq \hat{p} - p \leq z_{\alpha/2}\sqrt{\frac{\hat{p}(1-\hat{p})}{n}}\right) \tag{A.84}$$

$$= P\left(\hat{p} - z_{\alpha/2}\sqrt{\frac{\hat{p}(1-\hat{p})}{n}} \leq p \leq \hat{p} + z_{\alpha/2}\sqrt{\frac{\hat{p}(1-\hat{p})}{n}}\right) \tag{A.85}$$

A.17 가설검정

가설검정^{hypothesis testing}의 기본 목표는 두 가지 중에 결정하는 것이다. 즉 모집단 실제의 값이 얼마가 된다는 주장에 대해 표본의 정보를 이용해 가설의 합당성 여부를 판단하는 과정이다. 대다수 분석가나 연구원들은 간단히 예^{Yes}나 아니오^{No}라는 대답을 원한다. 약이 효과가 있는지 없는지? 흡연이 건강 전반에 악영향을 미치는지 아닌지? 던지고 있는 동전이 공정한지 아닌지? 두 주식 간에 상관관계가 있는지 없는지? 시장 수익률이 정규분포를 따르는지 아닌지?

동전 던지기가 좋은 예다. 라스베가스에서 카지노 회사가 제공한 동전을 던진다고 생각해보자. 앞면이 뒷면보다 더 많이 나온다는 심증은 있지만 차이가 있다면 얼마나 더 많이 나오는지 측정하는 것은 어렵다. 이는 중요한 질문을 제기한다. 동전이 공정하지 않다는 합리적인 의심을 넘어 결론을 내기 위해서는 이상한 동전을 얼마나 많이 던져야 하는가?

```
> flip<-rbinom(50,1,.55)
> flip
 [1] 0 1 0 1 1 1 1 0 1 0 1 1 1 1 0 0 1 0 1 1 0 1 0 1 1 1 1 1 0 1 0 1 1 0 1
[36] 1 1 0 1 1 1 1 1 1 1 1 0 1 1 1
> prop.test(sum(flip), 50, p=0.5, correct=FALSE)

 1-sample proportions test without continuity correction

data: sum(flip) out of 50, null probability 0.5
X-squared = 9.68, df = 1, p-value = 0.001863
alternative hypothesis: true p is not equal to 0.5
95 percent confidence interval:
 0.5833488 0.8252583
sample estimates:
```

```
  p
0.72
```

위 코드는 동전 던지기에 적용한 가설검증을 보여준다. 약간 편향된 동전을 총 50번 던져 표본을 구했다. 이때 동전은 한번 던질 때 앞면이 나올 확률이 0.55 혹은 55%다. 이러한 시나리오를 보고 동전이 공정한지 아닌지를 추측할 경우 대부분의 경우 단정짓기 어려울 것이다. 하지만 통계기법을 문제에 적용하면 대답은 명확해진다. `sum(flip)` 앞면을 관찰하고 앞면의 수가 0.5 혹은 50%의 성공 확률로 50번의 동전 뒤집기로 생성될 수 있는지 여부를 검정한다. 출력된 p값이 0.001863이므로 관찰한 앞면 횟수는 공정한 동전으로 생성될 가능성이 매우 낮다고 결론 내린다. 그러므로 동전이 공정하다는 주장을 기각한다.

A.18 회귀분석

회귀분석^{regression}에서는 벡터 $x = (x_1,...,x_p)$가 주어질 때 x에 해당하는 y를 알 수 있다. β_0와 $x_1,...,x_n$에 곱하는 $\beta_1,...,\beta_p$가중치를 결정하고 합산하면 y를 근사화할 수 있다. 수식은 다음과 같다.

$$\hat{y} = \beta_0 + \sum_{i=1}^{n} \beta_i x_i \tag{A.86}$$

y는 실제 관측값인 반면, $\hat{y}$는 추정치일 뿐이다.

$p = 1$일 때 2차원으로 제한할 수 있다. 그리고 $\hat{y} = \beta_0 + \beta_1\beta x_1$과 y 사이의 오차를 구할 수 있다.

잔차제곱합인 RSS$^{Residual\ Sum\ of\ Squares}$는 다음과 같이 작성할 수 있다.

$$RSS = S(\beta_0, \beta_1) = \sum_{i=1}^{p} \epsilon_i^2 = \sum_{i=1}^{p} (y_i - \mu_i)^2 \tag{A.87}$$

$$= \sum_{i=1}^{n} (y_i - \beta_0 - \beta_1 x_i)^2 \tag{A.88}$$

이제 목표는 모형 계수인 회귀선의 기울기 β_1과 회귀선의 y절편인 β_0에 대해 이 합계를 최소화하는 것이다.

β_0과 β_1에 대해 위의 수식을 미분하고 0과 같다고 설정한다.

$$\frac{\partial S(\beta_0, \beta_1)}{\partial \beta_0} = -2 \sum_{i=1}^{p} (y_i - \beta_0 - \beta_1 x_i) = 0 \tag{A.89}$$

$$\frac{\partial S(\beta_0, \beta_1)}{\partial \beta_1} = -2 \sum_{i=1}^{p} (y_i - \beta_0 - \beta_1 x_i) x_i = 0 \tag{A.90}$$

합계를 통해 분배하면 다음과 같다.

$$n\beta_0 + \beta_1 \sum_{i=1}^{p} x_i = \sum_{i=1}^{p} y_i \tag{A.91}$$

$$\beta_0 \sum_{i=1}^{p} x_i + \beta_1 \sum_{i=1}^{p} x_i^2 = \sum_{i=1}^{p} x_i y_i \tag{A.92}$$

$$\beta_1 = \frac{\sum x_i y_i - \frac{\sum x_i \sum x_i}{p}}{\sum x_i^2 - \frac{(\sum x_i)^2}{n}} = \frac{\sum (x_i - \bar{x})(y_i - \bar{y})}{\sum (x_i - \bar{x})^2} = \frac{S_{xy}}{S_{xx}} \tag{A.93}$$

그리고 다음과 같다.

$$\beta_0 = \bar{y} - \beta_1 \bar{x} \tag{A.94}$$

여기서 $\bar{x} = \frac{1}{p} \sum x_i$이고 $\bar{y} = \frac{1}{p} \sum y_i$이다.

예제

연료 효율성: 전통적인 연료 효율성 사례의 경우 수식을 사용해 예측할 수 있다.

```
> library(datasets)
> data(mtcars)
> x<-mtcars$mpg
> y<-mtcars$wt
> Sxy<-sum((x-mean(x))*(y-mean(y)))
> Sxx <- sum((x-mean(x))^2)
> beta1 <- Sxy/Sxx
> beta1
[1] -0.140862
```

β_1을 구했다.

```
> beta0 <- mean(y) - beta1*mean(x)
> beta0
[1] 6.047255
```

β_0도 구했다.

다음은 앞서 구한 β_0와 β_1를 사용해 작성한 간단한 회귀 예측 수식이다.

```
> yhat <- beta0 + beta1*x
> length(x)
[1] 32
```

R을 사용해 β_0와 β_1을 결정하고 위에서 계산한 값과 비교할 수 있다. R의 선형 모형 함수인 lm() 함수를 사용하면 R의 회귀 알고리즘을 이용할 수 있다.

```
> m1<-lm(data=mtcars,wt~mpg+1)
> summary(m1)
> m1$coeff
(Intercept)        mpg
  6.047255   -0.140862
```

실제로 값이 일치한다. 그럼 이제 lm() 함수에서 출력한 요약 보고를 살펴보자.

```
Call:
lm(formula = wt ~ mpg + 1, data = mtcars)

Residuals:
    Min      1Q  Median      3Q     Max
-0.6516 -0.3490 -0.1381  0.3190  1.3684

Coefficients:
            Estimate Std. Error t value Pr(>|t|)
(Intercept)  6.04726    0.30869  19.590  < 2e-16 ***
mpg         -0.14086    0.01474  -9.559 1.29e-10 ***
---
Signif. codes:  0 '***' 0.001 '**' 0.01 '*' 0.05 '.' 0.1 ' ' 1

Residual standard error: 0.4945 on 30 degrees of freedom
Multiple R-squared:  0.7528,	Adjusted R-squared:  0.7446
F-statistic: 91.38 on 1 and 30 DF,  p-value: 1.294e-10
```

다음 코드를 실행하면 그림 A.6과 같이 lm() 함수로 구한 회귀식 그래프를 확인할 수 있다.

```
> yhat = m1$coeff[1]+m1$coeff[2]*x
> plot(x,y,col=4,xlab="x: weight",ylab="y: weight")
> points(x,yhat,col=2)
```

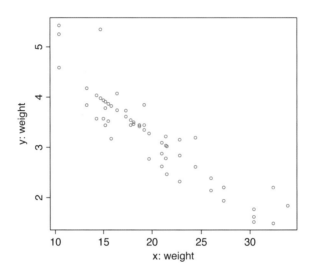

그림 A.6   lm() 함수를 이용해 구한 회귀선과 실제 x와 y값

A.19 모형 선택 기준

아카이케 정보 기준인 AIC^{Akaike Information Criterion}의 정의는 다음과 같다.

$$AIC_k = -2 \log\left(\hat{L}\right) + 2k \tag{A.95}$$

여기서 $\hat{L}$은 최대우도, k는 모형의 파라미터 수, n은 표본 크기다. 베이지안 정보 기준인 BIC^{Bayesian Information Criteria}의 정의도 다음과 같이 유사하다.

$$BIC = -2 \log\left(\hat{L}\right) + 2k \log(n) \tag{A.96}$$

AIC와 BIC는 모형 선택 기준^{model selection criteria}으로, 로그 우도^{log likelihood}를 최소화하는 동안 모형의 적합도와 모형의 복잡도 사이에는 트레이드 오프가 존재한다는 사상에 기반한다. 모형 정밀도는 모형 복잡성이라는 비용을 수반한다. 충분히 정밀할 수 있도록 모형을 복잡하게 만들고 싶겠지만 AIC의 경우 $2k$, BIC의 경우 $2k\log(n)$의 비율로 페널티[penalty]를 부여한다. 음의 로그 우도와 페널티의 합이 최소인 모형을 선택한다.

A.20 필수 패키지

이 책의 각 장에 있는 예제 코드를 실행하려면 다음 패키지들을 다운로드하고 설치해야 한다.

```
library(DBI)
library(PerformanceAnalytics)
library(Quandl)
library(RSQLite)
library(Rcpp)
library(TSA)
library(corrplot)
library(datasets)
library(e1071)
library(foreign)
library(ggplot2)
library(huge)
library(igraph)
library(leaps)
library(moments)
library(party)
library(quadprog)
library(quantmod)
library(randomForest)
library(reshape2)
library(sbgcop)
library(stats)
library(tseries)
```

참고 문헌

Ang, A., Bekaert, G. (2003). How Do Regimes Affect Asset Allocation? *NBER Working Paper* No. 10080, November. www.nber.org/papers/w10080.pdf

Ang, A., Bekaert, G. (2004). How Regimes Affect Asset Allocation. *Financial Analysts Journal* 60 (2).

Becker, R., Chambers, J., Wilks, A. (1988). *The New S Language*: *A Programming Environment for Data Analysis and Graphics*. Pacific Grove, CA, USA:Wadsworth and Brooks/Cole. ISBN 0-534-09192-X.

Benedict, N., Brewer, J., Haddad, A. (2015). *Mean-Variance Optimization for Equity Portfolios*, MSc capstone project, Graduate Program in Analytics, University of Chicago, June.

Bennett, M. J. (1986). *Proving Correctness of Asynchronous Circuits Using Temporal Logic*, UCLA Computer Science Department, Ph.D. Thesis. http://ftp.cs.ucla.edu/tech-report/198_-reports/860089.pdf

Bennett, M. (2009). Accelerated Root Finding for Computational Finance. *Symposium on Application Accelerators in High-Performance Computing* (SAAHPC'09), July 28 – 30, Urbana, Illinois, http://saahpc.ncsa.illinois.edu/09/papers/Bennett_paper.pdf

Bennett, M. J. (2014). *Data Mining with Markowitz Portfolio Optimization in Higher Dimensions*, May 21, http://ssrn.com/abstract=2439051.

Black, F., Scholes, M. (1973). The Pricing of Options and Corporate Liabilities. *Journal of Political Economy* 81 (3): pp. 637 – 54.

Bodie, Z., Kane, A., Marcus, A. (2013). *Investments*, Tenth Edition. McGraw-Hill, September.

Box, G. E. P., Cox D. R. (1964). An Analysis of Transformations. *Journal of the Royal Statistical Society*. Series B (Methodological) 26 (2): pp. 211 – 52.

Breiman, L., Friedman, J. H., Olshen, R. A., Stone, C. J. (1984). *Classification and Regression Trees*. Belmont, CA: Wadsworth.

Brin, S., Page, L. (1998). Anatomy of a Large-Scale Hypertextual Web Search Engine, *Proceedings of the Intl. World-Wide-Web Conference*, pp. 107 – 17.

Bruder, B., Gaussel, N., Richard, J-C., Roncalli, T. (2013). *Regularization of Portfolio Allocation*. Lyxor Research, June.

Bystrom, H. (2013). *Movie Recommendations from User Ratings*, http://cs229.stanford.edu/proj2013/Bystrom-MovieRecommendationsFromUserRatings.pdf, Stanford University.

Carmona, R. (2004). *Statistical Analysis of Financial Data in S-Plus*, Springer Texts in Statistics. New York: Springer, ISBN 0387-20286-2.

Chamberlin, D. D., Boyce, R. F. *SEQUEL: A Structured English Query Language*. Proc. ACM SIGMOD Workshop on Data Description, Access and Control, Ann Arbor, Michigan (May 1974), pp. 249–64.

ACE and Chubb Are Now One, http://new.chubb.com/en/us/?utm_source=brand_announcement&utm_medium=Q1&utm_term=SEM&utm_content=Google&utm_campaign=Brand_Announce_US_EN_2016

Clarke, E. M., Emerson, E. A. (1981). Design and Synthesis of Synchronization Skeletons Using Branching Time Temporal Logic, *Proceedings of Workshop on Logic of Programs*, pp. 52–71.

Colmerauer, A., Roussel, P. (1983). The Birth of Prolog. *ACM SIGPLAN Notices* 28 (3): p. 37.

Cryer, J. D., Chan, K. S. (2010). *Time Series Analysis with Applications in R*. Springer.

Damodaran, A. Notes from New York University Stern School of Business, http://pages.

stern.nyu.edu/~adamodar/New_Home_Page/invfables/pricepatterns.htm

Eddelbuettel, D. (2013). *Seamless R and C++ Integration with Rcpp*. New York: Springer, 2013, ISBN 978-1461468677.

Eddelbuettel, D., Sanderson, C. (2014). RcppArmadillo: Accelerating R with High-Performance C++ Linear Algebra. *Computational Statistics and Data Analysis*, Volume 71, March 2014: pp. 1054–63.

Fairchild, G., Fries, J. (2012). *Lecture Notes: Social Networks: Models, Algorithms, and Applications Lecture 3*: January 24, http://homepage.cs.uiowa.edu/~sriram/196/spring12/lectureNotes/Lecture3.pdf

Fama, E. F., French, K. R. (1995). Size and Book-to-Market Factors in Earnings and Returns. *Journal of Finance*, 50: pp. 131–55.

Fama, E. F., French, K. R. (1996). Multifactor Explanations of Asset Pricing Anomalies. *Journal of Finance*, 51: pp. 55–84.

Fletcher, T., Hussain, Z., Shawe-Taylor, J. (2010). Multiple Kernel Learning on the Limit Order Book. *JMLR Proceedings*, 11: pp. 167–74. http://jmlr.org/proceedings/papers/v11/fletcher10a/fletcher10a.pdf

Fletcher, T. (2012). *Machine Learning for Financial Market Prediction*, Ph.D. Thesis, University College of London, http://discovery.ucl.ac.uk/1338146/1/1338146.pdf

Floyd, R. W. (1967). Assigning Meanings to Programs. *Proceedings of the American Mathematical Society Symposia on Applied Mathematics*, 19: pp. 19–31.

Forbes.com (2013). *Tenet to Buy Vanguard Health Amid "Obamacare" M&A Frenzy*,

June 24.

Friedman, J., Hastie, T., Tibshirani, R. (2008). Sparse Inverse Covariance Estimation with the Graphical Lasso. *Biostatistics* 9: pp. 432 – 41.

Gareth, J., Witten, D., Hastie, T., Tibshirani, R. (2013). *An Introduction to Statistical Learning*. Springer.

GoogleFinance.com, *Titanium Metals Corp (NYSE:TIE)*, December 7, 2014. www.google.com/finance?cid=660449

Goldfarb, D., Idnani, A. (1982). Dual and Primal-Dual Methods for Solving Strictly Convex Quadratic Programs. In J. P. Hennart (ed.), *Numerical Analysis*. Berlin: Springer-Verlag, pp. 226 – 39.

Goldfarb, D., Idnani, A. (1983). A Numerically Stable Dual Method for Solving Strictly Convex Quadratic Programs. *Mathematical Programming*. 27: pp. 1 – 33.

Greenblatt, J. (2006). *The Little Book That Beats the Market*, ISBN 0-471-73306-7.

Hamilton, J. D. (1994). *Time Series Analysis*, Princeton University Press.

Hartigan, J. A., Wong, M. A. (1979). Algorithm AS 136: A k-Means Clustering Algorithm. *Journal of the Royal Statistical Society*, Series C 28 (1): pp. 100 – 8. JSTOR 2346830.

Hastie, T., Tibshirani, R., Friedman, J. (2009). *The Elements of Statistical Learning: Data Mining, Inference, and Prediction*, Second Edition. Springer, February 2009.

Haug, E. G. (1998). *The Complete Guide to Option Pricing Formulas*. McGraw-Hill, ISBN 0-7863-1240-8.

Hoare, C. A. R. (1969). An Axiomatic Basis for Computer Programming. *Communications of the ACM* 12 (10): pp. 576 – 80, October.

Hogg, R. T., Craig, A. T. (1978). *Introduction to Mathematical Statistics*, Fourth Edition. Macmillan.

Hothorn, T., Hornik, K., Strobl, C., Zeileis, A. (2015). *Party: A Laboratory for Recursive Partytioning*. http://cran.r-project.org/web/packages/party/vignettes/party.pdf

Hull, J. (2006). *Options, Futures, and Other Derivatives*. Pearson/Prentice Hall.

Ihaka, R. (1998). R: *Past and Future History* (PDF) (Technical report). Statistics Department, The University of Auckland, Auckland, New Zealand.

Ito, K. (1951). On Stochastic Differential Equations. Memoirs, *American Mathematical Society* 4: pp. 1 – 51.

www.jdsu.com/News-and-Events/news-releases/Pages/jdsu-announces-1-for-8-reverse-stock-split.aspx

Karoui, N. E. (2009). *On the Realized Risk of High-Dimensional Markowitz Portfolios*. Department of Statistics, UC Berkeley, October.

Kinlay, J. (2011). *Can Machine Learning Techniques Be Used to Predict Market Direction?* The 1,000,000 Model Test. Posted on web site March 17, www.trade2win.com/boards/attachments/metatrader/130540d1330423251-build-neural-network-indicator-mt4-using-neuroshell-million-model-test.pdf

Laber, E.B., Zhou, H. Notes for ST 810 Advanced Computing, Department of Statistics, North Carolina State University, February, 25, 2013, www.stat.ncsu.edu/people/zhou/courses/st810/notes/lect09QP.pdf.

Ledolter, J. (2013). *Data Mining and Business Analytics with R*. John Wiley, May. ISBN: 978-1-118-44714-7, 368 pages.

MacQueen, J. B. (1967). Some Methods for Classification and Analysis of Multivariate Observations. *Proceedings of the 5th Berkeley Symposium on Mathematical Statistics and Probability* 1, University of California Press, pp. 281 – 97.

Markowitz, H. M. (1952). Portfolio Selection. *Journal of Finance* 7 (1): pp. 77 – 91.

Markowitz, H. M. (1959). *Portfolio Selection: Efficient Diversification of Investments*. New York: John Wiley & Sons. (Reprinted by Yale University Press, 1970, ISBN 978-0-300-01372-6.)

Morandat, F., Hill, B., Osvald, L., Vitek, J. (2012). *Evaluating the Design of the R Language*, ECOOP 2012-Object-Oriented Programming, 104-131, Lecture Notes in Computer Science 7313, Springer.

Oracle Unveils the Oracle Big Data Appliance: New Engineered System Helps Customers Maximize the Value of Enterprise Big Data. Oracle Openworld, San Francisco, October 3, 2011. www.oracle.com/us/corporate/press/512001

Pearl, J. (1988). *Probabilistic Reasoning in Intelligent Systems*. San Francisco: Morgan Kaufmann.

Pennacchi, G. (2007). *Theory of Asset Pricing*. Prentice Hall.

Perlin, M. (2006). *fMarkovSwitching: An R Package for Markov Regime Switching*.

Pnueli, A. (1977). *The Temporal Logic of Programs*. 18th Annual Symposium on Foundations of Computer Science (SFCS 1977), IEEE, pp. 46 – 57.

R Development Core Team. (2011). *R: A Language and Environment for Statistical Computing*. R Foundation for Statistical Computing.

Ruppert, D. (2011). *Statistics and Data Analysis for Financial Engineering*, Springer Texts in Statistics. New York: Springer, ISBN 9781441977861.

Sharpe, W. F. (1964). Capital Asset Prices: A Theory of Market Equilibrium under Conditions of Risk. *Journal of Finance* 19 (3), September 1964: pp. 425 – 42.

Sharpe,W. F., Alexander, G. J., Bailey, J. V. (1999). *Investments*, 6th Edition. Upper Saddle River, NJ: Prentice-Hall.

Shreve, S. (2004). *Stochastic Calculus for Finance I, The Binomial Asset Pricing*

Model. New York: Springer.

Shreve, S. (2004). *Stochastic Calculus for Finance II, Continuous Time Models*. New York: Springer.

Shumway, R. H., Stoffer, D. S. (2006). *Time Series Analysis, and Its Applications with R Examples*. Springer.

Spechler, L. (2011). *Reverse Stock Splits Are Usually Good for Investors: Report*, Tuesday, March 22. www.cnbc.com/id/42212417jdsu-announces-1-for-8-reversestock-split.aspx

Swiss Move Roils Global Markets. *The Wall Street Journal*, January 16, 2015.

Tibshirani, R. (1996). Regression Shrinkage and Selection via the Lasso. *Journal of the Royal Statistical Society*, Series B 58: pp. 267–88.

Ullrich, C., Seese, D., Chalup, S. (2007). Foreign Exchange Trading with Support Vector Machines. In *Advances in Data Analysis*. Heidelberg, Berlin: Springer, pp. 539–46.

Venables, W. N., Ripley, B. D. (2002). *Modern Applied Statistics with S*, Fourth edition. Springer.

Whittaker, J. (1990). *Graphical Models in Applied Multivariate Statistics*. John Wiley, January, ISBN: 978-0-471-91750-2, 466 pages.

Zhao, T., Liu, H., Roeder, K., Lafferty, J., Wasserman, L. (2012). The Huge Package for High-Dimensional Undirected Graph Estimation in R. *Journal of Machine Learning Research* 13: pp. 1059–62, April.

찾아보기

데이터 과학자를 위한 금융 분석 총론

R로 학습하는 핵심 금융 분석의 이론과 실제

발 행 | 2020년 1월 2일

지은이 | 마크 베넷 · 더크 휴겐
옮긴이 | 홍 영 표 · 오 승 훈

펴낸이 | 권 성 준
편집장 | 황 영 주
편 집 | 이 지 은
디자인 | 박 주 란

에이콘출판주식회사
서울특별시 양천구 국회대로 287 (목동)
전화 02-2653-7600, 팩스 02-2653-0433
www.acornpub.co.kr / editor@acornpub.co.kr

한국어판 ⓒ 에이콘출판주식회사, 2020, Printed in Korea.
ISBN 979-11-6175-352-2
http://www.acornpub.co.kr/book/financial-analytics-r

이 도서의 국립중앙도서관 출판시도서목록(CIP)은 서지정보유통지원시스템 홈페이지(http://seoji.nl.go.kr)와
국가자료공동목록시스템(http://www.nl.go.kr/kolisnet)에서 이용하실 수 있습니다.(CIP제어번호: CIP2019036946)

책값은 뒤표지에 있습니다.